U0546754

本书受西藏自治区教育厅和西藏民族大学学术著作出版基金资助

陈立明 著

西藏民族关系研究
——以藏门珞民族关系为中心

中国社会科学出版社

图书在版编目（CIP）数据

西藏民族关系研究：以藏门珞民族关系为中心／陈立明著．—北京：中国社会科学出版社，2021.1
ISBN 978 – 7 – 5203 – 7206 – 0

Ⅰ.①西… Ⅱ.①陈… Ⅲ.①民族关系—研究—西藏 Ⅳ.①D633

中国版本图书馆 CIP 数据核字（2020）第 175302 号

出 版 人	赵剑英
责任编辑	范晨星
责任校对	杨　林
责任印制	王　超

出　　版	中国社会科学出版社
社　　址	北京鼓楼西大街甲 158 号
邮　　编	100720
网　　址	http://www.csspw.cn
发 行 部	010 – 84083685
门 市 部	010 – 84029450
经　　销	新华书店及其他书店
印　　刷	北京明恒达印务有限公司
装　　订	廊坊市广阳区广增装订厂
版　　次	2021 年 1 月第 1 版
印　　次	2021 年 1 月第 1 次印刷
开　　本	710×1000　1/16
印　　张	29.25
插　　页	2
字　　数	495 千字
定　　价	168.00 元

凡购买中国社会科学出版社图书，如有质量问题请与本社营销中心联系调换
电话：010 – 84083683
版权所有　侵权必究

目 录

绪 论 ………………………………………………………………（1）
 一 选题缘起与研究意义 …………………………………（1）
 二 资料来源 ………………………………………………（3）
 三 相关研究综述 …………………………………………（10）
 四 本书的基本构架及其研究内容 ………………………（38）

第一章 西藏自然环境与藏门珞民族的社会历史概况 ………（41）
 第一节 西藏的自然环境 ……………………………………（42）
 第二节 藏族与门巴族珞巴族的社会历史概况 ………………（53）
  一 藏族社会历史概况 …………………………………（54）
  二 门巴族社会历史概况 ………………………………（67）
  三 珞巴族社会历史概况 ………………………………（74）

第二章 藏门珞民族关系的历史发展 …………………………（83）
 第一节 神话传说中的古代交往情况 ………………………（83）
  一 关于藏族和门巴族珞巴族祖先同宗同源的神话传说 …（83）
  二 关于西藏高原土著群体南迁的神话传说 ……………（88）
  三 反映民族之间最初发生联系和交往的神话传说 ……（90）
 第二节 考古发现与史籍记载的交往情况 …………………（92）
 第三节 吐蕃王朝以后的藏门珞关系 …………………………（99）
 第四节 门巴族东迁与藏门珞民族关系的发展 ………………（102）

第三章 西藏地方政权对门隅地区的统辖与治理 ……………（108）
 第一节 西藏地方政权对门隅地区的早期管理 ………………（108）

一　达旺寺的改扩建与政教合一制度在门隅的确立 …………（108）
　　　二　五世达赖喇嘛的《法旨》与对门隅的统辖 ……………（111）
　　　三　六世达赖喇嘛的认定及其对门隅的管理 ………………（118）
　　第二节　在门隅建立行政机构，强化封建农奴制统治 …………（120）
　　　一　各级行政机构在门隅的建立与发展 ……………………（120）
　　　二　协饶札巴事件与门巴族人民的反侵略斗争 ……………（122）
　　　三　西藏地方政权对门隅的治理措施 ………………………（126）

第四章　西藏地方政权对珞渝地区的管理 …………………………（130）
　　第一节　西藏地方政权对墨脱及其以南地区的管理 ……………（130）
　　　一　波密嘎朗王政权与墨脱宗的建立 ………………………（130）
　　　二　西藏地方政府对墨脱及其以南地区的管理 ……………（134）
　　第二节　西藏地方政权对珞渝其他地区的管理 …………………（139）
　　　一　对马尼岗、梅楚卡地区的管理 …………………………（139）
　　　二　对隆子以南及其他地区的管理 …………………………（142）

第五章　"麦克马洪线"的出笼与西藏人民的反抗斗争 ……………（144）
　　第一节　"麦克马洪线"的前期策划 ………………………………（145）
　　　一　英属印度政府提出所谓"新"外线理论 ………………（145）
　　　二　英印当局借"威廉逊事件"之机非法勘测西藏珞渝、
　　　　　察隅地区 …………………………………………………（150）
　　　三　英印当局蓄谋侵占西藏门隅地区 ………………………（152）
　　第二节　"麦克马洪线"的出笼 ……………………………………（155）
　　　一　西姆拉会议前英人为划定"麦克马洪线"再次
　　　　　勘测藏南 …………………………………………………（155）
　　　二　麦克马洪与夏札·边觉多吉非法的领土交易 …………（157）
　　第三节　英政府其时不认可"麦克马洪线"与西藏人民的
　　　　　　反对 ………………………………………………………（160）
　　　一　英国政府其时不认可"麦克马洪线"的合法性 ………（160）
　　　二　西藏人民反对非法的"麦克马洪线" …………………（162）
　　　三　西藏照例管辖"麦克马洪线"以南地区 ………………（163）
　　第四节　20世纪30年代英印重拾"麦克马洪线"与西藏

　　　　明确的反对立场 …………………………………………… (166)
　　　一　英印当局觊觎"麦克马洪线"以南地区 ………………… (166)
　　　二　《艾奇逊条约集》14卷赝本催化"麦克马洪线"
　　　　　死灰复燃 ……………………………………………… (168)
　　　三　1936—1938年西藏坚定的反侵略立场 ………………… (172)
　第五节　抗战前后西藏人民反抗英印侵略的斗争 ……………… (178)
　　　一　第二次世界大战前期英印调整侵占策略 ……………… (178)
　　　二　西藏加强对门珞地区的施政抵御英人入侵 …………… (181)
　　　三　1944—1947年西藏不承认"麦克马洪线" …………… (184)

第六章　藏族与门巴族珞巴族的经济交往 ……………………… (191)
　第一节　藏族与门巴族的贸易活动 ……………………………… (191)
　　　一　传统贸易商品 …………………………………………… (191)
　　　二　传统贸易方式 …………………………………………… (194)
　　　三　贸易商道与集市 ………………………………………… (196)
　　　四　藏、门民族贸易的特点 ………………………………… (199)
　第二节　藏族与珞巴族的传统交换 ……………………………… (201)
　　　一　物品交换种类 …………………………………………… (201)
　　　二　传统交换方式 …………………………………………… (204)
　　　三　交换通道与集市 ………………………………………… (206)
　　　四　藏、珞民族贸易的特点 ………………………………… (208)
　第三节　经济交往的特殊方式 …………………………………… (209)
　第四节　藏门珞经济交往对社会的影响 ………………………… (212)

第七章　藏族与门巴族珞巴族的宗教文化交流 ………………… (217)
　第一节　本教与门巴族传统宗教的交融互渗 …………………… (217)
　　　一　藏族本教及其对门巴族传统信仰的影响 ……………… (217)
　　　二　门巴族传统宗教的特点 ………………………………… (226)
　第二节　藏传佛教在门隅的传播 ………………………………… (236)
　　　一　藏传佛教在门隅传播的历史 …………………………… (236)
　　　二　门巴族藏传佛教信仰的特点 …………………………… (240)
　第三节　藏传佛教高僧在珞渝的传教活动 ……………………… (244)

第四节　藏门珞宗教文化的交互影响 ……………………………… (248)
　　一　藏传佛教对门巴族、珞巴族社会的影响 ………………… (248)
　　二　门巴族和珞巴族宗教文化的交互影响 …………………… (252)

第八章　藏族与门巴族珞巴族的习俗文化交流 ……………………… (258)
　第一节　物质生活习俗交流 ……………………………………… (258)
　　一　衣饰习俗 …………………………………………………… (259)
　　二　饮食习俗 …………………………………………………… (263)
　　三　居住习俗 …………………………………………………… (266)
　第二节　婚丧礼仪习俗交流 ……………………………………… (271)
　　一　婚恋礼仪习俗 ……………………………………………… (271)
　　二　丧葬礼仪习俗 ……………………………………………… (273)
　　三　命名习俗 …………………………………………………… (278)
　　四　节日习俗 …………………………………………………… (281)

第九章　藏族与门巴族珞巴族的文学艺术交流 ……………………… (287)
　第一节　文学交流 ………………………………………………… (287)
　　一　民间文学交流 ……………………………………………… (287)
　　二　《仓央嘉措情歌》与藏、门文学交流 …………………… (298)
　第二节　艺术交流 ………………………………………………… (307)
　　一　羌姆与门巴傩戏 …………………………………………… (308)
　　二　藏戏与门巴戏 ……………………………………………… (314)
　　三　《卓娃桑姆》与藏戏 ……………………………………… (317)

第十章　藏族与夏尔巴人和僜人的关系 ……………………………… (321)
　第一节　藏族与夏尔巴人的关系 ………………………………… (321)
　　一　从族源看藏族与夏尔巴人的关系 ………………………… (321)
　　二　从经济生产领域看藏族与夏尔巴人的交流 ……………… (325)
　　三　从语言及娱乐方式看藏族与夏尔巴人的交流 …………… (326)
　　四　从生活习俗看藏族与夏尔巴人的交流 …………………… (327)
　　五　从宗教信仰看藏族与夏尔巴人的交流 …………………… (336)
　　六　西藏和平解放后夏尔巴人的经济社会发展 ……………… (337)

第二节　藏族与僜人的关系 ………………………………… (339)
　　　一　僜人及其分布 ………………………………………… (339)
　　　二　从族源传说和历史发展看藏族与僜人的关系 ……… (340)
　　　三　藏族与僜人的经济交往 ……………………………… (342)
　　　四　藏族与僜人的文化交流 ……………………………… (344)
　　　五　西藏和平解放后藏族与僜人的关系 ………………… (347)

第十一章　藏族与蒙古族和回族的关系 ……………………… (351)
　　第一节　藏族与蒙古族的关系 ……………………………… (351)
　　　一　政教联合：蒙藏关系的历史 ………………………… (352)
　　　二　达木蒙古：蒙古族族属到藏族族属 ………………… (358)
　　　三　霍康家族：蒙古族血统到藏族血统 ………………… (369)
　　第二节　藏族与回族的关系 ………………………………… (378)
　　　一　西藏回族的来源及称谓 ……………………………… (378)
　　　二　藏族与回族关系的历史和现状 ……………………… (381)

第十二章　当代藏门珞关系 …………………………………… (396)
　　第一节　西藏和平解放后的藏门珞关系 …………………… (396)
　　　一　藏门珞人民的翻身解放 ……………………………… (396)
　　　二　社会主义新型民族关系的确立与发展 ……………… (397)
　　第二节　新时期的藏门珞关系 ……………………………… (409)
　　　一　兴边富民行动与扶持人口较少民族政策的实施 …… (409)
　　　二　门巴族、珞巴族地区的经济社会发展 ……………… (416)
　　　三　民族关系的发展与民族干部队伍建设 ……………… (440)

结　语 …………………………………………………………… (449)

参考文献 ………………………………………………………… (451)

后　记 …………………………………………………………… (460)

绪　　论

一　选题缘起与研究意义

藏族、门巴族和珞巴族，以及僜人和夏尔巴人，是世居于西藏高原的古老民族和族群。藏门珞从遥远的古代起就有着紧密的政治、经济和文化联系，他们共同开发和建设了祖国的西南边疆，创造了光辉灿烂的西藏文化。藏门珞民族之间的交往史和关系史，是我国西南民族关系史乃至中国民族关系史的重要方面和内容。

然而，由于历史和自然地理条件等诸多原因，在以往对西藏民族关系的研究中，学界多是关注藏汉关系、藏蒙关系以及中央政府与西藏地方政府关系的研究，对藏族、门巴族和珞巴族等西藏高原世居民族的关系研究较少。在一些著作如《门巴族简史》[①]《珞巴族简史》[②] 中，对藏门、藏珞关系虽作了开拓性的梳理和研究，也有一些文章对藏门珞关系有所涉及，但是，从总体上看，我国研究门巴族和珞巴族等西藏人口较少民族的研究人员很少[③]，更无人专注于藏门珞民族关系的研究。因此，在该领域成果数量少，研究零散，缺乏系统性和全面性。

自 1986 年以来，笔者先后 10 多次赴门巴族、珞巴族、僜人和夏尔巴人聚居的喜马拉雅山区和广大藏区进行调查，曾两度进入被人称作"高

[①] 《门巴族简史》编写组：《门巴族简史》，西藏人民出版社 1987 年版；《门巴族简史》修订本编写组：《门巴族简史》（修订本），民族出版社 2008 年版。

[②] 《珞巴族简史》编写组：《珞巴族简史》，西藏人民出版社 1986 年版；《珞巴族简史》修订本编写组：《珞巴族简史》（修订本），民族出版社 2009 年版。

[③] 李坚尚先生是珞巴族历史文化研究专家。他在《珞巴族研究概况》中讲道：我国研究珞巴族的人不足 10 人，都是兼职人员，且年龄偏高，后继乏人。参见李坚尚《珞巴族研究概况》，《民族研究会讯》1997 年第 17 期。据笔者统计，如果不含零星发表介绍性文章的人，我国研究门巴、珞巴、僜人的学者总计还不到 10 人，几乎没有一位是专职研究人员。

原孤岛"的墨脱县，考察门巴族和珞巴族文化，几乎走遍了我国实际控制区内的门巴族、珞巴族和僜人居住地，获得了大量的第一手资料，其中包括影像、图片、实物和文字资料。本书的研究无疑将获益于这些翔实的第一手资料。本人长期关注藏族与门巴族、珞巴族等西藏世居民族的历史文化和相互关系，博士学位论文便是以《藏门珞民族关系研究》① 为题开展的讨论。此外，本人还曾主持和参与多项关于西藏边疆民族地区经济社会发展研究的课题，而拙著《走入喜马拉雅丛林——西藏门巴族珞巴族文化之旅》②《西藏民俗文化》③《走进中国少数民族——门巴族》④《走进中国少数民族——珞巴族》⑤ 以及参与修订《门巴族简史》⑥《珞巴族简史》⑦《中国少数民族·门巴族》⑧ 的完成和出版，也为本书的研究提供了丰富可靠的文化背景资料和深入思考的空间。

  本书研究具有较高的学术价值和重要的现实意义。藏门珞各族人民世代生活于西藏高原，他们为缔造、开发和保卫祖国西南边疆做出了重大贡献。藏族与门巴族和珞巴族之间的关系史，是我国民族关系史的重要方面和重要内容。尤其需要指出的是，门巴族和珞巴族祖祖辈辈生活的门隅、珞渝以及僜人主要聚居的下察隅，这块面积近9万平方公里的富饶美丽的国土，由于非法的"麦克马洪线"的分割，至今绝大部分地域仍被印度所侵占。因此，深入研究藏门珞民族关系，从历史的发展和政治、经济文化诸方面揭示藏门珞之间唇齿相依、血肉相连的密切关系，用事实证明门隅、珞渝以及下察隅是我国的神圣领土，不仅是我国学术界研究西藏民族关系学科发展的需要，对维护祖国统一、加强民族团结、巩固祖国边疆，以及对于我国政府对外的领土与主权交涉等方面都具有意义与价值。

---

  ① 陈立明：《藏门珞民族关系研究》，博士学位论文，四川大学，2003年。
  ② 陈立明：《走入喜马拉雅丛林——西藏门巴族珞巴族文化之旅》，中国藏学出版社2002年版。
  ③ 陈立明等：《西藏民俗文化》，中国藏学出版社2003年版、2010年修订版。
  ④ 陈立明、张媛：《走进中国少数民族——门巴族》，辽宁民族出版社2015年版。
  ⑤ 陈立明、李锦萍：《走进中国少数民族——珞巴族》，辽宁民族出版社2015年版。
  ⑥ 《门巴族简史》修订本编写组：《门巴族简史》（修订本），民族出版社2008年版。
  ⑦ 《珞巴族简史》修订本编写组：《珞巴族简史》（修订本），民族出版社2009年版。
  ⑧ 《中国少数民族》修订本编写组：《中国少数民族·门巴族》（修订本），民族出版社2009年版。

图 0—1　雄奇的西藏高原

二　资料来源

门巴族和珞巴族分布于西藏东南部的门隅和珞渝①。门隅和珞渝地处喜马拉雅山东段南坡，高山大川重重阻隔，与外界联系极为困难，长期以来门巴族和珞巴族的情况外界鲜为人知。要想深入门隅和珞渝进行社会调查获取第一手资料，需要翻越喜马拉雅山脊从北坡进入南坡，穿越人迹罕至的原始森林，越激流、跨深涧、斗蛇虫，其路途之险为世所罕见，非一般人所能胜任。直至目前，我国仅有为数很少的民族学家和科考工作者深入其境进行调查和考察。可以说，交通的艰险与阻隔，资料的缺乏，投入的不足，加之印度对我国门隅、珞渝和下察隅绝大部分地域的非法占领，我国民族学工作者无法进入考察，是导致这一领域研究人员少的直接原因，也是影响藏门珞民族关系研究乃至对门巴族和珞巴族社会和文化研究

---

①　珞渝，又写作洛渝、珞隅、珞瑜、洛瑜等，均系藏文 lho-yul 的译音，意为南方之地。门隅，又写作门域、闷域、孟隅等，亦系藏文 mon-yul 的译音。为行文的统一，本文除引文外，采用"珞渝"和"门隅"的译法。

的重要原因。

然而，我国民族学工作者经过艰苦的工作，已经在门巴族和珞巴族社会文化的考察和研究上取得了丰硕的成果，为我们今天的研究打下了坚实的基础。

本书研究的资料主要来源于以下三个方面。

一是藏文和汉文历史文献，尤其是藏文历史文献和档案资料值得重视。

由于藏族同门巴族和珞巴族的关系紧密，许多藏文史籍和文献资料对门巴族和珞巴族以及藏门珞之间的关系有着详略不同的记载。如《红史》[1]《第吴宗教源流》[2]《贤者喜宴》[3]《唐蕃会盟碑》[4]《敦煌本吐蕃历史文书》[5]《门隅教史》[6] 和《五世达赖喇嘛传》[7] 等，这些早期的藏文历史文献主要记载了藏门珞在远古、吐蕃时期及其以后的交往情况。而17世纪中叶以后的藏文历史档案资料则重点记载了西藏历代地方政权在门、珞地区推行封建农奴制、行使管辖权的史实，其中，近年发现并正在进行翻译出版的大型藏文历史档案《水羊清册》尤其值得重视[8]。

汉文历史文献对门巴和珞巴的记载较晚，主要见诸清代。主要有

---

[1] 蔡巴贡嘎多吉：《红史》，民族出版社1981年版；《红史》汉译本，陈庆英等译，西藏人民出版社1988年版。

[2] 第吴贤者：《第吴宗教源流》，西藏人民出版社1987年版。该书又译为《德乌教史》等。

[3] 巴俄·祖拉陈瓦：《贤者喜宴》，民族出版社1986年版。

[4]《唐蕃会盟碑》立于公元823年。参见王尧《吐蕃金石录》，文物出版社1982年版。

[5] 王尧、陈践：《敦煌本吐蕃历史文书》，民族出版社1980年版；《敦煌本吐蕃历史文书》(增订本)，民族出版社1992年版。

[6] 阿旺平措：《门隅教史》，何宗英译，载《西藏文史资料选辑》第10辑，民族出版社1989年版。该书又名《君民世系起源明灯》，参见迈克尔·阿里斯《不丹历史源流》，维也纳1986年版（Michael Aris, *Sources for the History of Bhutan*, Wien, 1986）。

[7] 阿旺洛桑嘉措：《五世达赖喇嘛传》（上、中、下），陈庆英等译，中国藏学出版社1997年版。

[8]《水羊清册》全称《水羊年关于南部门隅夏尼玛三措、塔巴八措、章朗河流域、上下绒朗、加仓木谢尔和都边等地我政府差民掌管的土地、差房、男女属民情况清查规约纲领之计划呈文》，该档案长约366.6米，宽约0.66米，是目前西藏自治区档案馆发现的最长的西藏历史档案，也是迄今为止有关西藏门隅地理、人口、土地、税制等记载最详细的档案资料。参见扎雅·洛桑普赤《藏文历史档案〈水羊清册〉的内容、特点及其价值》，《中国藏学》2015年第3期。

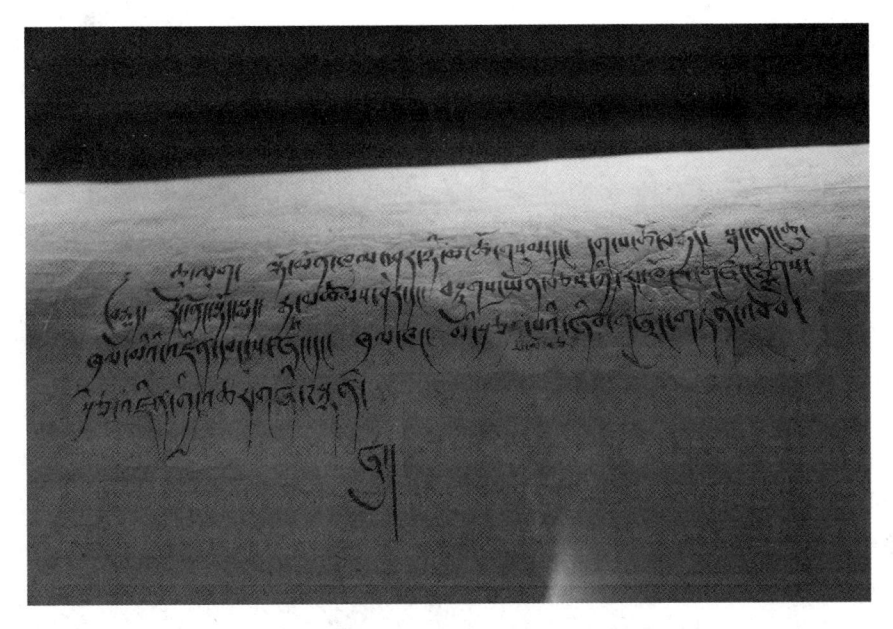

图0—2　西藏自治区档案馆珍藏的《水羊清册》

《卫藏图识》①《〈西藏志〉〈卫藏通志〉》②《清实录藏族史料》③ 以及清末民初的《西南野人山归流记》④，驻藏大臣的奏牍如《联豫驻藏奏稿》⑤《赵尔丰川边奏牍》⑥《清代藏事奏牍》⑦ 和《艽野尘梦》⑧ 等。这些文献对门隅、珞渝和察隅的民情风俗以及清末治边等都有记述，是可资利用的重要资料。

二是外文资料。

19世纪以来的一百多年间，西方殖民主义势力为了扩张的需要，以探险、考察的名义潜入我国门隅、珞渝和下察隅地区搜集情报，出版和发

---

① 西藏社会科学院西藏学汉文文献编辑室编：《卫藏图识》，中国藏学出版社1994年版。
② 西藏研究编辑部：《〈西藏志〉〈卫藏通志〉》（合刊），西藏人民出版社1982年版。
③ 西藏研究编辑部编：《清实录藏族史料》，西藏人民出版社1982年版。
④ 西藏社会科学院西藏学汉文文献编辑室：《西藏地方志资料集成》（第二集），中国藏学出版社1997年版。
⑤ 吴丰培主编：《联豫驻藏奏稿》，西藏人民出版社1979年版。
⑥ 吴丰培辑：《赵尔丰川边奏牍》，四川民族出版社1984年版。
⑦ 吴丰培辑：《清代藏事奏牍》（上、下），中国藏学出版社1994年版。
⑧ 陈渠珍著，任乃强校注：《艽野尘梦》，西藏人民出版社1999年版。

表了大量的探险考察报告。"麦克马洪线"的出笼和英、印扩张主义势力对我国门隅、珞渝和下察隅广大地域的非法侵占,导致了中印边境的长期紧张,引起了政治家和学者的关注,由此出版了一批有影响的研究中印关系的著作。重要学者与代表性成果有:维雷尔·埃尔温的《十九世纪的印度东北边境》①《印度东北边境特区的神话》②,海门道夫的《喜马拉雅山蛮境》③《尼泊尔的夏尔巴人:信佛的高地居民》④,迈克尔·阿里斯的《不丹历史源流》⑤《门隅走廊史料札记》⑥,阿拉斯太尔·蓝姆的《麦克马洪线》⑦ 以及内维尔·马克斯韦尔的《印度对华战争》⑧ 等。

这些考察报告或著作,有的对喜马拉雅山地的门巴、珞巴和僜人的社会和文化进行了详细的考察,有的对中印边境纠纷的由来与演变作了客观的分析,对了解门巴、珞巴文化以及中印关系具有参考价值。但是,需要指出的是,其中的相当部分作品是为英、印侵略和非法占领我国门隅、珞渝和下察隅寻找根据与口实,是直接为扩张主义势力服务的。因此,使用外文资料时,需要特别留意。

三是我国学者的调查报告和研究成果⑨。

我国学者对门巴族和珞巴族的系统调查,始于 20 世纪 70 年代,在此

---

① [印] 维雷尔·埃尔温:《十九世纪的印度东北边境》,牛津大学出版社 1959 年版（Verrier Elwin, *India's North-East Frontier*, Oxford University Press, 1959）。

② [印] 维里尔·埃尔温:《印度东北边境特区的神话》,西隆 1958 年版。

③ [英] 海门道夫:《喜马拉雅山蛮境》,约翰·默里出版公司 1955 年版（Christoph von Fürer-Haimendorf, *Himalayan Barbary*, London, 1955）。

④ [英] 海门道夫:《尼泊尔的夏尔巴人:信佛的高地居民》,约翰·默里出版公司 1964 年版（Christoph von Fürer-Haimendorf, *The Sherpas of Nepal: Buddhist Highlanders*, John Murray, London, 1964）,该书印行了五版。

⑤ [英] 迈克尔·阿里斯:《不丹历史源流》,维也纳 1986 年版（Michael Aris, *Sources for the History of Bhutan*, Wien, 1986）。

⑥ [英] 迈克尔·阿里斯:《门隅走廊史料札记》（M. V. Aris, *Notes on the history of the Monyul Corridor*）,参见 Michael Aris and Aung San Suu Kyi, *Tibetan Studies in Honour of Hugh Richardson*, England, Warminster, 1980, pp. 138 – 144。

⑦ [英] 阿拉斯太尔·蓝姆:《麦克马洪线》,伦敦 1966 年版（Alastair Lamb, *The McMahon line, A Study in the Relations Between India, China and Tibet, 1904 to 1914*, London, 1966）。

⑧ [英] 内维尔·马克斯韦尔:《印度对华战争》,陆仁译,世界知识出版社 1981 年版。

⑨ 参见陈立明《我国门巴族珞巴族研究的历史回顾》,《西藏民族学院学报》2008 年第 6 期;张若蓉《关于门巴族、珞巴族载文的统计分析》,《西藏研究》2009 年第 5 期;马小燕《50 年来我国门巴族、珞巴族研究综述》,《西藏研究》2015 年第 5 期。

之前只有零星的调查。新中国成立后，中国共产党和人民政府对少数民族十分关心，为了贯彻党的民族政策，了解各少数民族的基本情况，对西藏边疆少数民族的调查工作也逐步展开。最初参与调查工作的，主要是地方驻军和基层干部。他们在边防工作、群众工作和民主改革中，结合进行了民族调查。当时调查留下的资料，成为后来民族调查研究的重要参考材料。

1973年，中央民族大学（原名中央民族学院）莫俊卿、索文清和中国历史博物馆杜耀西、胡德平四位研究人员到西藏错那县和米林县，对居住在那里的门巴族和珞巴族分别进行了调研。1974年编写了《西藏错那县勒布区门巴族社会历史调查报告》和《西藏米林县南伊公社珞巴族社会历史调查报告》，并打印成册内部交流。报告对两地的门巴族和珞巴族的社会历史和解放后的变化分别作了较为系统而概略的记录。这是解放后我国民族学工作者在门巴族和珞巴族地区进行的首次较为全面的社会调查。

1976年和1980年，中国社会科学院民族研究所派出民族学家，深入墨脱、米林、隆子、错那和察隅等地，对我国实际控制区内的门巴族、珞巴族和僜人进行历史、社会和文化的系统、全面调查。这一批民族学工作者（主要有姚兆麟、吴从众、李坚尚、张江华、刘芳贤、陈景源、欧阳觉亚、张济川、王晓义等）在喜马拉雅东部山区的崇山峻岭和密林深处艰难跋涉，深入门巴族、珞巴族和僜人居住的村寨，经过了外人难以想象的艰苦卓绝的努力，取得了丰富的调研成果。他们将调研成果分别编印为《西藏墨脱县门巴族社会历史调查报告》①《西藏错那县勒布区门巴族社会历史调查报告》②《西藏米林县珞巴族社会历史调查报告》③《关于我国珞巴族的若干资料》④《僜人社会历史调查报告》⑤，还编译了《西藏门隅地区的若干资料》⑥（以上均为内部铅印本），后作为国家民委民族问题五种丛书之一的中国少数民族社会历史调查资料丛刊出版，即《门巴族社会

---

① 《西藏墨脱县门巴族社会历史调查报告》，中国社会科学院民族研究所编印1978年版。
② 《西藏错那县勒布区门巴族社会历史调查报告》，中央民族学院研究室编印1974年版。
③ 《西藏米林县珞巴族社会历史调查报告》，中国社会科学院民族研究所编印1978年版。
④ 《关于我国珞巴族的若干资料》，中国社会科学院民族研究所编印1978年版。
⑤ 《僜人社会历史调查报告》，中国社会科学院民族研究所编印1978年版。
⑥ 《西藏门隅地区的若干资料》，中国社会科学院民族研究所编印1978年版。

历史调查》（1—2集）、《珞巴族社会历史调查》（1—2集），由西藏人民出版社分别于1987年、1988年和1989年出版①。2005年，这些材料收入了《中国民族问题资料——档案集·中国少数民族社会历史调查资料丛刊》②第78卷和第79卷。其后，该系列调查报告（含《藏族社会历史调查》1—6集）于2009年又收入了新版的《民族问题五种丛书·之五·中国少数民族社会历史调查资料丛刊》③并出版了单行本。西藏僜人的社会历史调查资料，经过修订后编入了《民族学资料丛编·僜人社会历史调查》，由云南人民出版社于1990年出版④。这几个调查报告资料十分丰富，成为我国门巴族和珞巴族研究者案头必备的不可或缺的基础性资料。此外，中国社会科学院民族研究所与北京科学教育电影制片厂合作，在察隅县拍摄了名为《僜人》的科学纪录片。1982年，云南省民族研究所杨毓骧先生以极大的勇气和毅力，从独龙江前往西藏察瓦龙和察隅县调查藏族、珞巴族和僜人的社会与文化，其《滇藏高原纪程》详细记录了他们艰难的考察历程，编印了调研报告⑤。

在中国社会科学院民族研究所赴门巴族、珞巴族和僜人地区调查前后，西藏民族大学（原名西藏民族学院）也多次组织力量分别于1979年、1986年、1992年、1993年、2006年和2008年到西藏墨脱、米林、隆子、错那、察隅等地全面考察门巴族、珞巴族和僜人的社会和文化，获取了丰富的文字、录音、图片、影像和实物资料，参加调研的人员主要有顾祖成、于乃昌、唐忠、琼花、仁增措姆、张力凤、赵胜启、陈立明等。于乃昌先生整理了内部资料集《门巴族民间文学资料》《珞巴族民间文学

---

① 西藏社会历史资料丛刊编辑组编：《门巴族社会历史调查》（1—2集），西藏人民出版社1987年版、1988年版；《珞巴族社会历史调查》（1—2集），西藏人民出版社1987年版、1989年版。

② 《中国民族问题资料——档案集·中国少数民族社会历史调查资料丛刊》，中央民族大学出版社2005年版。

③ 西藏社会历史资料丛刊编辑组编、《中国少数民族社会历史调查资料丛刊》修订编辑委员会：《门巴族社会历史调查》（1—2集），民族出版社2009年版；《珞巴族社会历史调查》（1—2集），民族出版社2009年版；《藏族社会历史调查》（1—6集），民族出版社2009年版。

④ 中国社会科学院民族研究所编：《僜人社会历史调查》，云南人民出版社1990年版。

⑤ 云南省民族研究所编：《民族调查研究·专刊第3集：杨毓骧·滇藏高原考察报告》2000年版。另见杨毓骧、杨奇威：《雪域下的民族》，云南教育出版社2009年版。

资料》①，出版了《西藏民间故事·门巴族珞巴族专辑》②（第五集）。2000年，中国人口较少民族发展研究课题组组织调研了人口在10万以下的我国22个少数民族，编印了调查报告集，其中西藏门巴族珞巴族调研报告由西藏社会科学院索朗曲杰执笔完成《中国人口较少民族经济和社会发展调查报告》③。2003年，中国社会科学院民族研究所又组织力量再次赴墨脱考察，其后出版了《雅鲁藏布江大峡谷生态环境与民族文化考察记》④。同年，云南大学与西藏大学等高校合作，组织力量赴西藏米林县和错那县调查了门巴族和珞巴族的村社情况，出版了吕昭义、红梅主编的《门巴族·西藏错那县贡日乡调查》⑤和龚锐、晋美主编的《珞巴族·西藏米林县琼林村调查》⑥。近年，中国社会科学院中国边疆史地研究中心组织了"当代中国边疆·民族地区典型百村调查"，出版了杜莉的《乡村巨变——西藏山南勒布门巴民族乡调查报告》⑦。同期，中央民族大学启动了"985"工程中国民族经济村庄调查，出版了王丽平主编的《墨脱村调查（门巴族）》⑧和党秀云、周晓丽主编的《达木村调查（珞巴族）》⑨。

值得一提的是中国科学院和有关单位联合组织的考察队多次对雅鲁藏布大峡谷进行的科学考察。墨脱是雅鲁藏布大峡谷的核心区域，又是我国门巴族和珞巴族生活的重要聚居地。科考队对墨脱的地质地貌、生态环境、气候物产、动植物资源以及人文状况等进行了综合考察，这对于门巴族、珞巴族的综合研究具有重要意义。

通过我国民族学工作者长期艰苦卓绝的系统调查，不仅全面了解掌握

---

① 西藏民族学院科研处编：《门巴族民间文学资料》《珞巴族民间文学资料》，西藏民族学院科研处1979年版。
② 于乃昌编：《西藏民间故事·门巴族珞巴族专辑》，西藏人民出版社1989年版。
③ 中国人口较少民族发展研究课题组编：《中国人口较少民族经济和社会发展调查报告》，民族出版社2001年版。
④ 中国社会科学院民族研究所：《雅鲁藏布江大峡谷生态环境与民族文化考察记》，中国藏学出版社2007年版。
⑤ 吕昭义、红梅主编：《门巴族·西藏错那县贡日乡调查》，云南大学出版社2004年版。
⑥ 龚锐、晋美主编：《珞巴族·西藏米林县琼林村调查》，云南大学出版社2004年版。
⑦ 杜莉：《乡村巨变——西藏山南勒布门巴民族乡调查报告》，参见厉声主编《当代中国边疆·民族地区典型百村调查：西藏卷》（第二辑），社会科学文献出版社2011年版。
⑧ 王丽平主编：《墨脱村调查（门巴族）》，中国经济出版社2011年版。
⑨ 党秀云、周晓丽主编：《达木村调查（珞巴族）》，中国经济出版社2012年版。

图 0—3　本书作者 1986 年在墨脱考察途中

了门、珞、僜（人）的社会情况，而且当时调查搜集、拍摄录制的文字、录音、影像和实物，已经成为真实反映当时西藏边疆民族社会状况的极为珍贵的资料。

在调查研究的基础上，我国学者对门巴族和珞巴族的社会文化以及西藏世居民族关系进行了广泛而深入的研究，出版了一批有影响的论文和著作，这些调查资料和研究成果成为本课题参考的重要资料来源。

三　相关研究综述

我国学者对西藏世居民族的社会和文化及其民族关系的研究有着较为丰硕的成果，尤其是对西藏的主体民族藏族的研究成果丰硕，对其他世居民族如门巴族珞巴族的研究也有长足进展。这里主要列举学界对门巴族珞巴族等世居民族的研究状况并简要评述，同时简要叙述学界对僜人、夏尔巴人以及西藏回族和西藏蒙古族的研究情况。

（一）门巴族研究

1. 历史与社会研究

对门巴族的历史和民主改革前的社会形态研究，学界取得了丰富成果。

我国门巴族是 1964 年由国务院认定的少数民族。介绍门巴族的文章较早见诸报刊的是 1964 年 11 月 18 日的《西藏日报》。是日，该报登载了题为《欢乐的山谷——记勒布山区门巴族的变化》的报道。1978 年以后，介绍和研究门巴族的文章不断见诸报端，其作者大多为直接参与调查的民族学工作者。如早期的文章有：张江华、吴从众的《墨脱县的门巴族》[①]、顾祖成的《勤劳勇敢的门巴族》[②]、索文清的《"世界屋脊"上的门巴族》[③] 等。早期的成果大多属于介绍性文章，为人们了解门巴族的基本情况有一定帮助。

1982 年以后，陆续发表和出版了一批研究性文章和论著。其代表性作品有：吴从众的《祖国大家庭里的门巴族》[④]《解放前门巴族的封建农奴制度》[⑤]《西藏墨脱县门巴族的历史沿革》[⑥]、张江华的《民主改革前墨脱门巴族的农奴制》[⑦]、索文清的《西藏错那县门巴族概述》[⑧] 等论文。

门巴族和珞巴族世代居住的门隅和珞渝地区自古就是中国的领土，由于英国殖民主义对我国西藏的野蛮侵略和掠夺，特别是 1914 年英国殖民主义势力非法炮制的"麦克马洪线"，将我国近 9 万平方公里的国土划入英属印度，造成了时至今日中国和印度在门隅和珞渝（俗称藏南，印度在此地非法成立了"阿鲁纳恰尔邦"）的主权归属上争议不断。因此，我国学者在研究门巴族珞巴族的历史和社会形态时，将门隅和珞渝的历史地理情况及主权归属作为重要的研究内容，为国家的领土完整和边境谈判提供历史依据，为国家的核心利益服务。在此方面，最有代表性的成果有恰贝·次旦平措的《门隅地区自古属我国领土之佐证》[⑨]、益西赤列的《我

[①] 张江华、吴从众：《墨脱县的门巴族》，《地理知识》1978 年第 7 期。
[②] 顾祖成：《勤劳勇敢的门巴族》，《西藏日报》1979 年 11 月 12 日。
[③] 索文清：《"世界屋脊"上的门巴族》，《人民日报》1982 年 3 月 8 日。
[④] 吴从众：《祖国大家庭里的门巴族》，《西南民族学院学报》1982 年第 2 期。
[⑤] 吴从众：《解放前门巴族的封建农奴制度》，《西藏研究》1986 年第 1、2 期。
[⑥] 吴从众：《西藏墨脱县门巴族的历史沿革》，《中央民族学院学报》1987 年第 1 期。
[⑦] 张江华：《民主改革前墨脱门巴族的农奴制》，《民族学研究》（第 6 辑），民族出版社 1984 年版。
[⑧] 索文清：《西藏错那县门巴族概述》，《西北民族学院学报》1985 年第 3 期。
[⑨] 恰贝·次旦平措：《门隅地区自古属我国领土之佐证》，载《西藏文史资料选辑》（第 10 辑），民族出版社 1989 年版。（"恰贝·次旦平措"又音译为"恰白·次旦平措"）

的家乡——门隅》[1]、扎洛的《五世达赖喇嘛1680年发给门隅、珞渝地方之法旨考释》[2]、巴桑罗布的《隐秘乐园门隅——门隅的历史法律地位》[3]等。恰贝先生的文章使用了大量的藏文历史文献对门隅（含珞渝）的称谓的由来、藏文"门"的含义、藏文史料中最早对门隅的记载以及《门隅教史》中门巴族先民对门隅的开发和管理等进行了论述，提出了门隅属于我国领土的大量的佐证资料。益西赤列先生作为出生、成长于门隅的当地人回忆了自己所了解的包括地理、气候、物产、历史、人物、西藏地方政权对门隅的管理等方面，以无可辩驳的事实指出门隅是我国的神圣领土。扎洛先生则首次对五世达赖喇嘛的法旨做了全文汉译，并分两部分对法旨内容进行考释，指出在西藏与不丹对门隅数十年的争夺的背景下，五世达赖喇嘛颁布法旨成为稳固西南边疆而采取的积极防御措施之一。巴桑罗布先生的著作及系列论文[4]，充分挖掘藏文历史文献和档案资料，对门隅地区的古代社会发展历史和门隅传统村社制度进行了研究，并结合自身系错那县当地人的优势在勒布地区中印边境实控线一带进行调研考察，对原西藏地方政府对门隅地区的统辖治理进行了系统深入的研究。此外，吕昭义、杨永平的《达旺历史归属论》[5]一文引用相关史料、神话传说论证早在吐蕃时期就对门隅地区进行行政和宗教的有效管理，说明门隅自古就是中国西藏的一个组成部分。达瓦次仁的《门隅早期历史——吐蕃对门隅地区的治理》[6]利用藏文历史资料研究了门隅的早期历史，廖小韵等的《藏南地名佐证门巴与珞巴的民族归属》[7]一文从地名学的角度论证了门巴与珞巴的民族归属。

---

[1] 益西赤列：《我的家乡——门隅》，载《西藏文史资料选辑》（第2辑），民族出版社1984年版。

[2] 扎洛：《五世达赖喇嘛1680年发给门隅、珞渝地方之法旨考释》，《中国边疆史地研究》2003年第4期。

[3] 巴桑罗布：《隐秘乐园门隅——门隅的历史法律地位》，中国藏学出版社2014年版。

[4] 参见巴桑罗布《如数家珍的清册——初析〈水羊清册〉产生的原由及历史背景》，《西藏大学学报》2012年第3期；《吐蕃赞普后裔在门隅的繁衍与承袭》，《中国藏学》2012年第1期；《20世纪中叶门隅社会村社组织层级疏略——述〈门隅水羊清册〉所涉及的社会村社组织》，《西藏大学学报》2014年第1期。

[5] 吕昭义、杨永平：《达旺历史归属论》，《中国边疆史地研究》2011年第1期。

[6] 达瓦次仁：《门隅早期历史——吐蕃对门隅地区的治理》，《中国藏学》2013年第3期。

[7] 廖小韵等：《藏南地名佐证门巴与珞巴的民族归属》，《地理空间信息》2011年第2期。

在中印边境问题研究中涉及门珞地区相关的论著还有很多,如景辉的《有关中印边界争端的一些情况和背景》①,文章引用大量英国和印度方面资料及绘制的地图,证明历史上中国对争议地区的有效管辖和中印"习惯线"的存在。吴从众的《英国入侵西藏东南地方史略》② 一文,运用大量史料论证英印政府对中国西藏东南地区的一系列渗透和入侵活动。陈谦平的《抗战前后英国对西藏门隅地区的领土扩张》③ 认为,门隅和达旺成为中印争执焦点的原因,即英国殖民当局因中印边界尚未正式划界,国民政府抗战后又忙于内战而在藏政令未能贯彻,遂利用这一局势,以派驻军队和修筑道路实施军事占领的主要手段,在门隅造成既成事实,为中印国界勘察时制造凭借。此外,相关文章还有《澄清历史是非是和平解决中印边界争端的基础与前提》④《达旺的历史归属及其在中印边界问题中的影响》⑤ 等。

在研究中英关系、中印关系与西藏问题的论著中涉及西藏边疆地区的代表性著作有:周伟洲主编的《英国俄国与中国西藏》⑥、杨公素的《中国反对外国侵略干涉西藏地方史》⑦、王宏纬的《喜马拉雅山情结——中印关系研究》⑧ 及其该书的修订版《当代中印关系述评》⑨、陈谦平的《抗战前后之中英西藏交涉(1935—1947)》⑩、张永攀的《英帝国与中国西藏(1937—1947)》⑪、冯明珠的《中英西藏交涉与川藏边情(1774—1925)》⑫、梁俊艳的《英国与中国西藏(1774—1904)》⑬ 以及吕昭义的

---

① 景辉:《有关中印边界争端的一些情况和背景》,《国际问题研究》1986年第2期。
② 吴从众:《英国入侵西藏东南地方史略》,《西藏研究》1988年第3期。
③ 陈谦平:《抗战前后英国对西藏门隅地区的领土扩张》,《民国档案》2003年第2期。
④ 麓彬:《澄清历史是非是和平解决中印边界争端的基础与前提》,《西藏大学学报》2000年第4期。
⑤ 刘红良:《达旺的历史归属及其在中印边界问题中的影响》,《国际论坛》2016年第5期。
⑥ 周伟洲主编:《英国俄国与中国西藏》,中国藏学出版社2000年版。
⑦ 杨公素:《中国反对外国侵略干涉西藏地方史》,中国藏学出版社1992年版。
⑧ 王宏纬:《喜马拉雅山情结——中印关系研究》,中国藏学出版社1998年版。
⑨ 王宏纬:《当代中印关系述评》,中国藏学出版社2009年版。
⑩ 陈谦平:《抗战前后之中英西藏交涉(1935—1947)》,生活·读书·新知三联书店2003年版。
⑪ 张永攀:《英帝国与中国西藏(1937—1947)》,中国社会科学出版社2007年版。
⑫ 冯明珠:《中英西藏交涉与川藏边情(1774—1925)》,中国藏学出版社2007年版。
⑬ 梁俊艳:《英国与中国西藏(1774—1904)》,兰州大学出版社2012年版。

《英属印度与中国西南边疆（1774—1911 年）》①和《英帝国与中国西南边疆（1911—1947）》②等。

在藏族与门巴族和珞巴族这几个西藏高原世居民族关系研究方面的成果主要有：张江华的《门、藏历史关系刍议》③、陈立明的《略论门巴族藏族宗教文化交流》④《论藏门两族的文学艺术交流》⑤《论门珞文化交流》⑥《〈仓央嘉措情歌〉与门巴族藏族的文学交流》⑦等文章以及陈立明的博士学位论文《藏门珞民族关系研究》⑧和苏发祥主编的《西藏民族关系研究》⑨等研究论著。

这一时期，出版了多部介绍和研究门巴族的著作，主要有张江华等的《西藏门巴族》⑩《门巴族封建农奴社会》⑪和《门巴族》⑫、吴从众的《西藏境内的门巴族、珞巴族和回族》⑬、《门巴族简史》编写组编写的《门巴族简史》，于乃昌等的《门巴族文化大观》⑭。

上述论文和著作，对门巴族的历史发展、社会形态和民族关系进行了综合研究，在许多领域填补了我国门巴族研究的空白，拓展了我国民族关系史的研究内涵。

2. 宗教与民俗研究

在门巴族宗教研究方面，专题研究的文章不多，主要见于论文集和综

---

① 吕昭义：《英属印度与中国西南边疆（1774—1911 年）》，中国社会科学出版社 1996 年版。
② 吕昭义：《英帝国与中国西南边疆（1911—1947）》，中国藏学出版社 2001 年版。
③ 张江华：《门、藏历史关系刍议》，《西藏民族学院学报》1984 年第 1 期。
④ 陈立明：《略论门巴族藏族宗教文化交流》，《中国藏学》1994 年第 3 期。
⑤ 陈立明：《论藏门两族的文学艺术交流》，《西藏艺术研究》1995 年第 1 期。
⑥ 陈立明：《论门珞文化交流》，载《民族学研究》第 11 辑，民族出版社 1995 年版。
⑦ 陈立明：《〈仓央嘉措情歌〉与门巴族藏族的文学交流》，《民族文学研究》2003 年第 1 期。
⑧ 陈立明：《藏门珞民族关系研究》，博士学位论文，四川大学，2003 年。
⑨ 苏发祥主编：《西藏民族关系研究》，中央民族大学出版社 2006 年版。
⑩ 张江华等：《西藏门巴族》，西藏人民出版社 1986 年版。
⑪ 张江华等：《门巴族封建农奴社会》，四川民族出版社 1988 年版。
⑫ 张江华：《门巴族》，民族出版社 1997 年版，该书于 2004 年再版。
⑬ 吴从众：《西藏境内的门巴族、珞巴族和回族》，中国藏学出版社 1989 年版。
⑭ 关东升主编：《中国民族文化大观·藏族、门巴族、珞巴族》，中国大百科全书出版社 1995 年版。

合性研究著作中。其中有张江华的《门巴族的本教》①,在《门巴族简史》《门巴族封建农奴社会》以及《中国民族文化大观·藏族、门巴族、珞巴族》等著作中,关于门巴族宗教信仰的内容占有很大分量。此外,姚兴奇的《门巴族的神灵崇拜》②、陈立明《从"房脊神"看门巴族的生殖崇拜》③、刘志群的《西藏门巴族生殖崇拜及其祭祀活动》④、陈立明的《门巴族生殖崇拜文化探析》⑤和《藏传佛教在门隅的传播和影响》⑥等文章,对门巴族的宗教及其信仰进行了介绍和研究。

与门巴族宗教研究相比较,门巴族民俗研究的成果比较丰富。主要有群佩的《勒布木碗》⑦、于乃昌的《门巴族妇女与小牛皮——谈西藏错那县勒布区门巴族妇女服饰》⑧《门巴族歌谣中的马文化情结》⑨、陈乃文的《门巴族的婚姻与家庭》⑩、顾祖成的《门巴女子的披衣》⑪、陈立明的《试论门巴族的家庭与婚姻》⑫《关于门巴族丧葬的考察与思考》⑬《门巴族的节日与礼俗》⑭《门巴族的传统科技》⑮《门巴族的传统体育与游戏》⑯、姚兴奇的《门巴族狩猎文化中的禁忌》⑰、措姆的《门巴族婚俗》⑱、刘庆慧

---

① 张江华:《门巴族的本教》,载宋恩常主编《中国少数民族宗教初编》,云南人民出版社1985年版。
② 姚兴奇:《门巴族的神灵崇拜》,《西藏日报》1990年12月22日。
③ 陈立明:《从"房脊神"看门巴族的生殖崇拜》,《西藏民族学院学报》1989年第4期。
④ 刘志群:《西藏门巴族生殖崇拜及其祭祀活动》,《民族艺术》1995年第1期。
⑤ 陈立明:《门巴族生殖崇拜文化探析》,《民族文学研究》1998年第3期。
⑥ 陈立明:《藏传佛教在门隅的传播和影响》,《中国藏学》2006年第1期。
⑦ 群佩:《勒布木碗》,《人民日报》1982年2月8日。
⑧ 于乃昌:《门巴族妇女与小牛皮——谈西藏错那县勒布区门巴族妇女服饰》,《民族文化》1984年第3期。
⑨ 于乃昌:《门巴族歌谣中的马文化情结》,《西藏民俗》2000年第1期。
⑩ 陈乃文:《门巴族的婚姻与家庭》,《西藏研究》1985年第1期。
⑪ 顾祖成:《门巴女子的披衣》,《民族》1989年第6期。
⑫ 陈立明:《试论门巴族的家庭与婚姻》,《中国藏学》1990年第2期。
⑬ 陈立明:《关于门巴族丧葬的考察与思考》,《西藏研究》1991年第1期。
⑭ 陈立明:《门巴族的节日与礼俗》,《西藏民俗》1994年第4期。
⑮ 陈立明:《门巴族的传统科技》,《中国科技史料》1995年第1期。
⑯ 陈立明:《门巴族的传统体育与游戏》,《体育文史》1995年第1期。
⑰ 姚兴奇:《门巴族狩猎文化中的禁忌》,《西藏研究》1992年第1期。
⑱ 措姆:《门巴族婚俗》,《雪域文化》1993年第1期。

等的《门巴族婚俗文化特征及其与藏族婚俗的关系研究》[1]、刘志群的《门巴族生殖崇拜及其祭祀习俗》[2] 等论文和介绍性文章。丁玲辉先生及其团队成员对门巴族和珞巴族的传统体育研究较为集中,主要成果有:《认知传承变迁——门巴、珞巴族传统体育文化调查》[3]《门巴族、珞巴族传统体育变迁与传承的探讨》[4]《门巴族珞巴族传统体育保护与传承路径探讨》[5] 以及《门巴族传统体育变迁研究——以山南错那县勒布门巴族传统体育为个案》[6] 等。

除文章外,在一些综合性著作中有大量介绍门巴族民俗与宗教的内容。如于乃昌的《西藏审美文化》[7]、冀文正的《门巴族风情录》[8]《莲花遗韵——墨脱记事》[9]、陈立明的《走入喜马拉雅丛林——西藏门巴族珞巴族文化之旅》[10]《门巴族风俗志》[11] 和《西藏民俗文化》[12]、张宗显的《花地之家——门巴族》[13] 以及赵胜启的《灵异的墨脱》[14] 和《门隅恋歌》[15] 等。

---

[1] 刘庆慧等:《门巴族婚俗文化特征及其与藏族婚俗的关系研究》,《西藏大学学报》2007年第2期。

[2] 刘志群:《门巴族生殖崇拜及其祭祀习俗》,《中国西藏》2003年第2期。

[3] 丁玲辉等:《认知传承变迁——门巴、珞巴族传统体育文化调查》,《西南民族大学学报》2014年第10期。

[4] 丁玲辉等:《门巴族、珞巴族传统体育变迁与传承的探讨》,《西藏民族学院学报》2015年第5期。

[5] 丁玲辉:《门巴族珞巴族传统体育保护与传承路径探讨》,《西藏大学学报》2016年第3期。

[6] 杨建鹏等:《门巴族传统体育变迁研究——以山南错那县勒布门巴族传统体育为个案》,《西藏大学学报》2016年第2期。

[7] 于乃昌:《西藏审美文化》,西藏人民出版社1989年版。该书1999年充实内容后再版。

[8] 冀文正:《门巴族风情录》,成都时代出版社2002年版。

[9] 冀文正:《莲花遗韵——墨脱记事》,四川民族出版社2011年版。

[10] 陈立明:《走入喜马拉雅丛林——西藏门巴族珞巴族文化之旅》,中国藏学出版社2002年版。

[11] 陈立明:《门巴族风俗志》,载毛公宁主编《中国少数民族风俗志》,民族出版社2006年版。

[12] 陈立明等:《西藏民俗文化》,中国藏学出版社2003年初版,2010年修订版。

[13] 张宗显:《花地之家——门巴族》,云南大学出版社2003年版。

[14] 赵胜启:《灵异的墨脱》,云南大学出版社2004年版。

[15] 赵胜启:《门隅恋歌》,云南大学出版社2005年版。

图 0—4 雪山与森林

3. 文学与艺术研究

门巴族文学既有民间文学也有作家文学，而以民间文学为主。在门巴族文学艺术的介绍和研究方面的主要成果有：于乃昌的《门巴族情歌》[①]《门巴族民间文学概况》[②]《门巴族古典情歌八十首》[③]、琼华的《门巴族民歌选》[④]、吕昭义等的《色目村门巴族魔女神话传说初探》[⑤]《门巴族色目村的"魔女"文化的历史人类学解读》[⑥] 等。专辑和著作主要有：于乃昌整理的《门巴族民间文学资料》[⑦] 和《门巴族文学作品选》[⑧] 及其主编

[①] 于乃昌：《门巴族情歌》，《西藏文艺》1980 年第 1 期。
[②] 于乃昌：《门巴族民间文学概况》，《西藏民族学院学报》1980 年第 1 期。
[③] 于乃昌：《门巴族古典情歌八十首》，《西藏文艺》1980 年第 1 期。
[④] 琼华：《门巴族民歌选》，《西藏民族学院学报》1981 年第 2 期。
[⑤] 吕昭义等：《色目村门巴族魔女神话传说初探》，《民族艺术研究》2004 年第 3 期。
[⑥] 吕昭义等：《门巴族色目村的"魔女"文化的历史人类学解读》，《史学理论研究》2007 年第 3 期。
[⑦] 于乃昌整理：《门巴族民间文学资料》，西藏民族学院科研处 1979 年版。
[⑧] 于乃昌整理：《门巴族文学作品选》，《中国少数民族文学作品选》，上海文艺出版社 1981 年版。

的《西藏民间故事·门巴族珞巴族专辑》①、李坚尚等编的《珞巴族、门巴族民间故事选》②、冀文正的《西藏民间故事》③《门巴族民间故事》④《门巴族歌谣》⑤和《珞巴族门巴族谚语》⑥等。

在对门巴族和珞巴族的传统文化的介绍和研究中，值得一提的是冀文正先生和罗洪忠先生的贡献。冀文正先生在20世纪50年代随军进驻墨脱工作了16年之久，此后一直关注搜集墨脱门巴族珞巴族的民间文化，其搜集整理出版的系列成果具有重要的价值⑦。罗洪忠多次赴墨脱和错那县考察门巴族珞巴族文化，出版了一系列介绍和研究门巴族珞巴族文化的作品，其中《人文雅鲁藏布大峡谷》三卷本即《峡谷风云》《莲花圣地》《深峡淘金》获得了良好的社会评价⑧。罗洪忠还出版了《莲花遗梦——珞渝文化第一人冀文正50年代墨脱口述史》⑨和《仓央嘉措故里》⑩等著作。

在门巴族的作家文学研究中焦点集中在《仓央嘉措情歌》及其作者的研究上，曾在相当长的时期内成为藏学研究的热点。

对于仓央嘉措的族属、卒年以及《仓央嘉措情歌》的内涵等，学界多有争议与分歧。关于仓央嘉措的族属，目前仍没有一致意见。在《中国民族文化大观·藏族、门巴族、珞巴族》一书中，"藏族篇"将仓央嘉措作为藏族诗人作了介绍，而在"门巴族篇"中，又作为门巴族的诗人作了重点评介。在一部著作中对同一人出现两种族属之划分，可见学界的分歧。关于仓央嘉措的卒年，一般认为仓央嘉措1706年圆寂于解送内地

---

① 于乃昌主编：《西藏民间故事·门巴族珞巴族专辑》（第五集），西藏人民出版社1989年版。

② 李坚尚等编：《珞巴族、门巴族民间故事选》，上海文艺出版社1993年版。

③ 冀文正：《西藏民间故事》（第六集），西藏人民出版社1993年版。

④ 冀文正：《门巴族民间故事》，四川民族出版社2011年版。

⑤ 冀文正：《门巴族歌谣》，四川民族出版社2011年版。

⑥ 冀文正：《珞巴族门巴族谚语》，四川民族出版社2011年版。

⑦ 2016年3月，电子科技大学出版社推出了《珞渝文化丛书》精品书系，包括了《白马情歌》《智语箴言》《峡谷流韵》《灵在民间》4册，分别介绍了门巴、珞巴两个民族的歌谣、谚语、文化风情及民间故事，囊括了冀文正先生搜集整理的珞渝文化的主要内容。

⑧ 罗洪忠：《峡谷风云》《莲花圣地》《深峡淘金》，电子科技大学出版社2012年版。

⑨ 罗洪忠：《莲花遗梦——珞渝文化第一人冀文正50年代墨脱口述史》，西藏人民出版社2016年版。

⑩ 罗洪忠：《仓央嘉措故里》，西藏人民出版社2017年版。

途中的青海湖畔，但《六世达赖喇嘛仓央嘉措秘传》①则将其卒年大为延后，声称仓央嘉措1746年圆寂于内蒙古的阿拉善，这一说法伴有民间传说和宗教圣迹作佐证。还有仓央嘉措圆寂于山西五台山之说。对于仓央嘉措的卒年至今仍无一致意见。对于仓央嘉措诗歌的内涵学界多认为"情歌说"，但亦有"宗教诗"和"政治—历史抒情诗"的声音。关于"谐体"民歌的源流与演变，学术界亦有不同意见。有人认为"谐体"民歌是由藏族的"鲁玛谐"体民歌演变发展而来的。还有一种观点认为"谐体"格律是从"鲁体"格律中派生出来的。亦有人认为，藏族地区现在流行的"谐体"民歌是在仓央嘉措之后才出现在西藏地区，并广为流行，形成了所谓西藏的"谐体"民歌。

仓央嘉措及其《仓央嘉措情歌》研究的代表性作品有：于乃昌的《门巴族民间情歌与仓央嘉措》②《仓央嘉措生平疏议》③，恰白·次丹平措著、曹晓燕译的《谈谈与〈仓央嘉措情歌〉有关的几个历史事实》④，陈立明的《近年仓央嘉措及其情歌研究综述——兼谈仓央嘉措的族属及其它》⑤，蓝国华的《仓央嘉措写作情歌真伪辨》⑥和《关于仓央嘉措及其情歌研究的六个问题》⑦，张武江的《仓央嘉措情歌汉语译介出版研究》⑧，荣立宇的《仓央嘉措及其诗歌研究二十年（1990—2011）》⑨等。黄颢等编的《仓央嘉措及其情歌研究·资料汇编》⑩汇集了仓央嘉措情歌的多种藏文版本和译本以及近半个世纪以来的研究情况。近年来，关于仓央嘉措及其情歌的解读探索已经形成一个热潮，成为炙手可热的流行文

---

① 阿旺伦珠达吉：《六世达赖喇嘛仓央嘉措秘传》，庄晶译，中国藏学出版社2010年版。
② 于乃昌：《门巴族民间情歌与仓央嘉措》，《西藏文艺》1980年第1期。
③ 于乃昌：《仓央嘉措生平疏议》，《西藏研究》1982年第3期。
④ 恰白·次丹平措：《谈谈与〈仓央嘉措情歌〉有关的几个历史事实》，曹晓燕译，《西藏民族学院学报》1990年第3、4期。
⑤ 陈立明：《近年仓央嘉措及其情歌研究综述——兼谈仓央嘉措的族属及其它》，《西藏民族学院学报》1988年第1—2期。
⑥ 蓝国华：《仓央嘉措写作情歌真伪辨》，《西藏研究》2002年第3期。
⑦ 蓝国华：《关于仓央嘉措及其情歌研究的六个问题》，《西藏艺术研究》2003年第2期。
⑧ 张武江：《仓央嘉措情歌汉语译介出版研究》，《西藏研究》2011年第6期。
⑨ 荣立宇：《仓央嘉措及其诗歌研究二十年（1990—2011）》，《内蒙古大学学报》（哲学社会科学版）2012年第5期。
⑩ 黄颢等编：《仓央嘉措及其情歌研究·资料汇编》，西藏人民出版社1982年版。

化，从音乐、影视到大众读物，甚至还有音乐剧《仓央嘉措》① 面世。

在门巴族艺术研究方面的文章有：拉巴卓玛的《错那县门巴族歌舞简介》②、于乃昌的《神灵感应中的人体文化——论门巴族的宗教舞蹈》③《门巴族民间戏剧的审美启示》④、王希华的《门巴戏和藏戏艺术特点比较初探》⑤、陈立明的《门巴族民间戏剧考察——兼谈藏戏与门巴戏的异与同》⑥ 等。在《中国戏曲志·西藏卷》中，有大量关于门巴戏介绍和研究的内容⑦。此外，在门巴族的语言研究方面，有孙宏开等的《门巴、珞巴、僜人的语言》⑧、张济川的《仓洛门巴语简志》⑨、陆绍尊的《错那门巴语简志》⑩ 和《门巴语方言研究》⑪ 等。

4. 当代社会与其他研究

在研究门巴族传统文化的同时，学界对门巴族当代社会发展给予了关注，研究的文章主要有：刘志群的《错那门巴族：文化艺术的调查及其对外开放和开发的可行性研究》⑫、扎西的《西藏门巴族经济发展状况及转变经济发展方式研究》⑬、朱玉福的系列文章《抓住门巴、珞巴族发展新契机，建设全面小康社会》⑭《西藏门巴族珞巴族社会经济迎来发展黄

---

① 季星等：《音乐剧〈仓央嘉措〉的加减法》，参见南方周末网（www.infzm.com），2013年6月14日。

② 拉巴卓玛：《错那县门巴族歌舞简介》，《西藏艺术研究》1995年第3期。

③ 于乃昌：《神灵感应中的人体文化——论门巴族的宗教舞蹈》，《西藏民族学院学报》1989年第1期。

④ 于乃昌：《门巴族民间戏剧的审美启示》，《民族艺术》1993年第1期。

⑤ 王希华：《门巴戏和藏戏艺术特点比较初探》，中国西藏新闻网，2005年2月13日。

⑥ 陈立明：《门巴族民间戏剧考察——兼谈藏戏与门巴戏的异与同》，《民族文学研究》2005年第4期。

⑦ 中国戏曲志编辑委员会：《中国戏曲志·西藏卷》，文化艺术出版社1993年版。

⑧ 孙宏开等：《门巴、珞巴、僜人的语言》，中国社会科学出版社1980年版。

⑨ 张济川：《仓洛门巴语简志》，民族出版社1986年版。

⑩ 陆绍尊：《错那门巴语简志》，民族出版社1986年版。

⑪ 陆绍尊：《门巴语方言研究》，民族出版社2002年版。

⑫ 刘志群：《错那门巴族：文化艺术的调查及其对外开放和开发的可行性研究》，《西藏艺术研究》1992年第4期。

⑬ 扎西：《门巴族经济发展状况及转变经济发展方式研究》，《西藏大学学报》2012年第3期。

⑭ 朱玉福：《抓住门巴、珞巴族发展新契机，建设全面小康社会》，《西藏大学学报》2006年第4期。

金时期》①《论大力扶持西藏门巴族珞巴族发展的意义》②《门巴、珞巴教育事业发展探讨》③《西藏门巴族、珞巴族特色经济发展探讨》④《人口较少民族特色经济初探——以西藏门巴、珞巴族为例》⑤ 等。

我们注意到，在近年对门巴族的研究中，一些学者运用生态学、人口学等理论研究门巴族社会，取得了可喜的研究成果。如王春蕊等的《中国门巴族未来人口预测与民族地区经济发展研究》⑥、吕昭义的《色目村门巴族的生态文明与和谐社区构建》⑦、周云水的《论西藏勒布门巴族文化与社会可持续发展——基于人类学田野调查的思考》⑧、马宁的《门巴族非物质文化遗产及其保护》⑨ 等。马宁的著作《门巴族珞巴族非遗保护与旅游开发研究》⑩，利用田野调查资料，首次对门巴族和珞巴族的非物质文化遗产的历史与现状以及发展中存在的问题进行了全面系统的研究。还有的学者运用遗传学等自然科学的方法和手段研究门巴族的血型、基因等，拓宽了门巴族研究的领域和范围。如汪宪平等的《西藏门巴族肤纹参数研究》⑪、张洪波等的《西藏门巴族人群 HLA-A、B 和 DRB1 基因座多态性》⑫、袁东亚等的《门巴族 ABO 血型系统基因频率的检测与分析》⑬ 等

---

① 朱玉福:《西藏门巴族珞巴族社会经济迎来发展黄金时期》,《西藏发展论坛》2007 年第 6 期。
② 朱玉福:《论大力扶持西藏门巴族珞巴族发展的意义》,《西藏大学学报》2008 年第 1 期。
③ 朱玉福:《门巴、珞巴教育事业发展探讨》,《民族教育研究》2008 年第 1 期。
④ 朱玉福:《西藏门巴族、珞巴族特色经济发展探讨》,《阿坝高等师范专科学校学报》2008 年第 2 期。
⑤ 朱玉福:《人口较少民族特色经济初探——以西藏门巴、珞巴族为例》,《黑龙江民族丛刊》2008 第 2 期。
⑥ 王春蕊等:《中国门巴族未来人口预测与民族地区经济发展研究》,《西北人口》2007 年第 1 期。
⑦ 吕昭义:《色目村门巴族的生态文明与和谐社区构建》,《西南边疆民族研究》2007 年第 5 辑。
⑧ 周云水:《论西藏勒布门巴族文化与社会可持续发展——基于人类学田野调查的思考》,《西藏发展论坛》2008 年第 1 期。
⑨ 马宁:《门巴族非物质文化遗产及其保护》,《西藏研究》2008 年第 3 期。
⑩ 马宁:《门巴族珞巴族非遗保护与旅游开发研究》,中山大学出版社 2015 年版。
⑪ 汪宪平等:《西藏门巴族肤纹参数研究》,《人类学学报》1999 年第 1 期。
⑫ 张洪波等:《西藏门巴族人群 HLA-A、B 和 DRB1 基因座多态性》,《中华医学遗传学杂志》2005 年第 3 期。
⑬ 袁东亚等:《门巴族 ABO 血型系统基因频率的检测与分析》,《中央民族大学学报》(自然科学版) 2006 年第 3 期。

文章。

（二）珞巴族研究

1. 历史与社会研究

珞巴族是 1965 年认定的少数民族。解放后较早见诸报刊的是 1963 年 11 月 28 日的《光明日报》。是日，该报登载了名为《党接珞巴下山来》的报道，作者为王光寿。

在珞巴族历史和社会形态研究方面代表性论文有：洛思的《从博嘎尔民间传说看珞巴族的起源和社会发展》①、姚兆麟的《试论博嘎尔部落的私有制发展与氏族制度的衰落》②、李坚尚的《论珞巴族社会发展的若干特点》③《试论珞巴族的部落组织》④《藏珞贸易的民族学考察》⑤、陈立明的《珞藏文化交流初探》⑥《近代我国门巴族、珞巴族的反侵略斗争》⑦《原西藏地方政权对墨脱及其以南地区的统辖与治理》⑧、龚锐等的《珞巴族——中国人口最少的民族》⑨ 等。代表性著作有：《珞巴族简史》编写组编的《珞巴族简史》⑩、李坚尚等的《珞巴族的社会和文化》⑪、于乃昌等的《珞巴族文化大观》⑫、王玉平的《珞巴族》⑬、姚兆麟的《西藏民族志》⑭ 等。

由于非法的"麦克马洪线"的分割，我国学者难以进入印控珞巴族门巴族地区进行调研，一些学者将有关该地区的外文资料进行了翻译，一

---

① 洛思：《从博嘎尔民间传说看珞巴族的起源和社会发展》，《西藏民族学院学报》1980 年第 1 期。
② 姚兆麟：《试论博嘎尔部落的私有制发展与氏族制度的衰落》，《西藏研究》1983 年第 3 期。
③ 李坚尚：《论珞巴族社会发展的若干特点》，《民族学与现代化》1986 年第 3 期。
④ 李坚尚：《试论珞巴族的部落组织》，《民族研究》1986 年第 4 期。
⑤ 李坚尚：《藏珞贸易的民族学考察》，《西藏研究》1986 年第 3 期。
⑥ 陈立明：《珞藏文化交流初探》，《西藏研究》1994 年第 3 期。
⑦ 陈立明：《近代我国门巴族、珞巴族的反侵略斗争》，《西藏研究》2004 年第 4 期。
⑧ 陈立明：《原西藏地方政权对墨脱及其以南地区的统辖与治理》，《西藏研究》2006 年第 2 期。
⑨ 龚锐等：《珞巴族——中国人口最少的民族》，《今日民族》2006 年第 11 期。
⑩ 《珞巴族简史》编写组：《珞巴族简史》，西藏人民出版社 1986 年版。
⑪ 李坚尚等：《珞巴族的社会和文化》，四川民族出版社 1992 年版。
⑫ 于乃昌等：《珞巴族文化大观》，中国大百科全书出版社 1995 年版。
⑬ 王玉平：《珞巴族》，民族出版社 1997 年版。
⑭ 姚兆麟：《西藏民族志》，中国藏学出版社 2007 年版。

定程度上弥补了缺憾。近年来，李金轲等人的系列文章，如《中印领土争议东段地区珞巴族塔金人及其社会变迁》①《珞巴族尼西人的传统社会生活》②《珞藏传统贸易文化联系探析》③《中印领土争议东段地区珞巴族阿帕塔尼人及其社会变迁》④《基督教在中印领土争议东段地区珞巴族中的传播与影响》⑤ 等，介绍了印控区珞巴族部分部落的传统文化和社会变迁情况。而梦野先生历经艰辛进入门隅地区进行探访后出版的著作《亲吻藏南——行走在仓央嘉措的故乡达旺》⑥ 是一部十分难得的著作，是我国文化学者第一次实地考察印控区门隅达旺一带后所撰写的，为我们了解印控区门隅和珞渝的情况提供了重要资料。

图0—5 神山与圣湖（杨忠宁摄）

---

① 李金轲等：《中印领土争议东段地区珞巴族塔金人及其社会变迁》，《中国边疆史地研究》2012年第1期。
② 李金轲等：《珞巴族尼西人的传统社会生活》，《西藏研究》2013年第3期。
③ 李金轲等：《珞藏传统贸易文化联系探析》，《湖北民族学院学报》2013年第4期。
④ 李金轲等：《中印领土争议东段地区珞巴族阿帕塔尼人及其社会变迁》，《中国边疆史地研究》2014年第1期。
⑤ 李金轲等：《基督教在中印领土争议东段地区珞巴族中的传播与影响》，《世界宗教文化》2014年第1期。
⑥ 梦野：《亲吻藏南——行走在仓央嘉措的故乡达旺》，中国青年出版社2011年版。

2. 宗教与民俗研究

在珞巴族宗教研究方面的成果主要有：李坚尚等的《珞巴族的原始宗教》[1]、于乃昌的《痴迷的信仰与痴迷的艺术——珞巴族的原始宗教与文化》[2]、林继富的《珞巴族灶神论析》[3]、刘志群的《珞巴族原始文化》[4]、李坚尚等的《中国各民族原始宗教资料集成·珞巴族卷》[5]、子文的《南伊珞巴族大女巫的杀鸡看肝占卜仪式》[6]等。其中，由李坚尚、刘芳贤先生主编的《中国各民族原始宗教资料集成·珞巴族卷》资料最为翔实，是珞巴族宗教文化调查研究的最重要成果。

在珞巴族民俗研究方面的成果主要有：姚兆麟的《珞巴族的婚姻家庭》[7]、陈立明的《珞巴族婚姻家庭述论》[8]《珞巴族的丧葬与禁忌》[9]《珞巴族传统居住习俗及其变化》[10]、于乃昌的《珞巴族饮食文化》[11]、张力凤的《珞巴族博嘎尔部落的婚恋习俗》[12]等文章。集中介绍珞巴族风俗习惯的著作有冀文正先生的《珞巴族风情录》[13]、李旭的《雅鲁藏布江大峡谷的子民——珞巴族》[14]、陈立明的《走入喜马拉雅丛林——西藏门巴族珞巴族文化之旅》[15]

---

[1] 李坚尚等：《珞巴族的原始宗教》，《中国少数民族宗教初编》，云南人民出版社1985年版。
[2] 于乃昌：《痴迷的信仰与痴迷的艺术——珞巴族的原始宗教与文化》，《中国藏学》1989年第2期。
[3] 林继富：《珞巴族灶神论析》，《民间文学论坛》1996年第2期。
[4] 刘志群：《珞巴族原始文化》，《民族艺术》1997年第1、2期。
[5] 李坚尚等：《中国各民族原始宗教资料集成·珞巴族卷》，中国社会科学出版社1999年版。
[6] 子文：《南伊珞巴族大女巫的杀鸡看肝占卜仪式》，《中国民族博览》2000年第4期。
[7] 姚兆麟：《珞巴族的婚姻家庭》，载《中国少数民族的婚姻家庭》，中国妇女出版社1986年版。
[8] 陈立明：《珞巴族婚姻家庭述论》，载《藏学研究论丛》（第二辑），西藏人民出版社1990年版。
[9] 陈立明：《珞巴族的丧葬与禁忌》，《西藏民族学院学报》1990年第1期。
[10] 陈立明：《珞巴族传统居住习俗及其变化》，《西藏民族学院学报》2003年第3期。
[11] 于乃昌：《珞巴族饮食文化》，《中国西藏》1998年第2期。
[12] 张力凤：《珞巴族博嘎尔部落的婚恋习俗》，《西藏民族学院学报》2004年第2期。
[13] 冀文正：《珞巴族风情录》，成都时代出版社2002年版。
[14] 李旭：《雅鲁藏布江大峡谷的子民——珞巴族》，云南大学出版社2003年版。
[15] 陈立明：《走入喜马拉雅丛林——西藏门巴族珞巴族文化之旅》，中国藏学出版社2002年版。

和《珞巴族风俗志》①。此外，杨辉麟的《西藏东南角》②、金辉的《西藏墨脱的诱惑》③、李坚尚的《喜马拉雅寻觅》④ 和赵胜启的《古朴的珞乡》⑤ 亦对珞巴族的民俗和文学等有集中的介绍。珞巴族体育文化研究的主要成果有：《珞巴族传统体育文化略论》⑥《珞巴族传统体育文化及其生存现状考察——以西藏米林县才召珞巴村射箭习俗变异为例》⑦《珞巴族传统体育现状的调查研究》⑧ 等。

3. 文学与艺术研究

珞巴族的文学艺术富有浓郁的原始文化特色。在文学艺术研究方面的成果有：于乃昌的《珞巴族民间文学概况》⑨《珞巴族民间故事的审美效应与审美构成》⑩《原始思维与珞巴族文学审美特性的生成》⑪《"斯金金巴巴娜达蒙"论析——珞巴族古史歌研究之一》⑫《从珞巴族神话谈神话的产生》⑬《珞巴族三大史诗》⑭、拉巴卓玛的《米林珞巴族舞蹈概况》⑮、张力风的《从民间文学现象比较看西藏墨脱地区民族文化的渗透与融合》⑯、刘志群的《珞巴族原始文化》⑰、贺长亮的《珞巴族舞蹈生态研

---

① 陈立明：《珞巴族风俗志》，载毛公宁主编《中国少数民族风俗志》，民族出版社2006年版。
② 杨辉麟：《西藏东南角》，西藏人民出版社1993年版。
③ 金辉：《西藏墨脱的诱惑》，东方出版社1995年版。
④ 李坚尚：《喜马拉雅寻觅》，山东画报出版社1999年版。
⑤ 赵胜启：《古朴的珞乡》，云南大学出版社2004年版。
⑥ 丁玲辉：《珞巴族传统体育文化略论》，《西南民族大学学报》2011年第12期。
⑦ 丁玲辉等：《珞巴族传统体育文化及其生存现状考察——以西藏米林县才召珞巴村射箭习俗变异为例》，《西藏大学学报》2015年第3期。
⑧ 杨建鹏等：《珞巴族传统体育现状的调查研究》，《西藏大学学报》2014年第2期。
⑨ 于乃昌：《珞巴族民间文学概况》，《西藏民族学院学报》1980年第2期。
⑩ 于乃昌：《珞巴族民间故事的审美效应与审美构成》，《民族文学研究》1988年第2期。
⑪ 于乃昌：《原始思维与珞巴族文学审美特性的生成》，《民族文学研究》1991年第4期。
⑫ 于乃昌：《"斯金金巴巴娜达蒙"论析——珞巴族古史歌研究之一》，《中国藏学》1992年第2期。
⑬ 于乃昌：《从珞巴族神话谈神话的产生》，《民族文学研究》1993年第2期。
⑭ 于乃昌：《珞巴族三大史诗》，《民族文学研究》1998年第4期。
⑮ 拉巴卓玛：《米林珞巴族舞蹈概况》，《西藏艺术研究》1996年第2期。
⑯ 张力风：《从民间文学现象比较看西藏墨脱地区民族文化的渗透与融合》，《西藏民族学院学报》2007年第3期。
⑰ 刘志群：《珞巴族原始文化》，《民族艺术》1997年第1、2期。

究——以西藏米林县南伊珞巴民族乡为例》①、耿献伟的《珞巴族刀舞的社会价值及文化传承研究》② 等。集中反映珞巴族文学的专辑有：于乃昌的《西藏民间故事·门巴族珞巴族专辑》③、李坚尚等的《珞巴族、门巴族民间故事选》④、冀文正的《西藏民间故事》⑤ 《珞巴族民间故事》⑥《珞巴族动物故事》⑦ 和《珞巴族歌谣》⑧。而于乃昌先生主持完成的《珞巴族文学史》⑨ 则是我国第一部系统研究珞巴族文学的专著。

在珞巴族语言研究方面的成果主要有孙宏开等的《门巴、珞巴、僜人的语言》⑩ 和欧阳觉亚的《珞巴族语言简志》⑪ 等著作。

4. 当代社会与其他研究

当代珞巴族社会发展的研究成果主要有：周云水的《当代西藏米林珞巴族社会变迁的人类学考察》⑫、王春蕊等的《对少数民族生育率变动下的生育文化研究——以珞巴族为例》⑬、朱玉福的《西藏门巴、珞巴族全面建设小康社会探讨》⑭、龚锐等的《当代珞巴族社会文化变迁调查——以米林县南伊珞巴民族乡琼林珞巴村5户村民为个案》⑮、马宁的《珞巴族非物质文化遗产及其保护——以西藏米林县南伊乡南伊珞巴民俗村为例》⑯《门巴族、

---

① 贺长亮：《珞巴族舞蹈生态研究——以西藏米林县南伊珞巴民族乡为例》，硕士学位论文，西藏大学，2014年。
② 耿献伟：《珞巴族刀舞的社会价值及文化传承研究》，《西藏民族大学学报》2016年第6期。
③ 于乃昌：《西藏民间故事·门巴族珞巴族专辑》（第五集），西藏人民出版社1989年版。
④ 李坚尚等：《珞巴族、门巴族民间故事选》，上海文艺出版社1993年版。
⑤ 冀文正：《西藏民间故事》（第六集），西藏人民出版社1993年版。
⑥ 冀文正：《珞巴族民间故事》，四川民族出版社2011年版。
⑦ 冀文正：《珞巴族动物故事》，四川民族出版社2011年版。
⑧ 冀文正：《珞巴族歌谣》，四川民族出版社2011年版。
⑨ 于乃昌：《珞巴族文学史》，江苏教育出版社2002年版。
⑩ 孙宏开等：《门巴、珞巴、僜人的语言》，中国社会科学出版社1980年版。
⑪ 欧阳觉亚：《珞巴族语言简志》，民族出版社1985年版。
⑫ 周云水：《当代西藏米林珞巴族社会变迁的人类学考察》，《西藏民族学院学报》2006年第6期。
⑬ 王春蕊等：《对少数民族生育率变动下的生育文化研究——以珞巴族为例》，《黑河学刊》2006年第6期。
⑭ 朱玉福：《西藏门巴、珞巴族全面建设小康社会探讨》，《西藏民族学院学报》2007年第6期。
⑮ 龚锐等：《当代珞巴族社会文化变迁调查——以米林县南伊珞巴民族乡琼林珞巴村5户村民为个案》，《中南民族大学学报》2008年第2期。
⑯ 马宁：《珞巴族非物质文化遗产及其保护——以西藏米林县南伊乡南伊珞巴民俗村为例》，《中南民族大学学报》2008年第6期。

珞巴族大学生对非物质文化遗产的认知情况调查》① 等。近年来，出现了不少运用自然科学手段与方法研究珞巴族基因、血型、视力、肤纹等方面的成果，主要有：汪宪平等的《西藏珞巴族的肤纹参数和聚类分析》②、张家平等的《中国珞巴族健康人群心电图普查报告》③《珞巴族中小学生视力调查分析》④《珞巴族 ABO 血型系统遗传多态性分析》⑤、康龙丽等的《西藏珞巴族 HLA-DRB1 基因多态性》⑥《西藏珞巴族 HLA-A，－B 基因多态性研究》⑦《西藏珞巴族 15 个 STR 位点遗传多态性研究》⑧。

（三）关于夏尔巴人、僜人和西藏回族、蒙藏关系研究

我国学者通过对国内夏尔巴人调查和研究，发表的论著内容涉及许多领域和方面。概略性介绍的文章有李成野的《夏尔巴山庄》⑨、古子文的《高原"吉普赛"》⑩、袁超俊的《夏尔巴人概况》⑪ 和切排、桑代吉的《夏尔巴人的历史与现状研究》⑫。有些文章是从夏尔巴人与登山的关系角度来介绍的，如张讴的《夏尔巴人登山就是上班》⑬、桓秋石的《夏尔巴人与登山》⑭。也有对夏尔巴人族源的探讨，如黄颢的《夏尔巴人族源试探》⑮、陈乃文的《夏尔巴人源流探索》⑯ 以及王丽莺等的《夏尔巴人族

---

① 马宁：《门巴族、珞巴族大学生对非物质文化遗产的认知情况调查》，《西藏大学学报》2012 年第 3 期。
② 汪宪平等：《西藏珞巴族的肤纹参数和聚类分析》，《人类学学报》1995 年第 1 期。
③ 张家平等的《中国珞巴族健康人群心电图普查报告》，《西藏医药杂志》2002 年第 1 期。
④ 张家平等：《珞巴族中小学生视力调查分析》，《实用预防医学》2002 年第 4 期。
⑤ 张家平等：《珞巴族 ABO 血型系统遗传多态性分析》，《西安交通大学学报》（医学版）2004 年第 4 期。
⑥ 康龙丽等：《西藏珞巴族 HLA-DRB1 基因多态性》，《中南大学学报》（医学版）2005 年第 2 期。
⑦ 康龙丽等：《西藏珞巴族 HLA-A，－B 基因多态性研究》，《中华医学遗传学杂志》2005 年第 2 期。
⑧ 康龙丽等：《西藏珞巴族 15 个 STR 位点遗传多态性研究》，《西安交通大学学报》（医学版）2006 年第 4 期。
⑨ 李成野：《夏尔巴山庄》，《中国民族》1980 年第 12 期。
⑩ 古子文：《高原"吉普赛"》，《西藏艺术研究》1988 年第 4 期。
⑪ 袁超俊：《夏尔巴人概况》，《西藏研究》1989 年第 1 期。
⑫ 切排、桑代吉：《夏尔巴人的历史与现状研究》，《西北民族研究》2006 年第 1 期。
⑬ 张讴：《夏尔巴人登山就是上班》，《党建论坛》2003 年第 7 期。
⑭ 桓秋石：《夏尔巴人与登山》，《四川统一战线》2003 年第 8 期。
⑮ 黄颢：《夏尔巴人族源试探》，《西藏民族学院学报》1980 年第 3 期。
⑯ 陈乃文：《夏尔巴人源流探索》，《中央民族学院学报》1983 年第 4 期。

源问题再探》①。对夏尔巴人的社会和习俗的研究，早期有刘洪记的《夏尔巴习俗述略》②，也有近期贡波扎西的《中尼边境夏尔巴人和四川松潘夏尔瓦人的民俗学对比研究》③。对中尼边境夏尔巴人的研究现在一批中青年学者开始崭露头角，其中以王思亓博士的研究成果较为突出，主要有《跨界婚姻与"困境"的消解——基于中尼边境夏尔巴人的调查》④《夏尔巴人"骨系"认同下的亲属网络与社会组织》⑤《理性选择与文化逻辑：夏尔巴人跨境医疗行为的人类学解读》⑥《时空变迁下的流动：中尼边境夏尔巴人的跨界生活与国家认同》⑦ 以及刘玉皑的《传统延续与现代变迁：樟木夏尔巴人的婚俗调查》⑧、切排的《夏尔巴人的历史与现状调查》⑨、桑吉东智的《陈塘夏尔巴人的氏族及其功能》⑩ 等。关于夏尔巴人的语言，有谭克让的《夏尔巴藏语的声调系统》⑪ 和瞿霭堂的《夏尔巴话的识别——卫藏方言的又一个新土语》⑫。以夏尔巴人的音乐、舞蹈和艺术等为内容的文章有秦大平、关序的《夏尔巴民间音乐》⑬，边多、布次旦的《夏尔巴舞曲（笛子独奏曲）》⑭，黄万黎的《夏尔巴人及其舞蹈》⑮，

---

① 王丽莺等：《夏尔巴人族源问题再探》，《四川民族学院学报》2012 年第 3 期。
② 刘洪记：《夏尔巴习俗述略》，《中国藏学》1991 年第 3 期。
③ 贡波扎西：《中尼边境夏尔巴人和四川松潘夏尔瓦人的民俗学对比研究》，《西藏研究》2011 年第 4 期。
④ 王思亓：《跨界婚姻与"困境"的消解——基于中尼边境夏尔巴人的调查》，《西藏研究》2016 年第 5 期。
⑤ 王思亓：《夏尔巴人"骨系"认同下的亲属网络与社会组织》，《广西民族大学学报》2015 年第 2 期。
⑥ 王思亓：《理性选择与文化逻辑：夏尔巴人跨境医疗行为的人类学解读》，《广西民族大学学报》2016 年第 6 期。
⑦ 王思亓：《时空变迁下的流动：中尼边境夏尔巴人的跨界生活与国家认同》，《思想战线》2016 年第 6 期。
⑧ 刘玉皑等：《传统延续与现代变迁：樟木夏尔巴人的婚俗调查》，《西藏民族大学学报》2015 年第 6 期。
⑨ 切排等：《夏尔巴人的历史与现状调查》，《西北民族研究》2006 年第 1 期。
⑩ 桑吉东智：《陈塘夏尔巴人的氏族及其功能》，《青藏高原论坛》2013 年第 3 期。
⑪ 谭克让：《夏尔巴藏语的声调系统》，《民族语文》1987 年第 2 期。
⑫ 瞿霭堂：《夏尔巴话的识别——卫藏方言的又一个新土语》，《语言研究》1992 年第 2 期。
⑬ 秦大平、关序：《夏尔巴民间音乐》，《中国音乐》1982 年第 1 期。
⑭ 边多、布次旦：《夏尔巴舞曲（笛子独奏曲）》，《交响西安音院学报》1983 年第 1 期。
⑮ 黄万黎：《夏尔巴人及其舞蹈》，《艺研动态》1987 年第 4 期。

扎西卓玛、甘瑞忠的《夏尔巴民间舞蹈》①，格曲的《夏尔巴器乐曲》②，格曲、央金卓嘎的《夏尔巴人的音乐文化与艺术特点》③，莫佳的《夏尔巴民间音乐研究》④ 等。值得一提的是，还有一些以夏尔巴人为调查对象，运用现代生物与医学技术进行的研究⑤。这些虽然不是文化人类学的研究成果，但反映了当今社会文理学科的渗透和现代科学技术已经成为人文社科研究的重要手段和方法。

对尼泊尔境内的夏尔巴人的介绍和研究，早期有徐福荣的《尼泊尔夏尔巴人》⑥ 和后来王璐的《尼泊尔境内的夏尔巴人》⑦。同时还有对国外学者关于尼泊尔夏尔巴人的研究文章进行的翻译，如克·冯·菲雷尔－海门道夫著，陈乃文译的《尼泊尔夏尔巴人的氏族及其功能》⑧，贾尼斯·萨切勒著，王大栋译的《近年来旅游业对罗瓦林夏尔巴人社会经济的影响》⑨ 以及亚历山大·W. 麦克唐纳著，翟胜德译的《佛教在尼泊尔夏尔巴人地区的出现》⑩ 等文章，对尼泊尔夏尔巴人的氏族、社会、文化以及在现代的一些新变化有一个概略介绍。

关于僜人的研究，有吴从众的《西藏察隅僜人的社会与文化》⑪《僜

---

① 扎西卓玛、甘瑞忠：《夏尔巴民间舞蹈》，《西藏艺术研究》1989 年第 1 期。
② 格曲：《夏尔巴器乐曲》，《西藏艺术研究》2002 年第 1 期。
③ 格曲、央金卓嘎：《夏尔巴人的音乐文化与艺术特点》，《西藏艺术研究》2006 年第 3 期。
④ 莫佳：《夏尔巴民间音乐研究》，硕士学位论文，西藏大学，2015 年。
⑤ 曹进等：《西藏夏尔巴儿童的膳食结构与牙齿疾病》，《中国公共卫生》1999 年第 12 期；王圣巍：《广东省汉族人群与西藏自治区夏尔巴人群 SP-A 基因单核苷酸多态性研究》，《高原医学杂志》2007 年第 3 期；王圣巍等：《GLUT1 基因单核苷酸多态性与夏尔巴人群高原低氧适应》，《第四军医大学学报》2009 年第 6 期。
⑥ 徐福荣：《尼泊尔夏尔巴人》，《民族译丛》1980 年第 1 期。
⑦ 王璐：《尼泊尔境内的夏尔巴人》，《西藏研究》1994 年第 4 期。
⑧ [英] 克·冯·菲雷尔－海门道夫：《尼泊尔夏尔巴人的氏族及其功能》，陈乃文译，《民族译丛》1987 年第 5 期。
⑨ [英] 贾尼斯·萨切勒：《近年来旅游业对罗瓦林夏尔巴人社会经济的影响》，王大栋译，《民族译丛》1987 年第 5 期。
⑩ [英] 亚历山大·W. 麦克唐纳：《佛教在尼泊尔夏尔巴人地区的出现》，翟胜德译，《西藏研究》1988 年第 4 期。
⑪ 吴从众：《西藏察隅僜人的社会与文化》，黑龙江教育出版社 2001 年版。

图0—6 吉隆沟

人父权制的家庭与婚姻》[1]《西藏"三巴"社会性质试析》[2]和《论僜人由血缘向地缘关系的过渡》[3]等,陈景源、张江华的《"郭西斗雅"——僜人的神判》[4],陈景源的《僜人"格崩"探析》[5]《僜人的原始宗教》[6]《僜人及其禁忌》[7]等,张江华的《略论原始社会瓦解时期的僜人社会》[8]《僜人的原始宗教及其社会影响》[9]等文章。上述著作和文章基于作者的实地调查,对僜人的社会、原始宗教和文化进行了介绍和较为深入的研究。关于僜人的文化生活、语言文字与歌舞艺术的文章有王昭武的《西藏僜巴人原始生活纪实》[10],刘宗昌的《僜人文化综述》[11],王健、丁武军的《察

---

[1] 吴从众:《僜人父权制的家庭与婚姻》,《民族研究》1980年第1期。
[2] 吴从众:《西藏"三巴"社会性质试析》,《中央民族学院学报》1983年第4期。
[3] 吴从众:《论僜人由血缘向地缘关系的过渡》,《西藏研究》1985年第2期。
[4] 陈景源、张江华:《"郭西斗雅"——僜人的神判》,《中央民族学院学报》1981年第3期。
[5] 陈景源:《僜人"格崩"探析》,《民族研究》1993年第2期。
[6] 陈景源:《僜人的原始宗教》,《中央民族大学学报》1994年第4期。
[7] 陈景源:《僜人及其禁忌》,《中国民族》1995年第12期。
[8] 张江华:《略论原始社会瓦解时期的僜人社会》,《民族研究》1980年第2期。
[9] 张江华:《僜人的原始宗教及其社会影响》,《西藏民族学院学报》1989年第2期。
[10] 王昭武:《西藏僜巴人原始生活纪实》,《贵州民族研究》1993年第3期。
[11] 刘宗昌:《僜人文化综述》,《西藏艺术研究》1997年第4期。

隅僜人生存状态考察报告》①，阿旺克村的《谈谈西藏僜人及其歌舞》②和白玛央吉的《论僜人歌舞艺术》③ 等。论及现代社会，特别是旅游业对僜人的影响等问题，赵佩燕、刘智能的《西藏林芝僜人民俗村旅游规划研究》④ 和焦红、吴金岷的《西藏察隅县沙琼村僜人文化生态旅游规划探讨》⑤ 进行了探讨。关于僜人的体质研究有郑连斌等的《中国僜人体质特征》⑥ 和张兴华等的《中国莽人、僜人、珞巴族与门巴族 Heath-Carter 法体型研究》⑦ 等。

关于西藏回族的研究，早期的学者中房建昌对此有多篇论述。例如《西藏穆斯林的来源及其生活》⑧《历史上穆斯林在西藏的活动》⑨《西藏的回族及其清真寺考略——兼论伊斯兰教在西藏的传播及其影响》⑩《西藏穆斯林与清真寺的若干史料》⑪ 和《西藏回族与清真寺研究的若干问题》⑫ 等论文。此后的研究，有的从总体上把握西藏回族研究情况，如杨晓纯的《国内关于西藏世居穆斯林研究述评》⑬；有的用考据法进行的研究，如次旦顿珠的《西藏世居穆斯林考略》⑭；还有直接从藏回关系的角度来进行的分析，如黄罗赛的《西藏的藏族和回族关系初探》⑮、杨作山的《明代回藏民族杂居格局的形成述论》⑯、高法成的《宗教对话视阈下

---

① 王健、丁武军：《察隅僜人生存状态考察报告》，《江西科技师范学院学报》2002 年第 4 期。
② 阿旺克村：《谈谈西藏僜人及其歌舞》，《艺研动态》1987 年第 1 期。
③ 白玛央吉：《论僜人歌舞艺术》，《西藏艺术研究》2012 年第 3 期。
④ 赵佩燕、刘智能：《西藏林芝僜人民俗村旅游规划研究》，《四川林勘设计》2012 年第 1 期。
⑤ 焦红、吴金岷：《西藏察隅县沙琼村僜人文化生态旅游规划探讨》，《西安建筑科技大学学报》（社会科学版）2012 年第 3 期。
⑥ 郑连斌等：《中国僜人体质特征》，《人类学学报》2009 年第 2 期。
⑦ 张兴华等：《中国莽人、僜人、珞巴族与门巴族 Heath-Carter 法体型研究》，《人类学学报》2010 年第 2 期
⑧ 房建昌：《西藏穆斯林的来源及其生活》，《宁夏社会科学》1986 年第 3 期。
⑨ 房建昌：《历史上穆斯林在西藏的活动》，《思想战线》1987 年第 4 期。
⑩ 房建昌：《西藏的回族及其清真寺考略——兼论伊斯兰教在西藏的传播及其影响》，《西藏研究》1988 年第 4 期。
⑪ 房建昌：《西藏穆斯林与清真寺的若干史料》，《中国穆斯林》1990 年第 1 期。
⑫ 房建昌：《西藏回族与清真寺研究的若干问题》，《回族研究》1992 年第 2 期。
⑬ 杨晓纯：《国内关于西藏世居穆斯林研究述评》，《西北民族研究》2011 年第 3 期。
⑭ 次旦顿珠：《西藏世居穆斯林考略》，《中国藏学》2012 年第 3 期。
⑮ 黄罗赛：《西藏的藏族和回族关系初探》，《中国藏学》2008 年第 2 期。
⑯ 杨作山：《明代回藏民族杂居格局的形成述论》，《宁夏师范学院学报》2011 年第 1 期。

的藏回两族世俗生活交往——兼论人类学与宗教对话的学术意义》①。关于在西藏历史上出现过的回族著名人物有周传斌、陈波的《西藏回族人物志略》②和周传斌的《刘曼卿——民国时期的西藏回族女杰》③等文章进行介绍研究。

图0—7 河谷人家（杨忠宁摄）

由于藏化回族主要分布在西藏拉萨和昌都，云南和青海等省区也有分布，所以有不少文章对这些地区回族进行研究。关于拉萨回族的历史与现状、文化与现实生活等方面研究介绍文章较多。如藏公柱、云丹杨培的《拉萨的土著穆斯林》④，陈波、周传斌的《拉萨穆斯林的藏文伊斯兰教材》⑤，陈波的《拉萨穆斯林群体调查》⑥，索穷的《佛法圣地的伊斯兰文明——拉萨穆斯林的历史和现状记略》⑦，张春秀的《拉萨穆斯林的节日

---

① 高法成：《宗教对话视阈下的藏回两族世俗生活交往——兼论人类学与宗教对话的学术意义》，《贵州民族学院学报》（哲学社会科学版）2012年第1期。

② 周传斌、陈波：《西藏回族人物志略》，《回族研究》1998年第3期。

③ 周传斌：《刘曼卿——民国时期的西藏回族女杰》，《西北第二民族学院学报》（哲学社会科学版）2000年第3期。

④ 藏公柱、云丹杨培：《拉萨的土著穆斯林》，《中国穆斯林》1996年第3期。

⑤ 陈波、周传斌：《拉萨穆斯林的藏文伊斯兰教材》，《中国穆斯林》1999年第3期。

⑥ 陈波：《拉萨穆斯林群体调查》，《西北民族研究》2000年第1期。

⑦ 索穷：《佛法圣地的伊斯兰文明——拉萨穆斯林的历史和现状记略》，《西藏民俗》2002年第4期。

习俗》①，周晶的《20世纪初拉萨外来居民生存状态研究》②，次旦顿珠的《拉萨世居穆斯林的历史研究》③，杨晓纯、马艳的《拉萨藏回及其文化思考》④，桑吉扎西的《雪域拉萨的伊斯兰教》⑤，陈铁等的《拉萨市河坝林地区回族聚居区社会空间特征及其成因》⑥，刘玉皑的《拉萨老城区回藏民族关系调查研究》⑦ 等。还有相关的硕士学位论文，如黄罗赛的《拉萨藏回族群认同研究》⑧ 和马晓梅的《西藏的穆斯林》⑨。

关于西藏昌都地区的回族研究有敏文杰的《西藏昌都伊斯兰教的传承与发展调查》⑩。对云南藏族聚居区和青海地区的藏化回族学界有不少调查研究成果，在此不赘。

学界关于蒙藏关系的研究著述颇丰。既有中国学者的"大部头"著作，如《蒙藏关系史大系》（宗教卷、政治卷、文化卷）⑪ 和大量的蒙藏关系的论著⑫，也有对外国学者著述的翻译介绍⑬。关于蒙古历史文化的著述中蒙藏关系也是必不可少的内容之一，在多部著作中就有很多蒙

---

① 张春秀：《拉萨穆斯林的节日习俗》，《中国穆斯林》2003年第1期。
② 周晶：《20世纪初拉萨外来居民生存状态研究》，《西藏大学学报》2005年第2期。
③ 次旦顿珠：《拉萨世居穆斯林的历史研究》，《魅力中国》2009年第29期。
④ 杨晓纯、马艳：《拉萨藏回及其文化思考》，《青海民族研究》2010年第4期。
⑤ 桑吉扎西：《雪域拉萨的伊斯兰教》，《中国宗教》2010年第10期。
⑥ 陈铁等：《拉萨市河坝林地区回族聚居区社会空间特征及其成因》，《长江流域资源与环境》2013年第1期。
⑦ 刘玉皑等：《拉萨老城区回藏民族关系调查研究》，《北方民族大学学报》2016年第3期。
⑧ 黄罗赛：《拉萨藏回族群认同研究》，硕士学位论文，中央民族大学，2007年。
⑨ 马晓梅：《西藏的穆斯林》，硕士学位论文，兰州大学，2008年。
⑩ 敏文杰：《西藏昌都伊斯兰教的传承与发展调查》，《宗教与民族》（第六辑），宗教文化出版社2009年版；《西北民族研究》2010年第1期。
⑪ 乌力吉巴雅尔：《蒙藏关系史大系·宗教卷》，西藏人民出版社、外语教学与研究出版社2001年版；陈庆英：《蒙藏关系史大系·政治卷》，西藏人民出版社、外语教学与研究出版社2001年版；丁守璞、杨恩洪：《蒙藏关系史大系·文化卷》，西藏人民出版社、外语教学与研究出版社2001年版。
⑫ 札奇斯钦：《蒙古与西藏历史关系之研究》，正中书局1978年版；王辅仁、陈庆英：《蒙藏关系史略》，中国社会科学出版社1986年版；樊保良：《蒙藏关系史研究》，青海人民出版社1992年版；嘎尔迪：《蒙藏文化交流研究》，甘肃人民出版社1996年版。
⑬ ［意］杜齐：《西藏中世纪史》，李有义、邓锐龄译，中国社会科学院民族研究所1980年版；［韩］金成修：《明清之际藏传佛教在蒙古地区的传播》，社会科学文献出版社2006年版；［美］拉铁摩尔：《中国的亚洲内陆边疆》，唐晓峰译，江苏人民出版社2006年版。

藏关系的内容①。与西藏萨迦派有关的著述中，蒙藏关系也有重点的记述②。相关的论文很多，既有论述蒙藏关系的论文，也有关于蒙藏宗教、文化等各个方面的论述。综述类文章有《国外对蒙元时期西藏史研究综述》③《20年来明代西北民族史研究综述》④和《近三十年来蒙藏关系史研究评述》⑤，对不同时段国内外学者的相关研究情况有一个整体的介绍。近年仍有不少文章论及蒙藏关系⑥。还有一些硕博士学位论文，从政治⑦、经济⑧、

---

① 余元庵：《内蒙古历史概要》，上海人民出版社1958年版；道润梯步新译简注本：《蒙古秘史》，内蒙古人民出版社1978年版；巴雅尔转写本，内蒙古人民出版社1978年版；留金锁校注：《黄金史纲》，内蒙古人民出版社1980年版；萨囊彻辰：《蒙古源流》，内蒙古人民出版社1983年版；道润梯步校注：《卫拉特法典》，内蒙古人民出版社1985年版；巴岱、金峰、额尔德尼整理注释：《卫拉特历史文献》，内蒙古文化出版社1989年版；乔吉：《蒙古佛教史》，内蒙古人民出版社1998年版。

② 昂旺·贡噶索南：《萨迦世系谱》（藏文版），民族出版社1986年版；樊保良、水天长：《阔端与萨班凉州会谈》，甘肃人民出版社1997年版。

③ 沈卫荣：《国外对蒙元时期西藏史研究综述》，《青海民族学院学报》1987年第2期。

④ 程利英：《20年来明代西北民族史研究综述》，《西北第二民族学院学报》（哲学社会科学版）2004年第1期。

⑤ 马啸：《近三十年来蒙藏关系史研究评述》，《西北第二民族学院学报》（哲学社会科学版）2008年第3期。

⑥ 王艳萍：《读李大钊〈茶贸易与蒙藏之关系〉演讲记录稿》，《经济研究导刊》2013年第2期；王力、张荣焕：《和硕特蒙古南迁藏区述论》，《北方民族大学学报》（哲学社会科学版）2012年第3期；徐长菊：《〈青海史〉与〈安多政教史〉中的和硕特蒙古历史记述之比较》，《北方民族大学学报》（哲学社会科学版）2012年第3期；宝音德力根：《1631—1634年出兵西藏之喀尔喀阿海岱青身世及其事迹》，《中国藏学》2012年第2期；吕德胜：《清代青海"蒙藏分治"政策下的蒙藏关系变迁述略》，《甘肃高师学报》2011年第4期；林冠群：《生存的策略——青海河南蒙古族"藏化"现象的探讨》，《中央民族大学学报》（哲学社会科学版）2011年第3期。

⑦ 丁淑琴：《清末民初甘青地区民族社会若干问题研究》，博士学位论文，兰州大学，2006年；高振华：《论漠西蒙古对清初治藏政策的影响》，硕士学位论文，四川师范大学，2008年；吕德胜：《清代中期青海地区蒙藏格局变化与蒙藏关系变迁研究》，硕士学位论文，西北民族大学，2008年；马啸：《17至18世纪清政府与蒙藏地区政治互动模式研究》，博士学位论文，西北师范大学，2008年；特日格乐：《十三世达赖喇嘛与博克多汗政府的关系》，硕士学位论文，内蒙古大学，2009年；曹培：《和硕特蒙古在藏史事述论》，硕士学位论文，西藏民族学院，2011年。

⑧ 彭博：《清代安多地区的经贸活动及市镇演进》，硕士学位论文，云南大学，2011年。

文化①和历史人物②等方面论述蒙藏关系。

国外学者对门巴、珞巴、僜人和夏尔巴人等喜马拉雅山地族群也有大量研究,其中成果丰影响大的学者当属海门道夫,其著作被译为汉语的有《阿帕塔尼人和他们的邻族》③ 和《在印度部落中生活——一位人类学家的自传》④ 两部,而大量论著至今没有汉译,如《喜马拉雅山蛮境》⑤《尼泊尔的夏尔巴人:信佛的高地居民》⑥《喜马拉雅山区的贸易者:尼泊尔高地的生活》⑦ 等。此外他还有许多研究喜马拉雅山地族群文化的著述,如《阿萨姆康亚克那迦人的莫隆制度》⑧《印度阿萨姆明荣阿博尔人的宗教信仰和仪式习俗》⑨《东部安加宗那迦人中神圣始祖的亲属》⑩《关

---

① 郭晓虎:《蒙藏关系下的文化变迁和民族认同》,硕士学位论文,西南民族大学,2008年;王力:《清代蒙古与西藏格鲁派关系研究》,博士学位论文,兰州大学,2008年;艾丽曼:《我心依旧:青海河南蒙旗文化变迁研究》,博士学位论文,厦门大学,2009年;塔娜:《内蒙古席力图召历史及其现状研究》,硕士学位论文,中央民族大学,2010年;塔娜:《论藏传佛教对蒙古族佛教绘画的影响》,硕士学位论文,内蒙古大学,2010年;赤新:《蒙古族饰物中的藏文化因素》,硕士学位论文,内蒙古大学,2011年。

② 伟娜:《更噶坚赞活佛在北疆的活动及历史意义研究》,硕士学位论文,兰州大学,2012年;夏吾交巴:《嘉木样阿旺宗智转世争议之剖析》,硕士学位论文,中央民族大学,2009年。

③ [英]海门道夫:《阿帕塔尼人和他们的邻族》,吴泽霖译,中国社会科学院民族研究所1980年版(Christoph von Fürer-Haimendorf, *The Apa Tanis and Their Nerghbours*, London, 1962)。

④ [英]海门道夫:《在印度部落中生活——一位人类学家的自传》,何国强译,国际炎黄文化出版社2009年版(Christoph von Fürer-Haimendorf, *Life among Indian Tribes: the Antobiography of an Thropologist*, London, Oxford University, 1990)。

⑤ [英]海门道夫:《喜马拉雅山蛮境》,约翰·默里出版公司1955年版(Christoph von Fürer-Haimendorf, *Himalayan Barbary*, London, 1955)。

⑥ [英]海门道夫:《尼泊尔的夏尔巴人:信佛的高地居民》,约翰·默里出版公司1964年版(Christoph von Fürer-Haimendorf, *The Sherpas of Nepal: Buddhist Highlanders*, John Murray, London, 1964),该书印行了五版。

⑦ [英]海门道夫:《喜马拉雅山区的贸易者:尼泊尔高地的生活》,圣马丁出版社1975年版(Christoph von Fürer-Haimendorf, *Himalayan Traders: Life in Highland Nepal*, New York, 1975)。

⑧ [英]海门道夫:《阿萨姆的康亚克那迦人的莫隆制度》,《皇家人类学社刊》1938年第68卷。

⑨ [英]海门道夫:《印度阿萨的明荣阿博尔人的宗教信仰和仪式习俗》,《人类学学刊》1954年第49卷。

⑩ [英]海门道夫:《东部安加宗那迦人中神圣始祖的亲属》,《人类学学刊》1936年第31卷。

于一个印度支那的山区居民的宗教》[①] 和《阿波尔民荣人的宗教信仰和仪式》[②]。其他一些学者的著述有《阿萨姆山区的农村生活——四个村庄的案例研究》[③]《阿萨姆的土著居民》[④]《太阳升起——阿帕塔尼河谷萨满的咒语，转换与丰产仪式》[⑤]《历时性视野下的夏尔巴亲属称谓》[⑥]《尼泊尔喜马拉雅地区的老年夏尔巴人的健康、行为与归属》[⑦]《尼泊尔喜马拉雅地区夏尔巴人的工作、年龄和归属》[⑧]《尼泊尔的夏尔巴》[⑨] 等。

在对喜马拉雅山区族群文化研究中，还有两位外国学者值得关注，那就是维里尔·埃尔温和迈克尔·阿里斯。埃尔温主要的作品有：《一种东北边境特区的哲学》[⑩]《印度东北边境特区的神话》[⑪]《东北边境特区的哲学》[⑫] 和《十九世纪的印度东北边境》[⑬]。阿里斯也有不少关于不丹和门隅的著作，其中具有代表意义的作品就有《不丹：喜马拉雅王国的早期

[①] ［英］海门道夫：《关于一个印度支那的山区居民的宗教》，《习俗的王国》，L. H. 杜德莱布克斯顿主编的纪念 R. R. 马雷特论文集，伦敦1936年版。

[②] ［英］海门道夫：《阿波尔民荣人的宗教信仰和仪式》，《人类学家》1954年第49期。

[③] 东北印农业生态经济研究中心：《阿萨姆山区的农村生活——四个村庄的案例研究》，加尔各答1970年版。

[④] H. I. 哈利德：《阿萨姆的土著居民》，《联合帝国》1928年第19期。

[⑤] 斯图尔特·布莱克本：《太阳升起——阿帕塔尼河谷萨满的咒语，转换与丰产仪式》，莱顿2010年版（Stuart Blackburn, *The Sun Rises—A Shaman's Chant, Ritual Exchange and Fertility in the Apatani Vally*, Copyright 2010 by Koninklijke Brill NV, Leiden, The Netherlands. The imprints Brill, Hotei Publishing, IDC Publishers, Martinus Nijhoff Publishers and VSP）。

[⑥] N. J. 阿棱：《历时性视野下的夏尔巴亲属称谓》，《人类》1976年第11期。

[⑦] ［美］辛西娅·M. 比尔：《尼泊尔喜马拉雅地区的老年夏尔巴人的健康、行为与归属》，《社会科学与医疗》1982年。

[⑧] ［美］辛西娅·M. 比尔：《尼泊尔喜马拉雅地区夏尔巴人的工作、年龄和归属》，《社会科学与医疗》1982年第16期。

[⑨] J. 布尔迪龙、V. 喀瓦雷王子：《尼泊尔的夏尔巴》，牛津大学出版社1958年版或1959年版。

[⑩] ［印］维里尔·埃尔温：《一种东北边境特区的哲学》，西隆1939年版。

[⑪] ［印］维里尔·埃尔温：《印度东北边境特区的神话》，西隆1958年版。

[⑫] ［印］维里尔·埃尔温：《东北边境特区的哲学》，西隆1959年版。

[⑬] ［印］维里尔·埃尔温：《十九世纪的印度东北边境》，牛津大学出版社1959年版（Verrier Elwin, *India's North-East Frontier*, Oxford University Press, 1959）。

图 0—8 部分研究成果

历史》①《不丹历史源流》② 和《门隅走廊史料札记》③ 等。此外，雷格胡维尔·辛哈的《喜马拉雅山南麓的宗教和文化》④ 和沙钦·罗伊的《珞巴族阿迪人的文化》⑤ 这两部著作也已经译成了汉语。

---

① [英] 迈克尔·阿里斯：《不丹：喜马拉雅王国的早期历史》，新德里 1979 年版（Michael Aris, *Bhutan: The Early History of a Himalayan Kingdom*, Warminster and New Delhi, 1979）。

② [英] 迈克尔·阿里斯：《不丹历史源流》，维也纳 1986 年版（Michael Aris, *Sources for the History of Bhutan*, Wien, 1986）。

③ [英] 迈克尔·阿里斯：《门隅走廊史料札记》（M. V. Aris, "Notes on the history of the Mon-yul Corridor"），载迈克尔·阿里斯、昂山素季《纪念黎吉生藏学研究文集暨 1979 年牛津国际藏学讨论会论文集》，1980 年（Michael Aris, Aung San Suu Kyi, *Tibetan Studies in Honour of Hugh Richardson, Proceedings of the International Seminar on Tibetan Studies*, Oxford, 1979, pp. 9 - 20），此文集中还有其他学者关于门隅地区的文章，如 J. Kolmas, The McMahon Line, "the further development of the disputed boundary", pp. 177 - 184 等。

④ [印] 雷格胡维尔·辛哈：《喜马拉雅山南麓的宗教和文化》，伍昆明等译，中国社会科学院民族研究所 1984 年版。

⑤ [印] 沙钦·罗伊：《珞巴族阿迪人的文化》，李坚尚、丛晓明译，西藏人民出版社 1991 年版。

在对中印边境问题的讨论中，也出现了很多涉及门巴、珞巴和僜人所在地区历史地理等方面的文章。其中米尔斯和蓝姆的著述在学界影响很大。早期米尔斯有《巴里帕拉边界条约之行，阿萨姆》① 和《阿萨姆——西藏边境问题》② 这两部极具影响力的著作。其后有蓝姆的《中印边界》③ 和《麦克马洪线》④ 等。除此之外，与"麦克马洪线"有关的论著还有很多⑤。

上述前人对藏族、门巴族、珞巴族和喜马拉雅山地族群的大量调查和研究工作，为本课题的研究奠定了坚实的基础。课题的研究还得益于本人长期从事西藏历史文化的教学研究工作，而本人通晓藏语藏文也为本项研究提供了诸多方便条件，同时对门巴族、珞巴族社会文化进行了不间断的调研考察。毋庸置疑，学界前辈和同人卓有成效的工作和丰富的调查与研究成果是本书稿得以完成的最基本和最重要的条件。

四 本书的基本构架及其研究内容

本书的研究以历史唯物主义为指导，运用历史学和民族学相结合的方法，力图从政治、经济和文化等方面多维度、系统地阐释藏族与门巴族和珞巴族的关系。同时，对于同样是西藏世居民族的僜人和夏尔巴人同藏族的关系用了一章的篇幅进行了简要论述，对虽然是在元明乃至清初才进入

---

① ［英］米尔斯：《巴里帕拉边界条约之行，阿萨姆》，《印度的人》1947 年第 27 期（Mills, J. P., "Tours in the Balipara Frontier Tract, Assam", *Man in India*, 27, 1947）。

② ［英］米尔斯：《阿萨姆——西藏边境问题》，《皇家中亚细亚学会杂志》，1950 年（Mills, J. P., "Problems of the Assam-Tibet Frontier", *RCAJ*, 1950）。

③ ［英］阿拉斯太尔·蓝姆：《中印边界》，民通译，世界知识出版社 1966 年版（Alastair Lamb, *The China-India Border, the Origins of the Disputed Boundaries*, Oxford University Press, London New York Toronto, 1964）。

④ ［英］阿拉斯太尔·蓝姆：《麦克马洪线》，伦敦 1966 年版（Alastair Lamb, *The McMahon line, A Study in the Relations Between India, China and Tibet, 1904 to 1914*, London 1966）。该书已于 2017 年公开出版了汉文译本，原作者翻译为阿拉斯泰尔·兰姆。见梁俊艳译《中印涉藏关系史——以"麦克马洪线"为中心》，社会科学文献出版社 2017 年版。

⑤ 论著很多，主要有：［印］高希：《中印关系中的西藏（1899—1914）》，张永超译，西藏人民出版社 1987 年版；［印］卡·古普塔：《中印边界秘史》，王宏纬、王至亭译，中国藏学出版社 1990 年版；［印］D. R. 曼克卡尔：《谁是六二年的罪人》，扬双举、王鸿国译，西藏学参考丛书之八，西藏社会科学院西藏学汉文文献编辑室编印；［英］内维尔·马克斯韦尔：《印度对华战争》，陆仁译，世界知识出版社 1981 年版。

西藏但与藏族关系密切的蒙古族和回族（俗称藏回），本书也用专章对其关系进行了初步研究。

本书的研究内容和篇章结构为：

绪论。该部分介绍了本课题研究的缘起以及学术价值和现实意义，指出了课题研究的资料来源并总结梳理了相关的研究成果，对本项研究的基本结构和研究内容做了概略介绍。

第一章，西藏自然环境与藏门珞民族的社会历史概况。本章介绍了藏族、门巴族和珞巴族等西藏世居民族生存的自然地理环境，探讨了地理环境对藏门珞民族关系的影响，概述了藏族、门巴族和珞巴族的历史发展与社会状况。

第二章，藏门珞民族关系的历史发展。运用大量的文献、考古和口碑史料，研究藏门珞民族关系的发展历程，揭示藏门珞久远而密切的政治、经济和文化联系。

第三章，西藏地方政权对门隅地区的统辖与治理。第四章，西藏地方政权对珞渝地区的管理。这两章主要研究藏门珞政治关系，着力研究历代西藏地方政权对门隅和珞渝的治理措施，论证门隅和珞渝以及下察隅自古就是我国神圣领土的史实。

第五章，"麦克马洪线"的出笼与西藏人民的反抗斗争。重点研究了近代西藏英国殖民主义势力策划西姆拉会议，非法秘密划定"麦克马洪线"以及西藏各族人民的抗争和英勇斗争。

第六章，藏族与门巴族珞巴族的经济交往。主要研究藏门珞经济关系，对藏门珞之间紧密的经济联系及其对社会的影响进行研究。

第七章，藏族与门巴族珞巴族的宗教文化交流。该章运用大量的田野调查材料，探讨藏门珞在宗教文化上的交融互渗及其对社会的深刻影响，对藏传佛教在民族文化交流中的核心和纽带作用进行分析。

第八章，藏族与门巴族珞巴族的习俗文化交流。该章分别从物质生活习俗和婚丧礼仪习俗等方面探析其交流和影响。

第九章，藏族与门巴族珞巴族的文学艺术交流。藏门珞文学艺术交流广泛而深刻，该章运用大量实地考察所获的文艺学材料，对此进行深入的比较研究。

第十章，藏族与夏尔巴人和僜人的关系。该部分从族源、语言和生活习俗、宗教信仰、经济活动等方面论述了藏族同夏尔巴人和僜人的交往与联系。

第十一章，藏族与蒙古族和回族的关系。

第十二章，当代藏门珞关系。该章运用大量的田野调查材料，梳理了门巴族珞巴族在新时期的社会变迁和经济社会发展，研究了新时期藏族与门巴族珞巴族民族关系的新发展。

最后部分为结语，对本项研究的主要内容和基本观点进行归纳总结。

第一章　西藏自然环境与藏门珞民族的社会历史概况

西藏自治区简称"藏",是我国最大的藏族集中聚居区;同时,这里还生活着门巴族、珞巴族等其他世居少数民族。千百年来,藏族为主体的西藏各族人民以其勤劳智慧和顽强精神在雪域高原和喜马拉雅山区开拓耕耘,创造了灿烂夺目特色鲜明的西藏文化。

藏族自称"博"(bod),从语源和历史发展的角度看,"博"系指古代活动在雅鲁藏布江流域的部落,它兼具部落名称和地域名的内涵。"博"字既指民族,又指其政权所及地域①。公元7世纪,雅隆部落日益强大,松赞干布继承祖业,建立吐蕃政权。有唐一代的史籍中"吐蕃"兼有族称和地名的含义。唐末至宋,西藏地方处于分散割据时期,"吐蕃"之名依然沿用。元朝把西藏纳入统一的中央政权管理之下,将吐蕃故地划分为三个行政区域,西藏地区主要为乌斯藏纳里速古鲁孙等三路宣慰使司都元帅府及吐蕃等路宣慰使司都元帅府所辖。"西藏"一词始见于明代②,但明代多以"乌斯藏"称之。清初,多以"图白忒(图伯特)""唐古特"称之,康熙二年(1663年),"西藏"之名始在正式的官方文书中出现③,至康熙晚年,西藏作为地理概念在官方文书中广泛使用。雍正三年(1725年),四川提督周英奉命勘定分界后,"西藏"的行政区划得以明确。

西藏和平解放后,行政区划几经调整,1965年成立西藏自治区。全区现设6市1地,即拉萨市、日喀则市、昌都市、林芝市、山南市、那曲

---

① 陈庆英、高淑芬主编:《西藏通史》,中州古籍出版社2003年版,第2页。
② 同上。
③ 柳升祺、常凤玄:《西藏名义辨析》,《中国藏学》1998年第2期。

市、阿里地区；8个市辖区，66个县；544个乡（其中9个民族乡），140个镇，10个街道办，208个居民委员会，5258个村民委员会①。2010年我国第六次人口普查，西藏自治区常住人口为3002166人。全区常住人口中，藏族人口为2716389人，门巴族、珞巴族等其他少数民族人口为40514人。藏族和其他少数民族人口占91.83%（其中：藏族人口占90.48%，其他少数民族人口占1.35%）；全区常住人口的地区分布为：拉萨市559423人，昌都地区657505人，山南地区328990人，日喀则地区703292人，那曲地区462382人，阿里地区95465人，林芝地区195109人②。

第一节 西藏的自然环境

西藏自治区地处祖国西南边疆，"面积120万平方公里，所跨越的经纬度为北纬26°52′—36°32′，东经78°24′—99°06′"③。它北临新疆维吾尔自治区，东北接青海省，东连四川省，东南与云南省相连；南部和西部与缅甸、印度、不丹、尼泊尔和克什米尔等国家和地区接壤，边境线全长近4000公里④。

西藏自治区是青藏高原的主体部分，平均海拔4000米以上，被称为"世界屋脊"。境内海拔在7000米以上的高峰有50多座，其中8000米以上的有11座，被称为除南极、北极以外的"地球第三极"，是世界上最

---

① 西藏自治区统计局、国家统计局西藏调查总队：《西藏统计年鉴（2016年）》，中国统计出版社2016年版，第3页。附注：《西藏统计年鉴（2016年）》收录的资料截至2015年年底，当时山南市还称为山南地区。2016年1月，国务院批复撤销山南地区设立山南市，原乃东县改设为山南市乃东区。2017年7月，国务院批复撤销那曲地区设立那曲市，原那曲县改设为那曲市色尼区，同时撤销达孜县设立拉萨市达孜区。为了反映西藏自治区最新行政区划情况，本书对《西藏统计年鉴（2016年）》数据进行了调整，将4市3地调整为6市1地，将市辖区由5个增加为8个，相应69个县调整为66个，其他数据没有变化。

② 西藏自治区统计局：《西藏自治区2010年第六次全国人口普查主要数据公报》，2011年5月3日。参见中华人民共和国国家统计局网站《中华人民共和国国家统计局·统计公报·人口普查公报·地方人口普查通报》，http://www.stats.gov.cn/tjgb/rkpcgb/dfrkpcgb/t20120228_402804342.htm。

③ 中国科学院青藏高原综合科学考察队：《西藏自然地理·前言》，科学出版社1982年版。

④ 《西藏自治区概况》编写组、《西藏自治区概况》修订本编写组：《西藏自治区概况》，民族出版社2009年版，第1页。

图1—1　喜马拉雅山脉—珠穆朗玛峰

大、最高的高原。作为青藏高原的主体，西藏地形复杂多样，大体可分为5个不同的地形区[①]。

（1）喜马拉雅山地，由几条大致东西走向的山脉构成。山脉走向自西段的西北—东南，至东段转为东西向，并向南突出呈一大弧形。山脉全长2400公里以上，宽200—300公里。平均海拔高达6000米，是世界上最雄伟的山脉。海拔7000米以上的高峰有40座，8000米以上的高峰有11座，这些山峰终年为冰雪覆盖，藏语"喜马拉雅"即"冰雪之乡"的意思。主峰珠穆朗玛峰海拔8844.43米，为世界第一高峰。喜马拉雅山脉自南向北大致可分为三带：南带为山麓低山丘陵带，海拔700—1000米；中带为小喜马拉雅山带，海拔3500—4000米；北带是大喜马拉雅山带，是喜马拉雅山系的主脉，由许多高山带组成，宽约50—60公里，数十个山峰的海拔在7000米以上，其中包括世界第一高峰珠穆朗玛峰。各山峰终年为冰雪覆盖，呈一片银色世界。喜马拉雅山脉在地势结构上北坡平

[①] 中国科学院青藏高原综合科学考察队：《西藏自然地理》，科学出版社1982年版，第18页。

缓，南坡陡峻，北坡山麓地带是青藏高原湖盆带，湖滨牧草丰美，是良好的牧场。流向印度洋的大河，几乎都发源于北坡，切穿大喜马拉雅山脉，形成3000—4000米深的大峡谷，河水奔流，势如飞瀑，蕴藏着巨大的水能资源。

图1—2 喜马拉雅山脉—南迦巴瓦峰

（2）喜马拉雅北麓湖盆区，沿喜马拉雅北麓，东起羊卓雍湖盆地区，经喜马拉雅中段北麓，接雅鲁藏布江上游地段，西至阿里地区南部，长达千余里的地带，构成了喜马拉雅北麓湖盆区，包括羊卓雍湖盆区、中喜马拉雅北麓湖盆区、雅鲁藏布江上游湖盆区和阿里西南湖盆区，湖盆海拔大多在4500米左右，是西藏高原农牧区比较集中的地区。

（3）雅鲁藏布江中游河谷地区，西起萨噶东至米林的雅鲁藏布江中游流域，包括尼洋河、拉萨河、年楚河和多雄藏布等大支流的中下游谷地，是西藏高原的一个"低槽"。沿雅鲁藏布江干流谷地，海拔从萨噶附近的4500多米至米林地区降至2800米。全段有三大峡谷，即米林宽谷、泽当—曲水宽谷和拉孜—仁布宽谷，河谷宽一般在5公里左右，在大支流的汇口处宽达10—20公里。雅鲁藏布江中游河谷地形的最主要特点，是宽谷与窄谷——峡谷相间。形成许多宽窄不一的河谷平地，谷宽一般7—8公里，长70—100公里，地形平坦，土质肥沃，是西藏主要的农业区，除耐寒的青稞之外，还有小麦、豌豆、油菜以及蚕豆、荞麦、马铃薯等作物。

（4）藏东峡谷区，即藏东南横断山脉、怒江、澜沧江和金沙江流域地区，为一系列由东西走向逐渐转为南北走向的高山深谷，北部海拔5200米左右，山顶平缓，南部海拔4000米左右，山势较陡峻，山顶与谷底落差可达2500米，山顶终年积雪，山腰森林茂密，山麓有四季常青的田园，景色奇特。按照地质及气候条件，本区可分为藏东南高山峡谷区和三江流域高山峡谷区。

（5）藏北高原，即"羌塘"（byang-thang，意为"北部高原"），位于昆仑山脉、唐古拉山脉和冈底斯—念青唐古拉山脉之间，长约2400公里，宽约700公里，占自治区总面积的1/3，高原形态相当完整，平均海拔4000—5000米，地势由南向北倾斜，为一系列浑圆而平缓的山丘，其间湖泊星罗棋布，5平方公里以上的湖泊就有307个，湖泊面积占总土地面积的3.54%，成为高原最主要的湖泊区，也是全国湖泊集中分布的地区，有中国"湖泊之乡"的美称，占中国湖泊总面积的1/4以上。除极少数为淡水湖之外，其余都是盐湖或咸水湖，其中主要的湖泊有纳木错、色林错（奇林错）和班公错等。藏北高原地势高旷、地形复杂、气候干旱、草原辽阔，大部分为纯牧区，是西藏主要的牧业区，牲畜以牦牛、绵羊、山羊为主，目前牦牛数量及比重均居全区首位。

西藏河流众多，纵横交错。流域面积大于1000平方公里的河流有20余条，著名的河流"由西往东有狮泉河、雅鲁藏布江、察隅河、怒江、澜沧江、金沙江"等[①]。西藏最大、最长的河流是雅鲁藏布江，可以称之为西藏的母亲河，发源于日喀则与阿里接壤处的喜马拉雅山北坡杰马央宗冰川。雅鲁藏布江在中国境内全长2091千米，流域面积23.8万多平方千米。从长度和流域面积看，是中国第五大河，但是，雅鲁藏布江河面海拔在3000米以上的河段约占总长的3/4，是世界上海拔最高的一条大河。雅鲁藏布江仲巴以西称上游段，海拔4600—4800米，两岸山岭连绵，山势和缓，分汊河道广布，沼泽和湖泊较多。这里是优良的夏季牧场。仲巴

---

① 杨勤业、郑度：《西藏地理》，五洲传播出版社2004年版，第56页。

图 1—3　藏北草原

至米林派区为中游段,河谷像串珠一样宽窄相间。窄谷段有的谷宽仅 100—300 米,水面更不足百米宽,两岸山坡陡峻。宽谷段可宽达 5000—6000 米,水面亦宽达 1000—2000 米。这里河宽而浅,到处是沙洲和浅滩,但是每当洪水季节,河面宽阔达 3—4 倍,到处是泽国汪洋。雅鲁藏布江的中游段集中了拉萨河、年楚河等几条主要支流,这些支流不仅提供了丰富的水量,而且沿河有广阔的平原。这里水利灌溉和农业条件都比较优越,自古就是西藏高原的粮仓。从米林派区到巴昔卡为下游段(雅鲁藏布江在中国境内并未包括一般外流河的真正下游,这里只是习惯上的分段),谷底海拔从 2800 米一直降至 155 米,相对切割 2000—4000 米。雅鲁藏布江下游的大峡谷群山对峙,悬崖直落江面,滔滔巨流就像一条细线镶嵌在巨斧劈开的狭缝中,这就是世界自然奇观雅鲁藏布大峡谷。这一段的水能资源为世界上最集中的地区之一,天然水能蕴藏量达到 6880 万千瓦以上,占雅鲁藏布江全流域天然水能蕴藏量的 69%[①]。

由于地理条件的不同,藏南谷地和藏北高原气候差异很大,藏南温和

---

① 杨勤业、郑度:《西藏地理》,五洲传播出版社 2004 年版,第 60—62 页。

图1—4 雅鲁藏布江

多雨，年均气温8摄氏度，最低零下16摄氏度，最高的7月为16摄氏度以上，5—9月为雨季。藏北为大陆性气候，年均气温零摄氏度以下，冰冻期半年，最高的7月不超过10摄氏度，6—8月较温暖。降雨量较少，昼夜温差大，5—10月最长。总体上是西北严寒，东南暖湿，由东南至西北带状更替。此外有多种多样的区域气候及明显的垂直气候带。总的气候特点是空气稀薄，气压低，氧气含量少；日照多，辐射强烈；气温较低，温差大。

受自然环境的影响，农牧业在西藏国民经济中占有非常重要的地位。农牧业人口占全区人口的80%。全区耕地面积36.05万公顷，其中有效灌溉面积25.57万公顷，占79.4%；农业作物品种繁多，青稞和小麦是主要品种，此外还有水稻、玉米、大豆、高粱等粮食作物和花生、烟草、茶树、苹果、梨、核桃等经济作物以及大白菜、油菜、萝卜、西红柿、黄瓜等蔬菜作物。西藏是我国五大草原牧区之一，天然牧草地面积居全国之首，为6479.68万公顷；牦牛是主要的家畜，此外还有黄牛、犏牛、绵羊、山羊、马、驴、骡、猪、鸡等。

西藏的森林和野生动植物资源在全国名列前茅。森林面积达1267万

图1—5 雅砻河谷

公顷,居全国第四位;木材蓄积量达20.84亿立方米,居全国首位;常见的成林树种主要有松、杉、柏等。主要的野生植物有药用植物、糖类和淀粉类植物、纤维植物、油脂植物、芳香油植物、鞣类植物六大类,其中以药用类最为丰富,达1000多种。野生动物有兽类、鸟类、鱼类。兽类中的藏羚羊、野牦牛等系青藏高原特产珍稀动物,白唇鹿为中国特有的世界珍稀动物;鸟类已发现的有473个品种,其中西藏黑颈鹤为中国所特有;鱼类共已发现有64种,以鲤科的鱼类为最多。目前,西藏有五个自然保护区,它们是:羌塘野牦牛、藏野驴、藏原羚保护区;芒康滇金丝猴保护区;申扎黑颈鹤保护区;林芝东久红斑羚保护区;类乌齐长岭马鹿保护区。

西藏自治区的矿产资源也很丰富。目前已发现的矿产资源有90多种,矿产地2000余处,18种矿产储量居全国储量的前十位,其中铬铁矿储量居全国之冠,铜的远景储量居全国第二位;锂、硼等11种储量居全国前五位。近年来,已探明西藏有储量丰富的油气田,可望成为我国重要的能源基地。

西藏自然地理环境是孕育高原特色文化的摇篮,繁衍生息在西藏的各个民族，正是在几千年乃至几万年的历史长河中与严酷的自然条件不断艰苦拼搏斗争中发展起来的。1956 年，中国科学院的地质学家在那曲以北的长江源头一带首次发现了几件打制石器，其中包括被认为可能属于旧石器时代的打制石器[1]。1966—1968 年，中国科学院西藏综合考察队在西藏定日县东南 10 公里的苏热山南坡，发现 40 件人工打制的石片以及用石片做成的刮削器和尖状器等[2]。1976 年，中国科学院青藏高原综合科学考察队在藏北申扎县珠洛勒发现打制石器 14 件，均为石片石器，器型有边削器、端削器及尖状器三种[3]。此外，青藏高原综合考察队还先后在藏西的日土、普兰等县发现了一大批旧石器[4]。迄今为止西藏发现的打制石器地点，经研究者初步断定属于旧石器时代的已有五处，它们是定日县的苏热，申扎县的多格则、珠洛勒，日土县的扎布，普兰县的霍尔区[5]。考古证明，远古时代，至少在距今 5 万—1 万年以前的旧石器时代中、晚期，现今西藏高原的大部分地区就已有古人类活动。童恩正指出，"中国的西南部，特别是西藏高原及其邻近地区，有可能是从猿到人进化的摇篮……西藏就可能具有从上新世后期至更新世的古人类遗迹，包括化石材料和石器在内"[6]，他还指出："展望这一前景，假如我们将未来可能的发现比喻成海洋中一座庞大的冰山，那么目前已掌握的旧石器时代的资料不过是露出水面的一个峰尖而已。"[7]

西藏发现的属于新石器时代的遗址和地点已多达 50 余处，其中包括细石器地点 28 处[8]。综合来看，整个新石器时代西藏至少存在着三种文化，即以藏东河谷卡若遗址为代表的卡若文化，以雅鲁藏布江流域拉萨曲贡村遗址为代表的曲贡文化和分布于藏北高原以细小打制石器为特征的藏北细石器文化。

---

[1] 邱中郎：《青藏高原旧石器的发现》，《古脊椎动物学报》1958 年第 2 卷第 2—3 期。

[2] 张森水：《西藏定日新发现的旧石器》，《珠穆朗玛峰地区科学考察报告·第四纪地质》，科学出版社 1976 年版，第 105—109 页。

[3] 安志敏等：《藏北申扎、双湖的旧石器和细石器》，《考古》1979 年第 6 期。

[4] 西藏自治区文管会：《西藏自治区文物工作三十年》，《文物考古工作三十年》，文物出版社 1979 年版，第 385 页。

[5] 同上。

[6] 童恩正：《西藏考古综述》，《文物》1985 年第 9 期。

[7] 同上。

[8] 西藏自治区文管会：《西藏考古工作的回顾》，《文物》1985 年第 9 期。

图 1—6　阿里日土岩画

西藏昌都县发掘的卡若遗址是目前具有代表性的西藏原始文化遗存之一。该遗址发掘面积约 1800 平方米，共发现房屋遗迹 28 座，打制石器 6000 余件，磨制石器 511 件，细石器 629 件，骨器 366 件以及大量陶片。农作物有粟，动物骨骼经鉴定属饲养的品种有猪，属于猎获的品种有兔、獐、马鹿、狍、牛、藏绵羊、青羊、鬣羚等。碳十四年代测定表明，卡若文化早期距今 4655±100 年—4280±100 年，晚期距今 3930±80 年[①]。从文化内容来看，卡若文化既带有本土地方特色，又包含了黄河流域的氐羌文化因素和长江中下游的百越文化的某些因素，还包括北方草原文化因素，表现出一个复合的文化，不过，强烈的地方特色是卡若文化的主要内容。"卡若文化中显示的强烈的地方特点，应该就是从本土的旧石器时代一脉相承下来的。"[②] 卡若遗址的发掘是真正具有划时代意义的石器时代考古成就，为研究西藏古代文明提供了可靠证据。童恩正认为，卡若文化

---

① 西藏自治区文管会、四川大学历史系：《昌都卡若》，文物出版社 1985 年版；童恩正、冷健：《西藏昌都卡若新石器时代遗址的发掘及其相关问题》，《民族研究》1983 年第 1 期。
② 童恩正、冷健：《西藏昌都卡若新石器时代遗址的发掘及其相关问题》，《民族研究》1983 年第 1 期。

第一章　西藏自然环境与藏门珞民族的社会历史概况　51

的创造者"可能是藏族先民集团之一"的推论应该说是正确的①。

曲贡文化因发现于拉萨市北郊曲贡村而得名，它主要分布于雅鲁藏布江流域及其支流河谷中。除曲贡村遗址之外，主要遗址有林芝县的云星、红光、居木、加拉马，墨脱县的背崩村、墨脱村、马尼翁，乃东县的钦巴村等。曲贡文化明显的地方性特色主要体现为：（1）石器以打制双肩石铲、柱状敲砸器、两侧带缺口网坠、琢制石磨盘较为典型。（2）发现了一件通体磨光的精美玉锛，其磨制的工艺水平很高。（3）陶器均为手制，个别器物经慢轮修整。泥质陶和夹砂陶各占约半，陶色以灰褐色为主，其次为磨光黑皮、褐、红褐色。泥质磨光黑皮套最具特色。（4）陶器纹饰盛行刻划纹，此外，锥刺纹、锯齿纹、附加堆纹、三角形假镂孔等也是常见的纹饰。（5）陶器的组合以罐、锛、碗、豆、壶为主，只见圜底、圈足，不见平底、三足器，陶耳比较发达②。

图1—7　20世纪70年代在墨脱发现的新石器

---

① 童恩正：《略论我国西南地区的史前考古》，《四川文物》1985年第2期。
② 西藏自治区文物管理委员会：《拉萨曲贡村遗址调查试掘简报》《西藏考古工作的回顾》，《文物》1985年第9期。

藏北广大范围中已经发现的细石器地点有28处，发现细石器标本1000余件①。考古工作者认为，西藏各地的细石器均属"同一文化系统"②。关于西藏细石器文化的年代，一种意见认为，"应属于中石器时代或新石器时代早期，而不可能过晚"③，另一种意见认为，"综合藏北细石器各方面的情况看，主要成分是细石器，类型稳定，制作精巧，已非原始的细石器，拟将其归于新石器时期为宜。"④

考古资料表明，当时西藏高原范围内至少存在着三大文化不同的原始居民群体，即以卡若文化为代表的居住于藏东河谷区、从事定居农耕经济并兼有狩猎畜牧经济的卡若居民群体；以曲贡文化为代表居住于雅鲁藏布江中下游地区，从事定居农业和渔业经济为主的曲贡居民群体；以细石器文化为代表，主要活动于藏北高原地区从事游牧和狩猎经济的藏北游牧居民群体。

显而易见，西藏远古居民的经济活动类型与其生存的自然环境条件密切相关。比如藏南谷地，"西藏林芝盆地新生代晚期雨量充沛，草木茂盛，禽兽栖息，为原始人类提供了良好的生活和生产活动场所"⑤，"茂密的热带雨林山地针阔混交林和针叶林等，为古代人民狩猎和其他生活方面提供了优越的资源条件，所以早在6世纪以前，这里就已经有了比较发达的农业，历史上西藏的城镇和人口都主要集中在这里。据统计早在6世纪末，从日喀则到泽当一段雅鲁藏布江沿岸河谷，以及林芝、墨竹工卡以南的拉萨河谷地带，约有人口20万"⑥。再如藏北高原，"这些自然条件适于古代人类的采集渔猎活动，因而成为旧石器时代晚期和中石器时代人类的居住乐园。估计当时的自然条件远比现在优越，气候可能还不像今天这样干冷，这就比较容易解释为什么今天已经逐渐荒漠化的双湖一带，而中石器时代的人类却在那里居住活动"⑦。

---

① 西藏自治区文管会：《西藏考古工作的回顾》，《文物》1985年第9期。
② 安志敏等：《藏北申扎、双湖的旧石器和细石器》，《考古》1979年第6期。
③ 同上。
④ 张森水：《西藏细石器新资料》，《西藏古生物》第一分册，科学出版社1980年版。
⑤ 陈万勇：《西藏林芝盆地新生代晚期的自然环境》，《古脊椎动物与古人类》1980年第1期。
⑥ 格勒：《藏族早期历史与文化》，商务印书馆2010年版，第17页。
⑦ 安志敏：《藏北申扎、双湖的旧石器和细石器》，《考古》1979年第6期。

图1—8 苍茫阿里（杨忠宁摄）

西藏复杂多样的自然环境和地理条件对生活在境内的各个民族之间关系的影响是显而易见的。门巴族、珞巴族以及僜人和夏尔巴人世居于喜马拉雅山地，因崇山峻岭阻隔，与外界联系困难，信息阻塞，其社会发展相对于藏族缓慢，其民族文化、宗教观念、伦理道德等深受藏族浸染，同时又呈现出自身的特色；而喜马拉雅山地特有的丰富物产又为藏门珞民族之间互通有无的经济交往提供了便利和条件。总之，由于藏门珞等世居民族各自聚居地自然环境的差异，对民族关系的影响广泛而深刻。

第二节 藏族与门巴族珞巴族的社会历史概况

藏族是中国统一多民族国家大家庭中一个历史悠久的民族[①]，有文字记载的文明史已超过1300年，门巴族、珞巴族亦是西藏高原历史悠久的古老居民。藏族、门巴族和珞巴族作为西藏高原的世居民族，在漫长的社会发展中休戚与共，关系紧密，他们共同创造了西藏高原的悠久历史和辉煌文明。

---

① 藏族社会历史概况部分主要参考了以下著作。《藏族简史》编写组：《藏族简史》，西藏人民出版社1985年版；恰白·次旦平措等：《西藏简明通史》，西藏藏文古籍出版社1991年版；陈庆英等译：《西藏通史——松石宝串》，西藏古籍出版社1996年版；陈庆英、高淑芬主编：《西藏通史》，中州古籍出版社2003年版。

一 藏族社会历史概况

（一）藏族族源

藏族族源至今仍是学界争论不休的"悬案"。如同其他民族起源问题一样，藏族族源诸说中神话传说占有不容忽视的位置。到目前，归纳起来大体有近十种。主要有：西羌说、鲜卑说、印度释迦王系说、猕猴和罗刹女①后裔说（也即本土说）、马来半岛说、缅甸说、蒙古人说、伊朗血统说、土著语氐羌融合说等②。其中猕猴和罗刹女交配繁衍藏族的传说在诸说中流传最广，此说也是藏族本土起源的重要传说③。

关于此说的记载，布顿大师在《佛教史大宝藏论》中记："又西藏的传说故事中说，（西藏人）是由猴和罗刹女交配而来的。应阅读其他史书便可知道这些详细的情况。"④ 五世达赖喇嘛所著《西藏王臣记》亦云："凡雪域所宏传之《大悲观音法类》虽有多种，然均同一旨趣，皆说西藏人种系猕猴与岩魔交配所生子嗣，为赤面食肉之种。"⑤《西藏王统记》对此则传说的内涵记载更为具体："如是此雪域人种，其父为猕猴，母为岩魔，二者之所繁衍，亦分为二类种性：父猴菩萨所成种性，性情驯良，信心坚固，富悲悯心，极能勤奋，出语和蔼，善于言辞，此皆父之特性也。母岩魔所成种性，贪欲嗔恚，俱极强烈，从事商贾，贪求营利，仇心极盛，喜于讥笑，强健勇敢，行不坚定，刹那易变，思虑烦多，动作敏捷，五毒炽盛，喜窥人过，轻易恼怒。此皆母之特性也。"⑥《汉藏史集》云："这些小孩中（按：指猕猴与罗刹女交配繁衍的后代），父亲的血统占主要成分的具有信仰和智慧，慈悲勤奋，信奉教法和善业，所以对这些具有大智慧的后裔称为菩萨聪慧之种。母亲的血统占主要成分的，爱食肉饮血，精于买卖盘算，固执顽劣，大声说话，脸色无常，爱揭别人短处，不

---

① 罗刹女（srin-mo），在藏文中意为"魔女"。一些记载中又作"岩魔女"（brga-srin-mo），意指"岩山之魔女"。
② 格勒：《藏族早期历史与文化》，商务印书馆2006年版，第39页。
③ 格勒此处总结的说法中，有八种是"外来说"。"外来说"的主要依据是，认为古代青藏高原的气候环境不适合人类居住，藏族祖先只能是从西藏以外的地方迁移进去。藏族的族源问题仍需深入研究。
④ 布顿大师：《佛教史大宝藏论》，郭和卿译，民族出版社1986年版，第167页。
⑤ 五世达赖喇嘛：《西藏王臣记》，刘立千译注，西藏人民出版社1992年版，第8页。
⑥ 索南坚赞：《西藏王统记》，刘立千译注，西藏人民出版社1985年版，第32页。

能虔敬信仰，轻浮好动，不顾别人，这些尽是赭面食肉之种。"① 1990 年在曲贡遗址的发掘中，曾出土了一件附着于陶器上的猴面贴饰，其贴饰为浮雕样式，猴的眼、鼻孔和嘴均以锥刺出，形象逼真，造型生动②。这件猴面饰品显然非一般意义上的艺术品，当与曲贡人的精神生活及某种祖先或灵物崇拜有关。它表明，猴与藏地远古人群的精神生活发生联系的时间至少可上溯到新石器时代晚期。石硕认为，"在猕猴与罗刹女的传说中，父系猕猴与母系罗刹女二者之血统乃是有明显差异和严格区别的"。事实上在这一传说中，"猕猴"与"罗刹女"应理解为是标志两个不同血缘氏族的"图腾"符号，因此，这一传说的确切意义乃隐含了藏地远古时代两个不同血统的氏族部落人群的联姻③。

图 1—9　猕猴变人神话的现代雕塑

---

① 达仓宗巴·班觉桑布：《汉藏史集》，陈庆英译，西藏人民出版社 1986 年版，第 80 页。
② 中国社会科学院考古研究所西藏工作队、西藏自治区文物管理委员会：《西藏拉萨市曲贡村新石器时代遗址第一次发掘简报》，《考古》1991 年第 10 期。
③ 石硕：《一个隐含藏族起源真相的文本——对藏族始祖传说中"猕猴"与"罗刹女"含义的释读》，《中国社会科学》2000 年第 4 期。

藏文史料记载，"猕猴"与"罗刹女"交配生下众多猴雏，这些猴雏陆续变成了人，形成了藏地最初之"四人种"或"六人种"。《贤者喜宴》载："《遗训》① 一书载：最初仅有一猴雏。《总遗教》则载述，初始有六猴雏。总之，俟后繁衍众多，分为四部，并彼此发生争执，此即西藏之四人种：斯、穆、桐及冬等四种血统。尚有一说：增加查、楚等，谓之六人种。"②《汉藏史集》载："变成人类的猴崽越来越多，又因为争夺谷物产生不和，人类分成四个部落，即塞、穆、东、冬四个族姓。吐蕃之人，大多数都由这四大族姓分化而来。宣康巴等人说，吐蕃最初的姓氏为查、祝、冬三姓，加上噶成为四姓，再加上两个弟弟韦和达，成为吐蕃的六个姓。然而，在观世音菩萨没有以慈悲鼓动圣猴与岩魔女结合之前，吐蕃地方并没有人类存在，因此所谓的六个族姓也是由上述的四大族姓派生出来的。还有塞、穹、查氏与穆察噶氏的后裔等多种说法，也是同一道理。"③

关于藏族最初的"四人种"或"六人种"的情况，除了《贤者喜宴》和《汉藏史集》有载外，藏文史籍《五部遗教》《朗氏家族史》《如意宝树》《拉达克王统记》《安多政教史》等中均有类似的记载。从"四人种"又被称为"四种血统"或"四个部落"来看，所谓"四人种"或"六人种"显然是指由四种或六种族姓所代表的不同的血缘氏族，确切地说，应实指藏族最早的四大氏族或六大氏族。记载中称"吐蕃之人，大多数都由这四大族姓分化而来"，并提到"所谓的六个族姓也是由上述的四大族姓派生出来"，说明四大氏族应是目前藏族所能追溯到的关于其祖先人群最古老的记忆，并且四大氏族与六大氏族间存在亲缘关系。关于四大或六大氏族的具体名称，以上记载虽有差异，但最主要的却是"塞"（se，又译为"色""斯"等）、"穆"（rmu）、"董"（ldong，又译为"桐"）、"冬"（stong，又译为"东"）等这样一些氏族。这意味着在藏族的族源记忆中，四大氏族或六大氏族占有突出位置。

藏族最早的"四人种"或"六人种"经过长期的联姻、战争、兼并

---

① 《遗训》即《松赞干布遗训》，又译名《柱下遗教》，系藏文伏藏著作《玛尼全集》之一部，相传为松赞干布所撰著。该书成书年代至迟不晚于公元12世纪。

② 巴卧·祖拉陈哇（又音译为巴俄·祖拉陈瓦）：《〈贤者喜宴〉摘译》，黄颢译，《西藏民族学院学报》1984年第4期。

③ 达仓宗巴·班觉桑布：《汉藏史集》，陈庆英译，西藏人民出版社1986年版，第80页。

第一章 西藏自然环境与藏门珞民族的社会历史概况　　57

或分化，到公元 6 世纪，形成了大大小小的十几个部落或部落联盟。《贤者喜宴》载云："如是，西藏人类众生广为繁衍。其时有十二小邦，然而，最后则有四十小邦割据。"①《敦煌本吐蕃历史文书》P. T. 1286《小邦邦伯家臣及赞普世系》载十二小邦中有："象雄"，位于西部阿里、拉达克一带，汉文史籍称为大小羊同，认为是西羌的一个部落；"娘若切喀尔""努布""娘若香波"，位于后藏江孜一带；"卓木南木松"，位于亚东到锡金一带；"几若江恩""岩波查松""龙木若雅松"，位于拉萨河流域；"雅茹玉西""俄玉邦噶""埃玉朱西"，位于西藏山南一带；"工布哲那"，位于工布地区；"娘玉达松"，位于娘布地区；"达布朱西"，位于塔工地区；"琛玉古玉"，位于桑耶地区；"苏毗雅松"，位于藏北草原直到玉树、甘孜地区，汉文史籍称它为西羌中的一个大部落。《小邦邦伯家臣及赞普世系》进一步记云："在此之前状况，当初分散局面即如此说，古昔各地小邦王子及其家臣应世而出，众人之主宰，掌一大地面之首领，王者威猛相臣贤明，谋略深沉者相互剿灭，并入治下收为编氓，最终，以鹘提悉补野之位势莫敌最为崇高。他施天威震慑，行王道治服。"②

图 1—10　西藏第一座宫堡式建筑—雍布拉康

---

①　巴卧·祖拉陈哇：《〈贤者喜宴〉摘译》，黄颢译，《西藏民族学院学报》1980 年第 4 期。
②　王尧、陈践译注：《敦煌本吐蕃历史文书》（增订本），民族出版社 1992 年版，第 173 页。

(二) 雅隆部落

雅隆部落是吐蕃王朝的建立者,最早活动在今西藏山南琼结地区。藏族传说谓,该部落的第一代首领也即是吐蕃王室先祖聂赤赞普是从天界下降人间,被当地牧人拥戴为王,由于是牧人以颈为座椅把他抬回来的,所以称为"聂赤赞普"①。而本教文献则记载他是从波密一带迁徙到琼结地方,然后发展起来的部落首领,由于他来自波密,因此被称为"悉补野"。聂赤赞普时代在雅隆河谷修建了吐蕃历史上第一座宫殿——雍布拉康,这表明当时雅隆河谷已经有了比较发达的农业和牧业。聂赤赞普六传到止贡赞普,在部落联盟的内部斗争中,止贡赞普被属下的小部落首领罗阿木达孜杀死②。聂赤赞普的两个儿子被流放到工布和波密一带,其中的聂歧当了工布的小王,夏歧举兵报仇,夺回了王位,改名为布德贡杰,为止贡赞普修建了陵墓,并兴建了琼结的琼瓦达孜城堡。《汉藏史籍》载:"父王止贡赞普在位之时,由象雄和勃律的本波传来了辛吉都本教法。王子布德贡甲在位之时,有仲和德乌教法产生,出现了天本波辛波切。在茹拉杰和他的儿子拉茹果噶当大臣时期,驯化了野牛,将河水引入水渠,将平地开垦为农田,又以木炭冶炼矿石,得到了金、银、铜、铁等金属,在河流上架桥。将止贡赞普的尸体运到石山上,在石山和土山连接处修建了止贡赞普和布德贡甲的陵墓。"③ 铁制农具的出现和使用畜力,大大提高了农业生产力,因而人口增加,部落繁盛。部落联盟的发展带来了部落首领王权的提高,在聂赤赞普时辅助赞普的是"三尚一论","尚"是舅氏,即亲缘部落的首领,"论"是赞普的家臣,还带有明显的部落联盟的特征。到第十六代赞普岱处保南木雄赞时,开始设置了"大论"(即大相),以后又出现了为赞普管理收纳贡赋的"岸本"(财税官),各个部落首领和贵族要向赞普盟誓,效忠赞普,臣下的官位、领地、属民已被认为是来源于赞普的封赐,如果臣下不忠,赞普可以处以刑罚,剥夺其封地和属民,在臣下的家族发生绝嗣即没有男性后裔继承的情况下,其封地属民要由赞普收回,由此确定了赞普和臣下的君臣关系。

---

① 巴卧·祖拉陈哇:《〈贤者喜宴〉摘译》,黄颢译,《西藏民族学院学报》1980 年第 4 期;第吴贤者:《第吴宗教源流》(藏文),西藏人民出版社 1987 年版,第 226—227 页。
② 巴卧·祖拉陈哇:《〈贤者喜宴〉摘译》,黄颢译,《西藏民族学院学报》1980 年第 4 期。
③ 达仓宗巴·班觉桑布:《汉藏史集》,陈庆英译,西藏人民出版社 1986 年版,第 84 页。

第一章　西藏自然环境与藏门珞民族的社会历史概况　59

图 1—11　位于林芝市玉荣增村的德穆萨摩崖刻石

到赞普达布聂西时，雅隆悉补野部落已经基本上统一了雅鲁藏布江南岸地区，并力图向江北发展。此时拉萨河流域存在岩波查松（在澎波一带）和几若江恩两个小邦，《敦煌本吐蕃历史文书》说岩波查松之王森波杰达甲吾溺于恶政，臣下怨愤，其家臣念几松那保劝谏，不被采纳，反被逐出大臣之列，念几松那保乃归降几若江恩之王森波杰墀邦松，杀死达甲吾，几若江恩吞并了岩波查松。墀邦松把达甲吾的辖地析出一部分划归念几松那保管辖，作其奴户。这说明给功臣封授土地和属民，已是当时的一种习惯。此后，被墀邦松划给念几松那保的属民娘曾古对念氏不服，向墀邦松申诉，遭到墀邦松的斥责。墀邦松的岸本韦雪多日库古和内相线墀热顿孔争斗，韦雪多日库古被杀死，其弟韦义策要求墀邦松做主，要线墀热顿孔赔偿命价，被墀邦松拒绝。于是深恨墀邦松的娘氏和韦氏秘密盟誓，要归附悉补野部，推翻墀邦松。后来参加这一密谋的还有他们的亲戚朋友农氏和蔡邦氏。他们派人到琼结和达布聂西联系，达布聂西虽然有一个妹妹嫁给墀邦松，还是同意了消灭墀邦松的计划。在准备出兵的时候达布聂西去世，其子伦赞继承赞普位，继续这一计划，发兵一万，渡过雅鲁藏布江，在娘氏、韦氏、农氏、蔡邦氏的配合下，攻灭几若江恩小邦，占有了

图 1—12　德穆萨摩崖刻石局部

拉萨河流域。群臣给伦赞上尊号为南日伦赞，南日伦赞也论功行赏，给娘氏、韦氏、农氏各封给 1500 户属民和土地，给蔡邦氏封给属民 300 户。此后又有后藏娘若切喀尔小邦的大臣琼保苏孜杀死其王，以后藏的土地和两万户属民来献，南日伦赞也对他加以封赏。至此，悉补野部统一了雅鲁藏布江的中下游地区，也即是西藏的主要的农业区域。

（三）吐蕃时期

南日伦赞为雅隆悉补野部落统一青藏高原奠定了坚实的基础。公元 7 世纪上半叶，松赞干布继承祖业，逐步统一青藏高原上的白兰、吐谷浑、党项及附国，建立了吐蕃政权。

松赞干布（？—650），又名墀松赞。《新唐书·吐蕃传》称其为弃宗弄赞、弃苏农、弗夜氏（又作不夜氏）。松赞干布出生在墨竹工卡加麻囊的强巴弥居林宫殿，他是藏族史上一位伟大的历史人物，对完成青藏高原的区域性统一做出了重要的历史贡献。松赞干布统一之前，青藏高原小邦林立，各部落处于分散和闭塞的发展状态，经济、文化的相互交流受到极大限制；他统一各部后，即通过定都逻些（今拉萨）、建立职官制度、创制藏文、倡导佛教、清查户口、统一度量衡以及建立法律制度等一系列措施，巩固新生的奴隶制政权。他积极汲取周边民族的工艺、医药、法律、律算以及宗教等，尤其是从政治、经济、宗教、文化以及联姻等方面与唐王朝建立了密切的关系。

图1—13 松赞干布墓顶寺内供奉的松赞干布、文成公主、赤尊公主塑像

在行政区划方面，《贤者喜宴》载松赞干布将吐蕃划作"五大茹"，划定十八个地区势力范围，划分六十一"东岱"，委任官吏管理属民[1]。通过明确行政区划，门巴族、珞巴族地区均被纳入吐蕃统一政权的管辖之下。松赞干布亲自绘制的形状如仰卧罗刹女的《吐蕃地图》中，门隅是罗刹女的左手心。吐蕃政权对古门隅的统治，主要采取依靠本地头人间接管理的办法，诸王既是各部族的头人，又是吐蕃政权的属民。对于古门隅被称为"四柴卡"以南的地区，由若干个当地有一定实力和影响的氏族管理，如当时有没庐氏、琼氏、嘎尔氏、努氏及年氏[2]。另外，门隅还是

---

[1] 巴卧·祖拉陈哇：《〈贤者喜宴〉摘译（二）》，黄颢译，《西藏民族学院学报》1981年第1期。

[2] 同上。

吐蕃流放犯人的地方，公元7世纪初，青海一带的吐谷浑被吐蕃战败，一部分居民被迫徙居罗门——南方之门隅。8世纪中期至9世纪初，先后有两位王子被流放到古门隅。

吐蕃后期的历史中，佛教占有了重要的地位。松赞干布时期已开始有佛像的传入，其后在是否允许信仰佛教的问题上发生过尖锐的斗争。赤松德赞继位后，清除反对佛教的大臣，从印度迎请寂护和莲花生大师，大规模地发展佛教。莲花生以佛教的世间神的理论，将西藏原来信奉的山神、湖神、龙神等纳入大乘佛教的神灵体系之中，创制了一整套的祭祀供奉的仪轨，便于在吐蕃社会推行佛教。779年修建成了桑耶寺，使桑耶寺成为西藏第一座佛法僧三宝俱全的寺院。剃度"七试人"出家，同时通过藏族的贵族子弟出家为僧，打造了佛教在吐蕃发展的根基。从那以后佛教在吐蕃发展很快，赤松德赞和他的儿子牟尼赞普、赤德松赞都不遗余力地扶植佛教。佛教寺院和出家僧人的费用都由王室以臣民的税赋供给，同时寺院和僧人也在王室的严格控制之下。赤德松赞时把自己幼年时的佛教老师娘定埃增委任为钵阐卜，封给他土地和属民，让他掌管军政大事，地位在所有大臣之上，被称为"僧相"。815年，赤德松赞的儿子赤祖德赞（热巴巾）继位后，进一步推行尊崇佛教的政策，修建寺院，增加僧人，大规模翻译佛教经典。他们父子在位期间，吐蕃佛教发展迅速。"七户养僧制"的规定使佛教僧人成为社会上的一个特权阶层，同时用法律规定对那些对佛教僧人稍微表露出一点不满情绪的人进行严厉的镇压，因而激化了僧俗之间和统治集团内部的矛盾。最后在838年赤祖德赞被反对佛教的大臣暗杀，其兄朗达玛被扶上王位。朗达玛下令禁止佛教，杀害僧人首领，强迫僧人还俗，关闭寺院，毁坏佛像、佛经，史称"朗达玛灭佛"。但是强力禁止佛教并没有缓和社会矛盾，反而激起僧人的反抗，842年朗达玛被僧人拉隆贝吉多杰射杀。朗达玛死后，他的两个儿子永丹和维松各有一派大臣支持，双方为争夺王位爆发了内战，掌握军权的将领也随即发生混战，长达二十多年。吐蕃社会矛盾的尖锐和统治集团内部的混乱最终导致平民和奴隶大起义，公元877年起义军发掘赞普王陵，逐杀王室和贵族，吐蕃王朝彻底崩溃。

（四）分散割据时期

吐蕃王朝崩溃后，长达4个世纪的时间里，西藏一直没有统一的政权，史称"分散割据时期"。这一时期里，永丹及其后裔占据拉萨和桑耶

图1—14 桑耶寺伍孜大殿

地区,维松占据山南地区。905年维松在雅隆被臣下毒死,他的儿子贝考赞逃到后藏日喀则一带,修建城堡,安置部属。923年贝考赞又被平民起义军杀死。其长子扎西孜巴贝占据江孜,次子吉德尼玛衮逃到阿里普兰,与当地豪酋联姻,其三个儿子分据拉达克、普兰、古格,后来建立起拉达克王朝和古格王朝。此外,见之汉文史籍记载的政权,有活动在甘、青地区,以今青海西宁等地为中心的青唐吐蕃唃厮罗和凉州(甘肃武威)地区的六谷部[①]。

分散割据时期藏族社会逐渐向封建农奴制过渡,原割据一方的吐蕃权臣,成了各地的封建农奴主,领主占有制经济在西藏不断出现,封建庄园制的土地经营方式在这一时期出现并形成。公元10世纪后期,出现的"却豁"(chos-gzhis,即"供养庄园"),是为西藏社会进入封建农奴制社会的重要佐证。

分散割据时期的藏族社会的另一个显著特点是佛教的复兴和弘传。

---

① 《宋史》卷四九二《吐蕃传》。

"宗教几乎成为奴隶制经济向封建制经济过渡的杠杆或桥梁。"[1] 不过，这一时期兴起的佛教无论在形式上还是内容上，与吐蕃时期的佛教有了很大不同，它在与本教进行了长达数百年的斗争后，通过互相吸收、互相接近、互相融合，并随着封建因素的增长，完成其西藏化过程，形成既有深奥佛教哲学思想，又有独特西藏地方色彩的地方性佛教。至此，藏传佛教终于形成，步入其"后弘期"。到11世纪中叶以后，西藏佛教进入各个教派形成时期，相继出现宁玛、噶当、萨迦、噶举等教派。宁玛派（rnying-ma-ba，藏语意为古、旧）形成于公元11世纪，是藏传佛教中最早产生的一个教派。由于该教派吸收和保留了大量本教因素，重视寻找和挖掘古代朗达玛灭佛时佛教徒藏匿的经典，并认为自己弘扬的佛教是公元8世纪吐蕃时代传下来的，因而古旧，所以称宁玛。噶当派（bkav-gdams-ba）创建于11世纪中叶。"噶当"意为用佛的教诲来指导凡人接受佛教道理的意思。该教派以修习显宗为主，主张先学显宗，后学密宗，其教法传播甚广，藏传佛教各教派均受其影响。萨迦派（sa-skya-ba，"萨迦"藏语意为灰白色土）创始于11世纪中后期，因该教派主寺萨迦寺所在地呈灰白色，故得名萨迦。噶举派（bkav-brgyud-ba，藏语口传之意）创始于11世纪，重视密宗学习，而密宗学习又必须通过口耳相传，故名噶举。

　　分散割据时期并没有割裂吐蕃以来门巴、珞巴与藏族人民之间的交往。这一时期，门隅由雅砻觉卧王系噶拉旺波土王统治，王宫建在"域满扎康"。《贤者喜宴》载："到吐蕃政权崩溃后，在洛域门域（即珞渝门隅。——引者注）边地能遇到吐蕃农区的人，而大量边地的人又出现在吐蕃卫地。"[2] 藏族民众大量进入门、珞地区，给当地的社会发展产生了重大促进作用，一些南迁的吐蕃人与当地居民相融合，经过长期的发展，其中一部分融合发展成为今天的门巴族，这种融合也为日后藏门珞文化交流奠定了牢固的社会基础。

　　（五）元明清时期

　　13世纪，推进中国统一多民族国家迈向确立的元王朝把西藏正式纳

---

[1] 陈庆英、高淑芬主编：《西藏通史》，中州古籍出版社2003年版，第154页。
[2] 巴卧·祖拉陈哇：《〈贤者喜宴〉译注（十六）》，黄颢译，《西藏民族学院报》1985年第1期。

入中央政权管辖之下，此后，明代、清代以及民国时期中央政权直接治理西藏。元中央，设立帝师和宣政院负责管理整个藏区事务，帝师既是宣政院名誉上的最高负责人，也是管理西藏地方的最高官员，其法旨在吐蕃地方可以和皇帝诏敕一并颁布并具有效力；宣政院负责处理全国的佛教事务，受帝师节制，又直接掌管西藏地方的军事、行政、司法和宗教等各项事务，藏区各地方重大事务都需上报宣政院决定，地方僧俗官员都由宣政院任命，万户长以上官员由宣政院报朝廷决定。在地方，元朝把吐蕃故地划分为吐蕃等处宣慰使司都元帅府、吐蕃等路宣慰使司都元帅府以及乌思藏纳里速古鲁孙等三路宣慰使司都元帅府，这三个宣慰使司都元帅府隶属于宣政院。有元一代，萨迦势力得到元中央的大力扶持，萨迦本钦代表元中央实行对西藏的行政管理和统治，元中央在西藏划分十三万户、清查户口、设置驿站等各项施政措施，均是在萨迦派协助下实施的。

1368 年，明朝建立，整个藏族地区基本上以和平的方式归附于明朝的统辖之下。政治上，明朝在藏区推行了军卫管理并由中央控制的都司卫所体制，采取土官与流官互参的治理模式；宗教上，针对当时西藏政治分散、宗教分派、各势力雄踞一方的现状，摒弃元朝扶植萨迦一派的做法，采用"多封众建，尚用僧徒"的统治政策；社会管理上，高度重视发展内地与藏族地区的交通，恢复和修建西藏通往内地的驿站和驿路；经济上，采取"以茶制番"和"茶马互市"的方略。

清朝前期，清廷分别册封五世达赖和固始汗，采取蒙藏上层联合掌政的策略治理西藏；戡平准噶尔部袭藏之乱后，清廷决定废除原来总揽大权的第巴职位，改设噶伦共同主管西藏地方行政事务，并以康济鼐为首席噶伦；1727—1728 年卫藏战争结束，清廷封颇罗鼐为贝子（后又封为郡王），总理全藏政务，并始设驻藏大臣，加强对西藏的管理；平定珠尔默特纳木扎勒的叛乱后，清廷对西藏地方行政体制作出重大改革，废除"郡王"制，建立噶厦政府，设三俗一僧四噶伦执政制，并明确了驻藏大臣与达赖喇嘛共同处理政务的平等地位，巩固清朝对西藏的统治。乾隆五十八年（1793 年），清廷颁施《钦定藏内善后章程二十九条》，以立法形式对西藏地方的政、教、军、税、法等各个方面都作了详尽而明确的规定：（1）提高驻藏大臣的地位，确定达赖喇嘛与驻藏大臣遇事协商。（2）决定用"金瓶掣签"的方法选定在理藩院注册的大活佛的转世灵童。（3）设立噶厦，"以四噶伦组织之"，三俗一僧，平行处理藏政，噶伦秉承驻藏大臣和达赖的指示，管理西藏地方的政治、经济、军事等事务。(4) 组建藏军，强化地方防御。(5) 货币官制，禁止私铸。(6) 减轻税收、乌拉差役，休养生息。(7) 整顿司法、建立诉讼制度。(8) 厘定寺庙管理、堪布任命、僧众供养。总之，《钦定章程》是清朝前期中央政府加强对西藏治理经验的系统总结，是元朝以来历代中央政府对西藏地方拥有完全主权的一个重要历史文献，也是在西藏地方施政方面，历代中央王朝中以立法的形式所颁布的最详尽、最全面的法规规章和行政规章，标志着清政府在西藏的施政达到了较为成熟和完备的阶段。

前文论及，公元10世纪前后，西藏社会向封建农奴制过渡。到18世纪以前，是西藏农奴制产生、形成并波浪式向前发展的历史时期。在这段时期内，总的说来生产关系基本适合生产力发展的要求，因而社会是发展和进步的。这一阶段的社会进步和财富积累，为聪明智慧的藏族人民在吐蕃古老文化的基础上，再创民族文化的高峰提供了条件并促进了封建文化的繁荣。现今为世界瞩目的藏传佛教哲学、建筑学、医药学、历算学等西藏文化的瑰宝，浩瀚的文学、历史著作，以及异彩纷呈的歌舞、绘画、雕塑等各种艺术作品，大多是这个历史时期创造的，反映了这个时期社会生活的勃勃生机。到18世纪中叶，西藏的农奴制度逐渐变成了生产力发展的桎梏，使生产发展停滞，人口锐减，社会凋敝。从19世纪中叶起，帝国主义势力逐渐侵入了西藏地区，他们在经济上掠夺，政治上与大农奴主勾结，使西藏陷于贫穷落后状态，人民生活极端贫困，显现出西藏封建农奴制的日暮途穷。

近代的西藏封建农奴制社会可归纳为如下几个基本特点：（1）三大领主垄断了土地的占有权。"需要指出的是，与历史上其他地区或民族的农奴制社会相比较，西藏的三大领主对于土地占有的垄断发展到了最高的程度，整个西藏除了门隅、珞渝、察隅和亚东的极小范围等边缘地区外，所有地区都已划分为三大领主的领地，领地内所有的山、水、林、地均是属于领主的，所以也就根本没有农民私有的土地。"（2）严格的人身依附关系。"在西藏，这种自由人（赎身变为自由民）是根本没有的，除去领种份地的农奴终生被束缚在庄园内以外，即使是外出从事手工业或其他职业谋生者，仍然不能脱离与原领主的依附关系，要么按时回去为领主服劳役，要么交纳人役税。"（3）残酷的差乌拉制度。"差乌拉"是三大领主对农奴进行封建剥削的基本形式。其名目繁杂，多如牛毛，包括繁重的劳役负担、繁杂的实物摊派和有增无减的乌拉项目等几大类。(4)政教合一的封建统治制度。"西藏的这种政治与宗教高度结合的政权形式,在各国经历过的封建社会中都是十分独特的。它使最高的宗教领袖同时成了地区内最高的封建主,也就是我们通常所说农奴主头子。这个政权是代表僧俗领主利益的。"①

元明清时期,随着藏族社会的经济发展,藏族与门巴族、珞巴族在政治、经济、文化等多个方面的联系更加紧密,其中藏传佛教在门巴族地区广为传播,封建农奴制度亦在门隅和珞渝地区推行,对门巴族和珞巴族社会产生了巨大影响。

二 门巴族社会历史概况

门巴族是我国具有悠久历史文化的少数民族②。门巴族自称门巴(mon-ba),意为"生活在门隅的人",也是藏族对居住在门隅居民的传统称呼。居住在不同地方的门巴族,还有一些不同的自称。1964年,门巴族被正式确认为单一民族。

门巴族人口约4万人,主要分布在西藏东南部门隅和上珞渝及与之毗连的东北边缘。在这些地区,还有部分珞巴族和少数藏族居住,门巴族与他们呈大聚居小杂居状态分布。2010年我国第六次人口普查,在我国实际控制区内的门巴族人口为10561人,其中男性5261人,女性5300人③,其余的尚居住在印度非法占领下的"麦克马洪线"以南广大地区。

门巴族有自己的语言,没有本民族文字。语言属汉藏语系藏缅语族。各地语言差异较大,按门巴族的习惯分法,可分为达旺话、德让话、勒布话和里话。达旺话在门隅门巴族中使用广泛,是门巴族的"普通话"。德让话分布在门隅德让宗等地,它与墨脱县自称"主巴"的门巴族使用的

---

① 姚兆麟:《论西藏封建农奴制的基本特点》,《民族研究》1991年第4期。
② 门巴族社会历史概况部分主要参考了以下著作。《门巴族简史》编写组:《门巴族简史》,西藏人民出版社1986年版;《门巴族简史》(修订版),民族出版社2008年版;张江华等:《门巴族封建农奴社会》,四川民族出版社1988年版;关东升主编:《中国民族文化大观·藏族、门巴族、珞巴族》,中国大百科全书出版社1995年版。
③ 国务院人口普查办公室、国家统计局人口和就业统计司编:《中国2010年人口普查资料》(上、中、下册),中国统计出版社2012年版。参见中华人民共和国统计局网站数据库《中华人民共和国国家统计局·统计数据·普查数据·第六次人口普查》,http://www.stats.gov.cn/tjsj/pcsj/rkpc/6rp/indexch.htm。

仓洛话相通。勒布话主要分布在错那县勒布一带，它与墨脱县自称"八米巴"的门巴族使用的八米话相通。里话分布在德让宗以南地区。由于历史上门巴族和藏族之间关系密切、源远流长，藏族文化对门巴族文化的发展影响巨大，因此他们也使用藏文、藏历，部分人懂藏语，在门巴语的词汇中，有较多的藏语借词。

门隅地区和墨脱县的地形复杂，气候和植被随海拔高度的不同而呈垂直状态分布，两地的自然面貌又各具特色。

图1—15　通往门隅的波拉山口

门隅地区，北以波拉山口为天然分界线，山口的北侧是错那高原，山口南侧则是门隅谷地。山口海拔4000米，是高原通向门隅的交通孔道之一。地形由北向南逐渐降低，形成若干由北向南纵列的山脉，按气候的差异，又可大致将门隅划分为南北两部分。

门隅北部。包括勒布至达旺的广大地区，有娘母江曲、达旺曲两条河流经此地，海拔从4000米降至2000米。谷地里多开阔地带，门巴族村寨散布其间，错那县勒布沟就在娘母江曲的谷地里。喜马拉雅山群峰是一道

第一章　西藏自然环境与藏门珞民族的社会历史概况　　69

道天然屏障，来自南方的温湿气流被阻于峡谷之中，形成了以波拉山口为界的南北迥异的气候。隆冬时节，高原上已冰天雪地，寒风凛冽，而河谷里仍是山青水碧，春意盎然。全年气候温和，雨量充足，夏无酷暑，冬无严寒，为温带气候。

门隅南部包括申隔宗、德让宗和打陇宗，卡门河的支流比琼河、登卡河流经该地，海拔降至1000多米。夏季炎热潮湿，蚊蚋丛生。冬季无霜冻，最低气温在10摄氏度左右，阳光明媚，植物常绿。

门隅地区资源丰富，从北到南森林密布。北部多松、柏、桦、杉、青冈和称巴树，其中称巴树木是寺院雕刻印经版的最好原料，深得经卷刻版者的珍爱。南部多经济林木，如樟树、漆树、梧桐、橡胶、茶树、桑树、棕榈树、芭蕉树、核桃树及多种时令水果。这里药材种类很多，从高海拔地区的雪莲、虫草、三七、天麻到低海拔地区的沉香、苦楝、山楂、丁香都有生长。山里有各种珍禽异兽，虎、豹、熊、野牛、犀牛、黑狐、小熊猫、猕猴、獐、鹿、豺等出没无常，林中有孔雀、鹦鹉、野鸡、杜鹃等飞禽栖息。

图1—16　门巴族聚居的勒布沟

墨脱县在门隅东北方向，县的北部是多雄拉、绥拉和金珠拉三个山口，山口海拔均在 4000 米左右，是由北往南去墨脱县的必经之路。雅鲁藏布江由东北而折向西南，贯穿墨脱全境。江水改变流向以前，水面宽阔，流速较缓。当流入该县境内时，陡然变窄，最宽处不到 80 米，水面落差增大，水流湍急，水能资源极为丰富。由于雅鲁藏布江和它的支流的长期冲击，河床切割很深，地形复杂，峡谷纵横，海拔高度悬殊，峡谷两侧的高峰，与谷底的相对高差竟达五六千米。南北高差更为突出，西北境的南迦巴瓦峰，海拔 7782 米，而江流最低处，海拔仅有 800 米。峡谷两岸的水平距离虽近在咫尺，却远似天涯。"山顶在云间，山脚在江边，说话听得见，走路要一天"，这句顺口溜就是峡谷地形的真实写照。

墨脱县的气候，随海拔高度的不同而变化，从寒带到热带均有分布。门巴族居住的河谷地带均属热带和亚热带气候，年平均气温在 20 摄氏度以上，年降雨量高达 2000 毫米，夏季很少有晴朗、无雨的天气。高温潮湿的气候为热带、亚热带植物的生长提供了优越的自然条件，形成了大片原始森林。林中古木参天，藤蔓交织，多数是常绿阔叶乔木，其中有珍贵的木材樟树、桂枝树、楠木和国内首次发现的世界稀有树种如麻栋树等。有长达 200 余米、韧性很强的白藤。有成片的野生水果柠檬、芭蕉、柑橘。还有竹子、棕榈、野薯及木耳。林中有野牛、山獐、黑熊、猴类、巨蟒、毒蛇、苏门羚、蓝腹松鼠、孟加拉兔、棕颈犀鸟、绿羽斑鸠等兽禽。此外昆虫类的蝴蝶，多达 200 种以上。墨脱县堪称西藏的"西双版纳"，无论什么季节，在墨脱都可以看到急流飞瀑、涛吼鸟鸣、彩蝶纷飞、野花常开的美丽景色。"墨脱"（me-tog）这一名称，就是藏语花朵的意思。所以藏文佛经中对墨脱地方有"佛之净土白马岗""圣地之中最殊胜"的记载。历史上这里曾为众多的佛教信徒所向往，把一生中能去一次白马岗视为最大幸事。

门隅地区大部分位于喜马拉雅山脉南坡，面积约 1 万平方公里。墨脱县地处喜马拉雅山脉群峰的峡谷之中，面积约 3 万平方公里。这两个地区景色壮丽，资源丰富。但山高谷深、道路艰险，交通闭塞，与外界交往甚少，历史上被人们视为神秘的地方，故西藏佛教信徒称门隅为"白隅吉莫郡"（sbas-yul-skyid-mo-ljong），意为"隐秘乐园"。称墨脱地区为"白隅白马岗"（sbas-yul-pad-ma-bskos），意为"隐秘莲花圣地"。

考古材料证明，墨脱地区自古就有人类生存。自 1973 年以来，科学

第一章　西藏自然环境与藏门珞民族的社会历史概况　71

图1—17　壮美的墨脱

工作者在墨脱县的雅鲁藏布江沿岸，多次搜集到新石器时代的遗物。如石锛、石斧、石凿等。可见喜马拉雅山群峰中的雅鲁藏布江峡谷，自古以来就是人类栖息、繁衍的良好场所。门巴族今日的文明，与生活在这里的远古居民的开发是分不开的。

公元6世纪，门巴族先民早已是吐蕃的属部。吐蕃时期的"门"地，并不是一个统一的整体，许多部落分散各地，有的地方当地头人自号为王，而自身又是吐蕃的属民。上面引文所称"娱乐王"的，还为吐蕃赞普"搜集赋税上献"，可能就是这样一种自封的王。"门"地另有一些地方，由吐蕃赞普设官分职，委派官员统治。《贤者喜宴》载："所谓'三勇部'是在昌达巴山以上，门地四柴卡以下，由没庐氏、琼氏、嘎尔氏、努氏及年氏等所谓之'古、久等五部'在此为官。"[①] 这些家族，分别统治着"门"地的不同地方。在《松赞干布遗训》一书中，记载着松赞干布委派一批官员的情况，其中有一个叫尼雅贝岱贝古久的官员，曾被任命

---

① 巴卧·祖拉陈哇：《〈贤者喜宴〉摘译（二）》，黄颢译，《西藏民族学院学报》1981年第1期。

为"开本"(khas-dpon),到南部的门隅任职①。松赞干布不仅在门隅派有官员主持政务,还亲自绘制状如仰卧罗刹女的《吐蕃地图》,把门隅画作罗刹女的左手心。勒布四措之一的色目措还建有罗刹女庙。过去每年举行朝佛供神活动,西藏地方政府要派官员主持②。

12世纪藏传佛教噶举派势力深入门隅。13世纪西藏地方包括门隅正式纳入元朝中央政府管辖。14—16世纪,西藏噶举派势力帕木主巴政权和藏巴汗政权统治西藏,门隅成为噶举派的领地。西藏地方政权在门隅委派官员,设驿站、税官、关卡和集市,以及传播佛教和兴建寺院,这一切,对门巴族的部落社会和村社组织产生了重大冲击,原始村社组织在继续维持原有性质和职能的同时,又增加了担负向西藏地方政权和领主缴纳贡物、差役和赋税的任务,门巴族人民开始逐渐沦为农奴。

17世纪中叶,藏传佛教格鲁派取得了西藏地方政权。五世达赖喇嘛为加强对门隅的治理,派他的弟子和密友、出生于门隅梅惹萨顶地方的门巴族高僧梅惹·洛珠嘉措到门隅和珞渝传教和执政。洛珠嘉措积极采取措施治理门隅,改宁玛派寺院达旺寺为格鲁派寺院,并进行了大规模扩建,使达旺寺成为门隅的第一大寺,成为格鲁派在门隅地区的政教中心。达旺寺建成后,五世达赖喇嘛和西藏地方政府赋予了达旺寺很多特权,如委派下级官员,征收赋税,实行"僧差制度",会同政府官员管理门隅等。为了扩大达旺寺的影响,加强对门隅的政教统治,五世达赖喇嘛亲自委任达旺寺的官员,所派官吏在门隅清查户口,行使司法权力,还讨伐叛乱,防守边疆,实行各种形式的有效管辖。

18世纪初,西藏地方政府在原管理措施的基础上,进一步完善对门隅地区的行政管理体制,封建农奴制统治在门隅得到了进一步强化。

约在18世纪早期,一部分门巴族迁徙墨脱(墨脱古称白马岗,属上珞渝地区,是珞巴族的聚居地)。最早迁往墨脱的已有10代人,最晚的距今有6代人,他们定居在白玛岗地区雅鲁藏布江沿岸,与珞巴族杂居相处,形成了门巴族东西分布的居住格局。

19世纪,英国殖民主义势力用逐步蚕食的方式开始侵入门隅地区。

---

① 巴卧·祖拉陈哇:《〈贤者喜宴〉摘译(二)》,黄颢译,《西藏民族学院学报》1981年第1期。

② 参见益西赤列《我的家乡——门隅》,载《西藏文史资料选辑》第2辑,第77—78页。

20世纪，英帝国主义对门隅实行武装占领。英帝国主义的侵略行径遭到了门隅门巴族人民的抵制和斗争。1938年，英国派一支远征队于4月到达达旺，立即遭到门巴族人民的坚决抵制，迫使英国远征队撤退。1944年年初，侵略者武装侵入门隅德让宗，遭到错那宗政府和门巴族广大群众的激烈反对。1951年2月7日，印军进驻门隅中心达旺。达旺僧俗群众自动集会，要求印军退出达旺，要求错那宗本收回门隅失地。根据西藏地方政府的指示，错那宗政府和达旺寺管家坚持向门巴族百姓征收赋税，直至1953年才被迫中断。在墨脱，墨脱宗政府每年都前往雅鲁藏布江下游的珞巴族聚居地达岗措征税，直至1953年，西藏地方政府一直对墨脱及其以南的广大地区行使着有效的管辖权。

20世纪50年代初，门巴族尚处于封建农奴制的社会发展阶段，在部分地区保留着某些原始社会残余。由于农奴制生产关系的束缚，门巴族的生产发展缓慢，人口增长停滞，从1656年起以后的200多年中，西藏地方政府先后多次清查门隅户口，都未超过3000户[①]，人口发展陷于停滞状态。由于封建农奴制的统治、帝国主义的侵略和压迫，门巴族人民的灾难是异常深重的。

1951年西藏和平解放。遵照党中央对西藏工作"慎重稳进"的指示，政府派出工作队深入门巴族已解放地区，宣传党的政策，救济贫困农奴，扶助群众生产，组织上层人士参观学习，培养民族干部。通过大量工作，提高了门巴族人民的爱国主义觉悟，为人民政权的诞生奠定了社会基础和组织基础。

1959年，随着藏区平叛斗争的胜利，统治门巴族地区的封建农奴制政权也随之土崩瓦解，在门巴族地区建立了错那县勒布区人民政府和墨脱县人民政府。先后进行了民主改革，取消了门巴族农奴负担的差赋和乌拉，废除了封建剥削制度，门巴族人民同藏族和珞巴族人民一道，从封建农奴社会跨入社会主义社会的历史新时期。

[①] 关于门隅的人口数，历来有"门隅三千户，所属32措"的说法，几次清查门隅户口都是三千户左右。但藏历水羊年（1943年）西藏噶厦制定的《水羊清册》清查了门隅21个措（定）的人口情况，共计政府差民3640户，21112人。据此，有人推断以前的数据不一定准确，认为门隅人口估算应该有9万左右。参见巴桑罗布《隐秘乐园门隅——门隅的历史法律地位》，中国藏学出版社2014年版，第70页。

三 珞巴族社会历史概况

珞巴族是祖国民族大家庭中的一员。珞巴族生活的珞渝地区（lho-yul）意为"南方之地"，"珞巴"是藏族对居住在珞渝的民族习惯性称呼。1965年，国务院批准了珞巴族这一族称①。

珞巴族总人口有30多万，分属于20多个不同部落。由于非法的"麦克马洪线"的分割，尚不能对珞巴族总人口进行精确统计。2010年我国进行第六次人口普查时，仅能对生活在我国实际控制区的珞巴族进行统计，珞巴族共计3682人，其中男性1803人，女性1879人②，我国珞巴族的绝大部分还生活在"麦克马洪线"以南印度非法占领下的广大地区。

珞渝地区北依喜马拉雅山脉，与藏区相望；西临西巴霞曲河，与门隅紧连；东以丹龙曲河为界，与察隅相接；南抵布拉马普特拉河北缘，与印度毗邻，总面积近7万平方公里。长期以来，珞巴族人民以勤劳、勇敢、酷爱自由和不屈服于外国侵略势力而为世人知晓。他们与藏族、门巴族等兄弟民族一道，在开发喜马拉雅山区、保卫祖国西南边疆的伟大事业中做出了重要贡献。

珞渝地区在喜马拉雅山东段的主脉南侧，向南延伸至印度阿萨姆平原与北面广大山区的衔接线。区内山脉呈南北走向，地势北高南低，逐级下降，至中部地区下降尤甚。全境平均海拔在3000米左右，接近平原的地区，海拔仅为300米。由于河谷切割，山势陡峻。海拔7750米的南迦巴瓦峰，高耸入云，终年白雪皑皑，蔚为壮观。此外，加拉白垒峰、念金岗日、错嘎日等山峰，也颇为有名。

珞渝境内河流多为南北纵贯，两岸陡峻，水流湍急，河床较大，险滩跌水多是这里河流的特点。雅鲁藏布江在藏区自西向东流经千里后，至墨

---

① 珞巴族社会历史概况部分主要参考了以下著作。《珞巴族简史》编写组：《珞巴族简史》，西藏人民出版社1986年版；《珞巴族简史》（修订本），民族出版社2009年版；李坚尚等：《珞巴族的社会与文化》，四川民族出版社1992年版；关东升主编：《中国民族文化大观·藏族、门巴族、珞巴族》，中国大百科全书出版社1995年版。

② 国务院人口普查办公室、国家统计局人口和就业统计司编：《中国2010年人口普查资料》（上、中、下册），中国统计出版社2012年版。参见中华人民共和国统计局网站数据库《中华人民共和国国家统计局·统计数据·普查数据·第六次人口普查》，http://www.stats.gov.cn/tjsj/pcsj/rkpc/6rp/indexch.htm。

脱东北端急折向南，一改前段的温驯，犹如脱缰的野马，呼啸而去，纵贯珞渝全境，在巴昔卡附近流入印度。其他河流如丹龙曲①、仰桑曲、西巴霞曲和锡约尔河亦滩多流急。

珞渝位于北纬27°至30°之间的低纬度地区，属亚热带和准热带气候，常年多雨、温和湿润。不过因海拔悬殊，气温也随之变化。在1500米以下地带，一般为亚热带或准热带气候，这里炎热多雨。以墨脱为例，其海拔为1070米，年降雨量为3000毫米；在1500米至3000米地区，温和湿润四季如春，年平均气温在17摄氏度左右，降雨约2000毫米。海拔3000米以上的地区则比较寒冷。

图1—18 南伊河谷

珞渝地区每年4—9月为雨季，由于来自印度洋的季风受到喜马拉雅山的阻挡，降雨量从南向北逐渐减少。雨季期间，海拔3000米以下地区，常为倾盆大雨，连日不断，山溪急流直下，冲毁道路，给交通带来困难。每年9月至次年4月，在北部的高山上开始积雪，地势越高，积雪越早越

---

① "曲"（chu）为藏语音译，意为"河"。

深。北部海拔3500米的山区，由于南、北冷热气流相遇，降雪量很大，积雪深达2米以上。这里又因地形复杂、山高谷深，致使气候垂直变化十分明显。夏日当空，高山顶上往往积雪，犹如寒冬，河谷地带却又炎热多雨，实属盛夏。因而有"一山见四季，十里不同天"的民谚。

多样性的自然地理环境，为动植物的生长繁衍提供了优越的条件。这里野生动植物种类繁多，是我国动植物品种资源的宝库。珞渝北端的墨脱，为我国著名的自然保护区。

珞渝地区在3800米以上的山地，属高山寒带，主要植被是高山灌木和草甸，其中以雪莲花、黄连和高山大黄等药用植物最为著名。海拔2400—3800米的范围内，为高山温带，遍布铁杉、云杉和冷杉。此外还有药用价值很高的天麻、竹节三七、七叶一枝花、秦艽、当归和黄芪等。海拔800—2400米的高山峡谷，属山地亚热带气候。森林以常绿阔叶林为主，上部有少量的针叶林，其中尤以樟、桂、栲、楠等用材林最为珍贵。此外还有茂密的竹林。海拔800米以下为准热带气候。河谷两侧森林蔽日，藤蔓交织，到处是高达30—40米的参天大树，同时还有各种野生油用植物，如油瓜、马旦果、油葫芦等。此外还有长达200米的白藤和大片的毛竹，为珞巴族编织品种繁多的生活用品提供了宝贵的原料。

除了上述野生植物外，由于珞巴族人民善于经营农业，农作物品种也很丰富。有水稻、旱稻、玉米、鸡爪谷、大豆、绿豆、四季豆、马铃薯、芝麻、甘蔗及各种菜蔬。他们种植的香蕉、菠萝和柑橘等多种亚热带水果弥补了西藏高原的不足。

珞渝地区的动物资源也很丰富。除了家内饲养的大额牛、黄牛、猪、鸡、羊外，还有虎、豹、熊、鹿麂、獐、水獭、野猪、野牛、豪猪、麝猫、狻猊等野生动物。由于森林茂密，气候适宜，因而鸟类也很多。如鹰、鹦鹉、文鸟、喜鹊、画眉、杜鹃、孔雀、夜莺、云雀、野鸡、啄木鸟、猫头鹰、食蜂鸟等。其中犀鸟为一级保护珍禽。此外还有各种味道鲜美的有鳞鱼、无鳞鱼及众多的爬行类、两栖类动物。珞渝地区的矿产资源尚未进行系统勘探，初步已知的有煤、云母和有色金属等。水力资源也十分丰富。珞渝地区不仅景色绮丽，物产富饶，而且很早就被我国的远古先民所开拓，成为一块美丽的疆土。

关于珞巴这一族称，在藏族的口语和文字中，也曾使用过"卡珞"和"丁珞"的称谓，这是根据距离藏族地区的远近而使用的，"卡珞"指

图 1—19　墨脱境内的雅鲁藏布江果果唐大拐弯

近处的或上面的珞巴,"丁珞"指远处的或下面的珞巴。

珞巴族的语言属汉藏语系藏缅语族,有多种方言、土语,无文字,过去以刻木结绳记事。

在珞巴族内部,由于没有形成统一的族称,其名称随部落的不同而异。在珞渝靠近察隅的丹龙曲流域的13条山沟范围内的珞巴人,自称为"都都"或"义都"。对于义都,墨脱的门巴人称他们为"扎纳",西方人称他们为朱利嘎塔(意为"剪发的人")或"米什米",后一称谓带有污辱的性质。

义都人西边至雅鲁藏布江两岸一带的广大地区,住着数个珞巴族部落。在北部墨脱加热萨和帮辛一带,有米新巴部落。在米新巴南边的达木、卡布地区,有米古巴部落。在墨脱东南部的仰桑曲两岸的广大地区,居住着达额木部落。在达额木部落的南方和西南方的雅鲁藏布江东岸的辽阔地域,是希蒙部落的住地,他们居住的村子主要是许木、吉刀、西金、巴陵、日果、哥布克等。在希蒙人的南边是巴达姆部落,他们居住的村子主要有巴当、西里、密蒲等。

在雅鲁藏布江两岸至锡约尔河流域一带,也有众多的珞巴族部落。在

图 1—20　义都部落妇女

北部的都登及西部的大片地方为坚波部落，他们的主要村庄为江波；其西边马尼岗、卡绕及米林一带为博嘎尔部落。在博嘎尔部落东南方向为博日部落，他们的主要村庄是日若、杜布等。在博嘎尔南方和东南方为棱波部落，主要村庄有亚卜伊克、达东、达固尔。

图 1—21　布瑞部落男子

第一章　西藏自然环境与藏门珞民族的社会历史概况　79

在棱波以南一直到边界传统习惯线的广大地区为民荣部落，主要村子有潘金、更仁等。在民荣人的西边为迦龙部落，迦龙人的重要村子是阿龙、钦邦和库京。在博嘎尔西南至西巴霞曲流域的广大地区为德根部落。德根部落人数众多，分布地区也广，几乎占据了西巴霞曲流域东北部地区。上述各部落中的巴达姆、民荣、迦龙、德根、博嘎尔等，又被西方人称为"阿波尔"，意思是"不驯服的人"，有歧视的性质，后又改称为"阿迪"（Adi）。

在德根部落西面北端的塔克新一带，杂居着巴依、玛雅和纳等部落。再往南和西南即是崩如部落。该部落的重要村庄为比夏、米里等。在崩如南边的广大地区为崩尼部落，他们的主要村庄为府里、胡里和塔里。在崩尼南边济罗一带，居住着有名的阿帕塔尼部落。在崩尼、崩如的广大住区内，还有分散居住的苏龙①部落，据称他们是当地的土著。在西边靠近门巴人住地的地方，又居住着鲁苏、阿卡、布根等小部落。崩尼部落，过去西方的学者又称为达夫拉人。现在国外把崩尼、崩如、阿帕塔尼、纳和苏龙等部落统称为"尼升"，意为"山林里的人"。

从上述情况可以看出，珞巴族包含了20多个不同自称的部落，他们都是珞巴族的组成部分。由于没有自己民族的历史文献记载，在藏、汉文著作中，资料也极为缺乏，因此关于珞巴族的族源问题，只能从各部落的传说中去探寻。从有关资料判断，珞巴族是青藏高原东南部一带的古老群体中的一支或数支繁衍而来的。"从其各个部落的传说中可以看到，在历史上珞巴族曾有一个从北向南迁徙的历史过程。他们迁移前的住地大致是藏区的工布、塔布和波密一带。"②

早在新石器时代，珞巴族的祖先就在这里繁衍生息，他们与藏族的先民一起，共同创造了喜马拉雅山区的远古文明。珞巴族的部落组织不很完备，既没有部落议事会之类的常设机构，也没有形成强有力的部落联盟。通过对其残存的社会痕迹的调查，可以看出其部落组织体现出以下特点：（1）每个部落都有自己的名称。（2）有一定的地域。（3）基本上各有自己的方言。（4）有共同的节日活动。（5）有临时的部落议事会和军事首

---

① "苏龙"是他称，他们自称"布瑞"。由于前一称谓流传较广，故仍沿用。
② 《珞巴族简史》编写组、《珞巴族简史》修订本编写组：《珞巴族简史》，民族出版社2009年版，第12页。

图 1—22　纳部落妇女（扎西央金提供）

领。(6) 部落可以包括不同血统的氏族。(7) 每个部落有某些特殊的道德规范和风俗习惯，尤其是人数比较多的部落。

1973 年在墨脱县马尼翁发现了石斧[1]；1976 年又在该县卡布、东布、背崩、格林、地东和希让等村落附近，发现了石斧、石锛、石凿和石纺轮等 15 件磨制石器[2]。米林县珞巴族居住的纳玉河谷也发现过与前述类似

---

[1] 参见《考古》1975 年第 5 期。
[2] 参见《考古》1978 年第 2 期。

的石斧。据博嘎尔部落老人讲，他们在马尼岗一带，常捡到类似的石器。这些石制工具估计是用来加工木制工具和砍伐树木的。由此可以推断，当时珞巴族的先民大概已经营刀耕火种的农业，石纺轮的发现也说明珞巴族先民已经从事纺织。西藏各地越来越多的考古发现，为西藏各民族远古历史的研究提供了线索。1974年在林芝发现了一批磨制石器和陶片[1]，1984年，在乃东亦发现了石锛和石斧[2]，这些石器和上述珞渝地区发现的遗物在形制上极其相似。由此看来，上述的考古发现当属一个文化系统。同时也要注意到，在晚近的一些珞巴族部落的生产活动中，虽然某些主要工具已为铁器所代替，但也保留着若干与上述石器属于同一时期的工具和器物，如磨制的骨针、骨箭头、骨铲子及某些简陋的木制工具等，说明珞巴族的铁制工具还没有完全取代新石器时代生产、生活所用的工具。

根据神话传说，远古时代，珞巴族与藏族之间已有较为密切的交往。公元7世纪，珞巴族成为吐蕃的属民。"尽管我们无法知道详情，但吐蕃王国使用法律手段确定其对珞渝地区的统治，似乎是可能的。"[3] 13世纪中叶，珞渝纳入西藏萨迦地方政权的治理之下，成为元朝的一个行政区域。明末清初，格鲁派势力在西藏兴起。五世达赖喇嘛阿旺·洛桑嘉措受到清朝中央政府的支持和册封，此后格鲁派逐渐掌握了西藏地方政权，进行了统一全藏的行政建制，也进一步加强了珞渝地区的管理。五世达赖喇嘛给梅惹喇嘛的封文里就讲到，自火猴年（1656年）以来，"所有僧俗不顾自身任何安危，于约二十五年间，一心积极维护宗教事业……门区属部中未归我治下者及洛隅人等亦入我治下……"[4] 由此可见，17世纪中后期及其以后，西藏地方政府进一步加强了对珞渝地区的统辖与治理。

珞巴族人民在漫长的历史进程中，充分发挥本民族的聪明才智，提高了同自然作斗争的技能，推动了他们的社会、经济和文化的发展。特别是近几百年来铁制工具的逐步广泛使用，更加速了这一发展进程，大约不晚

---

[1] 参见《考古》1975年第5期。
[2] 参见《文物》1985年第9期。
[3]《珞巴族简史》编写组、《珞巴族简史》修订本编写组：《珞巴族简史》，民族出版社2009年版，第32页。
[4] 中华人民共和国外交部：《中华人民共和国政府官员和印度政府官员关于中印边界问题的报告》，1961年版，第45页。

于 10 代人以前，珞巴族社会已出现了家长奴隶制。

19 世纪以来，我国珞巴族地区同祖国其他地区一样，遭到了外国殖民主义列强的野蛮侵略，珞巴族人民不屈不挠奋起抗争，给侵略者以沉重打击，谱写了反抗外敌入侵保家卫国的光辉篇章。1914 年，英国殖民主义势力炮制了非法的"麦克马洪线"，侵占了我国珞渝、门隅和察隅近 9 万平方公里的领土。直至目前，珞渝大部分地区仍被印度所非法侵占。

1951 年西藏和平解放，1959 年西藏民主改革，居住在珞渝北部的珞巴族人民同藏族等西藏各族人民一道获得了翻身解放，当家做主成为新时代的主人。改革开放以来，尤其是兴边富民行动和扶持人口较少民族政策的实施，为西藏边疆人口较少民族的经济社会快速健康发展提供了难得的机遇。今天，珞巴族地区经济发展、社会和谐、文化繁荣，呈现出欣欣向荣的发展景象。珞巴族人民正用勤劳的双手，把美丽如画的家乡建设得更加绚丽多彩。

第二章　藏门珞民族关系的历史发展

世界上任何一个民族，在其历史发展过程中，不可能完全孤立地存在，总是要同其他民族发生交往与联系。作为西藏高原世居族群的藏族、门巴族和珞巴族，他们虽然生息于西藏高原的不同地域①，然而，高山大川的重重阻隔阻断不了他们的往来，从遥远的古代起，藏族、门巴族和珞巴族就有着密切的交往，在政治、经济和文化上有着紧密的联系。这种交往和联系，促进了藏族、门巴族和珞巴族社会和文化的发展，他们共同为开拓和建设祖国西南边疆作出了历史性贡献。

藏门珞民族交往的历史相当久远，从神话传说、考古资料和藏文史籍的记载看，他们彼此间发生联系和交往的历史可以上溯到新石器时代，甚至可追溯到西藏高原古人类形成之初，即藏门珞最早的祖先生活的时代。

第一节　神话传说中的古代交往情况

一　关于藏族和门巴族珞巴族祖先同宗同源的神话传说

藏族、门巴族和珞巴族都有丰富的神话传说。在祖先神话传说中，有许多神话直接或间接折射出藏门珞祖先的同宗同源，为我们深入系统地探究藏门珞远古历史关系提供了重要线索。

在珞巴族许多部落中，有诸多反映珞巴族和藏族的祖先是亲兄弟的传说。比如，在西巴霞曲流域和门德崩河流域的崩尼、崩如、苏龙、纳、巴依等部落中，流传着这样一句话："姑鲁姑鲁，阿波达尼，阿波崩戎。""姑鲁姑鲁"，意为很早很早以前；"阿波达尼"，又音译为阿巴达尼，是珞巴族

---

① 总体情况是：藏族世居于喜马拉雅山以北地区，门巴族和珞巴族生息于喜马拉雅山东南的门隅和珞渝地区。

的神话与传说中的父系祖先;"阿波崩戎",博嘎尔部落称阿巴达洛,是珞巴族神话中的藏族祖先,意指很早以前他们是同一个父母所生的儿子。

这句话出自这样一个传说:最初世间没有人类,后来,太阳母亲和月亮父亲生下了阿波崩戎和阿波达尼。阿波崩戎是哥哥,他的子孙后代繁衍发展成了藏族。阿波达尼是弟弟,他的子孙后代繁衍发展成了珞巴族。有关珞藏同宗同源是亲兄弟的传说,亦在上述两河流域的珞巴族诸部落中广为流传[①]。

苏龙部落在一则神话中讲道:天上和人间的一切都是太阳女神——冬尼亚依所生。最初,冬尼亚依带领孩子们住在天上。后来,太阳女神揭开苍天,把藏族和珞巴族各部落以及各种动物从天上放了下来,孩子们到地上后,开始时只会说一种话、唱一首歌,后来众兄弟姐妹筑巢居住,动物同胞们因身体高矮大小不一,各自到深山密林、地下、水中寻找栖身之地,而藏族和珞巴族则开始造房子。珞巴人建筑的房屋不结实,老是垮;藏族造的石头房子却像胶粘住一样,屹立在雪原上。这样,珞巴族只得告别同胞兄弟,不断迁徙,过着游荡的生活,藏族则世世代代生息繁衍在雪域高原上。

珞巴族博嘎尔部落的《阿巴达尼与阿巴达洛》,是一则典型反映珞藏祖先同宗同源的神话。神话讲,最初天是光光的,地是秃秃的,天地间什么东西都没有。天和地结婚后,大地母生了许多孩子,像太阳、月亮、星星、树木花草、鸟兽虫鱼都是天父地母所生的孩子,天地有了生气。"可是,没有人怎么行呢?"天父地母商量着。过了不久,大地母便生下了两个儿子,哥哥叫阿巴达尼,弟弟叫阿巴达洛,他俩是人世间最早的人。兄弟俩渐渐长大了,阿巴达尼聪明、伶俐,喜欢在山林里活动;阿巴达洛憨厚、耿直,喜欢在田地中劳作。兄弟俩虽然性格不同,但本领都很高强,遭到了魔鬼的嫉恨。一次,"宁崩鬼"设计使达洛掉入地府,想加害达洛,达尼为救弟弟,只身闯入宁崩的巢穴,与嗜血成性的宁崩鬼恶战,将达洛从魔窟中救了出来。兄弟俩还同凶恶的老雕搏斗,射杀了伤害人类和禽畜的雕魔。最初,兄弟俩住在工布地方,当他俩长大成人后,要分开过日了。他俩决定各自种一株树,看最先长出的树叶指向什么方向,便迁往那

[①] 西藏社会历史调查资料丛刊编辑组编:《珞巴族社会历史调查》(一),西藏人民出版社1987年版,第166页。

图 2—1　讲唱珞巴族远古历史

里居住。阿巴达尼种的树长出了叶子指向了珞渝地区；阿巴达洛的树叶指向了藏区。珞渝多林木，藏区多田地，兄弟俩都十分满意，高高兴兴迁往树叶所指的方向去了。珞巴族和藏族祖先是亲兄弟的传说，就这样世世代代流传了下来。

门巴族《三兄弟河》的传说，反映的是三河流域藏门珞的兄弟关系。传说是这样的：

> 在门隅北部有三条河：娘江曲、达旺曲和普龙曲，祖传他们是三兄弟。
>
> 一天，三兄弟从藏区出发分头往南行走。行前，他们约好要到堵松地方聚会，商定谁先到堵松就认谁是大哥。
>
> 娘江曲离开乃巴肯日嘎布，一点儿也不知道着急，慢慢吞吞、弯来折去地到处游逛着向南行。
>
> 娘江曲走到了斯木这个地方，遇见了一个罗刹女。
>
> "你怎么才走到这儿啊？"罗刹女对娘江曲说，"达旺曲和普龙曲早在三天前就到堵松了"。

娘江曲一听，急了，再也顾不上到处游逛，直奔堵松呼啸而去。他很快到了堵松，一看，还不见达旺曲和普龙曲的影子。

娘江曲在堵松等了三天（另一说等了一天一夜），达旺曲和普龙曲才到。于是按事先约定，娘江曲成了三兄弟河中的大哥①。

这篇神话看似地理地貌神话，实际上反映了三河流域的藏门珞各族人民紧密的联系和兄弟情谊。正如门巴族人常说："我们同藏族、珞巴族是同宗同祖吃一条江水的兄弟。"

尤其是猴子变人的神话，在藏族、门巴族和珞巴族的祖先神话中，流传甚广。

珞巴族猴子变人的神话是这样讲述的：最初，世上没有人。森林中生活着各种各样的动物，还生活着两种猴子，一种是白毛长尾巴的，另一种是红毛短尾巴的。

有一天，红毛短尾巴的猴子跑到一座大山上，把自己身上的毛都拔了下来，放到一块大岩石上，拿来一块石头用力敲，敲出火来了。有了火，这些短尾巴的猴子就把弄来的食物烧熟了吃。慢慢地，这些短尾巴的猴子身上不再长毛了，但还有点尾巴。后来，尾巴越来越短，最后连一点尾巴都没有了，变成了人的样子。人就是这样从猴子一步步变来的。

门巴族的猴子变人的神话讲道：相传，很久很久以前，天上没有太阳和月亮，地上也没有人烟，整个世界一片混沌，十分荒凉寂寞。天神看到了这一切，派遣侍臣支乌·江曲森巴（意为有菩提心的猴子）和侍女扎森姆（意为岩魔女）到下界去建立一个人间世界。他俩离开天宫到地上后，先后碰上了老虎、狮子、狗熊等动物，想与它们成亲繁衍后代，但那些动物瞧不起他俩，不愿同他俩婚配。后来，江曲森巴和扎森姆遵从天神的旨意，结为夫妻，生下了许多孩子。这些孩子浑身是毛，长着尾巴，仍像猴子模样，但能用两条腿直立走路。森林中的其他动物不愿跟这些"丑陋的怪物"结婚，他们只得互相婚配，繁衍后代。天长日久，他们的后代越来越多。他们先是靠采集野果和捕猎野兽为生。后来，天神赐给了他们谷种，又赐给了他们火种。这些猴子慢慢学会了种庄稼，学会了用

---

① 于乃昌编：《西藏民间故事》（第五集），西藏人民出版社1989年版，第185页。另见李坚尚、刘芳贤编：《珞巴族门巴族民间故事选》，上海文艺出版社1993年版，第422页。

火，学会了说话，他们开始变吃生食为吃熟食。后来，他们身上的毛越来越短，越来越少，尾巴也变得越来越短，终于变成了人。

藏族的猴子变人的神话讲道：相传，在很久很久以前，西藏山南地区雅隆河谷，气候温暖，山深林密。在山上住着一只猴子。后来，这只猴子同岩魔女（即"扎森姆"）结为夫妻，生下了6只小猴。老猴把这6只小猴送到水草丰茂的树林中去生活。过了3年，老猴再去看时，已经繁衍到500多只了。由于吃食不够，猴子饿得饥肠辘辘，吱吱悲啼。老猴看到这种情景，便把群猴领到一处长满野生谷物的山坡。众猴吃了不种而收的野谷后，身上的毛慢慢变短，尾巴也渐渐消失，后来又学会了说话，逐渐变成了人。

藏族猴子变人神话除在民间广为流传外，还在许多藏文古籍中有着详略不同的记载。如《玛尼全集》[①]《西藏王统记》[②]《贤者喜宴》[③] 等。在这些古籍的记述中，宗教色彩较浓，如讲猴子是经过观世音菩萨点化的，神猴受菩萨指派在贡布日山上修行，后又遵从观世音的旨意同岩魔女成婚。当群猴无食物时，是观世音菩萨从须弥山取来青稞、小麦、豆子、荞麦等撒到大地上，使大地长满不种自收的谷物。除神话传说和史书记载外，还有一些与猴子变人有关的遗迹和歌舞活动。如山南的泽当镇（"泽当"译为汉语就是"玩耍的坝子"），相传是人类远古祖先猴子玩耍的地方。紧靠泽当镇的贡布日山，相传就是神猴修行的山，山上至今还有神猴修行时的洞穴，受到人们的朝拜。泽当一带每年还有戴猴面具、模仿猴子动作的歌舞活动。在门隅和珞渝，也流传着戴猴面具或模拟猴子动作的跳神习俗和歌舞活动，珞巴族还有在门楣和室内挂猴头、猴皮的习俗。这些遗留的文化现象说明，猴子变人的传说在藏门珞各民族中影响是极为深远的。

从三个民族的神话传说来看，主要内容和情节基本相同，显然不会是各自独立产生的神话，存在着内在的必然联系。珞巴族、门巴族和藏族是西藏高原最古老的居民，曾有过共同的血缘祖先。猴子变人的传说，深刻地昭示了西藏高原上珞巴族、门巴族和藏族紧密的文化联系和对同一血缘

---

① 《玛尼全集》，相传是公元7世纪松赞干布所著，该书成书时间至迟不晚于12世纪。

② 《西藏王统记》，系一部藏史名著，成书于1352年，作者为藏传佛教萨迦派高僧索朗坚赞（1312—1372）。

③ 巴俄·祖拉陈瓦：《贤者喜宴》（藏文版），民族出版社1986年版。

祖先的认同心理。正是这些"神猴"的子孙们，在西藏高原这块神奇壮美的土地上，辛勤耕耘，开拓了祖国西南边疆这片辽阔的疆土，创造了灿烂独特的西藏文明。

二 关于西藏高原土著群体南迁的神话传说

珞巴族和门巴族现今分布在喜马拉雅山东段南坡的广大地域。他们系当地的土著还是从外地迁来？尽管学界有一些不同看法，但是，梳理珞巴族的神话传说，在一定程度上可以证明他们是由喜马拉雅山北往南迁徙于此的事实。

珞巴族巴达姆部落传说讲，他们的祖先最早生活在西藏高原，后来逐渐南迁，曾在波密和白玛岗（墨脱一带的古称）居住过，后定居在雅姆尼河与底杭河汇流处的一大片河谷地带①。登尼部落（即阿帕塔尼人）的传说中，讲到他们的祖先来自北方，那里有两条河，名叫苏普帕德河和普德普米河，然后向南渡过西巴霞曲，来到锡皮河谷的一个叫卡尔的地方，从这里分成三路，定居潘尼河以北的阿帕达尼河谷②。德根部落人认为，他们的祖先原住在喜马拉雅山以北藏区的一个叫作边奇的村子，然后，向南迁徙到塔达德格地区，随后定居到今天的住地③。义都部落居住在安尼尼的米连氏族认为，他们的祖先原住在藏区的因尼拉本，然后向南迁移到卡信安达，才定居到今天居住的地方④。民荣部落和希蒙部落认为，他们的祖先最先居住在喜马拉雅山北，后来南迁到现境居住。

米古巴部落由波觉、嘎窝、雅西和米日等几个支系构成。波觉来自大山北面的波密。

波觉珞巴的祖先叫央色和嘎嘎，是两兄弟，很早以前住在波密的一个村庄里。由于不堪忍受当地土王的欺压，兄弟俩便决定迁徙。翻过呷龙山

---

① ［印］沙钦·罗伊：《珞巴族阿迪人的文化》，李坚尚、丛晓明译，西藏人民出版社1991年版，第14—15页。

② ［英］海门道夫：《阿帕塔尼人和他们的邻族》，吴泽霖译，中国社会科学院民族研究所1980年版，第10页。

③ ［印］沙钦·罗伊：《珞巴族阿迪人的文化》，李坚尚、丛晓明译，西藏人民出版社1991年版，第14—15页。

④ ［印］达本库马尔·M.巴拉哈：《义都米什米》，西隆1960年版，第11页；转引自李坚尚、刘芳贤《珞巴族的社会和文化》，西藏人民出版社1991年版，第9页。

后，他俩射箭，以落箭之地作为自己的住地。央色一箭射到了卡布，箭落地时变成了一块大石；嘎嘎的箭落在了达哥地方的桑巴捷钦，箭落地时变成了一片竹林。兄弟俩分别迁往落箭之地居住，其后代发展成米古巴部落的波觉氏族。

上述珞巴族众多部落的神话，都指出其祖先是来自北方。而迦龙部落和博嘎尔部落的南迁神话，不仅与珞巴族和藏族祖先是同胞兄弟的神话相关，还讲述了迁徙的一些具体细节。

在《迦龙人为什么没有文字》的神话中讲道，迦龙人的祖先米尼和藏族的祖先是兄弟，他们都有文字。当兄弟长大后，父亲对他们说："你们长大了，不能总是留在父亲身旁。"说完，拿出一些种子让儿子种，叫他们依据种子长出的第一片叶子所指的方向迁移。米尼种的是竹子，当它长出第一片叶子时，指向南方。他遵照父亲的嘱咐，向南部迁移。由于走得太远，把随身携带的粮食都吃完了仍没有选好定居的地点。米尼没有办法，只好把剩下的一块牛皮吃掉。可是这块牛皮上父亲写上了许多字，把迁到新地点后该做什么、怎么做都写清楚了。吃了这块牛皮后，迦龙人再也没有文字了。这就是为什么迦龙人没有文字的原因[①]。

珞巴族博嘎尔部落阿巴达尼子孙迁徙的神话，是珞巴族南迁神话最富有典型意义的。

神话讲，阿巴达洛有两个儿子，叫洛玛和洛巴克。他们在藏区修房造屋，开荒种地，他们的子孙就是今天的藏族。阿巴达尼有四个儿子：东布、嘎布、尼西和尼贡。东布和嘎布出巴嘎山谷，在帕宗邦嘎[②]地方立了一块石头作标记，然后翻越东拉山向南行。兄弟俩以射箭比赛划分地盘。嘎布一箭射到了果洛松松[③]，所以果洛松松范围内的东鸟、达茫、崩英、热玛、凌要等地成了嘎布的领地，生活在这里的人们被称为博嘎尔人，都说自己是嘎布的子孙。东布一箭射到了有蒂比东，所以有蒂比东范围内的邦斯岗底、凌布、雅布、百乐、斯贡克玛等地成了东布的领地，生活在这里的人们称作凌布人、百乐人等，都说自己是东布的子孙。尼西出巴嘎山

---

① 李坚尚、刘芳贤编：《珞巴族、门巴族民间故事选》，上海文艺出版社1993年版，第135页。
② 帕宗邦嘎，一地名，在今米林县南伊乡，当时立的石头至今还在。
③ 果洛松松，珞渝一地名，即现在印度非法占领下的米林县南部的马尼岗一带。

谷后,沿雅鲁藏布江向南行,一直走到邦布地方,他的后代就是汉宫人。尼贡则溯大江向西行,越过三安曲林色日洛亚两座大山,一直走到德根地方,他的后代就是德根人。这样,阿巴达尼的四个儿子各占一块地方,劳作生息,繁衍着子孙后代,这就是今天的珞巴族。从此,阿巴达尼和阿巴达洛的子孙们,繁衍生息在西藏高原上。博嘎尔部落南迁的神话传说,概述了整个喜马拉雅山南麓的珞巴族都是从喜马拉雅山北面迁往南部去的。

图 2—2　相传珞巴族祖先在此盟誓

三　反映民族之间最初发生联系和交往的神话传说

珞巴族和藏族最初发生联系的情况,珞巴族神话为我们提供了这方面的资料。

珞巴族德根部落有一则传说叫《达宁多巴》。相传,达宁多巴是一个聪明、勇敢的猎人。有一天,达宁多巴在山上烧火烤肉,发现一群燕子在火塘边绕了一圈后,从山的南面飞到山的北面去了。他想,燕子飞到的地方常常有人居住,燕子向高山那边飞去,说明山那边有人家。他想弄个究竟，决定试探一下。于是，他将德根地区产的染草、棉布和皮张绑在竹箭上，用尽全力向山对面射去。箭恰好落在藏区的一个村庄里。人们发现箭上拴绑的东西都是他们所需要的。这些东西怎么会从天下掉下来呢？人们明白过来，箭飞来的地方一定有人家。一个叫比达多波的藏族人，把藏区出产的氆氇、食盐、羊毛等装入火药枪膛里，朝箭飞来的方向打去。这些东西正好落在猎人达宁多巴的面前。他拾起来一看，从未见到过这些东西，他把白色的东西放在嘴里一尝，觉得味道非常好，把氆氇披在身上，身体感觉很暖和。他高兴极了，于是沿着燕子飞的方向往山那边走去，一直走了很多天才见到了人家，他将自己带来的染料草、药材、皮张等换取当地出产的羊毛、食盐等东西。从此以后，德根部落和藏族就有了交往和联系①。

博嘎尔部落的《宾鸟追马》，是这样讲述珞巴族同藏族发生联系的：

相传，贝布宾鸟是阿巴达尼的后代，是一个有名的猎手。一天，他在自己的田园中发现了一匹白马，他不认识马，以为是一头什么野兽，正要捕捉，不料白马受惊奔逃，他在后面紧紧追赶。白马一直逃向北方，翻过了东拉山，跑到了纳玉山沟一家院子里，宾鸟也追进了这家院子。在院中，他发现了一个姑娘，正抚摸着他所追赶的那只奔跑极快的猎物。姑娘告诉他，那不是野兽，是她家养的白马。姑娘热情地招待宾鸟，并送给他宝贵的食盐，让他品尝。宾鸟十分感动，将他随身带来的大米、姜片、染料草送给了姑娘。宾鸟回到家乡后，告诉了乡亲们山北面的情况，说那里十分富饶，人们善良，待人像兄弟一样。从此，珞巴族便经常带上一些特产，到山北面善良的人们中间作客。从这以后，珞巴族和藏族就建立了联系，开始了互通有无的经济交往活动。

博嘎尔部落还有一则讲述盐的来由的神话。神话讲，古时候，珞巴族人不知道吃盐。有一天，一种叫勃更仁波的鸟从山北面飞来，把亚崩嘎波的鸡吃掉了。亚崩嘎波十分生气，便将一只竹筐倒过来，里面放一只小鸡作诱饵，把勃更仁波鸟扣在了竹筐里。亚崩嘎波在鸟的翅膀下发现了一个小竹筒，里面装有糌粑和盐巴。亚崩嘎波从来没有见过这些东西，感到很奇怪，她拿了一点放在嘴里尝了尝，觉得这两种东西都很好吃。于是便循

---

① 西藏社会历史调查资料丛刊编辑组编：《珞巴族社会历史调查》（二），西藏人民出版社1989年版，第98页。

图2—3 珞巴族史诗演唱者亚茹

着鸟飞来的方向寻找，最后来到了山北面的藏区，找到了盐巴和糌粑①。

从上述神话传说看，珞巴族同藏族最初发生交往和联系都是从经济活动开始的。珞巴族、门巴族和藏族居住地的气候迥异，物产有别，经济类型不同，在经济生活中存在着很大的互补性。这种经济上互通有无的交往活动是藏门珞民族发展的需要，并形成了藏门珞人民之间互相依赖的经济关系和密切往来的友好联系，也为藏门珞之间进行大规模的政治、经济和文化交流奠定了基础。

第二节 考古发现与史籍记载的交往情况

藏族、门巴族和珞巴族的交往和联系不仅反映在神话传说中，在考古发现和藏文史籍中也有反映和记载。

1973年以来，我国民族研究工作者在珞巴族先民长期居住的上珞渝地区先后发现了大量的原始磨制石器，为研究珞巴族族源、文化及珞巴族同藏族的文化交流提供了实物证据。西藏墨脱古称白马岗，属上珞渝地

---

① 西藏社会历史调查资料丛刊编辑组编：《珞巴族社会历史调查》（二），西藏人民出版社1989年版，第91页。

区，是过去珞巴族重要的居住地，我国民族研究工作者已在墨脱采集到了大量新石器时代的遗物。

采集地总共有7处，即马尼翁、卡布村、墨脱村、背崩村、格林村、地东村和西让村，这些采集点均分布在墨脱县境内雅鲁藏布江下游两岸的河谷台地上。采集到的实物有磨制石器和陶片，计有磨制石器17件，其中石斧7件；石锛7件；石凿2件；石纺轮1件[①]。陶片全部采集于墨脱村，陶质为夹砂陶，陶色为红、灰两种，制法均为手制，纹饰有绳纹和刻画纹等。1986年，笔者参与的门、珞文化考察队在墨脱县进行考察时，在该县地东又发现刮削器和石凿各一把。1989年，在该县墨脱村又发现石斧1件[②]。

图 2—4　墨脱村新近发现的新石器

在墨脱境内发现的磨制石器均选料精致，石质坚硬，形制精美。如在格林发现的石斧，长81毫米，宽41毫米，厚26毫米，通体墨绿色，带

---

① 参见《考古》1975年第5期、1978年第2期、1978年第5期。
② 参见《西藏研究》（汉文版）1991年第1期。

有翠绿花纹，磨制光洁。在西让发现的石凿呈长条形，剖面扁方，长177毫米，宽29毫米，厚12毫米，与现代木匠使用的凿形制相近。1986年发现的刮削器长58毫米，上宽28毫米，下宽32毫米，上部厚7毫米，下部厚13毫米，正面呈梯形和弧形对称组合，侧面是正梯形和正三角形组合，刀口锋利，呈弧线，通体黑色，石质坚硬细腻。石凿长72毫米，上宽13毫米，下宽18毫米，厚12毫米，凿刃锋利，颜色和石质与刮削器相同。1986年和1992年，笔者参与的门、珞文化考察队在米林县博嘎尔部落居住的纳玉河谷也发现了磨制石器。米林纳玉河谷是远古时代北方土著群体南迁的重要通道，这里发现的石器，可能是这些先民的遗物。我们发现的石器中有一件石斧具有代表性。这件石斧长130毫米，上部宽60毫米，厚50毫米，横剖面呈长方平面形，下部宽80毫米，距刃口15毫米处厚30毫米，刃口平直对称而锋利，通体墨绿色并有纹脉①。

图2—5 米林南伊河谷发现的新石器

①　关东升主编：《中国民族文化大观·藏族、门巴族、珞巴族》，中国大百科全书出版社1995年版，第504页。

第二章 藏门珞民族关系的历史发展

目前在珞巴族地区发现的石器，与西藏其他地区采集的同类石器比较，特别是同林芝地区的云星、居木、加拉马、红光等遗址和地点发现的石器相比，它们在制作方法、形态和风格上是一致的，反映出文化面貌上的一致性，属同一个文化系统①。考古资料表明，珞藏两族远在石器时代就有着密切的文化交往，珞巴族先民同藏族先民一道，共同创造了喜马拉雅山区的远古文明。

藏文文献中，对藏门珞等西藏高原远古先民的关系有一些记载。《松赞干布遗训》一书，在叙述猕猴与岩魔女成婚繁衍人类后讲道，随着后代的增多，逐渐演化为四部，即"塞"（se）、"穆"（rmu）、"董"（ldong）、"冬"（stong）。"董、东、色、穆四大部族为内族之四大土著部族，亦即雪域吐蕃最早的先民。"②《汉藏史集》和《西藏王臣记》等史籍，对四大氏族或部落按类别进行了划分。如《汉藏史集》记述道："一类是叶桑迦波，具有上天界的仙绳，一类是叶曼那波，像熔不了的磐石，一类是江赤益西，像天上的明灯，一类是门宗那波，长着狗尾巴。"③《西藏王臣记》有着同《汉藏史籍》相似的记载："……分化为四大氏族后，一为白耶桑·登天绳部；二为黑耶闷·稳如铁铸磐石部；三为江赤益西·聪慧神灯部；四为黑门朱·狗尾草部。"④ 其中，"黑门朱"或"门宗那波"中之"门"（mon），即指的是生活于"门"广大地域的包含门巴和珞巴先民在内的古代部族集团。由此可见，"门巴人（包括珞巴人）族系的始祖是从西藏高原的原始人中分化出来的支裔"。⑤ 门巴人（包括珞巴人）同藏族有着血脉相连的密切关系。

最早记载藏门珞关系的藏文文献当推立于公元823年的《唐蕃会盟碑》："此威德无比雍仲之王威严煊赫，是故，南若门巴……等虽可争胜于疆场，然对圣神赞普之强盛威势及公正法令，莫不畏服俯首，彼此欢忻而听命差遣也。"⑥ 这是藏文文献中对"门"的最早记载。根据当代藏族

---

① 参见侯石柱《西藏考古大纲》，西藏人民出版社1991年版，第49—50页。
② 卢亚军译注：《西藏的观世音》（即《松赞干布遗训》），甘肃人民出版社2001年版，第55页。
③ 达仓宗巴·觉桑布：《汉藏史籍》，陈庆英译，西藏人民出版社1986年版，第81页。
④ 五世达赖喇嘛：《西藏王臣记》（藏文版），民族出版社1980年版，第11页。
⑤ 参见《西藏文史资料选辑》（第10辑），民族出版社1989年版，第2页。
⑥ 王尧编：《吐蕃金石录》，文物出版社1982年版，第43页。

著名学者恰白·次旦平措先生考证,"中印边界东段的传统界线与非法的'麦克马洪线'之间包括门隅、珞渝、下察隅等在内的广大地区……在西藏的历史上,以上地区的总名称就叫'门隅'。居住和生息在那里的人们被称作'门巴'(包括珞巴人)"。在古代藏族学者的地理称谓中,他们将喜马拉雅山南麓多雨潮湿低海拔的森林峡谷地区统称作"门"①。《德乌教史》在记述聂赤赞普的活动时讲道:"聂赤赞普在前往雅隆地区时,曾游览二十九地,在他抵达二十九地之一的普吉昌那时,遇到了三位门地童子,他便带领这三位童子一起前往。这三名童子就是'珞氏''雅氏''娘氏'三姓的始祖"②,其中的"珞氏"即指珞巴族的始祖。

敦煌吐蕃文献中有对"珞"的记载。《敦煌本吐蕃历史文书·大事纪年》第三条有如下记述:

及至鼠年(高宗永徽二年,壬子,公元652年)
赞普驻于辗噶尔。大论东赞抚伏"珞"、"赞尔夏"。是为一年。③

这是关于"珞"的最早记载。

在13世纪以后的藏文文献中,对藏门珞之间交往和联系的记述屡屡见诸史籍。如《贤者喜宴》在讲述藏族先民从猴变人时的生活情形时写道:"……食不种之谷,以树叶为衣,好似动物住在森林里,如同'珞'和'门'人遍布藏区。"④藏文典籍《红史》在记述松赞干布的功绩和吐蕃的疆域时讲道:"吐蕃划分四如千户所等,将南面的珞、门,西边的向雄,北面的霍尔,东面草地居民和森林居民收归治下。"⑤《贤者喜宴》亦载:"如是……南方之珞与门……等,均被收为属民。"从这些古藏文史料我们可以看到,藏门珞民族在久远的古代就有着紧密的联系,从吐蕃王朝开始,藏门珞在政治、经济和文化上的联系更不断得

---

① 参见恰白·次旦平措《门隅地区自古属我国领土之历史佐证》,载《西藏文史资料选辑》(第10辑),民族出版社1989年版,第1页。
② 参见《西藏文史资料选辑》(第10辑),民族出版社1989年版。
③ 王尧、陈践译注:《敦煌本吐蕃历史文书》,民族出版社1980年版,第101、207页。
④ 巴俄·祖拉陈瓦:《贤者喜宴》(藏文)上册,民族出版社1986年版,第155页。
⑤ 蔡巴·贡噶多吉:《红史》,陈庆英译,西藏人民出版社1988年版,第33页。

图2—6 大昭寺前的唐蕃会盟碑

到加强。

在记载古代藏门珞关系的藏文文献中，值得特别重视的是门地喇嘛阿旺平措所著的《君民世系起源明灯》（又名《门隅教史》）一书。该书成书于17世纪，是目前所知唯一一部专门记述门隅历史发展的著作。

《门隅教史》在叙述西藏远古人类的起源时，同许多藏文史籍一样，讲述是猕猴繁衍了人类，与民间广泛流传的神话相一致。其后，猕猴之后裔世代演化，成斯、穆、董、冬四大族系。这四个族系又各自分化，"斯"分化为四氏，"董"分化为十八大氏，"冬"分化为四王八民，而"穆"亦分化为八氏。"穆分化成的归、列、查等八个姓氏为：俄布、修

图 2—7　唐蕃会盟碑局部

布、雄、门、嘎、噶、虐、恩兰等。"① 其中的"门",即指的是门巴先民。

《门隅教史》还指出:

> 南方门卡西地方的人们,皆来自土蕃,年代久远,都是上述各姓氏的后裔。……门地区,由父系分化而来的姓氏为:昂日、杰堆、宇比萨日桑、帕吉、拉玛秋囊、夏若、热玛、聂米、那木萨、贡姆、若姆、卡姆、库姆、斯姆、察姆、吉姆、基姆、僧布、帕姆、藏姆、虐姆、夏姆、宁姆、嘎日、徐姆、乌姆、噶姆。此外尚有众多荣普人的姓氏。南方门地区拉松地方亦有无数方言姓氏,因无据可考,故不在此记述。②

---

① 阿旺平措:《门隅教史》,何宗英译,载《西藏文史资料选辑》(第10辑),民族出版社1989年版,第71—72页。

② 同上书,第52页。

《门隅教史》的记述，为我们了解和认识门隅的古代史和门、藏关系提供了弥足珍贵的资料。

第三节 吐蕃王朝以后的藏门珞关系

吐蕃王朝时期，门巴族和珞巴族已成为吐蕃王国的属民，门隅和珞渝收归于吐蕃王朝治下，藏门珞关系进入了一个新的发展时期。

公元9世纪前期，吐蕃王朝已快走到它的尽头。当时吐蕃社会矛盾已十分尖锐，赤热巴巾赞普狂热而激进的兴佛措施，使矛盾进一步激化。以韦·达拿为首的权臣密谋宫廷政变。《西藏王臣记》等史籍记载了这一重大事件："不意此时竟有少数权臣为邪恶所迷，又欲以难忍大苦，加诸于人。彼等暗商破坏佛制，以重金贿赂卜师，令其扬言，若不放逐王子藏玛，王政将有大损。遵卜者示，将藏玛流放门地。"① 藏玛王子被放逐后，韦·达拿又设计使王妃自杀，加害大臣郑喀·白云，待清除了赞普的左膀右臂后，遂将赤热巴巾谋杀。韦·达拿等反佛权臣扶持朗达玛上台，毁灭佛教。不久朗达玛又被佛教徒刺杀身亡。朗达玛的后代维松和永丹为争夺赞普宝座长期争战，继后的奴隶属民大起义以"一鸟腾空，众鸟影从"之势摧毁了吐蕃奴隶制政权，西藏进入了分裂割据的群雄逐鹿时代。

藏玛王子被放逐门隅和吐蕃王朝的崩溃，对藏门珞关系带来了深远的影响。

因吐蕃腹地战乱和吐蕃王朝的崩溃，许多人为躲避战乱逃到了门隅。据《门隅教史》载，朗达玛有二子：一为维松，一为永丹。"二人因争夺王位而不和，相互征战达十二年之久。后来维松败北，逃亡阿里，其臣则逃散于南方门地。座落于各处的村庄，即为当时所建。"② 这些人从西藏腹心地区来到门隅，不仅沟通了藏门珞之间的联系，许多人还融汇于民族融合的长河中。

至于藏玛王子被放逐门隅之事，众多史籍仅寥寥数语记述其事，具体

---

① 五世达赖喇嘛：《西藏王臣记》，刘立千译注，西藏人民出版社1991年版，第49页。
② 阿旺平措：《门隅教史》，何宗英译，载《西藏文史资料选辑》（第10辑），民族出版社1989年版，第52页。

情形无从知晓。《门隅教史》则详细记载了藏玛王子到门隅的经过及其后代在门隅各地执掌政事的事迹。

《门隅教史》记载,藏玛王子主仆五人本拟向洛扎方向进发,后改由后藏的帕里来到门地的邦卓纳木塘嘎布,后又到汀布川。此后,到了昌玛河流域,又经过邦色贡萨到了拉欧玉松的白卡地方。"又来至达仲朵松赞卡。当踏勘何处宜建都城时,只见米森巴地方为岩石及河水环抱,地处要冲,形势险要,便来至该地。彼处有一户人家,主人名叫阿米·顿珠杰。拉赛藏玛便问顿珠杰:'尔等至此已历几代?族系与籍源自何方?'顿珠杰答道:'我父母之辈自蕃地迁来。至于族系,我乃莲花生大师亲炙弟子阿米·强秋志归,系朗氏拉司之后裔,原居恰波玉地方(今山南地区隆子县境内——译注)。后因父兄之间同室操戈,未及治理百姓,迁至此地。'王子信而借寓该户。"此后,拉赛藏玛纳顿珠杰之女索南白锦为妃,生赤弥莱旺秋和通列金二子①。长子赤弥莱旺秋被拉欧三地的臣民迎请为首领。他得子名叫拉衮,拉衮之子名叫扎西洽次旺朗杰,扎西洽次旺朗杰之子名叫班觉桑布,班觉桑布之子名叫朗卡索南,朗卡索南之子有七子,长子即为贡嘎杰。贡嘎杰去至拉乌康巴,占其地为都城,声闻遐迩"康巴至尊"的称号即是从他取得的。七子中的另一王子被迎请至东方德让地方为首领,他的子孙相沿为东方德让地方的首领②。

《门隅教史》中,对藏玛王子的两个儿子和后裔的名字以及统治门隅各地的名称进行了详细记述③。书中所指的"门隅",是包括主隅(今不丹)及部分珞渝地区在内的古门隅。但书中所列的许多地名,都在今天所特指的以门达旺为中心的门隅地区之内。如"拉欧三地""白卡""梅热(惹)""萨顶""德让""昌玛",等等。书中所记述的藏玛王子及其后裔统治门隅的事迹虽然有夸大的嫌疑,但门隅紧邻藏区,长期以来,许多人从西藏腹心地区前往门隅活动或定居却是不争的事实。《门隅教史》的记述,无疑为我们探讨藏门珞历史关系提供了难得的资料。

---

① 阿旺平措:《门隅教史》,何宗英译,载《西藏文史资料选辑》(第10辑),民族出版社1989年版,第50—51页。

② 同上书,第59页。

③ 关于藏玛王子及其后裔在门隅的繁衍情况,巴桑罗布先生在其著作中用了一章的篇幅进行了论述。参见巴桑罗布《隐秘乐园门隅——门隅的历史法律地位》,中国藏学出版社2014年版。

11 世纪前后，藏传佛教形成。藏传佛教的噶举派、宁玛派和萨迦派先后传入门隅。

13 世纪初，蒙古兴起，成吉思汗及其子孙用武力统一了全国，建立了大元帝国。元军曾两次用兵西藏，"东起工布以上，西至尼婆罗和南至门域以内，所有坚寨，皆被削平，定立森严法律，强制藏民皆遵王命，不得违反"。① 至此，西藏由分裂重归统一。藏传佛教萨迦派受命于元帝国中央政权，取得了对西藏，包括对门隅的统治权，西藏经过吐蕃奴隶制瓦解后的长时期动荡而进入了封建农奴制社会。这时的门隅也被纳入萨迦地方政权的治理之下，成为大元帝国统一政权下的一个行政区域。

14—15 世纪，藏传佛教高僧前往珞渝和门隅进行传教活动，其中，噶举派著名僧人汤东杰布师徒到珞渝境内的马尼岗和梅楚卡一带传教，对珞巴族社会产生了深远影响。此外，藏族、门巴族信教群众朝拜札日神山活动（参见本书第六章第三节），对沟通藏门珞人民的了解，促进藏族、门巴族和珞巴族的政治经济和文化联系起到了重要作用。

17 世纪中叶，藏传佛教格鲁派取得了西藏地方政权。五世达赖喇嘛为加强对门隅和珞渝的治理，派梅惹·洛珠嘉措到门隅和珞渝传教和建立政权，使藏门珞关系进入一个新的阶段。洛珠嘉措积极采取措施，治理门隅，使"……门区属部中未归我治下者及洛隅人等亦入我治下……"② 由此可见，17 世纪时，西藏地方政府对门隅和珞渝已进行了有效管理。

上面我们主要论及的是政治和文化关系。在经济关系方面，这一时期也得到了很大发展。藏门珞由于所处地域不同，自然气候和地理条件差异大，其经济活动和物产有很大的差别，互补性强，长期以来就有互通有无的经贸活动。随着政治关系的发展和文化交流的增加，藏门珞之间的经贸活动规模不断扩大，在门隅和门藏交界处，已形成了几个大集市，每年贸易量很大。在珞渝北部与藏区交界的地方，也有几个较为固定的交换点，藏族和珞巴族每年进行互通有无的交换。藏门珞之间经济上长期的相互依存，强化了业已存在的政治和文化方面的联系。总之，这一时期的藏门珞关系在政治、经济和文化上得到了全面发展和推进。

---

① 五世达赖喇嘛：《西藏王臣记》，刘立千译注，西藏人民出版社 1991 年版，第 60 页。
② 中华人民共和国外交部：《中华人民共和国政府官员和印度政府官员关于边界问题的报告》，1961 年，第 45 页。

第四节　门巴族东迁与藏门珞民族关系的发展

门巴族世代祖居门隅，而在离门隅遥远的东部墨脱，也居住着为数不少的门巴人。这些门巴人大约于18世纪初迁居于此。门巴族迁居墨脱有着深刻的社会原因。

18世纪时，封建农奴制在门隅的统治已较为完备。由于不堪忍受农奴主的残酷压榨，许多人家逃亡他乡。今天，门巴族老人是这样讲述祖辈们东迁历史的。

相传，距今十多代人前，门隅地区出了一个凶暴的土王。他贪婪成性，残酷压榨人民，差赋徭役多如牛毛，人民不堪其苦。传说妇女为了给土王交布差，夜以继日地织布，照明的松枝烧成的灰烬都堆成了小山，可是织的布还不够交差。男子不停地外出支差，哥哥支乌拉回来喘息未定，弟弟又接过背篓继续支差。在沉重的乌拉差役下，加上连年的地震水灾，许多人家破人亡、流离失所，他们渴望着一个没有压迫、没有剥削的好去处。这时，传来了东部的白玛岗是一个佛乐胜境的美丽传说，给绝望中的门巴人带来了希望。

墨脱古称"白玛岗"，意为"刻画的莲花"；又称"白隅吉姆郡"，乃"隐秘胜境"之意。白玛岗被佛教徒视为佛乐胜境。

白玛岗是佛乐胜境的传说与佛教大师莲花生有关。据说莲花生大师在西藏弘法期间，曾骑着天马游历白玛岗，发现这里四周环山，沟壑纵横，犹如盛开的莲花，遂依地形将此地命名为"白玛岗"。莲花生大师说，世上有隐秘胜境16处，最大之处为白玛岗，故有"白隅白玛岗"（隐秘莲花圣地）和"白隅吉姆郡"之称。

相传白玛岗境内圣地很多，如古堆颇章、布达次崩、桑多白日、白玛西仁等都是远近闻名的神山圣地。白玛岗还有许多通往极乐世界的神门尚未开启，开启神门的钥匙就隐藏在圣地隐秘处，等待有福之人寻觅发现。白玛岗被人们誉为佛之净土。藏文《大藏经》亦有"佛之净土白玛岗，圣地之中最殊胜"的记载。

白玛岗还被佛教信徒视为多吉帕姆——金刚女神仰面而卧的圣体。她的头是墨脱加热萨与林芝排龙乡之间的多吉乌龙山（另一传说是南迦巴瓦峰）；她的脖子是邦兴乡的拉巴顶山；她的心脏是邦兴的加布岗山（另

图 2—8　墨脱和波密交界处的嘎隆拉雪山

一说为拉巴登沿岸地方）；她的肚脐是南则玛拉山，山上建有仁钦崩寺，这是圣地的中心；她的左乳房是东部的古堆颇章神山，右乳房是东南部的白玛西仁河，河里流淌的水是女神的乳汁；她的左臂伸向察隅方向的贡日嘎波山，右臂伸向工布的布曲色齐拉山；她的左腿搭在珞渝的希蒙村，右腿是仰桑曲河畔的"甲穷"神石；她的膝部位于地东村山头上；她的会阴在更巴拉山以南的仰桑曲河流域，女神的尿形成了仰桑曲河，河水是圣水；境内满山葱郁的草木是女神的毛发，条条溪流是女神的血脉，雅鲁藏布江是女神的主动脉血管……

在多吉帕姆的怀抱里，到处有糌粑树，到处有牛奶泉，连江水也流淌着奶酪。那里没有乌拉差役，没有剥削欺诈，是一个"不种青稞有糌粑，不养牦牛有酥油，不修房屋有房住"的人间天堂。关于白玛岗的美妙传说传遍了西藏各地，也传到了遥远的西部门隅，引来了门巴族千里迢迢的长途迁徙。

东迁的历史是辛酸而悲壮的。现在门巴族中还流传着这样一首古老的歌谣："要是就我一个人，早就到那白玛岗。老老小小一家人，哪有逃走的希望。"农奴逃亡，是对领主的强烈反抗，一旦被抓住，将招致杀身之

图 2—9　墨脱背崩稻田

祸。门隅离白玛岗远隔千山万水，要在喜马拉雅山区的崇山峻岭长途跋涉，等待人们的将是悬崖绝壁、激流险滩、密林深涧、猛兽毒蛇。但这一切没有吓倒门巴人，他们踏上了艰险莫测的东迁旅程。

最早离开门隅前往墨脱的有六户人家，这六户门巴是：东达、江措、多吉、桑珠、赤列和扎西朗杰。他们携家带口，逃脱了土王的堵截追杀，翻越了一座座高山，涉过了一道道激流，穿密林，跨深涧，斗猛兽，历尽千辛万苦，最后翻过德阳山口，沿雅鲁藏布江溯流而上，终于到了白玛岗的东波地方，即今墨脱县政府所在地墨脱村附近。

白玛岗当时是珞巴族聚居的地方，门巴人的到来令珞巴人深感意外。当时珞巴族仍处于"不耕不织，穴处巢居，冬衣兽皮，夏衣木叶"[①] 的原始社会阶段，生产方式十分落后，主要靠狩猎和采集生活。门巴人向珞巴头人说明了来意，送给了珞巴人一些工具和食盐。经过交涉，珞巴人同意门巴人住在东波一带，这六户门巴便定居下来，在白玛岗建立了第一个门

---

① 西藏社会科学院西藏学汉文文献编辑室编辑：《卫藏图识》（第一册），中国藏学出版社 1994 年版。

巴村寨——"门仲",意思是"门巴人的村庄"。至今,墨脱门巴族还有"门堆主巴"的说法,意为"六户门巴"。

图 2—10　今日墨脱村

六户门巴迁居白玛岗,揭开了门巴族大迁徙的序幕。不久,一百多户门巴人在贾班达哥的带领下,集体逃离家乡迁往墨脱。门巴人的大量逃亡,引起了领主的极大恐慌,他们派兵追赶,贾班达哥率领青壮年奋力回击,杀死了追兵头目列尔欠,打退了追兵。不幸贾班达哥也身负重伤,英勇牺牲。人们扶老携幼继续前进,有不少人饿死、冻死、摔死在迁徙途中。

门巴族的迁徙经历了一个漫长的过程,持续了三四代人的时间。最早迁入的已有十代人,最晚迁入的距今有六代人,他们定居在白玛岗地区雅鲁藏布江沿岸。在墨脱,今天还能看到与他们东迁历史有关的许多遗迹,一些村庄也沿用了原籍的地名和村名,如德尔工、地东等。

门巴族迁居白玛岗,改变了门巴族和珞巴族长期异地而居的格局,给藏门珞民族关系带来了深刻的影响。

门巴族迁入白玛岗初期,受到了善良好客的珞巴族的同情和友好接待。珞巴人提供猎场让门巴人狩猎，让出耕地由门巴人耕种，两族人民和睦相处，关系融洽。

然而，随着门巴人持续不断的迁入，人口数量不断增加，占据的山林、猎场和耕地越来越多，直接影响到珞巴人的经济利益，矛盾由此产生。

门巴族本是一个农耕民族，有较先进的耕种技术，生产力水平高于珞巴族，会打制铁器和制作各种铁制工具。珞巴族则是以狩猎和采集为主，兼营粗放的原始农业，使用的工具是骨制和木制工具。这样，门巴人的生产生活水平明显高于当地珞巴人，渐渐引起了珞巴人的不满。珞巴群众开始限制门巴人的狩猎和耕种范围，后又要求按照珞巴族习惯向他们缴纳一定的实物。门巴群众接受了这一要求，使门、珞在经济利益上的矛盾得到了一定程度的缓和，但是文化冲突却愈趋激烈。

门巴族、珞巴族两族的文化冲突集中表现在宗教信仰上。迁徙而来的门巴族已信仰佛教，而珞巴族信仰的是祖祖辈辈传下来的原始宗教，敬巫重鬼的原始信仰与佛教信仰是对立排斥和格格不入的。佛教寺院仁钦崩寺的修建加剧了门、珞两族群众的矛盾，而继后佛寺的不断修建和门藏群众的转经朝圣导致了冲突的进一步升级。门、珞关系恶化，纠纷与冲突不断，矛盾一触即发。

经济利益和文化冲突导致门、珞失和产生矛盾，而挑起门、珞两族大规模械斗的罪魁祸首是西藏地方封建势力。偏于一隅的波密土王是一个势力较强的地方封建割据势力。波密与白玛岗仅一山之隔，白玛岗以北地区早就为波密地方政权管理，土王早就想把势力范围扩大到白玛岗以南地区，便利用门、珞之间存在的矛盾，挑拨门、珞关系，并假借门巴人之手暗杀了珞巴族头人，引发了门、珞之间大规模械斗。

门、珞械斗是十分惨烈的，造成门、珞两族群众的惨重伤亡和财产的巨大损失。在械斗初期，珞巴族人多势众，几乎把雅鲁藏布江沿岸的门巴族全部赶走。门巴族在康巴藏族和波密土王的支持下，凭借火枪等武器，又把只使用长刀弓箭的珞巴族赶到了白玛岗南部，双方互有胜负。

面对无休止的械斗和由此带来的伤亡，门、珞群众都表示反感和厌倦，希望门、珞重新和好，彼此友好相处。退守白玛岗南部的珞巴族按照习惯派了一位老太婆摇着树枝到门巴族住地讲和，邀请门巴族代表到他们村庄做客，门巴族代表返回时又邀请珞巴族代表到门巴住地做客，互相以礼相待，都表示愿意结束纷争，和平相处。最后，械斗双方派代表在地东村进行谈判，双方确定以仰桑曲河为界，以南为珞巴族居住地，以北主要为门巴族居住区。协议达成，双方歃血为盟，灵石为证，发誓门、珞两族永远友好相处。如果门巴族违约，就返回门隅祖籍，珞巴族违约则回到最初居住的山洞。从此，门、珞两族友好往来，连绵不绝。

波密政权利用门、珞械斗将白玛岗纳入自己的势力范围。土王在地东村建宗政府（"宗"相当于县一级行政机构）管理白玛岗的门巴族事务，先后任命了11位宗本，任宗本者多为门巴族。在仰桑曲河流域的珞巴族居住地建嘎朗央宗，管理珞渝的珞巴族事务，先后任命了8位宗本，任宗本者多为珞巴族。

20世纪前期，波密土王同西藏地方政府爆发战争，结果，土王败北，波密地方割据势力覆灭。自此，白玛岗地区由西藏地方政府直接统辖。西藏地方政府在墨脱设置各级行政机构，强化封建农奴制统治，改地东宗为墨脱宗，改嘎朗央宗为达岗措（"措"相当于区一级行政机构），并入墨脱宗一并管辖，加强对墨脱及其以南的门巴族和珞巴族的管理，直至西藏和平解放。

第三章 西藏地方政权对门隅地区的统辖与治理

自吐蕃政权将门隅和珞渝纳入管辖范围以来，西藏地方历代统治者不断加强和完善对门、珞地区的统辖与治理。特别是进入17世纪以后，在清朝中央政府的支持下，西藏地方政府进一步加强了对门、珞地区的政治文化强制。在管理方式上，西藏地方政府在门、珞地区设置各级行政机构，推行各种差税制度，委任当地头人征收税赋，强化封建农奴制统治，从而有力地加强了藏门珞各族人民在政治、经济和文化上的紧密联系。

第一节 西藏地方政权对门隅地区的早期管理

一 达旺寺的改扩建与政教合一制度在门隅的确立

17世纪中叶，藏传佛教格鲁派确立了在西藏的政教合一的统治地位。五世达赖喇嘛阿旺·洛桑嘉措，是一位具有雄才大略的卓越政治家和宗教家。1652年，五世达赖喇嘛阿旺·洛桑嘉措进京朝觐顺治皇帝，翌年受封为"西天大善自在佛所领天下释教普通瓦赤喇怛喇达赖喇嘛"[①]。成为西藏的政治宗教领袖之后，为了加强对门隅地区的统治，弘扬格鲁派教义，五世达赖喇嘛选中了他的得意门徒、门巴族喇嘛梅惹·洛珠嘉措，任命他为门隅的政教首领，管理门隅的政教事务。

梅惹·洛珠嘉措出生于门隅梅惹萨顶地方，故称梅惹喇嘛。在拉萨学经期间，拜五世达赖喇嘛为师，由于品学皆优，深得达赖喇嘛赏识，成为

[①] 西藏研究编辑部编：《清实录藏族史料》，西藏人民出版社1982年版；中国第一历史档案馆、中国藏学研究中心合编：《清初五世达赖喇嘛档案史料选编》，中国藏学出版社2000年版；牙含章：《达赖喇嘛传》，人民出版社1984年版。

五世达赖喇嘛的名徒，被达赖喇嘛派回门隅治理家乡。

梅惹喇嘛重返桑梓后，得到当地土酋德巴·索卡尔娃和家乡人民的崇敬。为了查清门隅的户口，梅惹令索卡尔娃晓谕百姓，每户缴献一个鸡蛋，共得鸡蛋3000个，故查得门隅户口为3000户。为了扩大格鲁派的影响和加强对门隅地区的宗教和行政管理，梅惹喇嘛便着手改造和扩建达旺寺。

达旺地区，位于门隅中部的章玛河谷，由于气候温和，物产富饶，风景优美，门巴人把这里比喻成"松耳石玉盘"。那里因有一块地方形似宝塔，便被人称为"曼扎岗"（状似宝塔的台地）。传说在噶拉旺波土王统治时期，在此建有宫室。在遥远的古代，门巴族人信奉的是原始宗教，从11世纪后期开始，藏传佛教宁玛派（俗称红教）传入门隅。由于宁玛派吸收了原始宗教的不少内容，很快为门巴族人所接受和崇信。宁玛派高僧乌坚桑布在离曼扎岗不远的降喀索旺地方修建了属宁玛派的桑吉林、乌坚林和措吉林三个小庙。同时在曼扎岗山冈上修了一个寺庙，并在此为门巴族信徒授以"马头金刚灌顶"，人们遂将这个寺庙称为"达旺寺"（rda-dwang-dgon，藏语"达"指"马头明王"，"旺"为灌顶之意）。当时达旺寺规模很小，平时寺中只有几个喇嘛主持宁玛派的宗教活动。

梅惹喇嘛到了门隅后，肩负着弘扬格鲁派和管理门隅政教事务的重任。他首先改造影响较大的宁玛派寺院达旺寺，使之成为格鲁派在门隅地区的政教中心。1656年，五世达赖喇嘛令西藏地方政府委派两名"拉涅"（总管），协助梅惹喇嘛管理门隅的行政事务。在错那宗地方官员和门巴群众的大力支持下，达旺寺的改造和扩建工作进展顺利，将一个只有几个喇嘛的宁玛派小寺扩建成了格鲁派在门隅的最大寺院。改造扩建后的达旺寺，主体是一座高大的白色建筑群，规模宏大，布局完整，僧舍林立，平时可容纳喇嘛500名，多时可达700名，成为门隅地区政教和经济文化中心，梅惹喇嘛长期住持该寺。

关于达旺寺的修建情况和建寺时间，第巴·桑结嘉措在其《格鲁派教法史——黄琉璃宝鉴》中有专门记载："铁猴年（即1680年——引者注）在门（隅）藏交界的错那地区修建了达旺噶丹南杰拉孜寺，首任轨范师是麦热上师洛追嘉措（即梅惹·洛珠嘉措——引者注），第二任阿旺次程，现在由阿旺诺布担任。主修达波南喀扎巴著作和集密二次修法、三黑行等秘法。学经方法同格鲁派的其他寺院，寺院常住僧人去色拉、哲蚌、甘丹三大寺的工布康村深造。一级寺院，在寺僧人二百一十二人。"①在1698年编制的《达旺甘丹朗杰寺寺规》中亦对达旺寺的修建有记载："引导天等六道众生的救主至尊遍知阿旺洛桑嘉措于山下三隅、拉邦、塔巴五村、荣多三地、姆凯三夏、色拉三岗、夏尔巴四木奴等地讲经传法，弘扬佛法。尤其为了推广宗喀巴大师所创立的格鲁派思想建立了门隅达旺寺。"②

达旺寺建成后，五世达赖喇嘛和西藏地方政府赋予了达旺寺很多特权，如委派下级官员，征收赋税，实行"僧差制度"，会同政府官员管理门隅等。为了扩大达旺寺的影响，加强对门隅的政教统治，五世达赖喇嘛于1680年亲自委任达旺寺的官员③。五世达赖喇嘛还拨出粮物款项资助达旺寺法会，在其自传中，详细记述了此事：

> 如果在边境地区建立我们本教派的基础，当然是件好事。因此，我决定在新建的达旺噶丹南杰、拉孜曲德发放纯洁的定规布施，呈献五种供养。为师徒二人、尼巴、近侍、僧众共一百一十二人拨给了八个月定期法会期间的薪俸、茶饭，四个月法会假期的茶饭。正月初一日举行新年喜宴，此后举行为期八天的神度祈愿大法会，五供节等逝世祭历时五天，每月初十日举行吉祥天女酬补仪轨，十五日举行密集仪轨，十一月二十七日、二十八日、二十九日三天举行吉祥酬补仪轨，抛掷食子。从此以后，每逢每月二十九日都举行酬补仪轨，供器等开支共折合粮食五千二百四十克，干酪二百二十五克，由隆子宗和错那宗每年提供，茶、缎匹等物则由大昭寺供给。④

达旺寺还有众多的下属寺庙，如达隆寺、沙丁寺、多烈寺、江袁寺、僧松寺等。达旺寺的主寺则由西藏地方政府规定为哲蚌寺。梅惹喇嘛后的

---

① 第悉·桑结嘉措：《格鲁派教法史——黄琉璃宝鉴》，许德存译，陈庆英校，西藏人民出版社2009年版，第371—372页。
② 阿旺朗杰：《达旺甘丹朗杰寺寺规》，俄日才让、陈金钟译，《中国藏学》2007年第4期。
③ 阿旺·洛桑嘉措：《五世达赖喇嘛传》，陈庆英等译，中国藏学出版社1997年版，第1204页。
④ 同上书，第1242页。

历任堪布均由哲蚌寺委派。达旺寺有一首歌谣唱道:

> 我们的主寺是甘丹颇章（指哲蚌寺），
> 我们为此感到无上荣光，
> 犹如碧蓝的天空悬挂着一个金顶帐篷，
> 放射着耀眼的光芒。
> 在平静的岁月里我们祈祷达赖长寿，
> 在战乱的年代里敌人的双手沾满了我们的鲜血。①

可见达旺寺除了进行一般宗教活动外，更主要的是担负着保卫边疆不受侵犯的神圣使命。

五世达赖喇嘛为了表彰梅惹喇嘛的功绩，特将自己供养的5个莲花生像中的1个赠送给了他。达赖喇嘛还亲手绘制了一幅吉祥天女画像，作为礼品送给了梅惹喇嘛②。

经过梅惹喇嘛等僧俗官员20多年的努力，西藏地方政权在门隅政教合一的统治基本得到了确立。

二 五世达赖喇嘛的《法旨》与对门隅的统辖

五世达赖喇嘛阿旺·洛桑嘉措为了表彰梅惹·洛珠嘉措等管理门隅等地所取得的功绩，于1680年颁发了法旨。这份法旨在《中华人民共和国政府官员和印度政府官员关于边界问题的报告》（1961年）中作为中方对门隅地区实施有效管辖的历史文献加以引述而为世人所关注。然而，该报告所引并非全文，藏文原件亦未见公布。1979—1980年，英国学者迈克尔·阿里斯（Michael Aris）在访问达旺期间得到了该《法旨》的文本复制品，在1979年牛津国际藏学会上发表了研究成果，并在其编辑的论文集中以《门隅走廊史料札》③予以刊布。据阿里斯的介绍，该《法旨》

---

① 参见益西赤列《我的家乡——门隅》，载《西藏文史资料选辑》（第2辑），第78页。
② 同上书，第75页。
③ ［英］迈克尔·阿里斯:《门隅走廊史料札》（M. V. Aris, "Notes on the history of the Monyul Corridor"），载《纪念黎吉生藏学研究文集暨1979年牛津国际藏学讨论会论文集》（*Tibetan Studies in Honour of Hugh Richardson*, *Proceedings of the International Seminar on Tibetan Studies*, Oxford, 1979）。

"格式为27行无头字、折叠45×74cm² 纸张规格",称其所得虽"不是一件完美的复制品,但由于近期似乎没有获得更好文本的机会,以及现有的复制品并没有大的问题"。经扎洛先生对比研究,认为"阿里斯提供的《法旨》文本内容应是可靠的"[1]。

鉴于五世达赖喇嘛法旨对于我们了解当时西藏地方政府对门隅及其邻近地区管理状况所具有的重要意义,下面将法旨原文和译文转引如下。

藏文文本[2]:

//rGyal mchog lnga pa chen pos stsal ba'i she bam gyi zhal zhus he med dge//

/gong ma hong de'i lung gis/zi then ta zhan/tsi tsi'i phō sho wu si the zha shi kyo'u yi thung/sī zhi de'i chi kying gang/de'i phē shang zi/tsi yin zhes nub kyi lha gnas ches dge ba bde bar gnas pa'i sangs rgyas kyi bka' lung gnam' og gi skye' gro thams cad bstan pa gcig tu gyur pa'gyur med rdo rje'chang rgya mtsho'i bla mar'bod pa'i gtam/'dzam gling yangs pa'i rgyal khams spyi dang bod dang bod chen po'i phyogs gtogs kyi kha ba can gyi yul gru che chung dang/rgya gar'phags pa'i yul ljongs lho mon shar nub stod smad klo kha dkar kha nag kha khra sogs nyi'og gi yul grur'khod pa'i lha sde/mi sde rdzong sdod gnyer las'dzin zhi drag gi sne mor mngags sleb rgan mi dmangs sogs mtha'dag la springs pa/ rgyal dbang thams cad mkhyen pa dge'dun rgya mtsho nas bzung rje gong ma rim phebs bzhin dpa' bo gdung pa chos rje khu dbon na rim bzhin mon shar phyogs kyi dge lugs bstan pa'dzin pa'i slob ma sha stag yin pa dang khyad par mchod yon gyi lung'jug mon la mgo rtsam skabas/'di ga'i bka' bzhin dpung'jug sogs drag las ma dgos pa'i/dad ldan nam mkha"brug dang me rag bla ma gros byas thog thabs mkhas kyi sgo nas lung'jug thub na snying sangs man chod dga' gling rgya mtshams dang A li yan gyi me rag chos sde ma lag gi sbyin bdag chos gzhis tsam

---

[1] 扎洛:《〈五世达赖喇嘛1680年发给门隅、珞渝地方之法旨〉考释》,《中国边疆史地研究》2003年第4期。

[2] 对于法旨的藏文原件,作者曾前往西藏自治区档案馆希望查证、核对和抄录,由于涉及档案管理等诸多原因没有如愿,目前只能转引阿里斯的文本。参见 [英] 迈克尔·阿里斯《门隅走廊史料札》("M. V. Aris, Notes on the history of the Mon-yul Corridor"),载《纪念黎吉生藏学研究文集暨1979年牛津国际藏学讨论会论文集》(*Tibetan Studies in Honour of Hugh Richardson, Proceedings of the International Seminar on Tibetan Studies*, Oxford, 1979, pp. 13 – 14)。

第三章　西藏地方政权对门隅地区的统辖与治理　　113

du ma zad mon shar nub stod smad rnams su chos sde'ga' zhig rgyab pa'i ban khral bsdus lung gang song gi dud re nas'bru phud kyang dbyar ston bre bcu re tsam dad'bul gyi bsdud pa dang gson gshin gyi dge rtsa sdig dang ma'dres pa'i de ga'i dge'dun la zhu ba dang/dang blangs sa rim mtsho sna man la skul chog pa'i mna' bsdoms byas pa ltar'di pa grva bcas kyis bsam sbyor rnam dag gi sgo nas'jam po'i lung shar rmag sgo them spang nas nub ku ri tshun gdung zam yan bod rgyal po'i mnga'og tu tshud pa'i byas pa che tsam byung'dug pa dang nged rang mchod yon gyi phan bde'i mnga'og tu tshud nas kyang mon phyogs su dge lugs gyi bstan pa dar rgyas gang thub byas shing khyad par lho'i bdud sde'i kla klo'i dpung gi bsam sbyor ngan pas shar mon gyi bde skyid ma lus rim gyi bcom skabs phyi nang gi'gal rkyen ngan pas shugs chen thon dka' na'ang me spre nas bzung'di pa grva bcas skya ser gyi skyid sdug gang la yang ma ltas par lo nyi shu rtsa lnga tasm bstan don'ba' zhig lhur blangs pas/la chen'tsho gsum/dag pa'tsho lnga/shar ba mo nu bzhi/rong mdo gsum sogs nyang shang chu brgyud gyi mon zhabs phran bu mnga"og tu'dus pa rgya gar dang klo yul pa rnams rang srid du'gyur ba sogs/so'dzin dpung'jug ching snga phyir rang phyogs su phan pa'i byed lugs ni/khyod rang bod mon skya ser thams cad kyi mngon sum du gsal ba ltar dang da phyin kyang sngar las ma g. yos pas lugs gnyis kyi bstan pa'dzin skyong spel ba sogs la bsam sbyor rnam par dag pa zhus phyin

　　chos sde gsar rnying gi dgon ma lag chos gzhis rtsa kha gson gshin gyi dge rtsa'i dkor sa/dad'bul gyi'bru phud dang blangs sa rim yong'bab kyi rigs rnams dang lding dpon nam'brug gi dus bzhin las bstan don lar rgya sogs rdzong nas dmigs gsal dgos pa byung na ma gtogs yul tsho so so'i dgon pa che chung kun la khral'ul dmag sogs gsar'gel med par byas pa rnams/gong tshig khas len las mi dman pa'i lugs gnyis thad nas don mthun gyi bdag rkyen bzang po'di ga nas byed rgyu yin pas/rgya mon klo gsum du phan bde'i pad tshal ma rgyas bar du zhva ser'chang ba'i bstan pa dang gzhung gi mtsho sna rdzong la gnod pa dang mi ser rlag pa'i'gal rkyen du'gro ba'i tham ka dmar nag sogs snga phyir thal ba'i yig rigs gsar rnying ma lus pa kha gcod las phyogs der lugs gnyis dge lugs kyi bstan pa'phel rgyas kyi bkod pa rdzong sdod dang'di ga nas mngag rigs kyi ngo tshab dang me rag bla ma blo gros rgya mtsho rang gis byed rgyu yin pas/skya ser drag zhan mtha' dag gis bla ma'i ngag bkod las ma g. yos pa byed gal che zhing/de bstun gyi bstan pa'i zhabs'degs su'gyur ba byung phyin'di phyir gtan du dge ba'i bdag rkyen dang smon lam bzang po kho bos byed pa yin pas so so nas go ba gyis zhes rgya gar'phags pa'i yul du rgyu tri ka zhes lcags pho spre'u'i lo gzhu khyim du nyin mor byed pas spyod pa'i dmar cha'i da ki'du ba'i dus dge bar rang byung'phags pa'jig rten gsum mgon gyi pho brang chen po dmar po ri nas bris/

        nub phyogs
        kyi phul byung
        zhi ba sangs rgyas
        rgya chen khyon
        la sangs rgyas
        bstan pa'i
        mnga' bdag
        thams cad mkhyen pa
        rdo rje'chang
        ta la'i bla
        ma'i tam ka

  扎洛研究员对迈克尔·阿里斯刊布的文本和英译文进行了考释和对比研究，并对法旨进行了全文汉译。下面是扎洛先生的译文[①]：

  圣五世达赖喇嘛所颁真实无误之法旨抄件
  皇帝敕谕

---

①　扎洛：《〈五世达赖喇嘛1680年发给门隅、珞渝地方之法旨〉考释》，《中国边疆史地研究》2003年第4期。关于法旨的汉译，《中华人民共和国政府官员和印度政府官员关于边界问题的报告》中有部分译文，该译文不是全译，约为法旨内容的五分之三。参见中华人民共和国外交部《中华人民共和国政府官员和印度政府官员关于边界问题的报告》，1961年，第45页。此外，林田的《门域历史沿革及印度侵占经过》一书的附件亦有对法旨汉译的收录。林田：《门域历史沿革及印度侵占经过》（内部资料）之"附件一"《五世达赖1680年发给门域僧俗官员、百姓之诏书》，参见陈家琎主编《西藏学参考丛书第二辑之七·门域历史沿革及印度侵占经过》，西藏社会科学院西藏学汉文文献室编印，第51页。迈克尔·阿里斯在《门隅走廊史料札》中对法旨进行了英译并简单注释。

第三章　西藏地方政权对门隅地区的统辖与治理　　115

西天大善自在佛所领天下释教一统世袭大持金刚大海上师之印①即西天大善自在佛所领天下众生一统释教不变持金刚大海喇嘛②。

总括世界诸国，蕃及大蕃所属雪域大小地方、印度圣地、南方门隅东西上下各地、洛巴之洛噶、洛纳、洛查各部③等阳光普照下之僧俗部众、宗堆、执事、文武首脑、派出的税收长老及百姓等一体知照：

如同自达赖喇嘛根敦嘉措起历世相传，巴沃东巴曲杰（dpa'-bo-gdung-pa chos-rje）叔侄世代相传期间，门隅东部尽皆受持格鲁教法之信徒。尤其是当施主法主的命令在门地实施之时，遵照如下命令：如能毋须兴兵动武，而由信上南喀竹（nam-mkha'-'brag）和梅热喇嘛（me-rag-bla-ma）商议，运用善巧之法使命令得以实施，则不仅可领有宁桑（sngingsangs）④以下、噶林（dga'-gling）⑤国界和阿利（a-li）⑥以上之梅热⑦主寺、属寺的施主庄园，并且可在门隅东西上下修建寺院以支派僧差，向凡法令所及之每户征集基于信仰而交纳之敬神粮夏秋各约十"扯"（bre）⑧，可收取为生者、死者做善事而给该地僧侣的布施，及在措那以下支派基于信仰之运输乌拉。经如是立定誓约后，果然连同此间僧人忠诚地用温和的手段贯彻法令，使东起

---

①　译者在翻译时用括号标注了注释。为阅读方便，本引文处理为页下注并标示为"译注"，下同。译注：应是对清朝顺治皇帝赐给五世达赖喇嘛封号汉字的藏文音译，但对译略有出入。

②　译注：此句即顺治帝赐给五世达赖喇嘛金印上的藏文印文。

③　译注：原文作 kha-dkar kha-nag kha-khra，阿里斯从字面直译为"白嘴（the white-thed）、黑嘴（the black-mouthed）、花嘴（the striped-mouthed）之珞巴"。在民间一般称珞噶、珞查、珞那，这是藏族对珞巴族部落的传统分类，比如墨脱之米新巴部落即被称为"珞噶"，而米古巴部落被称为"珞那"。参见李坚尚、刘芳贤《珞巴族的社会和文化》，四川民族出版社1992年版。

④　译注：指宁桑拉（snging-sangs-la）山，位于今天不丹与门隅的交界。

⑤　译注：确切地点不详，疑为"卡林"（kha-gling），当时为不丹东部一小王国。

⑥　译注：阿里斯疑为乌达古里（在中印传统边界线以南）北部阿姆拉图拉村（Antatulla）的缩写，参见[英]迈克尔·阿里斯《门隅走廊史料札》。

⑦　译注：位于今不丹东部甘姆日（'gain-ri chu）河谷。

⑧　译注：藏升，西藏传统的容量单位，可盛青稞约一斤二两。

马果（rmag-sgo）①、亭邦（them-spang）②，西至古日（ku-ri）③以内，冬桑（gdung-zant）④以上尽入西藏王之版图，功绩甚大。

自归服于福田施主以来，尽力在门地弘扬格鲁派教法，但是南方野蛮之师施以恶行，破坏了东部门巴人之福祉，其时虽难以将内外之逆缘全部排除，但自火猴年（1656）以来，此间所有僧俗百姓不顾自身任何安危，于约二十五年间，一心积极维护宗教事业，将拉钦三措（la-then′tsho-gsum）、达巴五措（dag-pa′tsho-lrtga）、夏尔瓦莫奴细（char ba-mo nu-bzhi）、绒多松（rongmdo-gsum）⑤等娘江曲（nyang-shang chu）⑥流域属于门巴之诸部纳入治下，使印度和珞渝人也归于我方⑦。一如你等藏、门全体百姓真实所知，先前有利于我方之设哨、驻军等事，今后亦然。

故，需以清净善行对待政教事业之持、护、增，所有新旧寺庙之母寺、子寺，寺庙庄园，牧场，为生、死诸仪而供奉之财富、土地，出于信仰而交纳之粮食，自愿承担之转运乌拉及其他纳税之资源，一如在顶本南（喀）竹之时，除了为佛法、世俗之尊严而由宗政府征收的特殊赋税外，所有地方之大小寺院无额外之税收、乌拉及兵役。我可以保证如实地遵守上述条款，合理有效地管理政教事务。

---

① 译注：位于门隅南部，地处门巴族与珞巴族的分界地带。据班觉《赴马果征税遇阻记》，参见西藏自治区政协文史资料研究委员会编《西藏文史资料选辑》（第10辑），民族出版社1989年版、［英］贝利（F. M. Bailey）：《1913年东北边境探险报告》（西姆拉，1914年），该地一直属于拉萨贵族桑珠颇章的私人地产。

② 译注：位于门隅东南部德让宗东。

③ 译注：今天不丹隆则（Ihuntse）区的古日河。

④ 译注：位于今不丹东南边界。

⑤ 译注：以上都是门隅地区早期的行政区划名，这种划分亦见于完成于第悉·桑结嘉措时代（1694）的《达旺噶丹南杰拉孜寺规》，其中将门隅划分为：拉沃域松（la-′og yul-gsum）、勒邦（legs-spang）、达巴五措、绒多松、姆阔夏松（mu-khob shag-gsum）、色拉岗松（sreb-lasgang-gsum）、夏尔瓦莫奴细。这与18世纪后形成的32"措"建制（参见《门巴族简史》，西藏人民出版社1987年版）相比较略有差异。

⑥ 译注：武振华主编《西藏地名》（中国藏学出版社1995年版）作"nya-bshang-chu"。该河发源于西藏错那县，在达旺西与达旺河汇合，流入不丹后汇入章玛河（drang-ma-chu），再汇入玛那斯河（manas-chu）进入印度，终汇入布拉马普特拉河。

⑦ 译注：此处依原文直译，《中印边界问题报告》结合上文译为"……娘香河流域之门区属部中余未归我治下者及洛隅人等亦入我治下"。"rgya-gar"原意为"印度"，笔者同意阿里斯的观点，此处之"印度"当指生活在门隅南部平原地带的门巴人，如卡查里（kachari）人等。

第三章　西藏地方政权对门隅地区的统辖与治理　117

　　在印度、门巴、珞巴三地利乐莲苑之莲尚未盛开之前，为严防毁坏格鲁派教法、政府之措那宗城，以及杀害百姓等违缘之事，应严格执行此前此后所颁布的盖有红、黑印之法令，由该地掌管格鲁派政教事务之宗堆（rdzong-sdod）、从这里派出的政府代理人（ngo-chab）以及梅热喇嘛洛追嘉措等共同执行。

　　全体百姓无论强弱不应违背上师之旨谕，此极重要。如果顺应佛法，做佛法之仆役，我在此为你等之今世、来世做祈愿，你等应知晓。

　　书于梵语称居止喀（rgyu-tri-ka）即藏历阴铁猴年（1680）人马宫下弦月之空行（dwa-ki）聚集之吉时，于红山天然殊胜三界大宫殿。

　　西天大善自在佛所领天下众生一统释教不变持金刚大海喇嘛之印

五世达赖喇嘛在《法旨》内提到的地区如马果、亭邦是在达旺河流域，达巴五错，也就是后来的达巴八错，在达旺西部和西南部地区，瓦莫鲁细在申隔宗、德让宗一带。这个文件说明，西藏地方政权在门隅地区从开始就是以政教合一的形式建立统治，政治权力和宗教权力两者是不可分割的。

图 3—1　五世达赖喇嘛金印

图3—2 五世达赖喇嘛金印印文

这个法旨是五世达赖喇嘛对门巴族和珞巴族地区施政的纲领性文件，是对这些地区的宗教首领、行政官员、本民族头人及全体百姓的一道命令。法旨对梅惹喇嘛在门隅地区发展格鲁派势力，建立户籍，征收赋税，实行政教管理的功绩给予了高度赞扬。梅惹喇嘛在门隅的活动及五世达赖喇嘛的法旨，充分说明了早在17世纪，我国就统辖了门隅及其邻近地区并行使了完全的主权。门隅是我国神圣领土不可分割的一部分，铁一般的事实是任何人也抹杀不了的。

三 六世达赖喇嘛的认定及其对门隅的管理

1682年，五世达赖喇嘛圆寂，出生于门隅达旺寺附近夏日措乌金林的仓央嘉措被秘密选定为转世灵童，于1697年在布达拉宫坐床，是为六世达赖喇嘛。

仓央嘉措之所以被选定为达赖喇嘛转世灵童，固然与当时蒙藏上层争权夺利的政治斗争不无关系，更为重要的原因是西藏地方政府与当时布鲁克巴（不丹）争夺门隅密切相关。

门隅地处西藏东南部，是通往印度阿萨姆平原和连接不丹的传统商道，战略位置十分重要。17世纪前期，竹巴噶举派僧人阿旺南杰（ngag-dbang-rnam-rgyal，1594—1651）在活佛转世纠纷中失利逃亡布鲁克巴，得到当地宗教势力的支持而逐渐统一了布鲁克巴，并由于向东部扩张而与格鲁派势力发生了严重冲突。在五世达赖喇嘛时期，布鲁克巴与西藏发生了五次战争（分别发生于1644年、1648年、1656年、1668年和1675年）[①]，西藏和布鲁克巴围绕门隅进行了长时期的激烈争夺。在前述《法旨》中，许多内容都反映了当时西藏同布鲁克巴对门隅的争夺。正因为如此，五世达赖喇嘛、第巴·桑结嘉措以及拉藏汗在采取军事手段的同时，不断颁布法令、封文和派遣官吏到门隅施政，加强对门隅的统治。可见，六世达赖喇嘛仓央嘉措被选定于门隅不是偶然的，是西藏地方政府为增进门隅地区百姓的联系和向心力，加强门隅统治所采取的重大措施。

作为六世达赖喇嘛的仓央嘉措，其家族受到了历代西藏地方政权的重视。仓央嘉措的舅父家族居住在门隅白嘎尔地方，第巴·桑结嘉措曾赐予"第巴古相"（意为王亲贵族）的尊号。他的家族持此封文，世代享受土地、农奴、房产的占有权，并免支差赋。当新的达旺总管到达旺上任或错那宗本冬季到门隅收税时，"第巴古相"穿戴整齐，骑马携礼，亲临达旺行见面礼，并请达旺总管或错那宗本验认封文，照例沿袭[②]。仓央嘉措的舅家在1853年前还世袭担任绛喀谿的"谿堆"职务，后因发生纠纷，西藏地方政府于1853年取消旧有规定，改由西藏地方政府委派。1853年，西藏地方政府噶伦给错那宗宗本、"达旺细哲"和门隅各地官员发出指令：

> 错那宗本、达旺细哲、绛喀溪、三错（按：指夏尼玛三错）、达巴、邦钦、勒布、章朗河流域、上下绒朗等的头人、白姓尊卑上下人等一体知悉：
> "门古香巴乃是六世达赖的舅家……绛喀溪管理人员中由他家充任之一员，自本年起为了减少纠纷，由政府收回。"[③]

虽然仓央嘉措家族从此不再担任地方官员，但作为"第巴古相"的荣耀和特权一直延续下来。在1943年制定的《水羊清册》中，有对仓央

[①] 扎洛：《〈五世达赖喇嘛1680年发给门隅、珞渝地方之法旨〉考释》，《中国边疆史地研究》2003年第4期。扎洛先生在其专著《清代西藏与布鲁克巴》中对五次战争进行了研究。详见扎洛《清代西藏与布鲁克巴》，中国社会科学出版社2012年版，第35—48页。

[②] 益西赤列：《我的家乡——门隅》，载《西藏文史资料选辑》（第2辑），第80页。

[③] 中华人民共和国外交部：《中华人民共和国政府官员和印度政府官员关于边界问题的报告》，1961年，第91页。

嘉措家族房产、田产与人口情况的记述①。

第二节　在门隅建立行政机构，强化封建农奴制统治

一　各级行政机构在门隅的建立与发展

18世纪初叶，西藏地方政府在原管理措施的基础上，进一步完善对门隅地区的行政管理体制，强化对门隅的封建农奴制统治。在行政区划和建制上，按照不同地域地理位置和传统习惯，参照西藏其他地方实行的行政区划制度，将门隅地区划分为32个"措"（tsho）或"定"（lding）。"措"或"定"相当于现在乡一级的行政机构，个别大的"措"与区一级机构相当。

门隅的32个"措"或"定"如下：

勒布四措（北部）：斯木措、吉巴措、贡日措、贤勒措。

邦金六定（西北部）：邦金雪参上定、邦金雪参下定、乃郭定、洛本定、拉孜卡麦定、邦金丹曲定。

达巴八措（西部）：穆科夏松措、桑隆措、翁拉措、赤郎措、白玛卡措、同林措、卡崩措、沙哲措。

降喀四措（中部）：夏日措、斯如措、拉乌措、勺羌夏乌措。

章南六措（东部）：申略措、桑德措、里措、纳西廷邦措、曲措、德让措。

打隆四措（南部）：绒朗上措、绒朗下措、协督本措、日空奎单措。

在"措"或"定"的基础上设有四个"宗"，即江噶尔、森格、德让和达隆。"宗"的建制相当于现在的县一级政权，有的小"宗"相当于区一级政权。江噶尔宗宗本由错那宗任命；森格宗宗京本由江噶尔宗宗本兼任；德让宗和达隆宗宗本由达旺寺札仓会议任命②。

---

①　参见巴桑罗布《隐秘乐园门隅——门隅的历史法律地位》一书附件三"六世达赖喇嘛仓央嘉措亲贵的房产、田产等情况"，中国藏学出版社2014年版，第197—198页。

②　益西赤列：《我的家乡——门隅》，载《西藏文史资料选辑》（第2辑），第79页。关于门隅32个"措"或"定"的名称和所辖范围，《水羊清册》略有不同。该《清册》将"定"作为"措"的下属基层组织，如"塔巴八措"就下辖36个"定"。在"措"下除"定"之外，还有称为"嘎尔琼"（dkar-chung）和"参""tshan"的基层组织。参见巴桑罗布《隐秘乐园门隅——门隅的历史法律地位》，中国藏学出版社2014年版，第64—65、190—196页。

为了管理措或定以及宗的行政事务，西藏地方政府在达旺设立了"达旺细哲"的行政管理机构。"细哲"（bzhi-sbrel）意为"四联"，指由四个方面的代表组成的联合管理委员会。这四个方面是：西藏地方政府委派的拉涅，一僧一俗各代表一方，哲蚌寺洛色林札仓所派的达旺寺堪布，达旺寺札仓代表。"达旺细哲"是管理日常行政事务的常设机构。19世纪中叶，西藏地方政府强化达旺细哲的管理机构，于1853年，授予错那宗僧俗宗本参与管辖门隅的权力。这样，在"达旺细哲"的基础上，加上错那宗本僧俗各一人，组成"达旺住哲"的更高一级的行政管理会议。"住哲"（drug-sbrel）意为"六联"。"达旺住哲"也是常设机构，六个方面的代表加上工作人员，有20人左右，负责解决"达旺细哲"解决不了的问题。在"达旺住哲"的基础上，加上西藏地方政府拉恰勒空委派的错那宗"哲珠"（购米官），组成"达旺顿哲"会议。"顿哲"（bdun-sbrel）意为"七联"。"达旺顿哲"不是常设机构，通常只解决通商贸易问题，只在一些特殊情况下才召开。还有"达旺古哲"——"九联"（dgu-sbrel）的会议，它是在"六联"的基础上增加达旺附近门尼玛三部即夏日措、斯如措和拉乌措的头人，主要解决措与措、村与村之间的纠纷。当遇到最紧急的事关整个门隅地区利害关系的重大事件时，"达旺住哲"会同门隅各部头人组成"达旺塔措"会议。

以上不同层次的常设和非常设机构，发挥着各自的行政管理职能。"达旺住哲"的管理机构一直有效地行使着管理权。1913年，英国人贝利潜入我国门隅和珞渝地区勘察搜集情报。他在其《无护照西藏之行》中也承认达旺住哲对门隅的有效管辖："门隅由曲堆——设于达旺的六人议会管辖。这六个人是：根保，或称达旺住持、另一名高级喇嘛、两名被称为聂仓（即拉涅——引者）的和尚，相当于强佐或西藏寺庙的管家以及两名错那宗宗本或其代理人。"[1]

错那宗在达旺的降喀设立"宗康"，即宗本的办事衙门。二宗本住降喀宗康，既是避寒，更重要的是处理自己管辖范围内的日常行政事务。到夏天，宗本返回错那，留下代理人处理门隅事务。

错那宗本，可以委派门隅部分地区的楚巴（税官）。楚巴直接向宗本

---

[1] ［英］贝利：《无护照西藏之行》，春雨译，西藏社会科学院资料情报研究所编印1983年版，第182页。

负责。楚巴不仅收税，还有行政和司法的职能。在东部设僧俗两名楚巴管理达旺地区。北部设僧俗两名楚巴常驻贡日措的麻妈村，管理勒布四措的行政事务。凡民刑案件，根保任免，差税催收，都由楚巴掌握和控制。楚巴实际上成了宗本的代理人，楚卡（收税处）就是宗政府的派出机构，在基层政治结构中具有重要地位。

门隅各措（定）没有措本的设置，各措有1—2名根保（有的地方叫提根）。根保要听命宗本和楚巴的差遣，传达农奴主的旨意，推派差赋和乌拉，调解民事纠纷和处理村内行政事务。根保三年一任，一般是在上年岁的差巴中轮流担任。根保之下，设一"格米"，为根保干一些送信跑腿方面的杂务，由差巴轮流担任，每月轮换。

西藏地方政府经过长期的管理，在门隅逐渐建立了一套完善而严密的政治统治机构，强化对门巴族人民的封建农奴制统治。

封建农奴制在门巴族社会中的政治统治机构，如图3—3所示：[①]

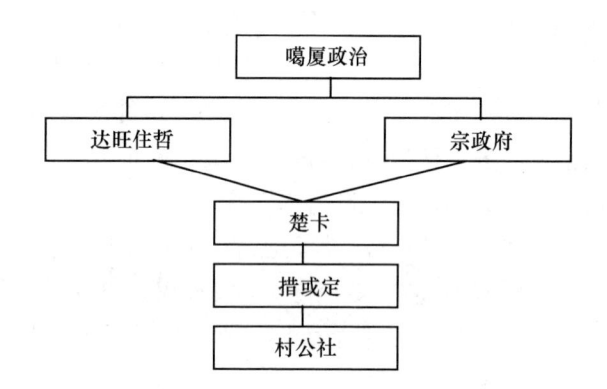

```
        ┌─────────┐
        │ 噶厦政治 │
        └────┬────┘
     ┌───────┴───────┐
┌────┴────┐     ┌────┴────┐
│ 达旺住哲 │     │  宗政府  │
└────┬────┘     └────┬────┘
     └───────┬───────┘
        ┌────┴────┐
        │   楚卡   │
        └────┬────┘
        ┌────┴────┐
        │  措或定  │
        └────┬────┘
        ┌────┴────┐
        │  村公社  │
        └─────────┘
```

图3—3　门巴族社会中的政治统治机构

二　协饶札巴事件与门巴族人民的反侵略斗争

随着西方资本主义势力的全球扩张，殖民主义的侵略魔爪伸向中国。

18世纪中叶，英国殖民主义者以东印度公司为大本营，打着传教和通商的幌子，从两条战线对我国进行侵略：一条从东南沿海入手，以觊觎我国长江流域的广大市场；另一条从西南喜马拉雅山南麓进发，企图打开

[①] 关东升主编：《中国民族文化大观·藏族、门巴族、珞巴族》，中国大百科全书出版社1995年版，第379页。

西藏市场，进而从西路进窥我四川、青海腹地。西藏东南部的门隅、珞渝和察隅，是从印度进入藏区直抵四川和青海的便捷路径，自然成为殖民主义势力侵略的目标。

19世纪中叶，鸦片战争爆发，英国侵略者以武力打开东南沿海大门，开始了对我国的野蛮侵略。在西南地区，英国殖民主义者首先对喜马拉雅山诸山国进行渗透和侵略，先后侵略和控制了尼泊尔、锡金和不丹。这样，西藏完全暴露在了侵略者的面前，侵略者为日后武装入侵西藏扫清了外围屏障。英国侵略者于1888年和1904年对西藏发动了两次侵略战争，给西藏各族人民带来了深重的灾难。

门隅紧邻不丹东部。门隅、珞渝和察隅以南则是阿萨姆平原地区，原属缅甸的一个土王统治。1826年，英国吞并了阿萨姆。此后，英国殖民主义势力便开始了对门隅、珞渝和察隅的蚕食和入侵。

1844年，英印总督派驻印东北边境代办詹金斯少校压服6名门巴族头人，强行租借门隅的吉惹巴惹地方，迫使门巴族放弃对概里巴拉山口以南的管辖，每年仅向门隅地方当局付当地税收的三分之一，即5000卢比租金。①

英帝国主义强行租借门隅部分地区，引起门巴族群众的强烈不满，埋下了反抗斗争的火种。19世纪40—50年代，英国殖民主义势力又采用挑拨和拉拢等手段，唆使协饶札巴等人背叛祖国，逃往印度。英国殖民主义者还窝藏了协饶札巴等叛逃者。清朝中央政府命令驻藏大臣穆腾额和西藏地方政府派兵讨伐，这便是影响很大的协饶札巴事件。

协饶札巴，原是达旺寺上层喇嘛，由达旺寺札仓委派为达隆宗宗本。因与拉涅东顿阿旺益西有矛盾，致使群众被分成两派，造成地方的混乱。西藏地方政府派人调解，协饶札巴不听，竟逃往门隅东部擅自执掌该地政教大权，又与英国人暗中勾结，妄图在色拉山以南的达隆宗、德让宗等地制造分裂。西藏地方政府派噶伦夏札·旺曲杰布与错那宗本阿丕·阿旺朗杰和戴琫夺结顿珠等率兵讨伐。协饶札巴事先得到第穆呼图克图"暗地通信，并付给护身衣物"②，掠取1852年从英印当局取回的5000卢比租

----

① 《门巴族简史》编写组：《门巴族简史》，西藏人民出版社1987年版，第36页。另见吕昭义：《英帝国与中国西南边疆（1911—1947）》，中国藏学出版社2001年版，第76页。

② 吴丰培增辑：《清代藏事辑要》（一），西藏人民出版社1983年版，第461页。

金，逃往印度投靠英国人。咸丰皇帝下谕："仍著查拿在逃之协饶札巴务获，照例治罪。"①

根据清朝中央政府的命令，驻藏大臣派遣一名粮员，与达赖喇嘛派出的台吉夏札·旺曲杰布和戴琫白玛占堆率兵到边界，通知英印官员，要求引渡协饶札巴。与此同时视察了边界，认定中印边界在概里巴拉山口以南吉惹巴惹南端的乌达古里一带。为纪念此次行动，将该地命名为"安办达赖"②。此外，又派遣干练的官吏和士兵留驻打陇宗（即"达隆宗"的另一音译）和达旺，以防不测。门巴族群众在这一斗争中，表达了坚决维护祖国统一，反对分裂，服从西藏地方政府管辖的决心③。

协饶札巴在英国殖民主义势力的支持下，拒不归顺。钦差代表及西藏地方政府官员与英方几经谈判，英方借口"彼国规矩"，"凡身犯死罪逃来者，例不交出。现已将该犯徙于远处监禁，决不在唐古特边界生事"④。又允诺每年照付 5000 卢比租金。该项租金，每年除上交西藏地方政府 522 卢比外，其余由拉涅、达旺寺及地方头人留用。

清朝中央政府事后对查办西藏边界事务有功的官员分别给予奖励："赏四品顶带前藏戴琫夺结顿柱、五品顶带错那营官期美夺结花翎，知县陈禾生等兰翎，余升叙有差⑤"。对参与叛乱者严惩不贷。撤除给协饶札巴通风报信的第穆呼图克图的"呼图克图"及"扎萨克"名号、官衔⑥。对与协饶札巴一案有关，而逃往布鲁克巴（不丹）的霍尔冲，彼方表示"情愿代捕交出"⑦。

门巴族人民对分裂和叛逃的卖国贼极为愤恨。当外逃的 7 名协饶札巴

---

① 《清文宗实录》卷七五，咸丰二年十一月甲寅条。参见西藏研究编辑部编辑《清实录藏族史料》（八），西藏人民出版社 1982 年版，第 4183 页。

② "安办达赖"也称作"昂巴达拉""阿马达拉"等。"安办"为满语大臣之意；"达赖"为蒙语大海之意。指驻藏大臣及达赖的代表曾到该地视察边界，留名以示重要。参见西藏自治区革命委员会测绘局、西藏军区司令部侦察处编：《西藏地名资料简编》，1979 年版，第 289 页。

③ 中华人民共和国外交部：《中华人民共和国政府官员和印度政府官员关于边界问题的报告》，1961 年，第 99 页。

④ 吴丰培增辑：《清代藏事辑要》（一），西藏人民出版社 1983 年版，第 456 页。

⑤ 《清文宗实录》卷八九、一○○，咸丰三年三月癸酉条及七月丁巳条，参见《清实录藏族史料》（八），第 4190 页。

⑥ 《清文宗实录》卷一一五，咸丰三年十二月癸未条，参见《清实录藏族史料》（九），第 4216 页。

⑦ 吴丰培增辑：《清代藏事辑要》（一），西藏人民出版社 1983 年版，第 456 页。

的同伙返回时被愤怒的门巴群众杀死。1864年，一批门巴族群众奉达旺总管之命，秘密潜入协饶札巴住地，处决了分裂主义者协饶札巴。

协饶扎巴事件以后，为抗击英殖民主义势力的侵略阴谋，杜绝协饶札巴事件再次发生，维护国家统一和疆域完整，门隅地区的僧俗头人和门巴族群众，曾于1853年向西藏错那宗政府递交保证书，保证不使边境主权落入英国殖民主义者手中。保证书写道："……吉惹巴惹之土地、百姓从前由外国占据后，每年按规定收缴土地租金五千卢比，今后前去取款之人，绝不得有对利害不加思考，只图取款到手，而订立或答应具有非法内容之文件，照对方之意欲摆布等致使边界主权旁落，以及招致纷扰，而使汉藏长官增添麻烦之类事情发生，而应自重其事。"① 这一保证书在一定程度上扼制了英国殖民主义势力疯狂推行的蚕食侵略图谋。1865年，吉惹巴惹地方的门巴族群众，不顾英国侵略者的直接威胁，向西藏地方政府保证："现在固然是洋人时代，但我们绝不会抛弃祖宗世代的诺言，不论是对内对外的事务，决不负自己主仆的关系。任何情况下均将效忠，我老幼上下人等，全都一致，绝无一点泄气。"②

1872—1873年之交，英国企图通过划定所谓达旺与英境的边界协议，达到侵略中国门隅合法化的目的。1872年冬，英占达让区副专员郭惹亨少校，趁英方与不丹划界之机，也向当地门巴族头人提出划清达旺与英方的边界，当即遭到门巴族头人的坚决拒绝，表现出门巴族人民反侵略的爱国精神。

面对英国殖民主义势力不断以探险、游历、考察等名义的渗透和侵略活动，西藏地方政府给门隅僧俗官员和民众下达了不允许外国人进入的指令。藏历水马年（1882年），德让、达隆等宗宗本向西藏地方政府呈上了保证书，表示尊奉指令，严格执行。保证书内容如下：③

---

① 这一保证书保存在错那宗本移交的文件中。转引自中华人民共和国外交部《中华人民共和国政府官员和印度政府官员关于边界问题的报告》，1961年，第46页。
② 中华人民共和国外交部：《中华人民共和国政府官员和印度政府官员关于边界问题的报告》，1961年，第46—47页。
③ 林田：《门域历史沿革及印度侵占经过》（内部资料）之"附件十"《水马年德让、达隆等宗本所呈的保证书》，参见陈家琎主编《西藏学参考丛书第二辑之七·门域历史沿革及印度侵占经过》，西藏社会科学院西藏学汉文文献室编印，第71—72页。

水马年（1882年）

谨呈政教法王陛下

下列署名人等，甘具保证书事：

按奉发来命令内称，由于各种外人不断无故进入我神圣领土，这对生活的影响是很不好的。……对政教有所损害。如同以往各项令文，今后在你处地区，必须严格控制，不许一个外国人在任何时候，到我土地上经商、探险、游历，（此等事件）必须及时呈报，等因。奉此，我沿边各宗本及头人属下，均对此令彻底了解宣布，严格执行。今后不放各外国人进入我领土，并及时呈报。业已承担签认，永不违反。如有违反上述命令者，甘愿接受法王按政教法规所施之任何惩罚。此具永远信守，依次签名盖章如下：

德让宗本达扎各道及莱诺二人之印

达隆宗本格罗桑及泽仁多杰二人之印

达巴头人多杰滚布之印

桑隆头人贡扎之印

崩林头人绛村多杰之印

莫道公众代表头人桑喀卓之印

1913—1914年，英国政府代表亨利·麦克马洪在西姆拉会议上，以讹诈和欺骗手段诱使夏扎·边觉多吉与其进行秘密交易，将门隅、珞渝和下察隅约9万平方公里的土地划入英印版图，这就是臭名昭著的"麦克马洪线"。"麦克马洪线"一出笼就遭到中国政府和西藏的藏族、门巴族、珞巴族等各族人民的坚决反对，他们始终不承认所谓的"麦克马洪线"。因此，"麦克马洪线"始终未成为事实的边界线。

三　西藏地方政权对门隅的治理措施

西藏地方政府通过各级行政机构，在门巴族地区清查户籍，支派乌拉，征收赋税，行使司法权力。

藏历木蛇年（1752年），西藏地方政府再次给达旺寺及门隅百姓颁发诏书，重申五世达赖喇嘛以来达旺寺应享有的一切权力，强调"该寺乃为我方执掌边界者，非他者所可比拟，因而给予此复批大诏，直至佛教大

第三章 西藏地方政权对门隅地区的统辖与治理

宝存在之日，汝上列尊卑僧俗人等，均不得有违此旨，是为重要"。①

西藏地方政府多次在门隅清查户籍，制定差户清册。藏历铁虎年（1830年），在西藏地方政府制定的《铁虎清册》中，其中第23件"错那地区清册"记载："门巴山口三区、列布四部、邦钦六部落等户籍册所示，计二千八百九十户。按原例应支驿站差外，无支应其他差役之例，现仍照原例。"②

藏历铁猴年（1860年），经西藏地方的"摄政"批准的错那宗差户清册中，详细地记载着门隅各地当时向错那宗支差纳税的"差户"的户数及个别免征户数。如夏尔错299户，色如244户，拉乌165户，玉松24户，硕、绛达巴44户，白马卡巴93户，通林60户，哲巴错127户，邦钦六定262户，申隔宗139户，等等。③又一个藏历铁猴年（1920年），西藏地方政府清查门隅户口，门隅地区共有交差户2607户。④

藏历铁龙年（1940年），错那宗本奉西藏地方政府之命，为供奉即将举行坐床典礼的十四世达赖喇嘛，重新清查门隅地区的差户户数，并造了差巴户口清册，呈报西藏地方政府。这份清册中详细地列举了门隅全区32个错及其所辖各地的"差户"户数。即白马卡错共41户，通林错共118户，赤朗错共74户，翁拉错共58户，哲巴错共73户，姆可夏松错共78户，桑隆错共78户，卡崩错共104户，夏尔错共249户，拉乌错共215户，色如错共200户，达旺寺直属共93户，硕、绛达错共67户，斯莫错共14户，机巴错共28户，贡仁错共36户，贤来错共28户，学村乃郭尔定共18户，麦定共30户，萨克定共23户，伦布定共28户，拉则喀曼定共56户，木曲定共24户，申隔宗、略马东共47户，德让宗共144户，李错共40户，腾邦错共85户，桑地错共29户，求错共17户，打陇

---

① 林田：《门隅历史沿革及印度侵占经过》（内部资料）之"附件二"《西藏地方当局木蛇年给达旺寺及门域百姓的诏书》，参见陈家琎主编《西藏学参考丛书第二辑之七·门域历史沿革及印度侵占经过》，西藏社会科学院西藏学汉文文献室编印，第55页。
② 格桑卓噶、洛桑坚赞、伊苏编译：《铁虎清册》，中国藏学出版社1991年版，第143页。
③ 中华人民共和国外交部：《中华人民共和国官员和印度政府官员关于边界问题的报告》，1961年，第94页。
④ 关东升主编：《中国民族文化大观·藏族、门巴族、珞巴族》，中国大百科全书出版社1995年版，第357页。

宗所辖地区（即白则林、夏崩、噶拉塘、曾格、木斯、董科等地）共166户①。以上32错合计差户共2261户。

西藏噶厦于藏历水羊年（1943年）制定的《水羊清册》，其中清查了门隅21个措（定）的政府属民、土地、差税、区域划界等情况。21个措（定）共计差民3640户，21112人，其中每户的户主、家庭成员姓名性别年龄等都记录在册②。

西藏地方政府在门隅地区征收差赋按两个系统进行，其一是错那宗系统，其二是达旺总管（"拉涅"）系统。"达旺地区面积大约2000平方英里，以境内的色拉关为界，将其分成两部分。色拉关以北及达旺中部一带地区，由错那宗宗本管辖；色拉关以南地区，主要隶属达旺寺（及朗色林札仓），由他们委派官员管理村庄，征收税赋。"③达旺总管系统在收取税赋时，一般是由其下属官员到各措催办。达旺总管在出发前，先发出3封鸡毛箭信，通知各地准备纳税。信是插在箭杆上的，以示办事公道；箭上拴有鸡毛，以示此信应立即送到，不得有误。在第三封鸡毛箭信上还要缚一个红辣椒，以示此信十分紧急、重要，必须坚决执行。信的内容是告知各头人、根保、属民，达旺总管的代表将于某月某日动身前来收税，各地应做好纳税准备，不得借故拖延。第三封信发出后，收税官员即按选定的日期，在隆重的礼炮声中出发，前往各地收取赋税。④错那宗收税是在每年深秋，由宗本带领有关收税官员，到江嘎尔宗，向门尼玛三部和硕强夏乌部、门塔巴八部、勒布四部、邦钦六部等地差民征收。差赋主要是征收实物，如粮食、辣椒、皮张等。征收完毕后，第二年春天由各地所属差民按规定地段运送到错那宗，再由宗本上交到西藏地方政府。

除收取实物地租外，劳役地租是西藏三大领主统治门巴族的又一重要形式。劳役，门巴语与藏语同，称"乌拉"。领种份地的农奴，每年除交

---

① 中华人民共和国外交部：《中华人民共和国官员和印度政府官员关于边界问题的报告》，1961年，第95页。该文件中对门隅32措（错）措名的翻译同其他译文略有不同。"措"或"错"均音译自藏文"tsho"。

② 巴桑罗布：《隐秘乐园门隅——门隅的历史法律地位》，中国藏学出版社2014年版，第69页。

③ ［美］梅·戈尔斯坦：《喇嘛王国的覆灭》，杜永彬译，时事出版社1994年版，第303页。

④ 益西赤列：《我的家乡——门隅》，载《西藏文史资料选辑》（第2辑），第72页。

第三章 西藏地方政权对门隅地区的统辖与治理　129

纳一定数量的实物地租外,还要为领主支付一定数量的劳役,包括为农奴主的薪俸地所支出的田间劳动、长途运输和家务杂役。仅运输一项,门巴族的劳役负担就十分沉重。门巴族差民运输的物资主要包括西藏地方政府在各地收取的田赋,在门隅征收的各种物资,达旺总管、错那宗本和西藏地方政府临时差遣到门隅地区官员所携带的物资等。由于门隅是由西藏腹心南到印度、西到不丹的交通要道,是西藏南部重要的物资集散地和贸易通道,有的政府官员趁机兼营商业,谋取私利,将商品运输负担转嫁到农奴身上。因此,门隅地区物资的运送量大。据调查,每个官家所属农奴户每年要支乌拉 4 次,第一次是 4 月,第二次是 5 月,第三次是 8—9 月,第四次是 9—10 月,总计大约要为领主运输物资 200 余包,支付劳动日 130 多个①。由于门巴族生产力水平低,驮畜极少,又是翻越喜马拉雅山口的陡峭山路,只能是靠人背运,负担沉重。此外,西藏地方政府各级官员途经本地迎来送往所需的劳役也由农奴承担。而达旺总管往返拉萨和门隅持有西藏地方政府签发的永久通行证。通行证中规定:"从拉萨经果拉山至门隅地区的安巴达拉段沿途各宗、溪头人、百姓须知:达旺总管沿途所需马匹、粮草、炊具、烧柴、驮畜、渡船等均按西藏惯例必须迅速提供。"② 达旺总管及他的随从官员,只要携带此证,便可在拉萨至门隅边境安巴达拉之间自由往返、派差,并有权处理一般案件及民事纠纷。

由此我们可以清楚地看到,西藏地方政府长期以来对门隅进行着有效的管辖,封建农奴制统治在门隅已相当完备。

---

① 关东升主编:《中国民族文化大观·藏族、门巴族、珞巴族》,中国大百科全书出版社 1995 年版,第 377 页。
② 益西赤列:《我的家乡——门隅》,载《西藏文史资料选辑》(第 2 辑),第 72 页。

第四章　西藏地方政权对珞渝地区的管理

第一节　西藏地方政权对墨脱及其以南地区的管理

一　波密噶朗王政权与墨脱宗的建立

西藏地方政府对墨脱及其以南珞巴族地区的管理，是在波密地方政权管理的基础上逐步完善的。

波密地方位于西藏东部，其地东接八宿，西临工布，北依边坝洛隆，南界墨脱，东南为察隅。

波密噶朗王政权是一个有着悠久历史的地方割据政权。相传西藏的第一代赞普聂赤赞普（"赞普"系藏王之意）便出自波密地区[1]，而噶朗王则是第八代赞普止贡赞普的后裔。

《西藏王统记》等史书记载，止贡赞普被其大臣洛昂谋杀后，其子霞赤、聂赤和嘉赤分别逃亡于工布、娘布和波沃地区。其后，茹列吉（霞赤等的同母异父兄弟）设计杀死了洛昂，往迎三兄。"遇霞赤聂赤时，已作工布、娘布之主，迄今彼地犹有其后裔。乃往波沃迎王子嘉赤住于亚隆，建青安达孜宫"，是为第九代赞普布德贡杰[2]。据说当初嘉赤到波沃时，受到当地民众的拥戴，被推举为首领，居住在波沃噶朗地方（今波密县境，帕隆藏布江南岸）。嘉赤被迎回亚隆时，其后代仍留居噶朗，建宫筑寨，统领波沃一带百姓，子孙承袭，遂成一势力较强的地方政权。因建宫设治于噶朗，故称为噶朗第巴，即噶朗王之意，汉语一般称波密

---

[1] 恰白·次旦平措等：《西藏通史·松石宝串》，陈庆英等译，西藏古籍出版社1996年版，第21—22页。

[2] 索南坚赞：《西藏王统记》，刘立千译注，西藏人民出版社1986年版，第34页。

土王①。

　　波密噶朗王不仅管辖波密境内的三大区域，即所谓六山水：波堆东拉山流域、倾多拉河玉如岗西河河域、伊翁河、容东久河两河流域、玉普容朗河、曲宗沿河流域的各村落，还控制着被称为小白玛岗的墨脱北部地区，即现今的加热萨、帮辛及达木一带的珞巴族居住区②。

图 4—1　与墨脱一山之隔的波密

　　噶朗王统治白玛岗北部后，一直想把势力扩大到雅鲁藏布江下游的下珞渝地区。18 世纪，门巴族迁居墨脱后，与珞巴族发生矛盾并导致械斗，为噶朗王实现其统治下珞渝的政治目的提供了条件。门、珞械斗初期，门巴族抵挡不住珞巴人的进攻，节节败退于墨脱北部。门巴首领诺诺拉派人向噶朗王求救，噶朗王立即派兵，从金珠拉和加热萨两路挥兵南下，会同门巴人直逼前来的珞巴人。由于波密土王的军队有先进的武器火药枪，而珞巴人只有铁砍刀和弓箭，这样，珞巴人一路溃败，被追逐至下珞渝地

---

　　① 参见拉乌达热·土丹旦达《波密地区情况简介》，载《西藏文史资料选辑》（第 3 辑）。
　　② 参见江巴悦西《西藏噶厦政府与波密噶朗部落之间的纠纷》，载《西藏文史资料选辑》（第 3 辑）。

区。长期的械斗，使门、珞群众伤亡惨重，双方不愿再战。在波密土王代表的主持下，门、珞双方首领在地东进行谈判。双方一致同意接受波密土王裁决。这样，波密噶朗王不仅将统治势力扩大到白玛岗全境，还在白玛岗以南确立了自己的政治影响。

大约在 1881 年，时任噶朗王的旺秋绕顿在白玛岗的地东地方建立了宗（县）政府，委任宗本负责白玛岗地区的管理。地东宗首任宗本为在门珞械斗中有功的门巴族头人诺诺拉。诺诺拉本来定居在墨脱北部的邦兴一带，相传他到地东任宗本时采取了一系列措施，如规定不准随便杀人伤人等，使当时动荡的社会秩序得以很快安定，受到了群众的欢迎。同时，诺诺拉还秉承波密土王之命，规定了每户门巴族一年中所负担的乌拉差役。继诺诺拉任宗本后，以后每隔 3 年由波密王委派一任宗本，前后共委 13 任。最后一任宗本任职长达 15 年。

根据调查材料，地东宗的历届宗本及其任期情况如下：[①]

(1) 诺诺拉，帮辛地区门巴族，1881—1883 年。

(2) 才旺仁增，藏族，金珠地区康巴人，1884—1886 年。

(3) 普诺巴，门巴族，1887—1889 年。

(4) 勒颇，德辛村门巴族，1890—1892 年。

(5) 伦珠，乌朗村门巴族，1893—1895 年。

(6) 登真诺布，当哥村门巴族，1896—1898 年。

(7) 乌金，阿仓村门巴族，1899—1901 年。

(8) 德钦彭措，西诺村门巴族，1902—1904 年。

(9) 尼玛，华波村门巴族，1905—1907 年。

(10) 白马次仁，班固村门巴族，1908—1910 年。

(11) 道布，月儿冬村门巴族，1911—1913 年。

(12) 那古，阿仓村门巴族，1914—1916 年。

(13) 涅巴朗杰，波密土王的管家，藏族，1917—1931 年。

涅巴朗杰是波密土王统治墨脱宗时期的末代宗本。在 1927—1931 年的藏波战争中，波密土王被西藏地方政府战败，此后改由色拉寺派出宗本。在涅巴朗杰任职期间，因地东缺水，故在 1919 年，将宗政府迁到墨

[①] 西藏社会历史调查资料丛刊编辑组编：《门巴族社会历史调查》（一），西藏人民出版社 1987 年版，第 24 页。

第四章　西藏地方政权对珞渝地区的管理　133

脱,因此改地东宗为墨脱宗。地东宗的管辖范围为五措、六寺,五措是卡布措、东布措、背崩措、荷扎措和萨嘎措。

19世纪末,雅鲁藏布江下游的珞巴族希蒙部落和达额木部落发生冲突。希蒙部落势力强大,将达额木部落的住地阿米吉刀等全部占据,达额木人只得沿雅鲁藏布江向上撤退,并派人向波密土王求救。噶朗王于是派兵经随拉山口进入墨脱,在背崩一带拦截往上追赶的希蒙部落人。噶朗王传令,希蒙人必须退回原住地,不能再杀戮达额木部落人。希蒙部落首领接受了噶朗王的指令,停止了对达额木人的追杀,退回了原住地。为了保证达额木人的安全,波密土王还将数以百计的暂时难以返回家乡的达额木人安排到墨脱北部的金珠、米日一带,继续调解希蒙人同达额木人的纠纷。为加强对下珞渝的控制,噶朗王在阿米吉刀设嘎朗央宗,委派宗本,直接管理下珞渝地区事务。嘎朗央宗设立后,第一任宗本为察隅藏族居美,第二任宗本为门巴族索木达吉。应珞巴人要求,从第三代宗本开始,历任宗本均由珞巴人担任,由噶朗王任命,每届任期3年。波密土王一共任命了八任宗本,直至藏波战争爆发,波密土王覆灭为止。

嘎朗央宗的历任宗本、民族成分及任职时间:[①]

(1) 居美,藏族,住马蒙古扎村,1905—1907年。

(2) 索木达吉,博那村门巴族,1908—1910年。

(3) 西扭,阿米村珞巴族,1911—1913年。

(4) 阿里,吉多村珞巴族,1914—1916年。

(5) 阿当,格林村珞巴族,1917—1919年。

(6) 果里,阿米村珞巴族,1920—1922年。

(7) 许里,阿米村珞巴族,1923—1925年。

(8) 依扬,阿米村珞巴族,1926—1928年。

宗本一般住在家里,群众有事到宗本家去解决。宗房成了转经香客的住房。后来宗房年久失修,无人过问,反映了尚处于原始社会末期社会发展阶段的珞巴族,尚不适应封建农奴制的政权机构。也表现了嘎朗央宗政府的松散性。在宗之下,未设措本,只在各村置一学本,为宗本收税。宗本除每年向地东宗送交税物以外,每隔3年要去觐见一次波密土王,见波

[①] 西藏社会历史调查资料丛刊编辑组编:《门巴族社会历史调查》(一),西藏人民出版社1987年版,第25页。

密土王时，珞巴族宗本献上一张兽皮，返回时，波密土王送给珞巴族宗本一身新衣服和其他物品，以示关怀。波密土王采取怀柔政策统治雅鲁藏布江下游的珞巴族地区。

至此，北起更邦拉、高尤拉，南至巴昔卡，沿雅鲁藏布江流域的广大地区，都在嘎朗央宗及墨脱宗的管辖范围内。

二 西藏地方政府对墨脱及其以南地区的管理

波密噶朗王政权与西藏地方政府之间有着深刻的矛盾。噶朗王势力在波密和墨脱一带的发展早就引起了西藏地方政府的关注。巨大的政治利益和经济利益促使西藏地方政府将其尽早除之。由于波密"地险民悍"，西藏地方政府一直在等待时机。

1911年，清朝政府为稳定川边局势，派兵征剿噶朗王政权，时任噶朗王的白玛策旺被诛于墨脱[①]，土王势力受到了沉重打击。辛亥革命后，土王势力重振，由白玛策旺之女招赘顿堆继任噶朗王，但势力已大不如前。1924年前后，西藏地方政府久欲统一波密的时机成熟，通牒噶朗王：波密应属噶厦[②]管辖，应向噶厦交纳差税。噶朗王拒绝服从，冲突迭起。1926年，噶厦政府命令昌都总管派汝察·堪穷贡布索朗为波密、白玛岗地区管理商务的官员，进入墨脱及其以南门巴族、珞巴族居住的广大地区，调查人口、户籍、地形和物产等[③]。噶厦的这一举动，激起了波密土王的严重不满，认为是夺其权力的开始，于是决定杀掉贡布索朗。贡布索朗设计逃脱，其管家父子被杀。这样，波密土王与噶厦的矛盾进一步激化。

1927年，西藏地方政府采取大规模军事行动，调集重兵从五路围歼波密，波密土王战败，仅带着妻子和几个随从经呷龙山口进入白玛岗，后又经察隅逃往边境，不久生病而亡。波密噶朗王割据政权至此覆灭。

西藏地方政府平定波密土王后，全面接管了波密全境和墨脱及其以南

---

① 关于清朝派兵征讨波密一事，参见陈渠珍著、任乃强校注《艽野尘梦》，西藏人民出版社1999年版；吴丰培主编《联豫驻藏奏稿》，西藏人民出版社1979年版；西藏社会科学院西藏学汉文文献室编《西藏地方志资料集成》（第2集），中国藏学出版社1997年版。

② 噶厦，系藏语bkva-shag之译音，意为发布命令的机构，指西藏地方政府。

③ 江巴悦西：《西藏噶厦政府与波密噶朗部落之间的纠纷》，载《西藏文史资料选辑》（第3辑）。

地区的管辖权。由于色拉寺及其在波密的子寺倾多寺在征伐波密的战争中有功,便将墨脱宗赐给色拉寺和倾多寺管辖,由他们委派宗本进行管理。为了加强对下珞渝的统治,噶厦政府撤销了嘎朗央宗的建置,改为达岗措,并入墨脱宗统一管理。

西藏地方政府管理墨脱及其以南地区后,设立各级政权机构,强化封建农奴制统治。墨脱宗下设五"措",即东布措、荷扎措、背崩措、萨嘎措和达岗措。措设"措本"一职,由宗本委任,任期一般为3年。措下设"学",相当于村,每"学"有一"学本",相当于村长。学本由村民推选,由措本和宗本认可,任期通常为2年。"学本"之下有"称巴",是传递信息的通信员。"称巴"是作为"差"的一种,在村内轮流派出。

墨脱宗各措所属的村庄是:

东布措:乌浪、比牛、德果、文浪、当古、德新、米日、马迪、东布、墨脱村等。

荷扎措:亚让、普群、月儿东、那东、马崩、荷扎、西贡、西若、果布村等。

背崩措:背崩、格林、得尔工、江九、阿仓、卜东、巴登等。

萨嘎措:得尔工、江心、碧波、苦果、西让、地东、墨尔根、夜东、邦古、阿金等。

达岗措:阿米、吉刀、马勇、古根、牛岗、蒙果扎、扎西岗、哥仁、月儿东、果尔普、更仁、卜浪、哥布、都登、林根、班戈等[①]。

墨脱宗的最高行政权掌握在由色拉寺委派的宗本手中。宗本全权管理全宗的行政事务、土地分配、差赋征收和法律诉讼、裁决等,成为领主阶级在墨脱的权力代表。

从藏波战争结束至1959年,色拉寺共派9人10任墨脱宗宗本,管理墨脱宗事务,其中前四任宗本会同波密倾多寺派出的宗本共同管理。从第五任起,由色拉寺单独委派。

1931年色拉寺派出的第一任宗本名鲁布顿珠。他在1933年率藏军、随从数十人,沿雅鲁藏布江南下嘎高等地收税。到达岗措时,每村向宗本交"结达"(见面礼),包括长约2米的丝绸一段、野羊皮6张、土布8

---

① 西藏社会历史调查资料丛刊编辑组编:《门巴族社会历史调查》(一),西藏人民出版社1987年版,第53页。

米、学巴（藏币）10个、哈达1条、白酒33筒。税收齐后，送到靠近墨脱宗政府的西让和地东，再派乌拉北运。

达岗措以南的格底、希蒙、莫布等地的税收，大村按户收，每户收兽皮1张，或土布2米。小村按村收，每村收土布60米，或羊皮60张。最后由学本派长途乌拉北运。自鲁布顿珠以后，上述税额和历届宗本的活动基本相同。

第二任宗本是倾多寺喇嘛洛且，色拉寺派出的宗本是喇嘛阿旺曲扎，任期是1935—1937年。

第三任宗本倾多寺派出加玛，色拉寺派出强尊门朗，任期是1938—1940年。

第四任宗本，色拉寺派出谢俄彭措，倾多寺派出罗桑丹珍，任期是1941—1943年。

第五任宗本，阿热席苏，1944—1946年。

第六任宗本，阿旺贡布，1947—1949年。

第七任宗本，强巴土登，连任第八任宗本。任期为1950—1955年。

第九任宗本，多尔可，1956—1958年。

第十任宗本，古额，又名确俊，1959年。[1]

新宗本上任时，带一名涅巴（管家）和一名亲信随从前往。在当地门巴族中选一名藏文好的人做仲译（文书），由当地轮派厨师和马夫。在全宗挑选13名青壮年做宗本的"阿珠"（随行仆人和打手），听命宗本差遣，跟随宗本出巡。

墨脱宗有100名非常备兵，每措挑选20名，属西藏的"兵差"，役期为3年。这种兵主要是随宗本去达岗措收"甲布洛差"时服役，实际是卫队。甲布洛差即宗政府每年征收的差税。收一次年差，约3个月。各措措本要备好差税，听候征收。在宗本出发前，各措要按时整修好沿途的道路。

以宗本为代表的封建农奴主在墨脱实行严酷的统治。宗政府设有监狱和刑具，对偷盗、打架者先打鞭子，对认为有实据的重大偷盗者实施砍手。对抗差者、散布不满宗本言论者轻则鞭打、罚款，重则处死。在处理民事纠纷中，也要打嘴巴、处罚金，无财物者罚苦役。其他如交不清差赋

---

[1] 参见《门巴族简史》编写组《门巴族简史》，西藏人民出版社1987年版，第33—34页。

的收回土地、没收房屋、粮食、农具、牲畜等。受罚者往往流离失所,家破人亡。刑具主要有脚镣、手铐、皮鞭、打脸的皮巴掌,有用方木掏洞合起来的脚枷。"人犯"被惨施刑罚以后,关进监狱,还要套上脚枷,不能行动。行刑的人是阿珠①。封建农奴主在墨脱的残酷统治,曾激起门巴族和珞巴族人民的强烈反抗。

前往雅鲁藏布江下游的达岗措及其以南征收差税,是墨脱宗政府每年重要的行政事务。征收差税,首先要清查户籍,以定税额。1933年,第一任宗本鲁布顿珠便制定了详细的达岗措差户名册②,并按照名册征收差税。1945年,西藏地方政府给主管墨脱宗政教事务的色拉寺发出指令,命令该寺在珞渝地区应每年按时征收赋税,以下是所附珞渝部分地区的"差户"(即纳税户)的清单:

> 达岗措属更仁村16户人,共种有37克二哲半披种子地,哥布村共种有17克3哲半种子地,博那村种13克5哲种子地,戈尔布村20户共种43克2哲5披半种子地,玛翁哥扎23户共种71克12哲3披种子地,岗为一又四分之三岗,洛巧那杰多村46户,单丁8人。阿米村99户,单丁7人。库根村84户,火灾灭亡户2,洛噶洛丁村52户,单丁9人。墨金村38户。洛巴村子邦勾74户,单丁28人。铁羊年簿册上载有洛扎那董贡的洛巧噶部落554户,单丁160人。洛巧那部落1454户,单丁249人。上述各处的地界:洛扎那董贡的地界是昔勒帕抵河以下,白玉更河以上地方;哈贡河以下辛布以上以及司噶河以上地方;德林河以上希德河以上,齐居河以上等上述各处地方;洛巧那的地界是玛尔绷以下黎玉尔波以上,玛尔林玉布以下和罗月以上地方;西玛尔和哈交以上地方;许木八地是哈交以下霞匈贡绒以上地方;马布四村是河对面罗柯以下希喀以上地方;歇包以下,西西以上地方;西底以下西仁以上,中木仲布里多若河以内河那边的地方;霞匈贡绒以上,姚力以下以及洛巴村子达坪。以上各处共1454户,火灾灭亡户249户。每年对于政府的差徭赋税,应当毫无怠慢地

---

① 参见《门巴族简史》编写组《门巴族简史》,西藏人民出版社1987年版,第25页。
② 西藏社会历史调查资料丛刊编辑组编:《门巴族社会历史调查》(一),西藏人民出版社1987年版,第78—88页。

上缴。若有违抗，则应立即据情禀报，着仰一体知照，勿得有此类情事。①

西藏地方政府之所以给负责管理墨脱宗的色拉寺发布征收赋税的指令，原因是色拉寺向西藏地方政府报告了英印当局在达岗措阻止我方征税的情况。1944年，英印当局沿雅鲁藏布江下游逆流而上，侵入了我国下珞渝的夏高、许木一带，阻挠我方收税人员在当地进行的正常征税行为，并威胁我方人员，要他们今后不要"到达岗措所属更巴拉山和宗拉山以内来收税"。

西藏地方政府接到色拉寺的报告以后，多次命令白玛岗方面的地方官员照旧在珞渝地区行使管辖权，征收赋税。为此，1945年白马岗宗本曾写信给英国侵驻夏高的人员，提出西藏地方政府将继续在夏高等地行使管辖权："去年到珞渝去收政府差税的（西藏）代表到达当地时，驻在夏高的英国政府代表曾对他们说……绝不允许用西藏政府收税执法的名义支派伙夫、派令差事、准备住处、催支乌拉等。……因此我们宗本头人及百姓等无隐瞒地向政府报告，得到回示说……命令你们总代表、办事人员和错本等，凡按旧规所应收之税，应无缺地进行征收。"

但是，此后英国的侵略行动变本加厉，在1946—1947年便派兵侵入更巴拉以南、夏高以北的地区。1948年白玛岗的宗本和各措头人等给西藏地方政府的报告中说：

> 白马岗所属的洛巧噶、洛巧那为政府应收洛章（按：指西藏地方政府在珞渝征取的税收）之低下地区，河流东西两岸约有七八站以上所属地方被英人陆续进占一事，业经先后逐次呈报于长官，并奉指示……需照旧征收差税。……但均如前所呈，自木鸡年（即1945年）以来英人即不使交纳税而逐年进占。尤其今年征收差税时，在更巴拉山下更仁地方，有两名莎黑和五百名士兵拦阻防守，更巴拉以下，洛巧噶、洛巧那等低下地区未能按旧规交纳差税，迄今已近三

---

① 中华人民共和国外交部：《中华人民共和国政府官员和印度政府官员关于边界问题的报告》，1961年，第96页。

年，为害至深，当在洞鉴之中。①

面对英印侵略者的步步进逼，墨脱宗政府仍根据西藏地方政府的指示，每年都前往达岗措征税，同侵略者进行面对面的斗争。直至1953年，西藏地方政府一直对墨脱及其以南的广大门、珞地区行使着有效的管辖权。

第二节　西藏地方政权对珞渝其他地区的管理

一　对马尼岗、梅楚卡地区的管理

马尼岗和梅楚卡在米林县以南，其范围为巴恰西仁②河与永木河之间的广大地区。该地区主要居住着珞巴族博嘎尔部落。18世纪以后，有少数门巴族和藏族迁居此地。

15世纪时，藏传佛教高僧汤东杰波率众弟子赴马尼岗和梅楚卡一带传教，历时两年之久，在珞巴族社会中产生了深远影响（详见本书第六章第三节）。继后，西藏地方政府在米林设则拉岗宗，由则拉岗宗属下的嘎尔恰黎卡负责管理马尼岗和梅楚卡地方。同时，在马尼岗设立"珞根卡阿"（即五个根布管理区）；在梅楚卡建立四个"林"，林属乡一级行政机构。任命当地有能力的人充当"根布"，负责收缴差税。

大约在19世纪三四十年代，在马尼岗爆发了珞巴族人民反抗封建农奴主的斗争。当时有一个管理马尼岗"珞根卡阿"的领主叫多吉次仁，长期以来贪得无厌，在收取差税时大斗入、小斗出，早已引起了珞巴族的不满。一次，他又借故杀死了博嘎尔部落东鸟氏族首领达约尔的家奴达模，终于激怒了珞巴族人，他们在达约尔的领导下，展开了全面的抗差斗争。为了镇压珞巴族人民的反抗，多吉次仁发兵攻打马尼岗的西木岗，企图活捉达约尔。达约尔事先得知这一消息，提前带领两个儿子逃到了下珞渝。多吉次仁曾以免差笼络珞巴族群众悬赏达约尔，阴谋未成，又以补缴所欠差税相威胁，强迫珞巴族群众暗害达约尔和他的儿子，又遭拒绝。珞

---

① 中华人民共和国外交部：《中华人民共和国政府官员和印度政府官员关于边界问题的报告》，1961年，第105页。

② 巴恰西仁，系珞渝一地名，又写作白恰西饶、白恰西仁等。

巴族群众坚持抗差达3年之久。其间多吉次仁严禁博嘎尔部落群众到藏区交换，断绝对珞巴族的食盐供应，企图迫使珞巴族群众就范，这更加激怒了马尼岗地区博嘎尔部落各氏族。珞巴族群众在各氏族首领的带领下，翻越东拉山北上，冲向米林，一举杀掉了多吉次仁①。

管理珞巴的头人被杀后，则拉岗宗派出官家、贵族和寺庙的三方代表组成"三乃卡"，以解决这次长达数年之久的纠纷。经过谈判，双方同意遵循旧制：珞巴族定期向所属领主缴纳差税，其首领根布仍由领主任命，藏族领主则保证公平交易，保障前来贸易的珞巴群众的人身安全。双方还订立盟约，保证今后不再发生争执。从此，马尼岗的"珞根卡阿"分别由官家、寺庙和贵族三个方面的领主管理：代表官家的米林乃卡管理东鸟氏族根卡；代表贵族的东多乃卡管理达芒氏族根卡；代表寺庙的纳玉乃卡管理海多氏族和另腰氏族两个根卡；代表贵族的米噶头人管理萨及氏族根卡。这种行政管理，称作"乃卡松、根卡阿"②。西藏地方政权对马尼岗的统治得到了加强，这一治理模式一直延续至20世纪50年代印军非法占领马尼岗后才中断。

梅楚卡地区亦长期由嘎尔恰谿卡管理。到了19世纪中叶，由于十二世达赖喇嘛家族与贵族拉鲁家合并，西藏地方政府把嘎尔恰谿卡的一部分封赐给拉鲁家族。对此，拉鲁·次旺多吉记述道："1858年（藏历木马年），第十二世达赖喇嘛转世灵童被认定以后，为了解决佛父家庭成员的府邸问题，地方政府决定将十二世达赖喇嘛父家与第八世达赖喇嘛父家（拉鲁）合而为一。为了给十二世达赖喇嘛的家庭增封世袭恒产，噶厦政府将工布地区嘎尔恰谿卡庄园及其支谿白恰西绕庄园封给了拉鲁祖家，并赐给了铁券文书，截至1951年，我家一直在上述谿卡征收赋税并行使司法权。"③

拉鲁家族通过其代理人嘎尔恰谿堆任命根布（头人）的方式管理白恰西绕地区。根布每届任期3年，先后任命了白玛多吉、达江·旺丹、罗布旺久、组拉喇嘛、夏尔觉·多吉平措、郭巴·阿塔、诺布班觉、索纳·

---

① 《珞巴族简史》编写组：《珞巴族简史》，西藏人民出版社1987年版，第45页。
② 西藏社会历史调查资料丛刊编辑组编：《珞巴族社会历史调查》（二），西藏人民出版社1989年版，第49—50页。
③ 拉鲁·次旺多吉：《德里秘密换文未曾得到原西藏地方政府的承认》，载《西藏文史资料选辑》（第10辑），民族出版社1989年版，第13页。

图4—2 清澈的南伊河

扎西旺久、纳桑·贡布等几十位头人①。根布下面各村任命一名村代表，协助根布征收差税，并负责将所收税物运交嘎尔恰谿卡。

嘎尔恰谿堆在白恰西绕一带清查户籍，建立差岗制度，设定差赋税额。其差赋税额为：15—60岁每人每年缴人头税藏银1.5两。每个大差户每年缴茜草700公斤、熊掌1个、麋鹿皮1张、山羊皮1张、蜂蜜3竹筒、大米2克（每克相当于14公斤）、辣椒7公斤。每个中等差户缴茜草350公斤、麋鹿皮2张、山羊皮1张、熊皮1张、红辣椒2升、大米1.5克、蜂蜜2竹筒。每个小差户缴茜草105公斤、麋鹿皮1张、大米0.5克、辣椒2升、蜂蜜1竹筒②。差民还要为嘎尔恰谿堆服劳役。每3年需派出10—15名壮劳力为谿堆砍送柴火1年。

嘎尔恰谿堆每年收齐差税后，向西藏地方政府上缴1000克酥油（每克约合3.5公斤），向拉鲁家缴纳1000克酥油、2头骡子和大米、茜草、帐篷绳、皮张、蜂蜜、核桃等实物。

---

① 辛东：《白恰西绕地方是我国无可争议的领土》，载《西藏文史资料选辑》（第10辑），民族出版社1989年版，第33页。

② 同上书，第34页。

白恰西绕的百姓如去外地从事贸易活动，需向嘎尔恰谿堆领取通行证方可外出。领取通行证时，每人需缴纳3个方形竹筐、1张麋鹿皮作为求见礼。通行证的格式为：①

  兹有我谿卡所属某地某人，一行×人前往某地，根据政府规定，请沿途准予放行。

嘎尔恰谿卡
年 月 日

通过以上可以看出，西藏地方政府对马尼岗和梅楚卡等珞渝地区的管理是完善的，这种有效的管理一直到1951年印度扩张主义势力非法占据该地时才被迫中断。

二　对隆子以南及其他地区的管理

西藏隆子县札日地区及其以南的塔克新等广大地域，是珞巴族巴依、纳、姆热、德根等部落的居住地。这一带，也正是札日神山所在地。从13世纪开始，札日神山便成为藏族信教群众向往的朝圣圣地。而17世纪以后每12年一次的猴年转神山活动，规模大、影响广，直接沟通和促进了藏族同珞巴族群众的了解与交流。西藏地方政府每次转山时向珞巴族发放大量物资，这不仅是一种经济关系，更是安定珞巴族人民、统治珞巴族地区的一项重大政治措施。西藏地方政府正是通过"札日戎廓"的朝圣活动，加强藏区同珞渝地区的政治、经济和文化联系，达到约束和控制珞渝地区的目的。

19世纪中叶，原居住在隆子以南尼米金、塔克辛一带的珞巴族纳部落日渐兴旺，把住地一直向北扩展，与藏族封建领主直接发生了冲突。为争夺牧场，珞藏双方于19世纪末叶发生了大的纠纷，结果珞巴族被藏族领主组织的武装击败，加玉宗政府乘机加强对塔克新珞巴族地区的控制。

加玉宗，原本叫加玉谿卡，因是十四世达赖父亲尧西的谿卡，享有特权，习惯上称作加玉宗。加玉宗对当地珞巴族的统治方式同其他珞渝地区

---

①　德绕次多：《我任嘎尔恰谿堆期间印度军队侵占白恰西绕地区真相》，载《西藏文史资料选辑》（第10辑），民族出版社1989年版，第38页。

一样，系寻找代理人，任命根布收取差税。根据规定，当地珞巴族年满18周岁的成年男女，每年应交5个铜币的人头税，由根布代收，于每年的11月上交加玉宗。

为了开发这一地区，西藏地方政府于20世纪前期曾派人到加玉试种茶树，得到珞巴族首领诺日和达洛的支持，种茶获得成功。但是珞巴族群众担心今后会加重他们的乌拉差税负担，不给予配合，还想方设法毁坏茶树，致使西藏地方政府在加玉的种茶计划落空①。

门隅境内东南部和紧邻门隅以东的珞巴族，早在17世纪中叶便已纳入西藏地方政府的管辖之下。五世达赖喇嘛的《法旨》中就明确记载："东面的瓦莫鲁细……余未归我治下者及珞渝人等亦入我治下……"直接管理门隅境内及其邻近地区珞巴族的是错那宗政府和达旺寺。如错那宗政府直接管辖的江卡庄园，就设有豁堆2人，负责向达巴八措、僧纽和章朗六部所属的门巴、珞巴人征收赋税②。

珞渝以东的下察隅地区，居住着西方人称为米什米的僜人和一部分自称义都的珞巴族部落人。对这一带僜人和珞巴族的管理由西藏地方政府桑昂曲宗负责。长期以来，桑昂曲宗行使着对下察隅瓦弄以南中印传统习惯线以北广大地域的有效管理。

---

① 克却洛量：《山南加隅地区试种茶树见闻》，载《西藏文史资料选辑》（第3辑），第98页。

② 益西赤列：《我的家乡——门隅》，载《西藏文史资料选辑》（第2辑），第73页。

第五章 "麦克马洪线"的出笼与西藏人民的反抗斗争

中印边界东段有一条由边境两边的人们长期生产生活、贸易、迁徙和当地政府管辖等原因而形成的传统习惯边界线，它基本上沿着喜马拉雅山南麓山脚东西延展。藏门珞及僜人等民族世代生活在这条线的北侧山麓地区，该地位于西藏东南部，因而俗称"藏南"。西藏历史上习惯把这片山麓地区分为三部分，从西向东分别称为门隅、珞渝和察隅，西藏地方政府很早以来就管辖着这片喜马拉雅山地，藏门珞人民守卫着祖国的西南边疆。然而，19世纪英殖民主义的枪炮抵近喜马拉雅山南麓，打破了西藏各族人民的平静生活。1913—1914年西姆拉中英藏三方会议期间，英人麦克马洪背着中方代表，威逼、利诱西藏地方代表接受英人早已单方划定的中印边界东段"新"线，后来此线被称为"麦克马洪线"，欲把门隅、珞渝及察隅地区的大部分中国领土占为己有。20世纪上半叶，英国政府及其印度殖民当局用尽各种手段利诱西藏地方政府承认"麦克马洪线"，将该线以南的近9万平方公里中国领土割让给他们，西藏地方政府未敢轻易把领土拱手让人。20世纪50年代，独立后的印度政府不顾中国人民的反对，派军强占了所谓"麦克马洪线"以南的地区，20世纪80年代印度当局有预谋在这片中国土地上，建立所谓的"阿鲁纳恰尔邦"。中国政府从未承认印度的非法占领。纵观历史，"麦克马洪线"破坏了喜马拉雅山的和谐和安宁，阻隔了藏门珞人民的正常交往，最终点燃了中印边境武装冲突，并且中印边境争端还在延续。本章主要探讨20世纪上半叶英国殖民者是如何一步一步将魔爪伸向我国的门隅、珞渝和下察隅地区。

第一节 "麦克马洪线"的前期策划

一 英属印度政府提出所谓"新"外线理论

19世纪上半叶,英国兼并印度阿萨姆平原,将其纳入英属印度的版图。英属阿萨姆最初的辖区只是布拉马普特拉河谷地区,河谷南北侧的山地处于英印政府管辖之外。在19世纪的较长时间里,英印政府很少深入喜马拉雅山地的珞渝和察隅地区,他们主要沿着喜马拉雅山麓,在阿萨姆平原边缘的珞巴族部落地区活动。而门隅地区一直是西藏与印度进行贸易的重要通道之一。19世纪下半叶,英国商人开始投资阿萨姆北部山地,开辟茶园,砍伐树木等。掠夺式的商业拓展侵犯了山地部族的生存空间,势必导致英国商人与北部山地民族间的冲突。为了避免冲突的发生,英印政府在不到山麓的地方划定了一条与北部山地民族的隔离线,称之为"内线"(Inner Line)。英印当局要求任何人没有通行证或许可证都不准越过此线进入喜马拉雅山地。英印政府又在内线的北部确定了一条"外线"(Outer Line),沿着不丹南部边界向东延伸,顺着喜马拉雅山麓行走,其与中印传统习惯线基本相符。外线以北就是西藏的门隅、珞渝和察隅地区。

英国人很少进入喜马拉雅山区,唯独对洛希特河(Lohite,察隅河)谷上游较感兴趣,认为是通往中国的重要商道。1886年1月,萨地亚政治官员尼德哈姆(J. F. Needham)和军官莫斯沃德(E. H. Molesworth)溯察隅河而上,到达西藏察隅政治中心日玛(Rima)附近。尼德哈姆向英印政府报告,认为察隅河谷是印度通往藏东,推销英国商品的重要通道,他建议在该地区铺设一条通往藏东的道路[①]。不过英印政府对此漠不关心,尚不打算大肆扩张传统习惯线以北地区。

19世纪末至20世纪初,英国与俄国殖民地争夺愈演愈烈,西藏是双方争夺的重要一环。英国把西藏作为英俄双方的缓冲地带,并试图操控这片"缓冲地"为英国所用。1907年8月18日,英俄两国政府为了各自利益达成暂时的妥协,背着中国政府在俄国圣彼得堡签署《英俄协定》有

[①] A. Lamb, *The MacMahon Line: A Study in the Relations Between India, China & Tibet, 1904 to 1914*, London, Routledge & Kegan Paul, 1966, pp. 315-317.

图 5—1　察隅河谷

关西藏的条款。双方宣称承认中国在西藏的宗主权，维护西藏外部关系之现状及其利益，编造所谓中国对藏的"宗主权"，以此否认中国在藏主权，为进一步控制西藏捏造条约依据。条约冠冕堂皇地规定英俄"两缔约国需尊重西藏领土之完整；并相约无论如何不干涉其内政"。① 其实列强间签订的条约是不会真正考虑中国在藏主权和领土的完整。

与此同时，英国收缩在亚洲的力量，印度民族主义运动风起云涌。中国清朝驻藏大臣张荫棠在藏推行新政，强化中央政府对西藏的管理，英印当局感受到来自中国的压力。英国为维护在印度的殖民统治，背弃刚签订的《英俄协定》在中印边境推行前进政策，侵占中印传统边境线以北的中国领土，沿喜马拉雅山脉建立一条有利于英印殖民统治的边界线，阻挡中国在藏势力南下和中印往来的封锁线。

1907 年 9 月，新任主管阿萨姆的副总督兰斯洛特·黑尔（Lancelort Hare）致函印度总督明托，主张北进侵略西藏珞渝和察隅，为此提出四

---

① 《英俄协定》，1907 年 8 月 18 日于圣彼得堡，参见 [美] 梅·戈尔斯坦《喇嘛王国的覆灭》，杜永彬译，中国藏学出版社 2005 年版，第 724 页。

第五章　"麦克马洪线"的出笼与西藏人民的反抗斗争　147

条建议：（1）禁止山地边缘的部落在内外线之间征收"森林使用费"，如果那些部落拒绝英方的要求，则用武力逼其停收。（2）允许接替尼德哈姆出任阿萨姆助理行政官的威廉逊（Noel Williamson）率领150名军人开进内外线之间地区，对此地区珞巴族的一支阿波尔人（Abols）征收人头税和户税，命令威廉逊进入外线以北的珞巴族阿波尔人的主要村落活动。（3）取消英国向部落交"波萨钱"的办法，改由英方购置礼物赠给内外线之间地带对英方巡游友好和配合的部落人，以及用钱来收买部落头人为英人收集情报的办法。（4）赞同将山地边缘一些部落南迁，使之所谓的"文明化"①。

建议英印政府拒绝支付"森林使用费"和"波萨"租金，征收人头税等，实际上宣布吞并英印政府划定的内外线之间珞巴族地区。还要求侵入传统习惯线以北的珞巴族村落，利用小恩小惠诱惑部落居民侦察外线以北的地区。印度总督明托默认上述建议，于1908年6月11日致函伦敦印度事务部大臣莫利（Morley），主张派威廉逊到内线以外的珞巴族阿波尔重要村落，并在内外线之间征收人头税。但印度事务大臣担心这一计划明目张胆地违反不久前签订的《英俄协定》，不批准黑尔计划，仅同意停止付给村落的"森林使用费"②。

在印度总督和英国印度事务部批准之前，阿萨姆副总督黑尔同意阿萨姆助理行政官威廉逊的行动。威廉逊从萨地亚出发，窜到察隅河谷（洛希特河）窥探。1907年12月至次年1月，进抵距察隅日玛35英里处后返回。威廉逊递交了一份报告，建议英印政府溯察隅河（洛希特河）向北扩张，在山区建立警察站，把部落民置于英国的管辖之下。③ 1908年英印当局又指示威廉逊到外线与内线之间的部落民中活动，历时一年。1909年12月至1910年2月，威廉逊再次溯察隅河而上到日玛。此时正值中国清政府程凤翔军队开赴桑昂曲、察隅等地。威尔逊获知清军的动向，很快回报英印政府。

清朝军队的军事行动基于英国在中印边境的侵略行径。19世纪以来，

---

①　H. K. Barpujari, *Problem of the Hill Tribes North-East Frontier*, 1873 – 1962, Volume III, Assam, 1981, pp. 148 – 149.

②　Ibid., pp. 149 – 150.

③　[印] 梅赫拉：《麦克马洪线及其以后》，1974年版，第91页，转引自吕昭义《关于中印东段的几个问题》，《历史研究》1997年第4期。

英国侵占、强租喜马拉雅山地诸国的领土,为非作歹,并先后发动两次侵藏战争。清朝政府极为关切西藏的领土安危,抵御外敌的侵犯,维护领土完整,巩固西南边防,张荫棠、联豫在藏推行新政,川滇边务大臣赵尔丰在川边进行大刀阔斧的改革。英国政府一直关注西藏和川边改革进程。1907年在英国官员之间盛传赵尔丰将在川边修筑通往印度的铁路①,这引起了英印政府的警觉。1909年年底清军管带程凤翔奉赵尔丰令率部赴中印边境察隅地区巡查,11月29日,由札宜出发兵分南北两路开赴桑昂曲宗,1910年1月到工巴村,筏渡怒江到达桑昂曲宗业巴村②。2月11日进抵桑昂曲宗,程凤翔"闻距桑昂西南八百里之压必曲龚有英人于此插旗为界,遂进兵杂瑜(察隅)"。③ 程凤翔在察隅树龙帜,立界牌,阻英人北犯,勘划疆界,招抚僜人,发给护照,设立县治,建立政权,规划屯垦,开发资源④。

英国人对中国军队在察隅等地的军事行动深感惊恐,在他们看来中国将威胁英国在印度的殖民统治。伦敦的《晨报》明确指出:"一个大帝国(中国——引者注)的未来的军事力量,没有人能预料,现在却突然出现在印度的东北边境。从长远来看,东北边境极有可能产生西北边境一样的问题。这对印度帝国的防务力量造成双重压力……简而言之,中国已经来到印度的大门口,必须正视这一事实。"⑤ 在此之前的1909年7月,英印锡金政务官贝尔(Bell)曾向英印政府外交部建议:必须确实探视此等部落之垦殖情形,该地域山川可作为印度平原之屏障以及该部落等接受中国或西藏宗主权至何种程度。但他的建议当时未被采纳,贝尔恐惧清军可能进入该地区。后来贝尔获知中国军队已前进至印度东北隅之坎底(Hkamti)。两个月后,一部分军队抵达藏境之日玛,邻近密什米族边境,(清

---

① 英国外交部档案全宗第535号,第9卷,第132号文件,《1907年4月8日朱尔典爵士致爱德华·格雷爵士电》,参见中国藏学研究中心历史所《英国外交部涉藏档案选译》第四卷,内部资料,2005年版,第453—454页。

② 吴丰培:《赵尔丰川边奏牍》,四川民族出版社1984年版,第218—223页。

③ 同上书,第236页。

④ 吕昭义、杨晓慧:《英属印度的战略边界计划与赵尔丰、程凤翔对察隅边防的巩固》,《南亚研究》2006年第1期。

⑤ A. Lamb, *The MacMahon Line: A Study in the Relations Between India, China & Tibet, 1904 to 1914*, London, Routledge & Kegan Paul, 1966, p. 195.

军）并命令该族一名酋长，开辟由西藏通往印度的道路。① 贝尔深信清朝军队开进察隅等地，将会造成对印度阿萨姆的战略威胁。强调这一带不像印度西北边境上的那种荒原，而是英国人富饶的茶园、煤田和其他经济利益的所在地。贝尔立刻向英印政府提出，必须采取措施，"把中国人从西藏和布拉马普特拉河谷之间的狭长地带驱逐出去"。他再次建议对察隅、珞渝和门隅地区进行勘探、对山区各部落展开调查，并相应建立哨所和兵站②，实现英印政府对部落地区侵占的合法化。

英国和印度当局内部有人开始提出，英国应比中国抢先一步，将其在东北部的管辖范围向北推进。东孟加拉和阿萨姆的副总督兰塞洛特·哈雷（L. Hare）就持此观点，他说："我们只是现在才提出对直到山麓为止的地区应享有宗主权。"他提出一项积极的政策，派官员到边界以外的喜马拉雅山地进行巡查，并改进通向该地区各主要村落的商道，"只要这些村落是位于我们所承认的边界之内。如果不遭到反对，还可以更深入些"。③这是英印政府部分官员的前进思路。

英印总督明托（Minto）是前进政策的支持者。在临卸任前的1910年10月23日，他向印度事务大臣莫利提出所谓解决阿萨姆边境问题最好的办法，认为应向西藏东南地区扩张，提出战略理论，捏造一条"新"外线（The New Outer Line），大致范围：

> 新外线大体上从达旺地区原属西藏领土的乌达古里北部，达旺楔形地带边缘迄，沿东北方向延伸至北纬29°，东经94°，由此，沿北纬29°进至东经96°，再向东南方向到察隅河，并尽可能向东到达日玛附近，再越过察隅河谷至察隅河与伊洛瓦底江分水岭，再沿着这条分水岭伸展至伊洛瓦底江—萨尔温江分水岭。④

---

① ［英］贝尔：《西藏之过去与现在》，宫廷璋译，商务印书馆1930年版，第72页。

② H. K, Barpujari, *Problem of the Hill Tribes North-East Frontier*, *1873 – 1962*, Volume III, Assam, 1981, pp. 157 – 158.

③ ［澳］内维尔·马克斯维尔：《印度对华战争》，陆仁译，世界知识出版社1981年版，第37页。

④ PEF 1910/13, Minto to Morley, 转引自 A. Lamb, *The MacMahon Line: A Study in the Relations Between India*, *China & Tibet*, *1904 to 1914*, London, Routledge & Kegan Paul, 1966, p. 336.

这一报告透露英印政府的战略意图：首先，利用喜马拉雅山脉的天然屏障建立一条封锁线，防堵中国民族主义对印度和喜马拉雅山地诸国的影响，隔绝中印联系；其次，也是最重要的目的，将中印东段的边界线从喜马拉雅山麓向北移至山脊，并向东延伸。这样就完全侵占了中印传统习惯线以北的西藏珞渝和察隅绝大部分以及云南的大片中国领土。明托的这条新外线是后来出笼的"麦克马洪线"的原始版本，只是没有把门隅地区划在新外线以南，而是沿着乌达古里北侧向东北延展。这份印度政府的报告还提出划定这条"战略边界"，需要收集各方面情报和资料，因为他们根本不了解那里的情况。此举证明英印政府此前并未在喜马拉雅山地行使过管辖权，该地区一直以来不属于英印政府领地。

二 英印当局借"威廉逊事件"之机非法勘测西藏珞渝、察隅地区

英印总督明托的继任者是哈定（Hardinge），曾参与制定1907年年初的《英俄协定》。该协定明确规定了"保证尊重西藏之领土完整"的条款，因而上任之初，其东北边境政策与前任大相径庭，反对违反《英俄协定》去侵占藏南地区，拒绝承担风险和耗费财力开进暂时无法控制的喜马拉雅山地，反对为了推进行政边界而创造一条战略边界。认为如果清朝军队进攻印度，英国将会在海上给中国予还击[1]。

虽然，英印总督哈定反对深入外线地区，但是下级政府中支持前进政策的官员还是常以"探险"等名义流窜到西藏东南地区，为划定战略边界做准备。萨地亚政治官员威廉逊就多次潜入西藏察隅河谷，刺探传统习惯线以北地区的情报。1910年1月初，他沿着察隅河谷，抵达瓦弄。1911年1月初，他未经上级批准，又窜到察隅河上游，探查程凤翔部队在察隅的动向，并试图显示英国对这一地区的控制。随行者有若干名卫队，数十名尼泊尔人背夫和4名平原米里人。1911年3月30日和31日，威廉逊及其卫队、后勤人员中的绝大多数人在空辛村（Komsing）及潘吉村（Panji）被珞巴族阿波尔人中的一支民荣人杀死，史称"威廉逊事

---

[1] A. Lamb, *The MacMahon Line: A Study in the Relations Between India, China & Tibet, 1904 to 1914*, London, Routledge & Kegan Paul, 1966, pp. 337–338.

件"。关于威廉逊之死的直接起因及具体情况有不同说法①。然而,珞巴族人民杀死威廉逊的直接原因应该是英人长期侵占他们的土地,掠夺森林资源、矿产资源,挤压珞巴族人民的生存空间,损害了他们的利益,1908年以来英人又拒绝支付"波萨""森林使用费",以及强迫缴纳"人头税"等一系列侵略行为引起珞巴族人民的强烈不满,因而进行反英抗争的结果。

此时,英印总督哈定一改过去反对侵占西藏领土的政策,接受了前任明托等人将中印边界向北推进的政策。得知威廉逊被杀后,英印政府扬言要报复杀害威廉逊的珞巴族部落,其实是借题发挥,伺机侵犯传统习惯线以北地区。哈定向伦敦政府报告他改变边境政策的理由:"在过去几个月中,中国扩张政策有进一步的发展,不能置之不理。"列举了清军在喜马拉雅山东部的动向。他接着说,这些情况已迫使英印当局重新采取明托的建议,即"应该做出努力以便尽速在中国和西藏同部落地区之间求得一条靠得住的战略边界",并要把这件事作为"我们政策的主要目标"。② 为此哈定借威廉逊被杀之机,请求英国政府批准派遣远征队进入门隅、珞渝和察隅等地区。他们以惩罚珞巴族人为幌子,实为侦察西藏东南地区实情,推行"战略边界"计划,划定一条有利于英国的边界线。

1911年7月,英国政府批准哈定的建议。该年9月下旬和10月上旬,英印政府发出进军藏南的命令。侵略军分三路进兵:主要军队赴阿波尔地区,第二路赴密什米(Mishmi)地区,第三路赴米里(Miri)地区。哈密尔顿·鲍威少将(Major-General Harmilton Bower)任指挥官和总政治教官。英军这次军事侵略主要力量放在阿波尔地区。1911年10月下旬,由1000多名士兵和数千名后勤人员组成的侵略军到达珞巴族地区,英军猛烈攻击珞巴族部落,蹂躏当地居民,大肆烧杀抢掠村寨。珞巴族人民为保卫家园,毫不畏惧,奋起反击,用原始的大刀、长矛和毒箭与侵略者先进武器抗击,杀死英军5人,击伤6人。然而,敌强我弱,珞巴族人民抵

---

① H. K. Barpujari, *Problem of the Hill Tribes North-East Frontier, 1873–1962*, Volume Ⅲ, Assam, 1981, p. 168.

② [澳]内维尔·马克斯维尔:《印度对华战争》,陆仁译,世界知识出版社1981年版,第39页。

挡不了英国殖民者的进犯①。

英军利用所谓征讨借机调查和探测珞渝、察隅地区。印度总参谋部规定了各远征队勘测的原则和重点："山链是最有利的边界"，"军事方面的因素应当置于突出的地位予以考虑"，重点勘测分水岭河流。②哈定要求各远征队勘测结束后呈送对中印边界的建议。1912年1月开始，阿波尔分队继续沿雅鲁藏布江北上，经过潘金、空兴、里乌（Riu）、叶古（Yeku）、希蒙（Simong）等地，抵达辛金（Singing），该分队还深入西尧木河（Siyom River）与扬纳河（Yamne River）谷地进行勘测。密什米分队兵分两路，一路沿察隅河（即Lohit River）深入瓦弄附近的叶普河（Yepak Riber），抵达程凤翔部插旗竖立界碑的附近，另一路探测西赛里河（Sisseri River）与迪邦河（Dibang River）河谷附近，绘制地形图，获悉中国军队控制这里。米里分队在西巴霞曲（即苏班西里河）流域进行探测，他们试图西进至卡门河流域，但因遭遇珞巴族部落的抵抗，加之当地恶劣的天气和自然环境，该分队被迫退回阿萨姆。③ 1911—1912年英国远征军在察隅、珞渝地区大规模的入侵和测绘，为"麦克马洪线"的划定提供了大量的测量数据和草图。英人直言不讳地说："我们已获得了许多有用的地理和政治方面的情报，据此我们已能指出边界线应取的线路。"④

三 英印当局蓄谋侵占西藏门隅地区

门隅地区位于西藏错那县南部，喜马拉雅山南侧谷地，北迄错那波拉山口，东到珞渝西侧，西至中国与不丹边界，南抵中印传统习惯线。从今天中印实际控制来看，娘江曲河谷的吉巴、贡日、玛麻和勒布四个门巴族民族乡由西藏自治区错那县管辖，该地可视为门隅的北部；印度则侵占了达旺、申隔宗、德让宗和打隆宗等地，可视为门隅南部。

---

① A. Lamb, *The MacMahon Line: A Study in the Relations Between India, China & Tibet, 1904 to 1914*, London, Routledge & Kegan Paul, 1966, p. 354.

② 吕昭义、杨永平：《达旺历史归属论》，《中国边疆史地研究》2011年第1期。

③ 周伟洲：《英国、俄国与中国西藏》，中国藏学出版社2000年版，第336—337页。

④ Confidential Note by Chief of General Staff, 1 June, 1912, IOR, Political and Secret Files, 1910/1918, part 2，转引自吕昭义、杨永平《达旺历史归属论》，《中国边疆史地研究》2011年第1期。

第五章　"麦克马洪线"的出笼与西藏人民的反抗斗争　153

图5—2　今日察隅县城

达旺在历史上是门隅地区的政治、经济和文化中心，地位非常重要。外国学者常把达旺地区（The Tawang Tract）统称门隅（Monyul），而又将门隅分为三个部分：北部由不丹边界、"麦克马洪线"和色拉山口所跨越的那条山脊围成的三角地带，可称为达旺本部（Tawang proper）；中部为色拉山口东南至邦迪拉山口的卡门河支流比楚河谷的德让宗；南部为邦迪拉山口以南的卡门河另一条支流登卡河谷，其中有鲁帕和舍尔甘村，最南端与阿萨姆平原上的乌达古里仅有25英里的距离①。显然外国学者没有把具有共同文化、历史渊源的北部四个门巴地区即传统"勒布四措"纳入门隅的范围，只把目前印度控制的南部地区视为门隅。

西藏地方政府长期管辖门隅这一地区，它是中国领土的无可争议的一部分。门隅地区是西藏前往印度平原进行贸易的重要商路，由错那南下，至达旺，过色拉山口，经德让宗等地，再南下至喜马拉雅山脚，就可进入阿萨姆平原。一个英国官员在1844年写道：在门隅"英中两大国的政

---

① A. Lamb, *The MacMahon Line: A Study in the Relations Between India, China & Tibet, 1904 to 1914*, London, Routledge & Kegan Paul, 1966, p.294.

府……有共同的边界；把中国西北省份以及西藏和鞑靼东部的农产品输入英国领地，这是最近的通道"。通过这个地方有一条重要商道，英国人就在接近门隅的南端乌达古里，设立一年一度的集市以鼓励贸易往来。整个门隅地区纵深60英里，是属于西藏的。对此英国人从来没有怀疑过，也没有提出过异议①。

1910年英印总督明托所提出"新"边界线，沿着英印强租的乌达古里北侧向东北行走，至北纬29°东经94°，并没有把门隅地区划入印度一方。但1914年英人把门隅的达旺、申隔宗、德让宗和打隆宗等地划在非法的"麦克马洪线"以南地区，英人又在作何盘算？

上文提到1911年和1912年间英印总督哈定派遣的远征队的勘测方向之一就是门隅南部地区。1911年9月印度陆军参谋部准备了一份给随远征队测量人员的备忘录，指出勘测的原则和重点。要求寻找一条无论是地理上，还是军事上有利于英印的边界线，建议设立一条从达旺以南几英里的不丹边境上的一点起，沿着山峰向东行的边界。② 这个建议说明英印政府已经考虑着手侵占达旺宗以南的门隅南部地区，而把达旺及其以北的门隅留给西藏。

远征队进入西藏东南地区勘测返回后，向英印政府提交报告。印军参谋总长（Chief of General Staff）结合报告于1912年6月1日提交了一份机密备忘录，其中提出修改其边界线在门隅的一段。有关备忘录如下：

> 关于达旺的边界线走向需要慎重考虑。目前勘测的边界是在达旺以南，从乌达古里附近沿山脚西行至不丹南部边界，这样就在米里人和不丹间插入了一个危险的楔形地带。一条相当方便的经常使用的商路从北至南贯穿这一楔形地带，中国人可能经这条道路向不丹施加影响和压力，而我们却无法从侧翼接近这个突出部，就如同我们对春丕突出部一样。因此迫切需要修改这里的边界，理想的边界线似乎应当从东经93°北纬28°20′附近的山脚行至错那宗以北的不丹边界，与不丹北部边界

---

① [澳]内维尔·马克斯维尔：《印度对华战争》，陆仁译，世界知识出版社1981年版，第34—35页。

② 阿尔达备忘录的原文参见[英]多萝西·伍德曼《喜马拉雅边境》，Barrie & Rockliff，1969年版，第370—381页，转引自[澳]内维尔·马克斯维尔《印度对华战争》，陆仁译，世界知识出版社1981年版，第40页。

线一条由西至东的直线，可能有一条分水岭供这条线遵循。①

这份备忘录把门隅与亚东春丕谷作对比。1908年9月印度事务部致英国外交部的文件中，提到英印政府官员奥康纳关于西藏的备忘录，备忘录认为春丕谷是中国领土的一个楔子，"楔入喜马拉雅山南麓，楔入对我们友好或者臣属于我们的国家（印度）之中"，"中国占领春丕在性质上对我们的损害比对我们的威胁更大"。他主张英国政府"向中国租借或者购买春丕"。②印军参谋总长认为门隅地区也是一把插入阿萨姆平原的楔子，为了剔除与亚东春丕同样的威胁，参谋总长在明托拟定的战略边界线基础上，预谋把中印边界门隅段北移至达旺的北侧，占领英国一直以来承认的西藏门隅地区。虽然英印政府当时并没有完全接受这一前进主张，但是两年后的西姆拉会议，麦克马洪却充分采纳了这位参谋总长要把包括达旺在内的门隅南部地区划入印度境内的建议。

第二节 "麦克马洪线"的出笼

一 西姆拉会议前英人为划定"麦克马洪线"再次勘测藏南

英国殖民者急于侵略西藏东南地区之际，中国内地风云变幻，政权更替，中华民国初立，英人乘机加紧侵略行径。1912年8月17日英国政府向北京袁世凯政府提交《八一七备忘录》，就西藏等问题要求中国政府与之谈判，签订书面协定，以承认其在备忘录所提出的中国在藏主权的要求，并以此作为承认中华民国的先决条件，要求西藏地方政府作为谈判的一方。袁世凯政府在英人的逼迫下同意谈判，参加西姆拉会议。英国派遣英印外事秘书麦克马洪为代表，中方代表是由英国"钦点"的中国前驻英领事陈贻范，西藏地方政府派遣伦钦夏札·边觉多吉为代表。夏札·边觉多吉一行在英印政府人员的陪同下经大吉岭到西姆拉，麦克马洪的西藏

---

① Confidential Note by Chief of General Staff, 1 June, 1912, IOR, Political and Secret Files, 1910/1918, part 2, 转引自吕昭义、杨永平《达旺历史归属论》，《中国边疆史地研究》2011年第1期。

② 英国外交部档案全宗第535号，第10卷，第101号文件附件1，《1908年3月13日奥康纳上尉关于西藏的备忘录》，参见中国藏学研究中心历史所《英国外交部涉藏档案选译》第五卷，内部资料，2005年，第408—409页。

问题顾问查尔斯·贝尔（Charles Bell，1870—1945）和英印总督秘书长到火车站迎接。夏札前往英印总督和麦克马洪的驻地拜会，总督秘书和麦克马洪到夏札驻地回访。① 在正式会议之前，英印政府与西藏地方政府的代表就已有勾连。

按照中英双方事前商定会议的规程，会议的主题仅为西藏政治地位问题。1913年10月13日，会议开始后英方突然提出要讨论西藏地方与中央政府间的所谓汉藏边界问题。显然此议题属于中国内政，中方代表陈贻范予以抵制。后来在英国政府的强压下，袁世凯政府又做出妥协，同意在会议上讨论西藏地方与中国内地诸省的分界线。英方代表麦克马洪试图扮演"掮客"的角色，提出内外藏的方案，涉及内外藏之间的划定。

英方代表麦克马洪对会议却寄予另一希望，把英印当局此前不辞劳苦勘测的战略边界线变成现实。三方会议前，麦克马洪先指令贝利（F. M. Bailey）潜入传统习惯线以北的西藏地区探测和考察，贝利在其后出版的《无护照西藏之行》载："夏扎伦钦到大吉岭去了，去同英国和中国官员就西藏问题交换意见……西藏与阿萨姆之间的边界问题将会全面摊开，在边界土地还没有测量制图的时候，任何有价值的协议都不可能达成。""我们决定弄清楚后，必须不惜一切代价回到藏布江上游，至少走到泽当，以便回去能给麦克马洪提供一张地图，好让他根据种族和地理情况在图上划界。"② 这说明英方代表在会前就打算与西藏摊牌，讨论印度与西藏边界问题。1913年5月贝利与测量局官员开始勘测之旅。11月26日，又奉命赶赴西姆拉向麦克马洪提供收集到的情报及地图。

麦克马洪基本遵循早期勘测的结果制定边界线，但关于门隅段的划定多有变化。1913年10月28日麦克马洪给英印政府的备忘录中，使用皇家地理协会1906年版1:3800000的西藏与周边地区地图，标明中印的边界线沿着山脚，经过乌达古里北侧向东北延伸，与"麦克马洪线"中段相接，麦克马洪承认门隅属于西藏领土。到11月中旬，边界线的门隅段

---

① 夏格巴·旺曲德典：《藏区政治史》（内部资料）下册，中国藏学研究中心，1992年，第133页。

② ［英］贝利：《无护照西藏之行》，春雨译，西藏社会科学院资料情报所编印1983年版，第83页。

又被向北推进,穿越达旺以南数英里的色拉山口向东北伸展,这就把色拉山口以南的门隅部分划入印度境内①。

二 麦克马洪与夏札·边觉多吉非法的领土交易

西姆拉三方会议期间,麦克马洪背着中方代表陈贻范,与西藏地方政府代表夏札秘密交易。1914年1月15日英驻锡金政务官贝尔密邀夏札就印藏边界线的划定进行首次谈判,将1913年11月私定的由门隅色拉山口向东北伸展边界线地图抬出来。1月31日,贝尔又向夏札提交修改过的边界地图,与前不同的是又将边境线的门隅段北移。② 麦克马洪"把边界线划到达旺以北20英里的地方"。③ 麦克马洪和贝尔一再把边界门隅段向北推进,侵占达旺地方,极有可能是受贝利的影响,贝利在给麦克马洪的报告中指出:达旺寺在行政管辖色拉山口以南的门巴族部落地区扮演重要的角色。促使麦克马洪认为,英印政府应该采取措施控制达旺的喇嘛,使之有利于英印日后治理该地区。④

英方诱逼夏札接受"新"边界线(即"麦克马洪线")的方案。"麦克马洪线"把西藏的门隅、珞渝及下察隅三大地区的大部划归英印所有,包括在这些地区西藏管辖的寺庙、庄园、贵族的产业,西藏地方政府任命的宗本、定本及归属西藏地方政府的各种部落,占地约9万平方公里。夏札表示不能接受这样的划界。无奈之下,夏札向噶伦司伦雪康汇报:"贝尔威胁若不同意,则将在印度平原耽搁很久,并且已明白表示在汉藏问题上不予帮助,甚至因对藏方怨怒,而使汉英勾结起来,使它们达到了目的,而藏方反而受到孤立无援,从而将会给宗教、政治以严重影响。"⑤另外,麦克马洪则向夏札表示英印政府会帮助西藏在会议上获得其所要求的汉藏边界,并承诺将来给予西藏必要的军事援助。麦克马洪还向夏札保

---

① A. Lamb, *The MacMahon Line: A Study in the Relations Between India, China & Tibet, 1904 to 1914*, London, Routledge & Kegan Paul, 1966, pp. 535–536.
② 吕昭义、杨永平:《达旺历史归属论》,《中国边疆史地研究》2011年第1期。
③ [澳]内维尔·马克斯维尔:《印度对华战争》,陆仁译,世界知识出版社1981年版,第46页。
④ A. Lamb, *The MacMahon Line: A Study in the Relations Between India, China & Tibet, 1904 to 1914*, London, Routledge & Kegan Paul, 1966, pp. 536–537.
⑤ 原西藏地方政府外交局档案,转引自杨公素《中国反对外国侵略干涉西藏地方斗争史》,中国藏学出版社2001年版,第193页。

证:"如果他们将来对'麦克马洪线'的作用不满意,还可对这一边界线任何地段的走向予以修改。"①

夏札立即派堪穷·丹巴塔杰,从西姆拉赶回拉萨请示英藏划界问题。西藏地方接到夏札的报告,只有部分高层官员知道此事,他们在出卖领土与获取英国支持间做选择,他们没有提交到全藏僧俗大会(春都会议)上讨论,最终一意孤行接受麦克马洪的提议。很快司伦雪康致信给夏札:"本来这次(指划界)将政府、世家、寺庙的土地、百姓收入丧失给外人,政府所损失及长远危害甚巨,但如西藏衷心依靠之大英政府有所不悦,是不合适的。希望强调提出要求,今后能使西藏获得独立,并使康区的汉军官兵全部立即撤回汉地,只要能做到这些,则在一奉到(英方)通知后,即可立即派人划界及将西藏政府的收入和土地、百姓,移交给大英政府之人员。"② 信中透露出西藏极少数分裂分子不惜割让土地,出卖国家的神圣领土换取英人支持其"藏独"图谋。信中还明确指出与英国人谈藏印边界问题的前提是汉藏问题的解决达到西藏的预期——中国中央政府军队退出康区,西藏"独立"。

1914年3月24日、25日,夏札与麦克马洪互通书信,接受了这条新的边界线。双方的信件如下:

麦克马洪于1914年3月24日给夏札伦钦的信:

西藏全权代表夏札伦钦:
在二月你接受了从伊苏·拉兹山口到不丹边界的印藏边界如附图所标明的(附图二份)以供你的政府的批准,同时给予下列条件:
a)在英国边界以内的西藏所拥有私人庄园将不会受到损害;
b)若圣噶波及杂日山是在英国境内一日路程,它们将被算在西藏领土内,而边界线照此修改。

我认为由于上述两条件,你的政府是同意这个边界线的。你想知道西藏政府在错那宗、工布、西康的门巴族、珞巴历来税收是否还能

---

① PRO,FO353/17,NO.91,Minute by A. H. McMahon, 28 April 1914,转引自王宏纬《喜马拉雅山情结:中印关系研究》,中国藏学出版社1998年版,第33页。

② 原西藏地方政府外交局档案,转引自杨公素《中国反对外国侵略干涉西藏地方斗争史》,中国藏学出版社2001年版,第193页。

第五章　"麦克马洪线"的出笼与西藏人民的反抗斗争　159

照旧征收，柏尔先生已告诉你，这些具体细节将在友好精神下得到解决，正如你所允许的当你将一切详情告知他时。印藏边界的最后解决可以避免将来发生纠纷而对贵我两国政府将有极大的利益。

德里麦克马洪（签字）
英国全权代表

西藏地方代表夏札的复信：

亨利·麦克马洪，中藏会议英国全权代表：

除非印度与西藏的边界明确地加以划定，正如预料到的将来可能会发生纠纷。你二月给我的地图我已送往拉萨请求指示。现在我已得拉萨命令，因此我同意由你签字的用红线划的边界线（两幅图）并由你 3 月 24 日提出的两个条件，是由柏尔先生交给我的。我在该两图上签字并用印，我保留一份，另一份退还给你。

西藏全权代表夏札伦青于木虎年 1 月 29 日
（1914 年 3 月 25 日）（夏札印）①

此两封信被视为"麦克马洪线"的换文备忘录。据此，所谓的"麦克马洪线"就在英藏代表的非法谈判下出笼了。虽然中印边界问题不是西姆拉会议的议题，英藏双方也没有向中方提及，但英方代表麦克马洪却在西姆拉条约草案所附的地图上搞了一个阴谋。在这张比例为 1∶3800000 的附图上，赫然标明了两条分界线。一条是"蓝线"，标明英方提出的"内藏"与"外藏"的分界线；另一条是"红线"，标示"内藏"与内地其他省份的分界。英方代表的阴谋就玩在那条"红线"上，其南端延伸成弧形的印藏边界线，此正是麦克马洪与夏札秘密划定的边界线。而且在谈判时，尽量把中方代表的注意力吸引到那条内外藏分界的"蓝线"，掩饰"红线"南端的诡计。英方代表就以这样卑劣的手段，把"麦克马洪线"塞进了西姆拉条约中。"如果中国当时接受了将藏区划为两部分的建

---

① 杨公素：《中国反对外国侵略干涉西藏地方斗争史》，中国藏学出版社 2001 年版，第 194—195 页。

议，并在条约上签字，英国就可以在这上面做文章，说中国也接受了'麦克马洪线'。"①

在麦克马洪的支持下，夏扎在西姆拉会议上肆无忌惮，在西藏地位和内外藏划分的问题上咄咄逼人。中方代表一再退让，终未能满足夏扎东扩的贪欲，英国和西藏的要求远远超出了中国政府所能承受的让步。1914年7月3日三方最终的签约上，中方代表陈贻范果断表示中国政府拒绝在《西姆拉条约》上签字。英藏代表预料到中国政府拒签条约，而后他们当着陈贻范的面，从容签署了《英藏联合声明》和《英藏贸易章程》。此前中方还获知英藏双方达成某些秘密协定，中国政府表示西藏不是一个主权国家，不享有缔约权，否认西藏与英国之间的任何协定。由于拒绝在条约上签字，西姆拉会议没有产生中国政府作为缔约一方的任何协定，《西姆拉条约》变成不合法的文件，英国与没有缔约权的西藏地方政府代表背着中国政府密谋的"麦克马洪线"更是不合法的中印边界线。最终，西藏少数分裂分子谋求西藏"独立"和东扩的计划流产，麦克马洪秘而不宣的"红线"阴谋也未能得逞。

第三节 英政府其时不认可"麦克马洪线"与西藏人民的反对

一 英国政府其时不认可"麦克马洪线"的合法性

根据英国印度事务部档案，1914年7月3日西姆拉会议三方最后一次正式会议期间，麦克马洪收到一份英印政府的加急电报："英王陛下政府无法授权单独与西藏代表签字。"② 英国政府并未授权麦克马洪与中方谈判中（藏）印边界问题。7月23日，英印总督哈定向英国政府印度事务部大臣转呈麦克马洪的备忘录时也特别写道：

> 我们认为，考虑东北部中印两国的部分边界问题不是（西姆拉）

---

① ［澳］内维尔·马克斯维尔：《印度对华战争》，陆仁译，世界知识出版社1981年版，第48页。

② FO371/1931，第30825号文件《印度事务大臣致函总督》，1914年7月3日。［英］阿拉斯泰尔·兰姆：《中印涉藏关系史（1904—1914）——以"麦克马洪线"问题为中心》，梁俊艳译，社会科学文献出版社2017年版，第395页。

第五章 "麦克马洪线"的出笼与西藏人民的反抗斗争

会议职责的一部分,亨利·麦克马洪爵士在这方面所提出的观点和建议只能被看作他个人的,并未得到英印政府的批准。①

显然,英国政府并没有授权麦克马洪在西姆拉会议上讨论、划定中(藏)印边界线。麦克马洪的所为是越权之举,纯属个人行为,自然这条线也是不合法的。不过,参与西姆拉会议的英国官员欣然认为英藏代表的单方面协定,使"麦克马洪线"得到承认。英国谈判顾问贝尔向英印外交与政治部大臣邀功:"西姆拉协定包括割让西藏的达旺地区给我们(英国),这片土地大约有2000平方公里,大部分地区都很肥沃。西藏还割让了东北部边境山区部落的一大片土地。我们因此可以沿阿萨姆北部边境全线与西藏之间形成缓冲地带。"② 英印外交与政治部当时非常理智地看待麦克马洪所获得的"权益",直截了当地给贝尔指出:"这种利益纯粹是不切实际的,因为中国政府没有在《西姆拉条约》上签字,俄国政府也没有予以承认,因此,该条约现在还是无效的。"③ 所以,英国政府当时不认为这条"新"线具有法律依据。

英国政府深知"麦克马洪线"是非法的,所以英国官方对此长期保密,不敢公开。1929年由英印政府外交部次长艾奇逊(C. U. Aitchison)主编的印度官方文件《印度和邻国的条约、契约、证书集》(*Collection of Enagagements, Treaties and Sanads etc.*),简称《艾奇逊条约集》(*Aitchison's Collection of Treaties*)第14卷中的有关西藏部分,在谈到西姆拉会议时,三缄其口,只字未提英藏秘密协定,也未提及"麦克马洪线"。该书对西姆拉会议只在引言中作了如下简短的记叙:

1913年,西藏、中国和英国的全权代表在印度开会,试图找到

---

① 印度事务部档案(IOR)L/PS/10/344,转引自陈谦平《抗战前后之中英西藏交涉(1935—1947)》,生活·读书·新知三联书店2003年版,第222页。

② 印度事务部档案(IOR)L/PS/10/344,第167E号备忘录,《据贝尔给印度政府外交和政治大臣的信》,1915年8月6日,转引自〔美〕梅·戈尔斯坦《喇嘛王国的覆灭》,杜永彬译,中国藏学出版社2005年版,第33页。

③ 印度事务部档案(IOR)L/PS/10/344,448EB信件,《英印政府外交与政治部秘书给贝尔的信》,1915年9月3日,转引自陈谦平《抗战前后之中英西藏交涉(1935—1947)》,生活·读书·新知三联书店2003年版,第223页。

有关中藏边境事宜的解决办法，接着起草了一个三方条约并于 1914 年草签。但是中国政府拒绝允许其全权代表进行正式签字。①

《艾奇逊条约集》是一部代表当时英印政府的观点和立场最全面、最权威的条约集。该条约集的记叙说明，英印政府承认西姆拉会议谈判破裂，会议未正式签订中英藏三方作为缔约方的任何条约和协定，"麦克马洪线"根本不存在。

1917 年印度测量局出版的"西藏及邻国"地图，对中印边境东段的划法仍然与中国地图的画法一致，即将门隅、珞渝、下察隅地区全部划在中国境内，而根本没有一条近似"麦克马洪线"的中印边界线。② 1929 年《大英百科全书》第 14 版第 24 卷第 68—69 页上所载"中国"全图，对印度东北部和中国康藏地区接壤的边界的画法仍然与中国出版的地图一致。

二 西藏人民反对非法的"麦克马洪线"

十三世达赖喇嘛和噶厦极不满夏札在西姆拉会议上放弃如此多的权益。夏札回到拉萨后的一天早上 6 时被召见，达赖喇嘛却一直让他等到下午 5 时方才召见，充分体现出对夏札的气愤，夏札和噶厦官员对达赖喇嘛的斥责严格保密。③ 此后，十三世达赖喇嘛责成夏札将西姆拉会议的全部过程整理成文字材料，但他没有把 1914 年 3 月 25 日写给麦克马洪的信件收录其中，也未敢在西藏向任何人展示《西姆拉条约》的附图。

西姆拉会议后，十三世达赖喇嘛和噶厦官员从未向噶厦其他官员和"春都"会议提过"麦克马洪线"一事。按照西藏当时的地方政府制度和惯例，即使像改变西藏各贵族、寺院所属庄园的隶属关系这类事情，也都要经过"春都"会议（全藏僧俗官员大会）讨论批准，并报噶厦和达赖喇嘛或摄政签字批准方才生效。至于割让西藏管辖的大片土地这种大事，

---

① C. U. Aitchison, ed., Collection of Enagagements, Treaties and Sanads etc., Vol. 14, Calcutta, 1929, p. 21.

② 中华人民共和国外交部：《中华人民共和国政府官员和印度政府官员关于边界问题的报告》，1961 年，第 50 页。

③ ［英］查尔斯·贝尔：《十三世达赖喇嘛传》，冯其友等译，西藏社会科学院西藏学汉文文献编辑室编印 1985 年版，第 195 页。

更是要得到"春都"会议讨论以及达赖喇嘛的承认①。

又据1920年（藏历铁猴年十二月十三日），司伦雪康在给噶伦擦绒的信件中称："根据夏扎司伦在世时曾提起过的关于英方代表一再要求夏扎等西藏代表将门拉噶穷山以南地方割让给英国一事，其行径极密。又从英人贝尔来拉萨时的谈话内容可以看出，早有另约，但本人未曾亲睹，听说扎萨索勒（英人）详知其情。倘果真如此，则藏汉谈判结束时，英人定会向我提出交出人、地等十分棘手之要求……"由此可见，缔约一事，就连其他几位噶伦也是不明实情的②。

1920年，英国驻锡金政务官贝尔在拉萨会见十三世达赖喇嘛并准备向他提出请予落实秘密换文所形成的条约的内容的要求时，十三世达赖喇嘛当即说：西姆拉缔结条约一事至今仍在空悬之中，尚未得到解决。希望锡金行政长官能协助尽早了结此事。西藏的意思是，麦克马洪之前答应要帮助西藏当局，实现将"内藏"与中国其他省份的界线向东推移到噶厦要求的地方，以换取西藏对"麦克马洪线"的承认，这是一笔政治交易，但是由于中国政府拒绝在条约草案上正式签字，致使这项交易流产，其作为交换条件而本来应予承认的"麦克马洪线"只不过是停留在纸面上的东西。"麦克马洪线"未得到十三世达赖喇嘛的认可。

三 西藏照例管辖"麦克马洪线"以南地区

西姆拉会议后，西藏地方政府一如既往地对"麦克马洪线"以南中印传统习惯线以北的广大地区实施管辖权，照例在门隅、珞渝以及察隅等地区派遣官吏，征收赋税，西藏寺院和贵族依旧经营"麦克马洪线"以南地区拥有的谿卡和其他财产，"麦克马洪线"南北的西藏各族人民仍然可以在该地区自由往来。

（一）噶厦委派官吏、整顿吏治、巡边及严令防敌

首先，委任官吏，整顿吏治。噶厦一直以来遴选和委派各宗和寺院僧俗官员管理门隅地区。西姆拉会议流产的同一年（1914年），噶厦司伦雪康在一个函件中谈到委派官吏到门隅达旺宗的情况："达旺喇章由（哲蚌

---

① 周伟洲：《英国、俄国与中国西藏》，中国藏学出版社2000年版，第542页。
② 拉鲁·次旺多吉：《德里秘密换文未曾得到原西藏地方政府的承认》，载《西藏文史资料选辑》（第10辑），民族出版社1989年版，第9页。

寺）历任洛色林堪布派员前往。……在达旺扎仓所属德让宗、打陇宗各派驻宗本一员。"① 西藏地方政府有完备的行政机构管辖门隅地区，过去英印的人员也不得不承认这一事实。1913年由英印政府派遣非法进入西藏境内进行勘测的贝利在他所著《无护照西藏之行》一书中就说："门隅是由一个设置在达旺的六人会议'住哲'来管理的。"1935年英国植物学家华金栋（F. Kingdom Ward）擅闯门隅后，认为门隅处于西藏地方政府的治理下，说道："尽管（喜马拉雅）主要山脊是法律上的边界，但事实上的边界位于更南，西藏政府通过错那和达旺宗对整个门隅进行积极的管辖，而西藏寺院的影响几乎延伸到阿萨姆平原，即达到除血亲关系外几乎与门隅没有任何联系的地方。"②

在珞渝地区，西藏地方当局的行政组织设施虽然不如在门隅地区那样完备，但是仍然在许多地方建立了行政机构，委派官员进行管理。珞渝地区早期由西藏波密土王管辖，后划归白马岗管辖，隶属色拉寺。1921年，西藏地方政府派白马岗商务总管贡布锁南到珞渝地区巡查。此后他向拉萨报告沿雅鲁藏布江经由珞渝地区通往印度的路线："由藏布江右边到印度去的程站，从此间往墨脱、霍惹、月儿塘、安仓、地东、西让、更仁、哥布、多丁、邦郭、莫新、博木多、让新、嘎高、帮康、噶那、巴林、依齐、格邦、绒洞、仁更到印度巴勒城共二十二站。"从更仁以下都位于所谓"麦克马洪线"以南，其中的绒洞和仁更就在巴昔卡附近，当时中印边界线在巴昔卡一带。1927年，波密地区的土王作乱，西藏地方当局派兵讨伐，并派藏军军官彭措和宗本鲁布顿珠分兵两路沿雅鲁藏布江南下追击，一直追到靠近中国边界线的巴昔卡以北不远的巴当地方。此后西藏地方当局在德东设宗（以后宗政府迁至墨脱），管辖白马岗地方。并将所谓"麦克马洪线"以南的昔勒帕抵河以北、更巴拉山以南的地区划为这个宗的第五措，名"达岗措"。在达岗措以南虽未另行划"措"，也设有"校本"等组织。③

---

① 中华人民共和国外交部：《中华人民共和国政府官员和印度政府官员关于边界问题的报告》，1961年，第93页。

② ［英］华金栋：《阿萨姆喜马拉雅：巴里帕拉游记》，FRCAS，25卷，1938年10月4日，转引自吕昭义《英帝国与中国西南边疆（1911—1947）》，中国藏学出版社2001年版，第368页。

③ 中华人民共和国外交部：《中华人民共和国政府官员和印度政府官员关于边界问题的报告》，1961年，第48—49页。

其次，巡边，严防入侵。西藏严防外国人私闯门隅地区，英国人员前往门隅、珞渝等地区时，也必须向西藏地方政府提出申请。1923年英驻锡金政务官贝利致函西藏地方政府：华金栋是植物学家，"打算到西藏东南一带去。他打算经珞渝、察隅由桑昂曲宗到康区昌都。如果西藏政府对他这样走法有所阻扰，（他）打算经缅甸或锡金而来"。1934年，英国驻亚东商务委员诺布顿珠向噶厦申请："前任江孜英文学校教员鲁扎洛莎黑，拟于今年夏季4月经不丹前往门达旺采集花种，仍经由不丹返回。请予允准。"① 可以看出，英印政府此时并没有质疑中国西藏对该地区的管辖权。

西藏还警惕英印在下察隅的渗透，严令察隅地方官员和首领防止外来侵犯。1931年察隅各村，包括下察隅米依区的航堆、瓦弄、德能、洞巴、明期等村村长联名向噶厦立保证书，表示遵政府之命防止外敌侵略家园。②

（二）征收赋税

西藏地方政府在门隅地区征收赋税有历史渊源。征税一般按"户岗"计算，夏秋各征一次。由达旺聂仓负责征收，错那宗和绛喀溪也在部分门隅地区直接征收，如绛喀溪直接在章朗流域的德让、朗木细、腾邦、桑地、李、求、申隔宗、略马东等地征收各种差税的数额。1914年，达旺喇章每年向哲封寺洛色林扎仓上缴银10秤。门隅勒布、邦钦等地每年向错那宗上缴差税大米等折价共约银30秤。西藏还要求"当与他国发生战争时，按兵役册内所载，应出兵1500名。如不能出人，则每名以折缴兵费藏银25两计，征收藏银750秤"。③ 西藏地方当局命令错那宗重新清查门隅地区的"差户"户数。

在珞渝地区，1914年珞渝地区每年通过古如活佛向政府上缴曼扎供养费藏银五两，虎豹皮共十张，象牙一对。曼扎供养费是该地区向西藏地方政府交纳差税宗之一种。1921年，所谓"麦克马洪线"以南、昔勒帕抵河以北的雅鲁藏布江两岸的阿米、库根、哥布、杰多、邦勾、都登、更

---

① 中华人民共和国外交部：《中华人民共和国政府官员和印度政府官员关于边界问题的报告》，1961年，第100页。
② 同上书，第93—100页。
③ 同上书，第94页。

仁等村头人联名具结的具结书中，保证承担照旧缴纳粮食税等各项义务①。

西藏地方当局将下察隅地区划为桑昂曲宗所属的米依区，下辖各村，主要有答巴、航堆、银公、瓦弄、德能、公古、洞巴、明期等，他们都在所谓"麦克马洪线"以南。西藏也规定了所征收的赋税，1892年西藏地方政府制定的税收册中，详细规定答巴、航堆、瓦弄、德能、公古、洞巴、明期等地每年缴纳的赋税额。西姆拉会议后的1929年，桑昂曲宗也规定了下察隅缴纳的税额，还称：下察隅米依区"按岗数分摊，并根据地方出产来进行征收"。②

西姆拉会议后的20多年间，西藏地方政府委派官吏治理藏门珞地区，在当地征收赋税，巡查边防，各寺院与拉萨三大主寺保持紧密联系，贵族照样经营着他们的庄园。对此，英印政府并未有提出异议。

第四节 20世纪30年代英印重拾"麦克马洪线"与西藏明确的反对立场

一 英印当局觊觎"麦克马洪线"以南地区

由于中国政府拒绝在条约上签字，西姆拉会议最终流产。麦克马洪和夏札秘密换文私划的那条"红线"，也逐渐淡出人们的视线。如前所述，英印政府不敢公开承认"麦克马洪线"，1929年英印政府出版的《艾奇逊条约集》14卷只字未提中印边界线之事，中英双方不管是官方还是私人出版的地图都以喜马拉雅山南麓的传统习惯线为中印边界线，西藏地方政府按例管辖着"麦克马洪线"以南中印传统习惯线以北的门隅、珞渝及察隅地区。但这些并不代表英印政府中狂热的殖民者，如麦克马洪、贝尔之流甘心认输，让得来不易的"麦克马洪线"淹没在历史的大潮中，他们一直在等待时机。英印政府内部也不乏惦记着这条非法的边界线及其以南地区的人。20世纪20年代末，印度东北边境巴里巴拉边境区负责人内维尔（Nevil）就强调"麦克马洪线"以南的地区对英国的重要性：

---

① 中华人民共和国外交部：《中华人民共和国政府官员和印度政府官员关于边界问题的报告》，1961年，第95页。

② 同上书，1961年，第97页。

提起这条边界,我经常听到人们这样说,这片地区一点价值也没有,抵不上要管理它付出的费用。这不完全是事实,因为这里有许多富裕的地方,要开发它只需要稳定的形势和公正的管理。

一旦中国人驻扎下来,这片西藏地带就会极其重要。现在中国仍在盯住西藏和拉萨。亲中国派的势力正在增长。假如中国控制了西藏,尤其是达旺地区就会被利用为一个秘密的便捷的进入印度的通道。俄国人也想在拉萨建立影响,如果他取得成功,就可以派遣间谍通过这条路安全秘密地进入印度。①

20世纪30年代中后期,在甘地和尼赫鲁为首的国大党领导下,印度民族解放运动席卷全国。印度的民族运动与东方的民族运动保持紧密的联系,这使得英印政府提防中印的双边联系,重新审视印度东北边界问题。同时,国民政府代表刘曼卿、谢国梁等入藏联络噶厦,西藏驻京办事处的设立,1934年年初南京派遣致祭十三世达赖喇嘛代表团赴藏,西藏地方与南京中央政府的联系趋于紧密。而且中国绘制的地图一直以喜马拉雅南麓的习惯边界线作为中印边界,表明中国对中印边界线的立场,英印政府认为此将构成了其在"麦克马洪线"以南地区地位的威胁。基于此,英印政府考虑在中国恢复对西藏的固有地位之前,重新拾起"麦克马洪线"计划,在与中国接壤的阿萨姆边外建立起一道"隔火墙",将印度民族解放运动封锁起来②。

于是,英印当局从1934年起加强该地区的勘测工作。同年7月,派驻江孜、亚东一线英商务代理处的官员谢里夫和卢德洛,以帮助大英博物馆收集植物标本为名,从西起不丹东至雅鲁藏布江大拐弯地区进行考察。此行得到西藏地方当局认可,而其目的无非是为填补英印对该地的地理情报空白。翌年,英国植物学家华金栋(F. Kingdom Ward)未经西藏地方允许非法入藏考察,制造所谓"华金栋事件",最终导致英印政府官员公

---

① R. Ried, *History of the Frontier Areas Bordering on Assam 1893 – 1941*, Shilong, 1942, pp. 291 - 291, 转引自吕昭义《英帝国与中国西南边疆(1911—1947)》,中国藏学出版社2001年版,第364页。

② 吕昭义:《英帝国与中国西南边疆(1911—1947)》,中国藏学出版社2001年版,第366页。

开重提"麦克马洪线"。

1935年5月，华金栋从印度巴里巴拉边境分区进入门隅南界，遇见一名自称色拉寺的格西益西多吉，他是达旺寺派往该地的负责人，据说他私自准许华金栋入境。华金栋从门隅北上，经过达布，顺雅鲁藏布江东下，一直到了工布、波密。① 最后在一个叫泽拉康的地方，被地方政府逮捕。9月26日，噶厦就华金栋擅闯藏境之事向正在拉萨的英驻锡金政务官威廉逊提出抗议，责问英印政府。9月28日，威廉逊向英印政府报告"华金栋事件"的经过。

二 《艾奇逊条约集》14卷赝本催化"麦克马洪线"死灰复燃

获悉报告后，英印政府中的"麦克马洪"们乘机为"麦克马洪线"翻案，推销那条非法的边界线。英印外交和政治部副秘书奥拉夫·卡罗（Olaf Caroe）是首要推手。在调查"华金栋事件"时，卡罗发现尘封21年的《西姆拉条约》以及麦克马洪与夏札的秘密换文。1935年11月5日，英印政府致电拉萨的威廉逊：根据《西姆拉条约》所标示的地图"红线"，藏印边界定在喜马拉雅山顶，"而根据1914年条约的第9条西藏政府所接受"；接着质问噶厦，此线在达旺以北很远的地方，"为什么西藏人在达旺设宗本，由他们掌握批准进入西藏的权利？"并且特别指示威廉逊，"重要的是，你们无论如何不得就1914年达成的国际边界的合法性问题向西藏政府作出任何妥协"。② 印度学者古普塔怀疑电文出自卡罗之手，认为"卡罗用律师的手段通过向西藏政府提出一个诱导性的问题，把西姆拉条约的红线说成事实上的边界，这是为重新坚持对'麦克马洪线'的要求准备论据"。③

1936年4月9日，卡罗致信印度事务部政治司秘书沃尔顿（J. C. E.

---

① 柳陞祺：《1929版〈艾奇逊条约集〉第14卷何以有两种不同版本？——兼论西姆拉会议（1913—1914）》，《中国藏学》1990年第1期。华金栋在达旺和西藏其他地区考察期间，一直同驻守巴里巴拉边境地区政务官莱特福特（G. S. Lightfoot）保持着联系。华金栋对"麦克马洪线"沿线的考察不是大英博物馆交给的任务。这就意味着，华金栋的使命实际上是阿萨姆政府授意进行的。

② I. O. R：Pol.（External）Dept.：Collection36/File 29 Telegram No. 3028，转引自［印］卡·古普塔《中印边界秘史》，王宏纬、王至亭译，中国藏学出版社1990年版，第96页。

③ ［印］卡·古普塔：《中印边界秘史》，王宏纬、王至亭译，中国藏学出版社1990年版，第96页。

第五章 "麦克马洪线"的出笼与西藏人民的反抗斗争　169

Walton),向英国政府推出"麦克马洪线",说:"从不丹东部边界到伊洛瓦底江和萨尔温江分水岭上的伊苏拉兹山口的印藏边界……在1914年条约的第九条中已清楚地划定。……1914年条约本身和麦克马洪与西藏政府达成的补充边界协定。"接着非常焦虑地强调:"在《艾奇逊条约集》这样的出版物里没有(西姆拉条约)这些协定,这一情况如为中国政府得知,就很可能被他们用来支持他们那印度和西藏之间不存在经过批准的协定的论点。"建议英国政府,"除了将1914年英藏条约正本连同该条约所定的边界换文和贸易章程载进《艾奇逊条约集》外,毫不拖延地采取措施将这一边界画到印度测绘局的地图上"。[1] 这封信透露出英印政府和卡罗重拾"麦克马洪线"的意图,提出把1914年的《西姆拉条约》以及英藏边界换文偷偷载入《艾奇逊条约集》中,并将"麦克马洪线"绘制在公开出版的印度地图上,以此来扭转对中印划界问题上对英印不利的局面。

为了维护英国的殖民利益,稳定英印政府的统治,在英印一些官员的怂恿下,英国政府断然决定将早已抛弃的"麦克马洪线"从历史坟墓中刨出来。7月16日,印度事务部让沃尔顿通知卡罗,已批准了印度政府建议:"(1)无论印度政府是否打算在最近的将来重新发行《艾奇逊条约集》第14卷,印度测绘局地图均可标出此条边界;(2)在公布条约时,力求避免不必要的宣扬,不要引起报刊和新闻机构对此出版物的注意;(3)……最好不要发表由英国和西藏全权代表发表的接受《西姆拉条约》对他们双方政府具有约束力的1914年7月3日声明的原文,而用只在《艾奇逊条约集》中载进一份照会的办法来处理这个问题。"[2] 显然,英国政府对如何处理《西姆拉条约》及秘密边界换文与《艾奇逊条约集》的关系还有所保留(倾向于重新出版),但完全支持在地图上将"麦克马洪线"标示出来。指示英印政府,在条约和边界线问题上,无论采取何种方式公布,都要避免被媒体发现而给英国政府造成不必要的麻烦。当然这种偷偷摸摸的行为更不能让中国政府察觉。由此看,伦敦方面基本接受了

---

[1] I. O. R: Pol. (External) Dept.: Collection36/File 23, No. P. Z. 2788/1936,转引自[印]卡·古普塔《中印边界秘史》,王宏纬、王至亭译,中国藏学出版社1990年版,第96—97页。

[2] 同上书,第101页。

卡罗4月9日的建议。在英国政府的授意下,英印政府立即着手出版《艾奇逊条约集》赝本,授意印度测绘局将"麦克马洪线"绘制到公开发行的地图上。

出版塞有条约和换文的《艾奇逊条约集》赝本首先提上议程。1936年下半年,英印政府内部就以何种形式出版存在分歧:英印外务部部长梅特卡尔夫(Aubrey Metcalfe)认为"尽可能快地单独出版第14卷的'修改版'";① 卡罗则强烈要求将《西姆拉条约》和换文塞进现存1929年版的《艾奇逊条约集》,用新版的第14卷替换原版的第14卷,出版日期还标1929年。在英国外交部默许下,英印政府采纳了卡罗的建议,同意将英藏秘密换文、1914年贸易章程和1914年7月的《西姆拉条约》予以公开,但未公开英藏1914年7月3日的声明。在伦敦和印度部分官员的密谋下,《艾奇逊条约集》14卷赝本横空出世,不过英印政府没有立即出版,在等待最佳的出版时机。

接着,英印政府讨论在地图上绘制"麦克马洪线"的问题。1937年春,英印政府指示印度测绘局根据1914年麦克马洪划定的边界线,结合对中印边界勘测的结果绘制新的中印边界线。然而,测绘局发现1914年《西姆拉条约》的附图与英藏秘密换文的附图都划定的中印边界线(红线),但二者的大小不尽相同。1937年3月23日测绘局就质问:"记录的附图有两个部分对同一条的画法存在着相当大的差异:两条红线不一致。"② 以哪张地图为准,测绘局无法定夺。英印政府要求测绘局在阿萨姆省政府协助下,对中印边界地区再进行勘测。但是,英国试图进入传统习惯线以北的活动遭到西藏地方政府的强烈反对,所派遣的远征队也被迫撤离。在1914年大小不同地图导致"麦克马洪线"绘制混乱的情况,加之无法勘测边界线,测绘局最终认为"印藏之间的边界不应该早日明确下来",因为一旦出版"误差较大的地图将会被英国政府否决"。因此,英印政府暂时未将"麦克马洪线"标示在测绘局的地图上。而且1938年印度测绘局出版的《西藏和邻国图》虽未明确标示中印边界东段,但其

---

① I. O. R:Pol.(External)Dept.:Collection36/File 23, No. 6154, Aubrey Metcalfe, the Government of India, to J. C. E. Walton, India Office, 17 August 1936.

② I. O. R:Pol.(External)Dept.:Collection36/File 23, Confidential letter No. 865/S, 1937年3月23日,转引自[印]卡·古普塔《中印边界秘史》,王宏纬、王至亭译,中国藏学出版社1990年版,第116页。

用国际边界符号从不丹东南角向东延伸了一小段，这小段国际线就是中印边界线，与中国绘制的一致，① 说明此时英印政府还没有敲定"麦克马洪线"的画法。②

1938年，测绘局还没有绘制出让英国政府满意的中印边界地图，英印政府却决定在印度偷偷出版《艾奇逊条约集》14卷赝本。因为日本全面侵华愈演愈烈，中国无暇西顾，英印政府可安心出版。同年8月把赝本运往英国替换原版本，并将原版回收、销毁。英印政府没有把赝本送往英帝国及其殖民属地之外的国家和地区，因而部分国家还收藏了原版本。据悉世界上至少保存了五本《艾奇逊条约集》14卷真版，其中四本分别藏于：伦敦印度事务部图书馆、美国哈佛大学图书馆、美国哥伦比亚大学图书馆、北京图书馆，还有一本在印度。③

1938年的《艾奇逊条约集》14卷赝本收录了《西姆拉条约》的不同文本、《英藏通商章程》、1914年7月3日的英藏声明以及麦克马洪与夏札关于边界的秘密换文。

他们还不辞心计在赝本中加了长篇说明。首先，把中英藏三方并未讨论的中（藏）印边界问题，浑说成西姆拉会议的议题的一部分："1913年在西姆拉召开了英国、中国和西藏全权代表会议，试图就西藏的国际地位，特别是关于三国政府的关系和西藏与中国以及西藏与印度边界，通过谈判达成协议。"

其次，秉持殖民主义者一贯的霸道和强权逻辑，认为中国没有批准条约，就否认中国对藏的所有权益："经过长时间的谈判，会议在亨利·麦克马洪爵士主持下起草了一个英国、中国和西藏三方条约，此条约于1914年由三方代表在西姆拉草签。可是中国政府拒绝批准这一协定，他们的拒绝剥夺了他们根据该条约应得的好处……"

文末，英印政府官员费尽心思地抬出来了"麦克马洪线"：

---

① 中华人民共和国外交部：《中华人民共和国政府官员和印度政府官员关于边界问题的报告》，1961年，第144页。
② 1937年前后英印政府内部讨论如何画"麦克马洪线"的问题，可参见张永攀《英印以色拉（sela）为界的"麦克马洪线"变更计划及政策分歧》，《中国边疆史地研究》2010年第3期。
③ 王宏纬：《喜马拉雅山情结：中印关系研究》，中国藏学出版社1998年版，第38页。

条约包括了中藏和印藏边境的定界。对中藏边境划定了一条双重边界线,在两条边界线之间的部分称作内藏,位于西方边界线以西的那部分西藏称作外藏。

可是,由于中国政府没有批准,这些边界线依然是不固定的。另一条边界线,即为陛下政府(英国政府)和西藏政府所接受的位于阿萨姆和缅甸边境的印藏边境线,划在不丹东部边界与伊洛瓦底江和萨尔温江分水岭的伊素拉吉山口之间。在布拉马普特拉河河套以西,这条边界的大部分都沿着喜马拉雅山主山脊走,在此点以东则包括处于阿萨姆和缅甸政府政治控制下的所有部落地区。这条边界线整个都位于离印度和缅甸平原大约100英里的地方。英国和西藏根据该条约制定了一套新通商章程,以代替原先于1893年和1908年制定的章程。①

显而易见,为了掩饰条约和秘密边界换文的非法性,给"麦克马洪线"披上合法的外衣,英印政府不惜篡改1914年西姆拉会议的历史,不惜背上捏造历史文书的耻辱骂名。英印侵略者为了殖民利益,干尽了龌龊之事。

由此,英印政府为"麦克马洪线"编撰了"合法"的理论基础。正如国内学者所揭露:"所谓'麦克马洪线',乃是在西姆拉会议召开20多年后由一批英国和英属印度政府官员编造历史、销毁证据,甚至出版伪书等不光彩的手段制造出来的。"②

三 1936—1938年西藏坚定的反侵略立场

(一) 1936年西藏与古德边界问题交涉

英印当局紧锣密鼓为"麦克马洪线"制造舆论之际,还派遣驻锡金政务官古德访问拉萨。1936年11月古德出使拉萨,此行主要目的是蛊惑西藏抵制班禅返藏。临行前英印政府授意古德在藏期间,寻求同西藏协商

---

① 1938年出版的《艾奇逊条约集》赝本,转引自[印]卡·古普塔《中印边界秘史》,王宏纬、王至亭译,中国藏学出版社1990年版,第114—115页。

② 吕昭义:《英帝国与中国西南边疆(1911—1947)》,中国藏学出版社2001年版,第360页。

解决藏印边界争端,特别是达旺(门隅)的问题。此时英藏边境交涉的焦点是门隅地区。11月15日,古德在拉萨致电英印政府,描述了他与西藏噶厦交涉的经过:

> 我说,噶厦无疑对1914年7月3日所签订的条约的条款了如指掌,依照同一天发表的《宣言》,已承认条约对大英政府和西藏政府双方的约束。按照该条约的规定,西藏不得要求标在达旺北部红线以南的任何领土。

噶厦预先不知道古德会提出藏印边界的问题,但当即辩驳:

> 噶厦"熟知1914年《条约》,但是,第一,达旺直到1914年还隶属于西藏,还是毫无疑问的;第二,他们把藏印边界的调整看成是所有重大调整中的局部调整,边界问题早已在1914年《条约》中就确定下来了。由于中国拒绝批准承认规定汉藏边界调整有利于西藏的《条约》,因而也不要指望西藏会在印藏边界问题上作出一点让步,也不会得到任何报答;第三,如果得到我们的帮助,他们就能使汉藏边界像1914年划界那样确定下来。……因为事实上自从1914年《条约》和《宣言》订立以来,印度政府从来没有向西藏方面提出过异议,也没有声明过英国在达旺地区拥有管辖权"。①

这样的回复是1914年以来西藏一贯的立场,首先指出门隅、珞渝和察隅地方是西藏无可争议的领土。接着提出,1914年英印政府当时答应帮助西藏实现,将"内藏"与内地其他省份的边界线向东移到西藏满意的地方,作为承认"麦克马洪线"的先决条件。但是,由于中国政府否决了《西姆拉条约》,不接受"内藏"与内地其他省份的分界线,西藏认为作为与英国进行交易的"麦克马洪线"是无效的。西藏还声辩:自西

---

① 英国外交部档案,371/20963,《1936年11月15日古德自拉萨致印度政府外交和政治部的快信》,第6(1)-P/36号。第2点依据L/PS/12/4200,克塔鲁斯(Kitarus)笔记,印度政府外交和政治部,1938年6月23日,转引自[美]梅·戈尔斯坦《喇嘛王国的覆灭》,杜永彬译,中国藏学出版社2005年版,第237页。

姆拉会议后，西藏地方政府一直有效地管辖着"麦克马洪线"以南的地区，英国政府和印度当局也未提出异议。毫无疑问，西藏的解释是铿锵有力的。

古德也不会轻易地接受西藏的解释，向噶厦争辩说："毫无疑问，印藏边界在1914年条约和宣言就已明确划定了；自1914年以来，大英政府与西藏政府之间的关系便一直是遵照条约和宣言处理。"①古德确实意识到，噶厦不会接受英印政府的领土要求，而且面临班禅返藏导致西藏与中国中央政府冲突的威胁，建议英印政府推迟与西藏就达旺问题进行边界谈判。

虽然古德建议拖延达旺问题，但是他强调该地区对于英印政府具有重要的战略意义，提醒英印政府：达旺地区地处喜马拉雅山脉南麓，气候相对温和，海拔较低，是一个非常重要的军事要地。提出与20世纪20年代末印度东北边境巴里巴拉边境区负责人内维尔强调"麦克马洪线"以南的地区对英印的重要性一样的观点。

古德向印度外交和政治部陈述了三点可行方案：首先，如果西藏成功地与中国就边界（康藏分界）问题达成协议，那么西藏的寻求报偿的主张就将得到满足，它就不得不接受"麦克马洪线"具有合法性这一事实；其次，如果西藏当局准许汉人军队随同班禅喇嘛进驻西藏，那么英国就将毅然处断难局，立即行使其在达旺的统治权；最后，如果继续维持目前的局势，那么就同阿萨姆邦协商，可逐渐在"东北边境特区"采用一种新型的行政管理制度，目的是不刺激西藏人的感情②。

1936年12月8日，印度外交与政治部致电古德，认为噶厦的立场完全站不住脚，指示古德设法确保西藏同意由印度政府管理这一地区，并要求他获得承认"麦克马洪线"合法和有效的再次书面肯定。③次日，外交与政治部致电阿萨姆邦，同意他们10月中旬为了促使这些行动方案早日实现，派巡视员到达旺及邻近地区的申请。英印政府答应考虑把这些请求纳入来年的预算案中，并暗示，希望阿萨姆邦征收该地区的税赋，撵走所

---

① 英国外交部档案，371/20963，《1936年11月15日古德自拉萨致印度政府外交和政治部的快信》，第6（1）－P/36号，转引自［美］梅·戈尔斯坦《喇嘛王国的覆灭》，杜永彬译，中国藏学出版社2005年版，第238页。

② 同上。

③ 同上。

第五章 "麦克马洪线"的出笼与西藏人民的反抗斗争

有在达旺等地的西藏官员①。

根据在拉萨所面对的困境，古德认为说服噶厦作出任何书面承诺都是相当困难的，因而1936年12月12日回电英印外交与政治部说：

> 我料想如果在目前阶段要是提议西藏作出书面肯定的承诺的话，那么，我们的行动势必造成这样的影响，即我们自己觉得1914年的约定迫切需要重新加以肯定；实际上必然是，西藏政府只是在同于1914年7月3日签署宣言的摄政、司伦、"民众大会"和寺院负责人协商之后，才能决定是否专门重新作出书面承诺。中国可能会在某些方面利用这样的需求和机会，西藏政府为了作出承诺就会设法进行谈判，并向中国提出各种要求。
>
> 在我看来，目前破例处理在达旺的事实上的地位的最佳方式是，通过口头说明重申我们在该地区的实际权利，以支持我们的明确行动，而不是通过提出重新承诺的问题这种方式达到这一目的。②

此时，英国极力笼络噶厦，破坏中央政府与西藏地方关系的正常化，如果在藏印边界问题上采取强硬的措施，势必将西藏推向中央政府，加速西藏与中央政府关系正常化进程。一旦中国恢复在藏势力，将威胁英印对喜马拉雅山地诸国的控制和东北边境的领土要求。因此，英印政府采纳了古德的意见，五天后回电古德，要求他在英印政府采取行动之前与阿萨姆当局商讨采取"断然措施"。③

古德使用英国政府惯用的伎俩，背着中国中央政府秘密向噶厦索取中国西藏领土。中国政府时刻关注藏东南边境，中央驻藏官员多方刺探，向

---

① 英国外交部档案，371/20963，《印度政府外交和政治部致阿萨姆邦第一秘书的信》，1936年12月9日，转引自〔美〕梅·戈尔斯坦《喇嘛王国的覆灭》，杜永彬译，中国藏学出版社2005年版，第238页。

② 英国外交部档案，371/20963，《古德自拉萨致印度政府外交和政治部的电报》，1936年12月12日，转引自〔美〕梅·戈尔斯坦《喇嘛王国的覆灭》，杜永彬译，中国藏学出版社2005年版，第239页。同见〔印〕卡·古普塔《中印边界秘史》，王宏纬、王至亭译，中国藏学出版社1990年版，第104页。

③ 英国外交部档案，371/20963，《1936年12月17日新德里外交和政治部致拉萨古德的电报》，转引自〔美〕梅·戈尔斯坦《喇嘛王国的覆灭》，杜永彬译，中国藏学出版社2005年版，第239页。

南京报告:"该英官此次岁迭经坚向藏方要求照约(1914年秘密换文)将嘉玉宗及门德(达)旺等地方割让于英,均遭藏方坚决拒绝。"①

(二) 1938 年藏英边界问题再交涉

英印自 20 世纪 30 年代重提"麦克马洪线"以来,不断派员进入门隅、珞渝及察隅勘察。1936 年 9 月阿萨姆邦致电驻巴里巴拉边境地区政务官莱特福特(G. S. Lightfoot),认为仅仅在印度测绘局的地图上重新绘出"麦克马洪线"以及偷偷摸摸地出版文件的做法,总抵不过西藏在达旺的长期的、有效的而且也从未受到非难的管辖权。②

1937 年 5 月 27 日,阿萨姆邦总督里德向英印政府提交一份旨在向门巴族和珞巴族地区推进的报告:英印政府应该在英国政府支持下,借助阿萨姆步枪队的力量,命令巴里巴拉的官员带队进发阿萨姆北部部落地区,进而实现对门隅、珞渝及察隅的统治,"如果要有效地占领达旺和预先阻止中国对那个地区的可能入侵,就需要采取给人印象更深刻的和更为永久性的行动",以及利用武力迫使门巴族服从英印政府的命令,如果反抗就切断部落地区与阿萨姆平原的联系③。英印政府对此表示同意④。

1938 年 4 月,在阿萨姆邦政府的授意下,驻巴里巴拉政务官莱特福特率一支远征队进入门隅地区。远征队此行的目的是调查西藏地方政府对门隅的管辖情况,勘测地形,队伍由 200 名阿萨姆步枪队士兵和 600 名劳力组成。4 月 26 日,莱特福特报告到达门隅的情况称:"西藏官员当着远征队的面征收赋税并要求他们撤退。"⑤ 4 月 30 日,莱特福特抵达达旺,要求西藏官员立刻撤离达旺。

错那宗本立即给噶厦报告:近期英人"一队骑兵来到我地区,询问

---

① 《蒋致余为报柯尔在藏活动及藏方态度等情致蒋介石电》,参见中国藏学研究中心等编《元以来西藏地方与中央政府关系档案史料汇编》第 7 册,中国藏学出版社 1994 年版,第 3147 页。

② 《阿萨姆政府首席秘书致莱特福特》,1936 年 9 月 17 日。参见[英]里德《毗邻阿萨姆的边境地区的历史》,第 295 页,转引自[澳]内维尔·马克斯维尔《印度对华战争》,陆仁译,世界知识出版社 1981 年版,第 53—54 页。

③ 印度事务部档案(IOR)L/PS/12/36/29,《阿萨姆邦致英印政府》,转引自张永攀《英帝国与中国西藏(1937—1947)》,中国社会科学出版社 2007 年版,第 18 页。

④ [印]卡·古普塔:《中印边界秘史》,王宏纬、王至亭译,中国藏学出版社 1990 年版,第 107 页。

⑤ 同上书,第 109 页。

并登记门达旺一带噶厦的征税情况,以示达旺为英所辖。还送给达旺寺扎仓厚礼,妄想用欺骗拉拢等手段达其目的。凡此情况,我等甚感事关重大,乞请明示"。噶厦就此事磋商后,指示门隅官员:"木虎年(1914年)在西姆拉中、英、藏三方缔结条约时,藏汉之间未能谈妥。因此,在边界问题上,藏英尚未谈判之前,不能让英国为所欲为。英方所为,我政府绝难答应,尔等令当地居民对现行征税情况绝对保密,要齐心协力,避免上英人之当。"不久,门隅地区的当地头人和百姓代表101人联名致信地方政府,表示坚决抗英,保证不落入英人的圈套①。

噶厦一边阻止英人在门隅活动,另一边向英驻锡金政务官古德提出抗议,质问为什么远征队没有事先通知西藏就进入门隅。古德向噶厦争辩道:根据1914年条约的精神,达旺地区已经割让给英印政府。阿萨姆政府官员在边境巡查是惯例,所以莱特福特前往达旺巡查是理所当然的。噶厦对此次英人侵犯非常愤慨,又约见古德的助理诺布顿珠。西藏地方政府打算与不丹政府确定在该地区不丹与西藏的边界,"目的是取得不丹对达旺属于西藏的承认"。② 英印政府获知后,立即通知不丹政府门隅地区属于英国,要求不丹不要与西藏就该地区与不丹之间的边界进行谈判,签订任何协议,从而阻挠西藏的行动。

1938年,诺布顿珠一直在拉萨与噶厦就边界问题进行交涉,其不厌其烦地九次拜会噶厦、三次拜会摄政,意图诱使噶厦同意撤出门隅的西藏官员,但终被噶厦所拒绝。8月26日,诺布顿珠向古德通报在拉萨与噶厦交涉的过程,同时提出其想法。噶厦提出:(1)大部分赴印度参加1913—1914年的英藏西姆拉会议的官员都已过世,还有一些人已退休,不再担任政府职位。而现在的噶厦官员均不知达旺曾被割让给英印政府。(2)噶厦要查找有关边界任何问题的文件都需要很长时间。……有一些有关1913—1914年《西姆拉条约》的文件在摄政王那里,有一些文件则在其他机关,不容易找到。因此,他们不能处理这一问题。(3)噶厦要求诺布顿珠提供据以将达旺划归英国政府的条约条款的抄件。他们说在收

---

① 拉鲁·次旺多吉:《德里秘密换文未曾得到原西藏地方政府的承认》,载《西藏文史资料选辑》第10辑,民族出版社1989年版,第9—10页。

② I. O. R: Pol. (External) Dept.: Collection36/File 29, Register No. 5109/1938,转引自[印]卡·古普塔《中印边界秘史》,王宏纬、王至亭译,中国藏学出版社1990年版,第111页。

到抄件后他们将进行商量。诺布顿珠由此认为,藏印边界问题的解决需要很长的时间,噶厦官员全都不敢就此事作出决定,他们无权不经"春都"会议,与英印政府私自决定藏印边界问题,噶厦上文提出的要求只是借口而已,他"担心这个意味着此事将会拖延很多月或者很多年"①。

此次边界交涉,西藏地方政府再次阐明门隅属于中国西藏、反对所谓"麦克马洪线"的立场。对英印政府而言,此次与西藏的边界交涉无疑是失败的。在噶厦的抗议、英印政府的命令下,莱特福特远征队全面撤离门隅,最终其对门隅政局的影响也是微不足道的,西藏地方政府依旧在门隅行使管辖权。

第五节 抗战前后西藏人民反抗英印侵略的斗争

一 第二次世界大战前期英印调整侵占策略

1936—1938年印藏边界交涉的焦点是门隅地区。莱特福特的门隅行动是阿萨姆邦总督里德的主意,里德多次向英印政府主张在藏印边境地区采取前进政策。建议控制门隅,驱除西藏官员,在当地征收赋税,利用门巴族官员取代西藏官员等积极的前进措施。1939年2月3日,里德写信给英印总督林里兹哥(Linlithgow),请求英印政府同意于是年4月再向门隅地区派遣规模较小的远征队,强调只需花费25000卢比。信中还向林里兹哥提出三个门隅方案。第一,英印政府不再过问门隅的事情,"可以省去许多麻烦和开销",除非东北边境出现重大变化,英印才采取行动;第二,"永久占领达旺,并承担由此带来的开支,在其他条件相同的情况下,这显然是最可取的政策";第三,就是再次派遣规模较小门隅远征队,"必须定期重复进行",会产生预想不到的效果。② 里德认为第一个方案不可取,赞成采取第二个方案,如果条件不成熟,就派遣第二支远征队。但里德的建议未被采纳。

不久,里德暂时离职返回英国,阿萨姆总督一职由亨利·特怀南

---

① IOR. L/PS/4200, Norbhu Dondup to Gould, 26 August 1938.

② I. O. R: Pol. (External) Dept.: Collection36/File 29,《里德致林里兹哥密信》,1939年1月3日,转引自[印]卡·古普塔《中印边界秘史》,王宏纬、王至亭译,中国藏学出版社1990年版,第116—117页。

(Henry Twynum）代理。特怀南并不认同里德的完全占领门隅的"前进政策"。1939年3月17日，特怀南致信英印总督林里兹哥，提出不要急于占领门隅达旺地区，建议将"麦克马洪线"南移，穿过达旺以南由色拉山脉和迪吉恩河构成的天然边界地区。信中列举了多条理由：中国进入门隅的可能性减少；1914年中国未批准《西姆拉条约》；西姆拉会议内外绘制的不同尺寸的两种地图使"麦克马洪线"无法确定；英印政府内部有人提出的"人道主义的理由不足以说明'前进'政策的正确"。特怀南提议三点：（1）在色拉山以南德让宗和卡拉唐地区建立一个管辖区；（2）在门隅任命一名代表英印利益的门巴族商务代表；（3）在管辖区建立哨所。①

与里德的"前进政策"对比，特怀南提出的政策是比较温和的。林里兹哥于同年4月17日回信称，赞同特怀南的建议，认为就西藏的政局②来看，就边界问题"进一步逼迫西藏政府没有好处而且还有危险"，极有可能将西藏完全推向中国中央政府一方。此时战争的乌云笼罩着欧洲大地，德国法西斯对英国本土虎视眈眈，英国和殖民属地的军费开支急剧攀升，英印政府面临紧张的财政状况。英印政府的任何军事行动都将影响到其在亚洲的局势，行动所需的军费开支也是必须考虑的。英印政府不得不收缩藏印边界行动，否定了特怀南的"温和"方案。

1939年8月24日，林里兹哥向伦敦印度事务大臣泽特兰（Zetland）陈述对特怀南方案的立场，要求特怀南在东北边境问题上谨慎行事。林里兹哥还向泽特兰报告藏印边境最新情况："从随后收到的特怀南的几个报告看，可能向下锡昂河（布拉马普特拉河）线更东推进具有更大急迫性，因为那里的西藏势力露出了向纯部落地区扩展的迹象，而这些地区处在很容易到达阿萨姆边界的交通线上。"③ 由此可见，面对英印咄咄逼人的领

---

① I. O. R: Pol. (External) Dept.: Collection36/File 23, Register No. 2029/39,《特怀南致林里兹哥的信》，1939年3月17日，转引自［印］卡·古普塔《中印边界秘史》，王宏纬、王至亭译，中国藏学出版社1990年版，第117—122页。

② 摄政热振活佛主政西藏，亲中央势力崛起，遏制亲英派在藏内横行，不久国民政府蒙藏委员会委员长吴忠信将进藏主持十四世达赖喇嘛坐床大典，国民政府不断强化在藏因素。

③ I. O. R: Pol. (External) Dept.: Collection36/File 29,《林里兹哥致泽特兰的信》，1939年8月24日，转引自［印］卡·古普塔《中印边界秘史》，王宏纬、王至亭译，中国藏学出版社1990年版，第124页。

土要求，西藏地方政府加强在门隅、珞渝及察隅地方的管辖。布拉马普特拉河是重要的交通线，也是战略要隘，英印当局对西藏的行动非常敏感，认为向"麦克马洪线"东段推进更有急迫性。

1939年2月下旬至3月底，新任英印萨地亚边境区政务官R.W.戈弗雷（R.W.Godfrey）带领百余名英印军警越过中印传统边界线，再次闯入西藏珞渝地区进行勘测和"调查"。同年12月至1940年1月，戈弗雷又带领近百名随从溯察隅河而上，非法闯入察隅地区进行勘测，直抵察隅日玛（Rima）方才返回印度。1940年4月，戈弗雷再次带领英印军警深入珞渝地区"调查"，主要调查政治、经济、交通等情况。① 接连三次进入珞渝和察隅为英国侵占该地区做准备。

1940年8月1日，阿萨姆邦总督里德、总督秘书米尔斯（J.P.Mills）、驻锡金政务官员古德、驻萨地亚边境地区官员戈弗雷、驻巴里巴拉边境地区官员莱特福特等所有与印度东北边境有关的重要官员，出席了在阿萨姆首府西隆召开的东北边境会议，讨论如何更好地占领"麦克马洪线"以南的中国领土。会议决定英印政府不应坚持其对门隅达旺的领土要求，建议英方可以在"麦克马洪线"以南的地方，如在色拉山脉或者在更南面的德让宗附近划一条比"麦克马洪线"更适合的线。阿萨姆邦总督和驻锡金政务官员认为，争取在不破坏英藏关系的情况下维护"麦克马洪线"，强调在打破达旺、德让宗和卡拉唐的现状前，"最好先在锡昂河和洛希特河地区（珞渝与察隅）取得进展"。② 英印政府已经把边界工作的重心从门隅向东转移。

1941年12月至1943年2月，英印政府派遣一支以英军上尉克罗斯（W.E.Cross）为首的武装勘测队从萨地亚出发，越过中印传统边界线，溯察隅河而上，抵达察隅瓦弄。勘测队沿途勘测通往察隅的公路，并调查在该地修建机场的可能性。③ 1943年5月，英印政府派遣哈钦斯率领另一

---

① 周伟洲主编：《英国俄国与中国西藏》，中国藏学出版社2000年版，第545—546页。

② I.O.R：Pol.（External）Dept.：Collection36/File 23, Register No. P.Z.5515/1940，转引自［印］卡·古普塔《中印边界秘史》，王宏纬、王至亭译，中国藏学出版社1990年版，第124页。

③ IOR, L/PS/20/D223, report of W. E. Cross on the Lohit Valley, 15 December, 1941，转引自 A. lamb, *Tibet, China & India, 1914 – 1950, A History of Imperial Diplomacy*, Roxford Books, Hertingfordbury, Hertfordshire, 1989.

支勘测队前往察隅瓦弄进行地形勘测，为下一步出兵占领瓦弄做准备。

虽然英印政府在1940年西隆会议上确定暂时保持门隅地区现状，但英印官员不断挑唆门巴族脱离西藏地方政府的控制，挑拨藏门关系。1942年，英印军队直接进驻门隅南部地区，"派兵50名进驻提郎宗（德让宗）以西之斜香买地方，建筑营房，并筑瞭望塔，严密检查行人；又于兵营附近辟菜园、畜牛羊，员兵每日以平地为务，似欲建筑大规模之兵营或机场"。①

二 西藏加强对门珞地区的施政抵御英人入侵

第二次世界大战爆发后，英印对中印边境的政策作出了微调，但并没有改变前进的方针，频频出击，侵犯中国藏门珞地方，还多次派遣使团串访拉萨，笼络、利诱西藏上层出卖领土，但皆未得逞。西藏地方政府坚决抵制英人的非法领土要求，加强对门巴族、珞巴族地区的治理，防止英印军队侵占中国领土。

（一）抗战期间，西藏在门隅行使有效的治权

1940年，西藏地方当局命令错那宗重新清查门隅地区的"差户"户数。该区各地头人、代表等遵照指示呈报户口清册，还具结保证所报无误。清单中详细地列举了门隅全区32个措及其所辖各地的"差户"户数，②在这个具结书上具名的包括了门隅地区南部的打陇宗、噶拉塘、白则林、木新、董科、丁则等许多地方的头人、代表。西藏继续按"户岗"为单位在当地征收赋税，夏秋各征一次。西藏地方还在门隅行使司法权力，维护地区的稳定，一份噶厦1943年的报告中就提到："错那宗档案内并有盖有关防之关于达旺扎仓和巴沃洞金双方土地及命案纠纷至判决书抄件。今后各任宗本均应以此为据，严格贯彻。"③

1942年，西藏地方政府向德让宗、打隆宗下达命令，要求严防外人越境闯入门隅地区活动，如有情况务必向拉萨及时呈报。德让宗、打隆宗的宗本等向西藏地方政府立保证："我沿边各宗本及头人属下，均对此命

---

① 西藏社会科学院等编：《西藏地方是中国不可分割的一部分》（史料选辑），西藏人民出版社1986年版，第529页。

② 西藏地方政府清查的1940年门隅各措的户数，请详见上文。

③ 中华人民共和国外交部：《中华人民共和国政府官员和印度政府官员关于边界问题的报告》，1961年，第98页。

令彻底了解,宣布和严格执行。"① 同年,西藏地方政府命令错那宗巡查边界,第二年该宗派出的官员在巡查边界,经派达旺住哲的代表、打陇宗两宗本、董科和木新两地的代表等前往各地巡视②。

1942年5月,西藏地方政府派卫代本晋巴瓦、孜准彭绕巴二人赴错那查办边务、整顿吏治、清查土地和户籍,并于1943年(水羊年)规约造册制定《水羊年关于南部门隅夏尼玛三措、塔巴八措、章朗河流域、上下绒朗、加仓木谢尔和都边等地我政府差民掌管的土地、差房、男女属民情况清查规约纲领之计划呈文》(现藏于西藏自治区档案馆,简称《水羊清册》)。《水羊清册》为长达366.6米、宽约66厘米左右的藏文长卷,涉及门隅夏尼玛三措、塔巴八措、章朗河流域、上下绒朗,以及处于门隅和印度传统边界地段的边境村落加仓木谢尔和都边等地③,记录了上述地方的五个方面的内容:"一、官府差民及其男女属民,即户主及其家庭成员,以及借宿该户的亲戚和其他人等,包括男人、女人和孩子的名字、称谓、年龄。二、每户承担的差地面积、差地种类、名称、面积、数量、类型(如麦地、稻田、谷子地、青稞地、园林地)、肥料种类。三、每户的房屋面积、结构、间数、朝向、建筑材料(石木、板材、竹类等)、梯子(木梯或石梯)、台阶。四、每家户主(家长)的名字及所承担的差役赋税。五、每户所分布的措(定)、村落、放牧点、措(定)村落地界及拉康(神殿)、日追(隐修地)、水力风力玛尼等公共宗教场所的位置、面积和名称,等等。"④《水羊清册》是迄今最详细记载门隅地区人口、土地、赋税、村落等的档案,亦是民国时期西藏地方政府治理门隅地区的铁证。

1943年,鉴于对门隅各级行政人员的遴选和委派略有不慎和松弛现象,西藏地方政府下令加以整顿。当时噶厦给摄政报告:"(哲蚌寺洛色

---

① 中华人民共和国外交部:《中华人民共和国政府官员和印度政府官员关于边界问题的报告》,1961年,第100页。

② 同上书,第47页。

③ 夏尼玛三措:夏布措、拉乌措、色如措;塔巴八措:莫廓夏松措、桑龙措、卡崩措、赤朗措、通岭措、白玛卡措、翁拉措、萨哲措;章朗河流域包括六措:森纽措、利措、朗希天邦措、桑迪措、迪让措;上下绒朗包括四措:、上绒朗、下绒朗、谢尔都班、热孔库当措;加仓木谢尔和都边属于达旺拉聂下辖32措中的绒朗四措。以上皆参见扎雅·洛桑普赤《藏文长卷历史档案〈水羊清册〉内容、特点及其价值》,《中国藏学》2015年第3期。

④ 同上。

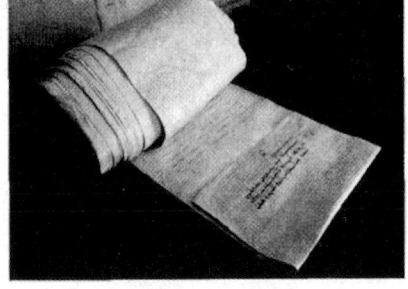

修复前的《水羊清册》　　　　　　　修复后的《水羊清册》

图5—3　西藏自治区档案馆珍藏的《水羊清册》（选自扎雅·洛桑普赤文章）

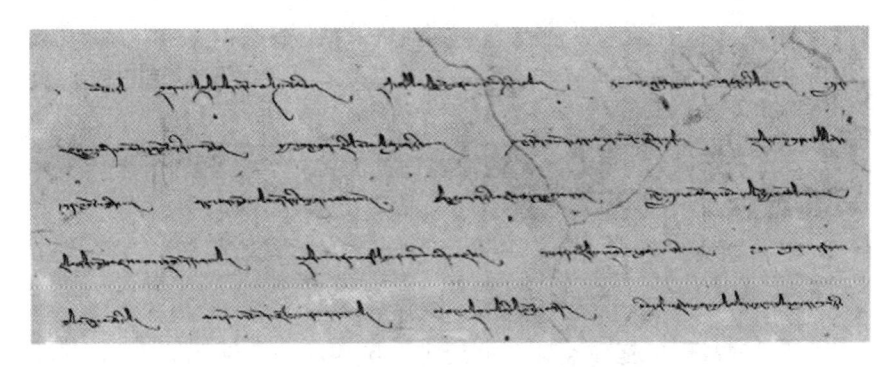

图5—4　西藏自治区档案馆珍藏的《水羊清册》
（原件局部，选自扎雅·洛桑普赤文章）

林）历任堪布有委派达旺扎仓的勘察之例。……今后应责成主派者哲蚌寺洛色林堪布严加注意委派。"这个报告中还提到，达旺喇章、聂仓、扎仓和错那宗监管绛喀谿堆组成"达旺住哲"的人员，也应严格掌握委派，并指定错那宗两个宗本冬夏两季轮流驻在绛喀溪。关于委派打陇宗和德让宗的宗本，这个报告中提到："我所属打陇宗及德让宗两处宗本，向系由达旺扎仓派出。……地方主官应于新任宗本上任前严加晓谕，并取具切实甘结。至于充任宗本人员，也应从达旺寺僧中慎选年资较长及有见解者委派前往。"报告中并说明上述事情"已由此间另行令饬各该单位"。1945

年德让宗给西藏地方当局的报告中,谈到委派德让、打陇宗本的情况。①

(二) 抗战期间,西藏在珞渝地区派官设措、征收赋税

西藏地方当局在珞渝地区建立了行政机构,并委派官员进行管理。珞渝地区早期由西藏波密土王管辖,后划归白马岗管辖,属色拉寺。1945年西藏地方当局给主管白马岗政教事务的色拉寺指示中,命令该寺在珞渝地区应每年按时征收赋税。1945年前后,英国沿雅鲁藏布江向北入侵到中国传统习惯边界以北的嘎高附近。主管白马岗事务的色拉寺给噶厦报告:下珞渝地方的嘎高村是西藏政府的领土,"每年政府向该地征收1500个白章喀的政府差税",英国正逐步向嘎高一带扩展。对此,1946年噶厦命令白马岗宗本,继续在该地区照旧收税。1947年西藏地方政府给白马岗宗本的指示中又重申:"关于英国官兵去年和今年开到下部地区洛那的嘎高至协尔曲河间及达岗措的村落、河流南北两岸,并将上述土地、百姓占为己有等情均悉。查此事已于去年发去指示,对于无可置疑系属西藏的地方,而不是英国的地方,英国人企图据为己有,殊属非是。"② 文件说明抗战前后西藏地方政府一直管辖着珞渝广大地方,严防英印侵犯国家领土,对英人的武装侵略给予有力的还击。

三 1944—1947年西藏不承认"麦克马洪线"

世界大战没有能拖住英印政府侵占中国西藏东南地区的步伐,有计划、有规模地频繁闯入传统边界线以北地区。伦敦和英印政府内部一直就中印边界问题展开讨论,作出战略预判,认为一旦第二次世界大战结束,中国中央政府与西藏地方关系正常化完全有可能的,在西藏问题上,英国将不可能避开中国同西藏噶厦进行单边谈判。如果中国势力进入门隅、珞渝及察隅地方,英国将不能得心应手控制"麦克马洪线"以南的地区,并将很难把英印单方划定的边界线推给中国政府。

因此,第二次世界大战后期英国和英印政府决定加快侵占藏东南的步伐,在中国控制西藏之前,武力侵占"麦克马洪线"以南的地区。1943年7月,英印政府建立一个在强行统治该地区的机构——东北边境特区

---

① 中华人民共和国外交部:《中华人民共和国政府官员和印度政府官员关于边界问题的报告》,1961年,第92页。

② 同上书,第49页。

第五章 "麦克马洪线"的出笼与西藏人民的反抗斗争

(North East Frontier Agency),由阿萨姆邦总督秘书米尔斯领导。该机构将中国西藏门隅、珞渝及察隅地方分成四个分区进行侵占,从东到西分别是:洛希特(Lohit)分区、思昂(Siang)分区、苏班西里(Subansiri)分区和色拉(Sela)分区,分别任命梅因普莱斯(F. P. Mainprice)、詹姆斯(P. L. S. James)、海门道夫(Furer Haimendorf)、A. T. 拉(A. T. La)等人为各分区的负责人。① 上述的所谓"洛希特分区"对应的是西藏察隅地区,"思昂分区"和"苏班西里分区"对应西藏珞渝地区,"色拉分区"对应西藏门隅地区。

1944年年初,英印政府开始全面武装进犯藏东南。同年1月,"洛希特分区"的头目梅因普莱斯率领一支英印侵略军闯入西藏察隅地方,在瓦弄修建临时的军事哨所,接着越过"麦克马洪线"抵达察隅县城。噶厦昌都总管向拉萨报告英印侵略军在察隅活动的情况,"察隅方面有英国官兵共二十余人,苦力二十余人"。得到报告后,噶厦严令昌都总管维护领土完整,驱除在察隅驻扎的侵略军,英印的领土要求"藏方绝对不能承认"。② 噶厦随即质问英国驻拉萨代表处,英人否定英印军队的侵略行径,谎称仅仅是在勘测通往中国内地的公路。③

与此同时,英印军队侵入门隅地区。"据报,西藏南部临近不丹地方近有大批英军到达,破坏交通,现已将毗连不丹之村镇占领。藏方委派官吏均被驱逐。"④ 门隅德让宗宗本向噶厦报告说:"前来德让所属董木驻扎的英国官兵及苦力共有50余人",他们强迫德让宗不得向西藏地方缴纳粮食。⑤ 噶厦先后去信命令两位错那宗本和"达旺四联":"我政府未曾割

---

① A. lamb, *Tibet, China & India, 1914 – 1950, A History of Imperial Diplomacy*, Roxford Books, Hertingfordbury, Hertfordshire, 1989, pp. 456 – 477.
② 《西藏驻京代表阿旺坚赞等为英兵驻扎察隅登时藏方绝对不能承认事致蒙藏委员会代电》,参见中国藏学研究中心等编《元以来西藏地方与中央政府关系档案史料汇编》第7册,中国藏学出版社1994年版,第3152页。
③ Extract from Hasa letter forweek ending 9 April 1944, 转引自张永攀《英帝国与中国西藏(1937—1947)》,中国社会科学出版社2007年版,第73页。
④ 《蒋介石为查明英军到达藏南破坏交通等事致蒙藏委员会代电》,参见中国藏学研究中心等编《元以来西藏地方与中央政府关系档案史料汇编》第7册,中国藏学出版社1994年版,第3151页。
⑤ 中华人民共和国外交部:《中华人民共和国政府官员和印度政府官员关于边界问题的报告》,1961年,第102页。

让人、地给英国，尔等以妥善方式交涉，避免发生争执。现派去打扰宗、德让宗新宗本二人，务必尽力自卫我土，照例履行征税司法之权，不得有误！"① 展示了噶厦抵御外敌入侵，维护领土完整的决心。

1944年8月，西藏"外交局"与英国驻拉萨代表古德就英印侵占察隅和门隅的中国领土进行了交涉，噶厦明确表示，"下察隅瓦弄与（门隅）噶拉塘无可争辩地属于西藏领土，西藏政府一直在那里征收赋税，英国占领西藏领土并派官兵驻扎的作法，将来恐发生枝节"。还指出门隅问题，"英、藏双方的各项条约中，并未载明上述地方给予英国政府，而且当前辈（十三世）达赖喇嘛在世时丝毫未提及。如今这种做法若不同西藏人民商议，仅我们是不能解决问题的……立即请将驻噶拉塘之印度官兵撤退"。② 西藏地方政府不予承认"麦克马洪线"，十三世达赖喇嘛公开并未"提过"，也未经"春都"会议讨论。因此英印政府进驻察隅河门隅的军队应予立即撤退。

10月英印政府代表古德致噶厦一备忘录，主要内容为：

（1）英印政府将通过外交手续帮助西藏自治；（2）未授权给西藏军事援助（英以此要挟西藏噶厦）；（3）帮助解决中藏关系；（4）印藏边界（"麦线"）南部地区，英印政府对西藏没有领土野心，但照旧要保持（英印的）各项权利；（5）英印政府愿意改变边界，即从色拉（门达旺南山脉）起不是向塔湾以北而是向达旺以南伸长。英国将不反对西藏在色拉以南征收一些寺院的布施（将税收改称布施）；（6）1914年边界线（指"麦线"）以南的西藏私人土地所有权将不予干涉；（7）错噶波、咱日·萨巴等圣地在英界内离边界一日程，仍按1914年诺言予以调整。（8）西藏政府官员不要在色拉以南行使权力，英印政府已建立哨所不能撤退。③

显然，英印政府威胁在军事方面不支持噶厦对抗中国中央政府，利诱

---

① 拉鲁·次旺多吉：《德里秘密换文未曾得到原西藏地方政府的承认》，载《西藏文史资料选辑》（第10辑），民族出版社1989年版，第10页

② 原西藏"外交局"档案，转引自杨公素《中国反对外国侵略干涉西藏地方斗争史》，中国藏学出版社2001年版，第224页。

③ 同上。

支持西藏"独立",帮助解决中藏关系,而逼迫西藏地方承认英印军队对"麦克马洪线"以南中国领土的非法占领。早在9月,中央政府驻藏办事处处长沈宗濂向蒙藏委员会报告,噶厦"本年又向英购大批军火,闻用借款方式。英方条件,闻(1)在察隅驻军;(2)在扪打旺(门达旺)驻军,修筑通拉萨之路,并开医院、学校。藏方尚无具体答复"。[①] 而且又有消息称:古德以巨款贿赂摄政及四大噶伦,[②] 诱使在边界问题上退让。古德在藏煽动西藏"独立",要求西藏割让门隅南部地区,沈宗濂深感关系重大,前往谒见摄政,晓谕厉害,并要求噶厦向中央政府上报与英方商谈的详情。西藏地方表态,自应遵照中央的意旨拒绝英印。1944年12月,西藏召集僧俗大会讨论,俗官颇有主张割让领土取悦英人的败类,以达到其不可告人的目的,"而各大寺及僧官力表反对,辩论极为激烈。结果通过藏地决不割让英国,并全体签字,如有祸患,僧俗共之"。[③] 噶厦没有立即答复英印政府的备忘录,古德在拉萨终无功而返。

1945年1月,西藏地方委派察隅宗本前往瓦弄,向英印军队声明中印边界线在瓦弄以南十余公里的明尼克莱,要求英印军队退出瓦弄,但遭到英方拒绝。同年藏历四月八日,错那宗二宗本和"达旺四联"在再次写给噶厦的信中反映,他们在德让宗与英印侵略军交涉的情况。西藏门隅官员向英方明确表示:"去年进驻德让的英军官兵,现在应该全部撤回,我们按例要在这里征税司法。"英印军对此不以为然,回复道:"色拉山以南的地方割让给英国已有32年,但直到去年我们还没有行使管辖权。由于色拉山以南地方的居民都归属了英国,所以你们在那里征税是违法的。"英方不会轻易放弃已霸占的中国土地。门隅官员向西藏地方政府强调门隅南部各宗对西藏的战略意义:"色拉山以南的打拢、德让二宗虽说只有10个措,但这一带地广人多,资源丰富,尤其是达旺扎仓斋供的来

---

① 《沈宗濂为报英方以借款方式提供西藏军火索要政治条件事致蒙藏委员会电》,参见中国藏学研究中心等编《元以来西藏地方与中央政府关系档案史料汇编》第7册,中国藏学出版社1994年版,第3163—3164页。

② 《国民党组织部关于藏当局请英撤退山南门达旺驻兵等情致蒙藏委员会代电》,参见中国藏学研究中心等编《元以来西藏地方与中央政府关系档案史料汇编》第7册,中国藏学出版社1994年版,第3171页。

③ 《军令部关于英威胁藏政府承认白马岗门达旺两地以南地方为英属地藏方决议决不割让等情致蒙藏委员会代电》,参见中国藏学研究中心等编《元以来西藏地方与中央政府关系档案史料汇编》第7册,中国藏学出版社1994年版,第3168页。

源都取之于此二宗。"① 1945年4月27日，西藏地方政府向英国驻拉萨办事处递交了一份措辞强烈的抗议书：

> 在地图中以红线表示印藏边界，这就表明达旺以南的地区都属印度的版图。但是锡金政治专员却说边界的轻微调整只能以色拉关为基础。印度政府在接收、派军的行动以及说他们不可能撤走驻扎在一块无争议的西藏领土上的军队是令人遗憾的，因为我们一直把印度政府看成是值得信赖且乐于助人的友好邻邦。汉藏问题的协商谈判一直把印度政府当作居中调停者，但是仍然没有达成和解。加之，上面提及的领土问题在条约中仍然没有表明被包含在印度版图之内。考虑到自从木虎年（1914年）起，30多年来，这个问题一直未被提出这一事实，我们只能遗憾地说，我们不能同意印度政府把西藏的这些地区攫为己有的新行动。如果驻扎在卡拉唐和瓦弄的官员和军队不马上撤走，就会被看成是"大鱼吃小鱼"，因而，印度政府的坏名声马上就会张扬出去，这无疑将影响西藏广大公众的感情。②

西藏的抗议书再度否认了西藏曾把门隅、珞渝及察隅地区割让给英印政府，强烈抨击英国政府"大鱼吃小鱼"的卑鄙做法。英印政府并没有理睬西藏的抗议书，1945年5月，阿萨姆邦总督秘书米尔斯非法闯入门隅德让宗，阻止西藏地方官员在门隅地区征收赋税。在珞渝地区，他们增设了军事哨所，加强雅鲁藏布江北岸的殖民渗透。

1945年下半年，英国政府派霍普金森（Hopkinson）接任古德的锡金政务官员之职。不久出使拉萨，其主要的目的之一就是威胁、利诱西藏承认"麦克马洪线"，默认英印军队的事实侵占。西藏噶伦索康向霍普金森申辩："英国的政策已经改变了，英国人现在正在向印度人提供自由（指英国将同意印度独立——引者注）。占据西藏部分领土将会给英国政府带

---

① 拉鲁·次旺多吉：《德里秘密换文未曾得到原西藏地方政府的承认》，载《西藏文史资料选辑》（第10辑），民族出版社1989年版，第10页。另参见《中华人民共和国政府官员和印度政府官员关于边界问题的报告》，第102页。

② 英国外交部档案，371/46122，转引自［美］梅·戈尔斯坦《喇嘛王国的覆灭》，杜永彬译，中国藏学出版社2005年版，第340页。同见原西藏"外交局"档案，转引自杨公素《中国反对外国侵略干涉西藏地方斗争史》，中国藏学出版社2001年版，第225页

第五章 "麦克马洪线"的出笼与西藏人民的反抗斗争　189

来什么益处呢？……"索康同时严正表态西藏反对侵略的立场："假如在我就任噶伦官职期间打算放弃自条约签订起我们已统治了30年的领土，那我将永远背上历史的骂名。"① 霍普金森此行没能说服西藏地方。

1946年起，英印政府诉诸武力强占，不断增派侵略军驻扎门隅南部和下察隅地区，并开始在该地征收赋税。是年1月下旬，4名英印士兵越过察隅和桑昂曲宗的中印界碑，向当地的西藏官员称，该地已经割让给英国，英军将接管该地并树立界碑。② 在珞渝的雅鲁藏布江流域，侵略军不断向北推进。一直到1947年向印度移交政权之前，英国殖民者还不断向西藏方向推移，侵犯"麦克马洪线"以南中印传统习惯线以北地区。

1947年，英国结束了在印度的殖民统治，噶厦政府中有人提议，应该趁此机会，收回英印政府侵占的西藏的领土。是年11月，西藏地方向印度政府表达合法的诉求："过去英藏间发生战争，因而就边界、通商等陆续订有条约。如今英国在印度（的权利）已告彻底结束，自不能以英藏间所订条约实行于印度政府与西藏政府之间，因而印度新政府和西藏间的边界等问题，只怕会要重订新约。"不久，噶厦又致信印度总理尼赫鲁，"要求归还领土，其中提出察隅、瓦弄、白马岗、珞巴、门达旺、不丹、锡金、大吉岭及其恒河北岸的各地以及拉达克至叶尔羌边界等"。③ 独立后印度并不肯放弃英国通过卑劣手段在西藏攫取的非法特权。12月12日，印度通过黎吉生回复噶厦，明确拒绝西藏重订新约的请求，提出"为了使印度感到放心，西藏政府要作出履行（原有）条约的许诺"，威胁西藏否则将影响双方的商贸谈判。④ 西藏地方试图与印度继续交涉，但都无功而返。

1950—1951年，中国中央政府和西藏地方政府商讨西藏前途问题之

---

① 英国外交部档案，371/53613，《1945年12月12日霍普金森致英国外交部的第365号电报的附件》，第1号，转引自〔美〕梅·戈尔斯坦《喇嘛王国的覆灭》，杜永彬译，中国藏学出版社2005年版，第342页。

② 《蒋介石为核议英军侵占科麦竖立界牌事致蒙藏委员会代电》，参见中国藏学研究中心等编《元以来西藏地方与中央政府关系档案史料汇编》第7册，中国藏学出版社1994年版，第3172页。

③ 原西藏"外交局"档案，转引自杨公素《中国反对外国侵略干涉西藏地方斗争史》，中国藏学出版社2001年版，第226页。

④ 拉鲁·次旺多吉：《德里秘密换文未曾得到原西藏地方政府的承认》，载《西藏文史资料选辑》（第10辑），民族出版社1989年版，第11页。

际，印度乘机派遣大批军队跨过中印传统习惯线，不顾中国政府的抗议和藏门珞人民的反抗，武装占据"麦克马洪线"以南的地区。英国殖民统治留下的中印边界争端至今还在持续。

门隅、珞渝及下察隅是中国西藏的重要组成部分，藏族、门巴族、珞巴族及僜人等民族的璀璨文化是青藏高原多元文化的瑰宝。这些民族在喜马拉雅山地生息、繁衍，是这片山地的主人，他们与印度阿萨姆平原民族的分界就在喜马拉雅山南麓山脚，这就构成了中印边界东段的传统习惯线。19世纪末至20世纪初，带着工业化武器的英国殖民者觊觎中国藏南这片圣土。英属印度当局一手策划，单方划定将中国西藏门隅、珞渝及察隅南部的大部分地区据为己有的边界线。1914年西姆拉会议上英方代表麦克马洪通过欺骗、威胁、恐吓及利诱中国西藏地方政府代表划定一条"新"的中印边界线（"麦克马洪线"）。这条边界线的划定与所谓的分水岭原则、自然边界原则均无关系，其遵循的是维护英国在印度的殖民统治的原则。当然，此原则划定的边界线就有很大的随意性，不会考虑到把世居于此的门巴族、珞巴族及僜人等民族一分为二，人为地造成这些民族的分离。历届西藏地方政府和中国中央政府从未承认"麦克马洪线"的合法性，西藏各族人民也从未放弃同英国殖民者及其继承者印度政府的抗争。

第六章　藏族与门巴族珞巴族的经济交往

藏族生活于喜马拉雅山以北，门巴族和珞巴族居住在喜马拉雅山以南，两地气候迥异，物产有别，经济类型不同，在经济生活中存在着很大的互补性。因此，很早以来，藏族、门巴族和珞巴族之间便有经济交往和联系，其互通有无的交换活动从遥远的神话时代一直延续发展到近现代。藏门珞之间的经济活动，对满足各自的需求、增进彼此的了解、推动社会的发展都起到了巨大的作用。

第一节　藏族与门巴族的贸易活动

同珞巴族相比，门巴族的经济生产结构及其所处的地理位置优于珞巴族，这使门巴族的传统贸易较为活跃。门隅以其北依藏区、南接印度和西邻不丹的地理优势，自古就是藏印贸易和藏不贸易的重要商道；门隅独特而丰富的物产，传统手工业的发达，为门巴族从事贸易活动提供了天时地利之便，促进了门巴族对外交换的发展。门巴族在同周边民族、地区及国家的边民之间进行的贸易活动中，已具有了一定的商品生产和商品交换的色彩。

门巴族的传统贸易主要是同藏族之间进行的。藏区既是门巴族生产生活所必需的部分物品（如铁制工具、食盐等）的重要来源地，也是门巴族的产品（如大米、竹木器等）的主要输入地。此外，门巴族与毗邻的珞巴族、不丹王国的边民以及印度阿萨姆平原的居民之间，也有历史形成的传统贸易关系。

一　传统贸易商品

门巴族在同周边民族的贸易活动中，输出的货物有20多种，输入的约30种。输出的产品主要有以下几类。

粮食和蔬菜。门隅盛产大米。大米是门巴族用于交换的重要物品，每年有大量大米销往藏区，仅错那亚马荣市场，每年运销的大米就达3.5万余公斤。

门隅大米是西藏地方政府所需大米的主要来源，西藏地方政府设有专门经营大米贸易的常设机构"哲康"，常驻错那宗，垄断大米贸易。门巴族将大米运到市场后，不能同其他人随便交换，只能到"哲康"换取自己所需要的东西，一般商人也不能同门巴族做大米买卖。因此，大米交换实际上是官家利用其特权的一种强制性的买卖。

除大米外，门隅地区出产的豆类如大豆、绿豆、杂豆等也广泛用于交换，每年销往藏区的大豆达1.5万余公斤。

门隅地区生长各种蔬菜，用于交换的主要是辣椒。辣椒是藏族人民喜爱的佐餐佳品。除在出产季节有少量的青椒运销藏区外，门巴族主要以干辣椒作交换。辣椒的交易量很大，门隅每年运往藏区的干辣椒有1—2万公斤。

纸张和木材。门隅和墨脱都产土纸。门巴土纸质量优良，防虫防蛀，是藏区印经和书写所需纸张的重要来源，每年均有大量门巴土纸销往藏区。

木材加工是门巴族的传统副业。藏区缺乏木材，而门巴族地区的森林资源极为丰富，门巴族充分利用这一资源优势，砍伐木材加工成一定规格的木板，运往藏区出售。一块同样规格的木板，在藏区的价格要高出当地价格十几倍甚至几十倍。由于交通困难，木材外运受到了很大的限制。

门巴族的竹木器在西藏享有盛名，深受西藏各族人民的喜爱，每年输入藏区的竹木器达1万多件。门巴的竹木器种类繁多，常见的竹木制品有竹盒、竹席、竹碗、竹筛、竹筐、竹篓、木桶、木箱、木勺、木碗等。每一大类中又因质料、形制、大小、做工精粗等而分作多种类别。门巴族的竹木制品以质优价廉而成为市场上的抢手货，常常供不应求。

药材和茶叶。门隅和墨脱地区盛产天然动植物药材，如灵芝、天麻、三七、黄连、沉香等植物药材，门巴族挖采药材既自用，也作交换。药材还是实物税之一，门隅塔巴八错每年要将沉香、苦楝、山楂等各种药材送

图6—1　门巴族从事竹编

到拉萨，交给"门孜康"（藏医院）或药王山制药厂[①]。墨脱门巴族擅长狩猎，动物药材如熊胆、麝香等是他们同其他民族换取物资的重要物品。对这些贵重药材，宗本和措本等封建领主，常采用巧取豪夺的手段，强行与持有者进行不等价交换。

门隅产茶，茶叶也是用于交换的产品之一。

动物皮张与染料。门巴族用于交换的动物皮张主要来自狩猎，常见的有野牛皮、松鼠皮、猴皮、水獭皮、羚羊皮等。

门隅和墨脱地区盛产各色染料，藏区衣物染色所用的植物染料，主要来自门隅和珞渝，因而染料在门藏经济交往中占有着重要的地位。每年，仅从门隅运往藏区的染料就达6000驮以上。

门巴族用土特产品和传统手工业品换回的是生产生活必需品，主要有食盐、铁制工具和衣饰等。

食盐。门隅和墨脱均不产盐，食盐完全依赖藏区输入，因此食盐的交换是门藏贸易中最重要的一部分。

铁制工具。门巴族不会冶炼铁矿，打制工具所需要的原料均从藏区输

[①] 益西赤烈：《我的家乡——门隅》，载《西藏文史资料选集》（第2辑），第72页。

入,不易求购。铁匠一般只是修理破损的农具和打制像小刀、弯刀等小型铁制工具,铁斧、砍刀等重要生产工具来自藏区。

衣饰。由于地理条件的限制,门巴族除个别地区畜牧业发展较快外,大部分地区畜牧业不发达,纺线、织布的牛毛和羊毛需要从藏区购买。因此,藏区的羊毛、牛毛、氆氇、衣物等成为门巴族交换的重要物品。藏区生产的耳环、戒指、串珠、项链等装饰品也是门巴族喜欢的饰品,因而也是交换的物品之一。

此外,藏区的骡马、糌粑、肉类等物品也是门巴族换取的重要对象。

门巴族除同藏族交换外,同毗邻的珞巴族、不丹及印度边民之间亦有贸易关系。门巴族同珞巴族之间的交换性贸易,除用自己生产的木碗、首饰等作交换外,还大量用从藏区换来的食盐、铁制工具等换取珞巴族的皮张、粗棉布等物。门巴族同不丹和印度边民的交换则主要是用自己的土特产品换回不丹产的花格条纹布、阿萨姆蚕丝和布匹等。换回物品除自用外,有的还用于同藏族的交换,具有一定的转手贸易的性质。

二 传统贸易方式

在门巴族的传统贸易活动中,交易以两种方式进行:一种是使用藏币买卖交易,另一种是以物易物。

门巴族没有自己的货币,藏币在门隅是通用货币。在贸易活动中,有时使用藏币作为支付手段。藏币的使用对象和范围一般是在商人之间和商人同群众进行货物交易时使用。而门巴族群众之间、门巴族同珞巴族之间的交易不使用货币,是以物易物的交换。

门巴族以物易物的交换大都是协商式交换,即经过买卖双方协商,按比价成交。

门巴族交换活动中货物的比价是在长期的交易买卖中自然形成的,并因季节和交易地点的变化而有所差异。下面是几个交易点常见物品的比价。[1]

错那亚马荣交易点:

2 斤盐 = 30 块木板 = 4 个章嘎 = 3 斤大米

1 个酥油桶 = 18 斤鸡爪谷 = 6 个章嘎

---

[1] 参见张江华等《门巴族封建农奴社会》,四川民族出版社 1988 年版,第 34—35 页。

第六章 藏族与门巴族珞巴族的经济交往

1 斤酥油 = 4 斤鸡爪谷 = 4 斤黄豆 = 1 斤臭奶渣

2.5 斤酥油 = 24 斤青稞

5 斤酥油 = 50 斤小麦

30 斤酥油 = 1 件上等氆氇衣料

9 斤酥油 = 1 件普通氆氇上衣

……

米林派区交易点：

15 斤玉米 = 1 个邦穹（竹盒）= 1 个斗笠 = 1 斤清油

1 口小石锅 = 3 斤食盐

1 口大石锅 = 8 斤食盐 = 1 件土毛线衣

3 斤大米 = 2 斤食盐

1 斤辣椒 = 3 斤糌粑 = 2 斤核桃

1 锅冒尖染料 = 1 平锅白面

1 "张"染料（约 60 斤）= 1 头 3 岁的黄公牛

1 个大竹筒 = 4 个"章嘎"

1 张野牛皮 = 10 斤干肉

2 张熊皮 = 1 件优质氆氇藏装

4 张羚羊皮 = 1 件"古休"（工布地区藏族上装）

2 张麂皮 = 1 件普通的氆氇藏装

1 个麝香 = 2.5 个藏银

……

墨脱背崩交易点：

2 斤食盐 = 10 斤多生姜

2 斤食盐 = 6 斤"崩嘎"辣椒①

1 升食盐 = 4 块干肉条（每块 1 斤多）

1 条新棉布裙子 = 12 块干肉条

1 件新棉布长外套 = 1 张上等野牛皮 = 13 升食盐

1 把小刀或锄头 = 3 块干肉条

1 把弯刀 = 8 块干肉条

1 把砍刀 = 15 块干肉条

---

① 珞渝地区出产的一种辣椒，辣味极烈。

1口大石锅=2背染料

……

图6—2 门巴族竹编产品

门巴族除同其他民族交换外，其内部也有互通有无的交换，但规模小，只是调剂缺余的零星交换。

三 贸易商道与集市

门隅自古就是印藏贸易和印不（丹）贸易重要的交通孔道，在长期的对外交往中，门隅地区已有数条商道与外界相连。主要有：

达旺—错那线。其中又分东线和西线，这是门隅与藏区相联系的最重要的通道，也是西藏直通印度阿萨姆平原北缘乌达古里市镇的传统商道。东线从达旺出发往北，越米拉山，经宿乌村、罗布塘草原到错那宗，是一马行道。这条道路是夏秋季节门藏通行的要道，冬季封山达5个月之久，其间不能通行。西线从达旺西经同岭、达巴、鲁拉、邦金、勒布，越波拉山至错那，一年四季通行，尤其是冬春二季门隅通往藏区的必经之路。

达旺—塔拉线。这是门巴族、珞巴族、藏族等赴印境贸易的传统商道，主要经由江村、色拉山、申格宗、德让宗、昂巴达拉山、普东而至塔拉。

达旺—扎西岗宗。这是藏区、门隅与不丹相接的通商和交通干道。第一日由达旺村南行下坡至门隅中部之谷地；第二日越宁桑拉山南行，下至山麓；第三日西南行约半日即抵不丹的扎西岗宗。此外，从门隅的德让宗西经梅惹萨顶也可达扎西岗宗，道路为马行道。

门隅北部勒布一带的门巴族，也常到不丹交换。去不丹的传统商道有两条：一条是经邦金到不丹的科朗嘎宗，主要经邦金的吉米添、郭桑曲登（即园桥塔），顺水行到达巴与不丹交界处的森龙，然后越布则拉山到甲齐尼，最后到科朗嘎宗；另一条是经马山口到不丹都让。

墨脱门巴族外出的交换通道有三条：

墨脱—米林派区。这条通道是墨脱门巴族对外联系的主要通道。从海拔800余米的地东村和背崩村一直要攀登到近5000米的多雄拉山口，道路艰险莫测，每年有近6个月冰雪封山。

墨脱—绥拉山—波密西部。这是一条到波密交换的路线。另有一条路也可到波密，即翻越金珠拉山到波密的东部。

门巴族在同周边民族的长期贸易活动中，已形成了几个规模较大、影响较广的集市，如昂巴达拉集市、古登集市、亚马荣集市等。而规模最大、影响最广的则是门隅与藏区交界处的亚马荣集市。

古登集市，是一个规模较大的集市，每年藏历十一月开市。届时，藏族、门巴族、珞巴族、不丹以及印度商人云集，进行各种交换活动。参加集市的商人均需向西藏地方政府派驻达隆宗的税官交税。同月，在门隅昂巴达拉也有一个盛大的集市，远道而来的藏族商人主要是贩卖骡马，门巴族、珞巴族群众主要是用当地的土特产品，如大米、竹木器皿、兽皮、麝香、熊胆、象牙、犀牛角、鹿茸、蛇皮和各种水果交换。

古登集市和昂巴达拉集市，是西藏腹心地区经门隅到印度阿萨姆贸易商道上的主要集市。据外交资料记载，每年从西藏各地来的商旅，带来大量的货物和钱币，仅白银就至少值10万卢比，带来的货物有矿盐、毛织品、马匹、牦牛尾等换取大米、铁、珍珠、皮张和阿萨姆蚕丝绸。"每年从西藏各地来的商旅，带来大量白银（至少值十万卢比）和矿盐用来交换图萨（Tussa）布（即一种阿萨姆妇女织的手工丝绸）、铁、紫胶和其他的毛皮、水牛角、来自孟加拉的珍珠和珊瑚，以及大米。据

1809 年统计，贸易额约为二十万卢比。除了盐和白银之外，从西藏运来的还有羊毛布、沙金、麝香、中国棉布、牦牛尾和中国丝绸。"① 来交易的客商除藏族商人外，其中还有汉族商人："来自西藏各地包括拉萨、西藏东部、西部，甚至北部的商人。他们成群结队来到这里，其中一些人穿着汉族服装，使用汉族器皿，看上去完全像汉族人。许多人还带着家眷，赶着驮运货物的强壮小马。一年一次，成百上千的马匹驮运着货物云集于此。1852 年，政府提议将地点移到布拉马普特拉北岸的蒙内迪（Mungledye），这样可以方便从孟加拉和阿萨姆来的商人。然而却发现，大家并不欢迎这种变化。山地马帮都不愿冒险进入平原，所以现状得以保留。"②

亚马荣，位于错那宗宗政府附近，那里是一个广阔的高山牧场，地势平坦。从亚马荣往下不远处便是藏区与门隅交界的波拉山，越过山口即到上门隅的勒布沟；往南越棒山口即可抵达旺，往西可直达不丹，它是连接藏区、门隅和不丹的交会点。得天独厚的地理环境，使这里成为门巴族同其他民族进行商贸活动的重要场所，是远近闻名的商品集散地。

亚马荣集市一年有三个固定的集市日期：藏历五月十五日；藏历七月十五日；藏历十一月十五日，每次会期 5—8 天。其时，来自西藏腹地和康区、藏北的藏族，来自不丹和印度的商人，来自珞渝的珞巴族和门隅的门巴族，每次有近万人会聚亚马荣，举行盛大的物资交流大会。西藏地方政府派有专门官员进行集市的管理，在亚马荣设有"哲康"的常设机构，垄断大米贸易，并负责征税。征税以征收实物税为主，税率是参加交换物品的十分之一。

门巴族参与交换的物品主要有大米、大豆、辣椒、各种药材、木板、木桶、木碗、竹筐、藤篾器皿、土纸、各种染草等。珞巴族交换的物品主要有各种动植物药材、皮张、石锅、染料等。藏族参加交易的商品主要有盐、青稞、糌粑、铁制工具、手工艺品、牛羊毛、氆氇呢、布匹、骡马、畜肉等。参加交易的物品种类多、数量大。仅门隅每年运销亚马荣市场的大米就达 7 万余斤，大豆 3 万余斤，天然染料 6000 驮，优质木板数万块以及竹木器数千件。藏族商队则常常是几百匹牲口成队，驮运大批货物前

---

① 参见［英］兰姆《麦克马洪线》第 2 卷，伦敦 1966 年版，第 296—297 页。
② 同上。

图6—3 门巴族在亚马荣集市上

往交换，场面很大。

门巴族、珞巴族和藏族这种长期以来互通有无的交换和贸易活动，形成了门、珞、藏各族人民互相依赖的经济关系和密切往来的友好联系。

四 藏、门民族贸易的特点

藏、门贸易与藏、珞贸易相比较，又呈现出一些新的特点。

在门巴族同藏族的贸易活动中，其用于贸易的产品虽然仍有大量的自然产品，但这些产品中的多数已经不是人们自产自用后的剩余产品，而是专为交换所生产的商品。如大米、辣椒、木板等物品看上去是自然产品，其实人们大量种植和加工已不是仅仅为了满足自身的需要，主要是用于交换，从而使其具有了商品的性质。

在藏、门贸易中，门巴族提供了大量的手工业制品。手工业品又以竹器、木器制品为主。每年销往藏区的竹木制品达万余件之多，可见门巴族的竹木加工业已十分发达。

门巴族以竹木器加工为主的手工业的发达，有着深刻的自然和社会的原因。门隅地区独特的气候，丰富的森林与竹木资源，为门巴族人民从事竹木器的加工生产提供了得天独厚的条件。长期的竹木加工实践，培养和锻炼了门巴人的天赋和才能，使门巴人个个心灵手巧，擅长竹木器皿的制作。而藏、门贸易的发达，竹木器产品的广受欢迎，又极大地刺激了门巴族手工业的发展。以木碗业为例：

木碗在藏区的需求量大，每年要从门隅输出大量木碗，因此，极大地促进了木碗业在门隅的发展，使木碗业开始从农业中分离出来，出现了专门制作木碗的工匠。在门隅腹地达旺一带，便有数家规模大小不等的家庭作坊制作木碗。他们每年可生产木碗及其他木制容器10000余件，[①] 并出现了许多有名的专业制作木碗的手工匠人。

图6—4　门巴木碗

从贸易方式看，藏、门之间的贸易虽然仍是以物易物为主，但已引入

[①] 西藏社会历史调查资料丛刊编辑组编：《门巴族社会历史调查》（一），西藏人民出版社1987年版，第143页。

了货币，且货币的使用场合和范围越来越广泛。一般说来，小额贸易的交易方式多为物物交换，大额贸易则多采用货币支付的形式。藏币"章嘎"已为普通群众熟知并已广泛使用。

从贸易规模看，门巴族同藏族的贸易规模较大。如上所述，每年从门隅输往藏区的粮食、辣椒、木板、染草和竹木制品数量很大。

第二节　藏族与珞巴族的传统交换

一　物品交换种类

作为互通有无的物资交换，藏族和珞巴族用于交换的物品和各自的需求是不一样的。珞巴族带到藏区交换的物品，大都是产自珞渝地区的一些土特产品。常见的货物有：

粮食、蔬菜和兽肉类。珞渝地区出产稻米和辣椒等粮食和蔬菜，这是他们同藏族交换最常见的物品。特别是辣椒，深受藏族人民喜爱，是交换中不可缺少的东西。如博嘎尔人同藏族的交换，就以辣椒为大宗。兽肉干也是用于交换的产品。墨脱米古巴部落，每年可猎获大量的野牛。野牛肉是米古巴部落同藏族和门巴族进行交换的主要品类之一。此外，玉米、鸡爪谷、生姜等物，人们也常用来同藏族交换。

动物皮张类。狩猎活动提供了大量的动物皮张。珞巴族常将多余的动物皮张用于交换，如虎皮、熊皮、猴子皮、鹿子皮、水獭皮、野牛皮、黄羊皮、松鼠皮等。

药材类。珞渝地区盛产各种药材，如天麻、三七、党参、黄芪、灵芝等。珞巴族常挖采这些药用植物用作交换。至于麝香、熊胆等动物药材更是交换中常见的珍贵药材。蜂蜜制品也多用于交换。

染料、用品类。珞渝地区的染草，是藏族人特别是僧人染制衣物的重要原料来源。因此，在珞、藏贸易活动中，染草的交换占有十分重要的地位。同藏族直接发生交换关系的部落，无不把染草作为交换的重要物品。此外，珞渝地区多藤条竹木，珞巴族又善于编织，人们常将编织精巧的竹藤器皿用于交换。博嘎尔部落和纳、巴依等部落的竹编制品在藏区享有盛名。有时人们也将成竹和藤条直接用于交换。

珞巴族从藏族等民族那里换回的是生产生活用品和一些特需品，常见的有：

食盐。珞巴族地区不产盐，只有通过交换才能获得。在珞巴族神话传说中，珞巴族同藏族的交换活动是从盐的交换开始的，可见盐的交换在藏、珞贸易中的重要性。珞巴族食盐的来源主要是藏区，因此一直到近代，珞巴族同藏族的交换仍是以换取食盐为主要目的。民主改革前，西藏三大领主为了达到控制珞巴族的目的，常以断绝食盐供应相威胁，因此，曾激起珞巴族人民的强烈反抗。

铁器类。珞巴族从事狩猎和刀耕火种的原始农业，对铁制工具的需求量大。但珞巴族不会冶铁，铁器加工业还十分落后，他们需要的铁制工具和加工小型铁器时所需要的原料，都要通过藏区输入。铁斧、砍刀、长刀、腰刀等生产生活工具是珞巴族交换的重要对象。

衣物类。珞巴族畜牧业不发达，人们除畜养牛、猪、鸡等少量家畜家禽以供宗教活动的牺牲之用外，不养羊、马等牲畜。一些靠近藏区的部落如博嘎尔、邦波、米古巴等，他们缝衣织布的原料主要从藏区换取。每次交换活动中，绵羊毛、山羊毛、毛纺绒、氆氇及成衣便成为珞巴族换取的对象。

首饰类。藏区出产的铜铃、铜镲、耳环、手镯、串珠等饰物，是珞巴族十分喜欢的装饰品。珞巴族妇女佩戴的种类繁多的首饰，许多来自同藏族的交换。

除交换以上的物品外，有的还换取猪、牛等牲畜和青稞、糌粑、酥油、奶酪等食物。

居住在珞渝南部与印度毗邻的珞巴族部落，则在每年的一定季节（一般在冬季）去阿萨姆平原进行交换。他们带去的物品，主要是干辣椒，换回食盐、布匹和一些铁制工具。但这种交换的历史不长。英国学者海门道夫曾于20世纪40年代，在印度非法占领的珞渝南部进行考察。他在《阿帕塔尼人和他们的邻族》一书中讲道："事实上有种种迹象可以看出，在不太久以前，阿帕塔尼人所需要的大部分外来物品是来自或通过西藏而不是来自阿萨姆。即使在今天，每一个具有相当身份的人都至少拥有一把藏刀。在盛大节日时，数以千计的西藏念珠都挂在身上。西藏制的青铜盘在支付较大的款项时，一向是作为标准财宝之一。""青铜法铃在阿帕塔尼人（甚至超过达夫拉人）看来，是一种神物；藏刀在每次屠宰大额牛时是一件必不可少的物品；藏珠是祭司在进行庄严仪式活动时的必须的饰物。"① 由此可见，珞、印贸易远不及珞藏贸易历史悠久、规模巨大，也没有对珞巴族生产生活产生深刻影响。

珞巴族部落之间和部落内部的交换活动是经常进行的。他们之间交换的产品有两大类。一类是各氏族和部落之间所生产的不同的产品。如登尼部落用稻米换取崩尼部落的大额牛和棉花；擅长打制铁器石器的邦波部落用其产品换取博嘎尔部落的粮食。另一类是藏区物品的转手贸易。由于交通困难，远离藏区的部落一般无法直接到藏区交换，而是通过邻近藏区的部落获取来自藏区的产品。如德根部落，便是通过与博嘎尔部落和邦波部落的交换得到藏区的食盐、长刀和串珠的；崩尼人是从与藏区毗邻的纳、巴依、崩如等部落的手中换取来自藏区的铜铃、铜镜和长刀等物品的；米古巴部落从藏区换来串珠、长刀等物，又用它来换取达额木、希蒙等部落的粗布、棉毡等。

图6—5 珞巴族老猎人

---

① 参见［英］海门道夫《阿帕塔尼人和他们的邻族》，吴泽霖译，中国社会科学院民族研究所油印本1980年版，第58—59页。文中"达夫拉人"即指崩尼部落。

二 传统交换方式

珞巴族传统的交换方式无一例外是以物易物。物与物之间价值的计量是参照长期交换过程中形成的习惯性比价。珞巴族以物易物有两种表现形式：一是以礼品形式出现的馈赠式交换；二是按习惯比价成交的协商式交换。

馈赠式交换是一种十分古老的交换形式，在珞巴族社会中还有所保留。这种方式主要用于部落或氏族内部的近亲之间和朋友之间，不同部落间有姻亲关系的也常用这种方式互通有无。

珞巴族的巴依部落人数不多，是一个弱小的部落，但他们靠近藏区，同藏族的交换容易。而崩尼部落则是珞巴族众多部落中力量最强大、人口最多的部落之一。但是，他们远离藏区，只能通过与其他部落的间接贸易才能得到藏区的物品。为了各自的利益，巴依部落同崩尼部落的莫陆氏族经过隆重的仪式结约盟誓，巴依部落利用自己方便的地理条件，经常赠送给对方食盐、氆氇、藏刀等贵重物品，莫陆氏族人则回赠以大米、皮张、药草等物。赠送式交换的特点是赠送与受赠双方并不计较物品的多寡和好坏，当然总是挑选最好的送给对方，这是一种"投桃报李"的交换。

协商式交换是最常见的交换形式。人们按照各自的价值体系和习惯性比价，双方经过协商而成交。在不同的季节和不同的交易地点从事交换，其比价存有差异。下面是几个地点交易时常见物品的比价：[①]

（1）米林纳玉交易点。博嘎尔部落、邦波部落同藏族交换的比价：

3 克[②]辣椒 = 1 克酥油

3 克辣椒 = 2 克青稞

30 克辣椒 = 1 头母黄牛

4 克染草 = 1 克酥油

4 竹筒大米 = 1 竹筒羊毛

[①] 以下比价参见西藏社会历史资料丛刊编辑组编《珞巴族社会历史调查》（一），西藏人民出版社1987年版，第147—148页；《珞巴族社会历史调查》（二），西藏人民出版社1989年版，第57、58、258页。

[②] 克，西藏常用的计量单位，既是重量单位又是容量单位。克作为重量单位时，多用于称酥油，每克约合7市斤。克为容量单位时，青稞每克重约28斤，盐巴每克重约40斤。辣椒也可用克计量。

3 克辣椒 = 1 头小猪

1 克大米 = 1 克食盐

1 张最好的野牛皮 = 2 克酥油

2 张野牛皮 = 1 件男用藏装

（2）隆子准巴交易点。纳、巴依、崩如等部落同藏族交换的比例：

1 升大米 = 1 升食盐

2 张水獭皮 = 1 个质地优良的铜镲

20 背藤条 = 1 头牦牛

20 捆藤条 = 1 张藏毡

7 个麝香 = 50 粒大珠子

1 小竹篓姜片（约合 250 克） = 1 把羊毛（约合 150 克）

一张野牛皮 = 5 升食盐

（3）墨脱格当交易点。米古巴部落同藏族交换的比价：

9 背染草 = 1 件新藏装

2 背染草 = 1 件短牛皮袄

2 背染草 = 1 件新毛织坎肩

1 背染草 = 1 件旧毛织坎肩

4 背染草 = 1 双高质量藏靴

1 背染草 = 1 双普通勤靴

3 个竹筒 = 1 顶新毡帽

1 头牛 = 1 个大的银制"嘎乌"

（4）墨脱门巴族村寨。米古巴部落同门巴族交换的比价：

1 张质佳野牛皮 = 13 升食盐

4 块干肉条（每块约合 600 克） = 1 升食盐

1 张质佳野牛皮 = 1 件新棉布长外套

12 块干肉条 = 1 条新棉裙子

3 块干肉条 = 1 把锄头或小刀

8 块干肉条 = 1 把弯刀

15 块干肉条 = 1 把砍刀

（5）崩如部落内部交换比价：

3 个新德（串珠） = 1 只大鸡

1 个热固（质地好的铜铃） = 2 头大额牛

1个玛固（质地稍差铜铃）＝1头大额牛

100个达因（贝壳）＝6个大银铃

80个达因＝1头大猪

1升大米＝30个酒曲

……

上述这些比价，并不是稳定不变的。交换数量的多少，讲价技巧的高低，都会影响到比价的变化。珞巴族耿直坦诚、公正无私，一般不讲价，只按传统习惯交换，凭自己的直感，觉得质和量都满意时即成交。过去藏区封建领主常利用珞巴族豁达的性格和不善计算的特点，同珞巴族进行不等价交换。

在长期的交换活动中，已出现了以大额牛、串珠、藏刀等贵重物品作一般等价物的现象，从而使这些物品具有一定的货币职能。人们在进行大宗货物的交换时，往往以大额牛或犏奶牛作一般等价物进行计算。串珠和藏刀等贵重品也被人们作为极有用的支付手段。但是，这种情况并不普遍。

三　交换通道与集市

与外界交换，主要以山谷、河流为通道。山口和地域交界处成为定期或不定期的集市点。交换通道和集市点是在长期交换过程中自然形成的。

珞、藏贸易的重要通道有：

梅楚卡—东拉山口—纳玉，这是博嘎尔部落到藏区交换的主要通道。

嘎金—东嘎拉山口—纳玉，这是邦波部落到米林进行交换的通道。

更仁—丹娘山口—丹娘，这是达额木部落到藏区交换的通道。此外，都登—派沙—鲁霞，也是达额木部落到藏区的通道之一。

墨脱—多雄拉山口—派村，这是墨脱的珞巴族和门巴族到藏区进行交换的重要通道。邦波和达额木部落也常到派村交换。

达木—绥拉山口—绥隅，这是米古巴部落到波密藏区交换的通道。

此外，义都部落到察隅藏区和崩如、巴依等部落到隆子、朗县一带的藏区还有多条道路相通。

珞、藏联系和贸易的通道都要翻越横亘在珞渝与藏区交界处的座座雪峰，其通道的咽喉——山口均在4000米以上，每年的11月至次年的5月，山上冰雪覆盖，雪深厚达数米，封山时间一般均在半年左右，有的长达 8 个月不能通行。因此，珞巴族到藏区的交换有很强的季节性，通常 7 月、8 月、9 月 3 个月为交换季节。从珞巴族居住的村寨到藏区，山高路险，加上珞巴族无代步的交通工具，不使畜力，交换的东西全靠背篓背运，往往到藏区一次单程就要用 10 天左右。博嘎尔部落离藏区较近，一个壮劳力从马尼岗到纳玉交换，往返一次至少也要花 8 天时间。而崩如部落到隆子的准巴、共荣从事交换，往返则需 25 天左右。据粗略统计，每年到隆子一带交换的有 150 人次左右，到米林一带交换的珞巴族有 1500 人次。这些说明，珞巴族与藏族的贸易活动已达到相当的规模。

在长期的交换活动中，已自然形成了一些固定的交换地点或集市，主要有派村、德阳、鲁霞、巴嘎、雪嘎、纳玉、乃巴、里龙等，其中纳玉为最重要的集市，西藏地方政府管辖下的则拉岗宗派有专人对集市进行管理。

每年的 8 月和 9 月，是珞巴族邦波部落到纳玉交换的时候。他们到藏区是以村为单位，集体前来，每次约有 150 人。前来交换时，他们事先要派人到则拉岗宗与派驻纳玉的代表"基米雄巴"①和三乃卡②取得联系，三乃卡派人前往东嘎拉等地架桥修路，以示迎接。每年首批到纳玉交换的邦波部落人一向是距藏区较近的嘎金村人，正式交换前还要举行仪式。当前来交换的珞巴族到后，三乃卡以领主的身份，将事先准备好的一头牛角特别长的健壮公牛，作为礼物送给该村群众。嘎金村人亦以 15 张麂皮、2 张野牛皮作为回赠。仪式结束后，群众间的交换才开始进行。基米雄巴和三乃卡，每次要从邦波人背来的货物中，优先挑选优质大米一背和麝香、熊胆等物品。这些物品的价格，由三乃卡自定。余下的大米，由纳玉三乃卡所辖的 12 个村庄的人以按房摊购的形式进行交换，大米换取食盐，比价为一比一。邦波人除到纳玉交换外，还到鲁霞、巴嘎、邦卓木拉等地交换。

博嘎尔部落主要到纳玉交换，每年藏历五月至十月为交换季节。家境富裕的人家，每年前去交换十余次，中等人家一般去五六次。他们用染

---

① 基米雄巴：过去则拉岗宗管理米林一带珞藏贸易的官员。

② 三乃卡：原西藏地方政府设置的管理马尼岗、梅楚卡一带珞巴族地区的行政机构，由官家、贵族和寺院三方代表组成。

图6—6　从事竹编

草、辣椒换回食盐、衣物、工具和装饰品等。除自用外，一些博嘎尔人还将从藏区换来的东西转手交换给其他远离藏区的部落。藏区的大量物品主要是通过纳玉—梅楚卡这条商道辗转传到珞巴族各部落手中的。

珞巴族与藏族进行交换的另一个重要机会是每隔12年的猴年转扎日神山活动。这一活动要经过珞巴族纳、巴依、德根、崩如等众多部落的居住地，西藏地方政府要发放大量的物资给珞巴族部落。通过领取和交换，珞巴族能得到大量的牛、羊、长刀、铁斧、铜铃、铜镜、串珠等。

一些珞巴族还到门隅的古登集市、安班达拉集市，甚至到门、藏交界处的错那亚马荣集市去交换自己所需要的产品。

四　藏、珞民族贸易的特点

珞巴族氏族和部落之间，珞巴族同藏族和门巴族之间的传统贸易具有鲜明的特点。它是一种出自自身生活生产需要的、以互通有无为特征的尚处于较低层次的贸易活动。从交换物品看，珞巴族提供的产品，大都是出自珞渝地区的自然产品，如染草、皮张、药材、兽肉、辣椒、大米等。虽有部分竹藤手工制品，但数量少，在交换物中所占比例小。用这些自然产品作交换，反映了珞巴族的经济生产结构和社会发展水平，与珞巴族从事的采集、狩猎和刀耕火种农耕的生产状况相一致。

从交换方式看，无论是民族间或氏族、部落间的交易，其交换方式均为以物易物，没有货币的使用。一些部落将大额牛、串珠等作为交换的媒介，这些物品充当着一般等价物的功能。珞巴族数字观念淡薄，其计数、记事一直停留在刻木结绳阶段。他们最高计数为二十，即手指和脚趾的全部。常用的数词是一到十这几个基本词，十以上的数很少用。"二十"则有"多""无穷大"和"数不清"的意思。因此，他们在交换中计算货物的数量时，常掰着一个个手指头计算，左手指使用完了用右手，双手指用完了再用双脚趾，还用木棍、竹棍、豆粒、玉米粒、石子等作算筹。珞巴族在交换中大量使用"升""斗""背"等容积和体积计量单位，而很少使用数量单位，这与珞巴族度量衡观念有关。珞巴族的计算与数总是同具体可感的事物相联系，同样，他们的度量衡观念也是同具体的事物相联系的。计量长度时，他们以成年人的手指和手臂作为计算单位。拇指与食指平伸的拃度叫"兵多"（博嘎尔部落）或"拉丁嘎"（崩尼部落），拇指与中指平伸的拃度为"过更"（博嘎尔部落）或"拉索嘎"（崩尼部落）。此外，弯曲拇指其余四指平伸，弯曲拇指和小指其余三指平伸等都有一定的拃度。人们常用这种方法计量较短的长度，如量大额牛角的长度和猪膘的厚度等。计算容积时，使用藤编或木制的类似"斗""升"的容量单位，主要用于计量粮食、盐巴等固体容积。在数量的计算上，珞巴族没有衡器，不能直接以重量计算，而是以测量体积的方式达到对重量的把握。人们对猪、牛、羊等牲畜的计算方法，常常先用绳索量其前腿部位的胸围，再用手指或手臂量绳索，看有多少"庹""兵多"或几指宽。这些计量的方法经常用在交换时的物品计量上。

珞巴族同藏族的交换季节性强，影响到藏珞贸易的规模。个体交换少，多是以氏族或村庄为单位，有着浓郁的集体交换色彩。这一切，表现出藏、珞贸易尚处于贸易发展的较低阶段。

第三节　经济交往的特殊方式

民族间的经济联系往往不是以单一的方式进行，而是同政治和文化的交往紧密联系。从藏门珞经济文化交往的历史看，政治、经济和文化的交往是相互交织在一起的。藏族和门巴族等信教群众朝圣扎日神山便是这种交往方式的典型反映。

扎日山，是藏族地区远近闻名的神山。过去每逢藏历猴年（12年一次），原西藏地方政府要派僧俗要员主持规模盛大的朝拜神山活动，来自全藏各地和门隅、不丹、尼泊尔的朝圣香客和商人多达数万人。

扎日神山位于珞渝的北缘，东起朗县马其顿偏南的塔克辛，西至隆子县的加玉谿卡，这一带是珞巴族巴依、姆热、纳、德根等部落居住的地方。12世纪时，藏传佛教噶举派著名高僧藏巴嘉热益西多吉到扎日山修行，认为那里是欢喜佛的宫殿，是一佛乐胜境，遂开始有了民间朝拜神山的活动。人们传说转神山一次，可免除轮回之苦，来生能进入极乐世界，朝山活动的影响和规模逐渐扩大，慢慢发展成全藏性的大型宗教活动。由于第一次转山始于藏历猴年，以后便沿袭下来，被人称作"扎日戎廊"①。到17世纪藏传佛教格鲁派掌握政教大权后，12年一次的猴年朝拜神山活动成为定制，由民间转山改为西藏地方政府统一组织之下的一项盛大宗教活动。

在转神山的前一年，西藏地方政府就着手准备转山事宜。政府要派出有关官员同珞巴族部落首领联系，主要是同居住在扎日周围离藏区较近的巴依、姆热、纳等部落的首领盟誓，以取得他们对转山的支持。再通过这些部落同转山时要经过的其他部落的首领联系，疏通关系，不要阻挡并负责带领转山的队伍。同时，藏政府要按定制筹措大量的工具、粮食、牛羊、衣物等物资，准备转山时作为礼物发放给珞巴族群众。

为什么藏政府要向珞巴族群众赠送礼物？原来，扎日神山地处珞渝北缘，山高路险，遍地荆榛，坎坷难行，要依靠珞巴族群众砍伐修路才能通行。因此，赠送物品实际上是对珞巴族领路开道的回报，也是避免转神山期间发生拦击械斗的一种措施。藏政府向珞巴族发放物资不仅是一种经济联系，还是西藏地方政府安定珞巴族人民、统治珞巴族地区的一项重大政治措施，藏政府对此极为重视。事实上，藏政府对整个门隅、珞渝和察隅

---

① "扎日戎廊"，"扎日"指扎日山，"戎廊"为转山之意。有关转神山的材料，参见西藏社会历史资料丛刊编辑组编《珞巴族社会历史调查》（一），西藏人民出版社1987年版，第184—186页。

地区的北部边沿地带都采取了类似措施。在西部和门隅地区，由错那宗负责，每隔几年要象征性地发放一次物资。在神山东部的米林县，藏政府责成大贵族拉鲁、夏扎所属的里龙和嘎尔恰两个大豁卡，向马尼岗、梅楚卡一带的珞巴族发放。在察隅由桑昂曲宗发放，而墨脱则是由宗政府发放一定数量的物资。通过这个措施，加强藏区同珞渝地区的经济和文化联系，以达到约束和控制边境地区的目的。

转山日期确定后（一般是4—6月期间），西藏地方政府派一僧一俗两名四品官，押送大批物资，由藏兵护送，前往马其顿主持转山仪式，向前来的珞巴族人发放物资。僧官还背有一件达赖喇嘛的衣服，以示达赖本人也参加这一活动。在马其顿和塔克辛一带要设立十余个物品发放站，发放的物品有：牛、羊、猪等牲畜；食盐、青稞、糌粑、玉米、酥油、奶酪等食物；布匹、氆氇、羊毛、色线等物品；大刀、砍刀、斧头、锄镰等铁制工具；还有最受珞巴族喜爱的铜铃、铜镲、耳环、手镯、串珠等各种首饰，数量相当可观，仅发放的牛一项，就有百多头。这些物品发放站，又是一个个土特产品的交换场地。

领取物资的珞巴族人，来者有份。不能来的则派氏族代表领回去分；而在各个物资发放点领取实物的珞巴族，多属干练有阅历的长者。他们很注意物资的数量、质量和品种，要与老人口传的前几次所发的实物作比较。他们的字数观念淡薄，用摆小木棍来计算，反复比较、回忆。若与过去差不多，或更多更好一些，那就举行仪式领取东西，将朝圣队伍放行。

发放物品后举行隆重的转山仪式。仪式由两名政府官员主持。届时，用三根木头立一道门，门的立柱两边架两个梯子，木梯两边各站一个藏兵。两名高级喇嘛念诵佛经，请求神灵保佑。接着，牵来一头牦牛，由珞巴族首领和群众剽杀，用羊毛蘸牛血涂额，表示转山朝拜间绝不违誓，每人割一块牛肉从门下穿过。仪式毕，即可转山。

转山者每30人至60人一队，每队由一名或数名珞巴族男子带路，经三安曲林、札日、朗久、马加至塔克辛地区，前后需要20天左右。猴年的4月至6月，转山的队伍不绝于途，热闹非常。

猴年转神山活动，不仅是藏族信教群众的一个大型宗教活动，也是藏族、门巴族等族人民同珞巴族人民进行直接的经济和文化交往的重要机会。转山期间，前来朝圣的藏族带来了布匹、食盐、酥油、奶酪、工具、首饰等物品，同各部落云集而来的珞巴族群众进行物资交换。珞巴族带来的物品有皮张、药材、辣椒、染草等，这些大都是藏区不产的东西，很受藏族群众的喜爱。前来交换的人络绎不绝，规模甚大。塔克辛地区是最大的土特产品交换点，并发展为每年一度的交换集市。同时，在每次长达数月的转神山期间，藏族信教群众要经过众多的珞巴族部落的住地，珞藏人民进行了广泛接触，增进了珞巴族人民同藏族人民的了解和友谊，加强了珞藏之间的联系，有力地促进和推动了珞巴族和藏族之间经济和文化的交流。

除札日神山外，属上珞渝的墨脱也是藏族人民向往的宗教圣地。成书于14世纪的藏文《大藏经》中有这样的记载："佛之净土白玛岗，圣地之中最殊胜。"人们把能去墨脱转经一次视为一生中最大的幸福。墨脱以南雅鲁藏布江下游的支流仰桑曲河，清澈碧绿，水味甘甜，藏门两族称之为牛奶河。在仰桑曲与雅鲁藏布江交汇处，神石嶙峋，其中有一块状似大鹏鸟的巨石，是著名的宗教圣迹。每年有大批来自昌都和工布地区的信徒前往墨脱及其以南地区转经朝拜。这些宗教活动，对沟通藏门珞人民之间的经济文化联系起到了重要的作用。

第四节　藏门珞经济交往对社会的影响

藏族同门巴族和珞巴族久远的经济交往和频繁的商贸活动，对藏门珞社会产生了广泛而深刻的影响。这种影响不仅表现在日常生活领域，对民族的经济生产活动乃至社会发展，对增进民族的了解与友谊、促进民族关系都起了重要作用。

首先，民族之间以物资交换为主要内容的经济贸易活动，对人们的日常生活将带来直接的影响。就门巴族和珞巴族而言，食盐，是人们日常生活的必需品。而门隅和珞渝地区不产食盐，门巴族和珞巴族生活所需的食盐均来自藏区，来自同藏族直接或间接的交换和贸易。如果没有食盐的输入，门巴族和珞巴族的生活会受到直接影响。因此，食盐在藏门珞贸易中历来是最重要的商品。尤其是珞巴族，他们有多个与藏族交往联系的传说同食盐有关，他们现实的交换活动也是以换取食盐为主，强烈地反映出食盐在他们生活中的重要性，反映了珞藏贸易对他们生活的影响。

在藏门珞贸易中,从藏区输入的畜肉、糌粑、酥油等食品;绵羊毛、山羊毛、毛纺线、氆氇、成衣等物品;铜铃、串珠、耳环等饰品,它们虽不如食盐那样在生活中不可或缺,但这些物品在门巴族和珞巴族生活领域的不同方面有着广泛的需求,也产生着不同程度的影响。

作为互通有无的经济活动,从门隅和珞渝输出的产品对藏族的生活也必然产生影响。如粮食类的大米、大豆,蔬菜瓜果类的辣椒、核桃、果干,衣饰类的染草、皮张等物品,对藏族普通民众甚至达官贵人的生活都产生了重要影响。以大米而论,门隅所产的优质大米是原西藏地方政府所需大米的主要来源。这些大米主要供三大领主为代表的西藏上层人物所享用。为了确保大米的稳定来源,西藏地方政府专门设置"哲康"的机构,垄断大米交易。每年仅从门隅输入大米达7万余斤,另有豆类2万余斤。藏族普通群众日常食用的辣椒、干果类,也主要来自同门巴族和珞巴族的交易活动。人们建房和做家具的木材、木板,染制衣物的染料等,也大量从门巴族和珞巴族那里获得。门巴族和珞巴族的竹编、藤编和木制器皿,是深受藏族人喜爱的手工业品。其中,对藏族影响最大,最受藏族人称道的是门巴木碗。

门巴木碗的制作工序复杂,技术要求高,难度大。一个普通木碗的制作要经过如下几道工序:

首先是选料。制作木碗选料十分考究,要选用木质坚硬的树种。主要有"结鲁""梭木辛""冲巴""哞隆""格辛"等,即岩柏、青木冈、米柳、杜鹃树、桦树等树的树根和树瘤,尤以岩柏和白青木冈树以及桦树的树根树瘤为佳,其木质细密,花纹别致,据说用它们制作的器皿遇上毒物即变色、爆裂,有防毒餐具之美誉。其次是制作毛坯。将树根砍成球形晒至半干,然后高温煮,晾干,用刀砍削成器形毛坯备用。再次是器具定形。利用脚踏板转动"木钻杆",车刀挖切器具内腔,削刨外壁。这一道工序至为重要,技术要求高,关系着木碗的造型、质量和大小。复次是上色和打磨。器具定形后,开始上色,颜料是门隅和不丹等地产的一种红色染料。上色后,用微火烤干,打磨光亮,其色泽鲜艳,经久不褪。最后一道工序是涂油。其油取自一种称"普吉"草的草籽,木碗经这种油涂抹后,油光锃亮,光洁照人。经过这几道工序,一个普通木碗便制作完成了。一些上等质料的木碗,还要作进一步的加工,如镶嵌银边、雕镂纹饰等,其做工更为考究精细。

图6—7 制作木碗

　　门巴族木碗,不仅是日用器皿,而且是具有很高审美价值的民间艺术品。木碗以橘红色为主调,明亮、华丽、造型丰富。小型木碗,口径仅5—6厘米,高4厘米,深2.5厘米,底座收分,口沿外卷,小巧玲珑。中型木碗,口径10—12厘米,高6—7厘米,深3—4厘米,碗底圆平,碗壁外展,沉稳典雅,这是最常见的一种。还有一种大型木碗,呈罐形,有盖,底座厚约1.5厘米,直径约13厘米,罐腹圆凸,直径约20厘米,口径约15厘米,有圈槽,口沿外卷,盖如钹形,体虽大但轻巧。门巴木碗,均为圆曲线组合结构,线条流畅,富有动态美。

　　藏族人喜欢木碗,上至达官贵人高僧大德,下到普通民众艺人乞丐,每人均有木碗,差别仅在于碗的质量等级上。外出时木碗为必携之物,往往碗不离身。普通民众常将木碗揣于怀中,而噶厦政府官员则将木碗置于缎制套鞘内同小刀一道挂于腰间,称为"甲赤布雪",既作为饰物又是官级大小的标识,当参加宴会和朝拜达赖喇嘛时,可用木碗饮啜酥油茶,盛接达赖喇嘛赏赐的酥油红糖人参果米饭"卓玛折塞"。

　　藏族人喜爱木碗,原因有三。一是木碗经久耐用,携带方便。二是木碗盛茶酒有一种特殊的香味,盛食不变味,饮用不烫嘴。在藏族人的观念中,用木碗饮酒还会使人聪明、英俊、惹人喜爱。① 三是木碗大多制作精美,色泽明亮华丽,木纹别致美观,造型丰富,有的木碗还镶嵌银边,一个个木碗就是一件件精致的工艺品。正是木碗的实用性和审美性赋予了木碗神奇的品格,令藏族人格外珍视。有一首流传很广的藏族民歌道出了藏族人同木碗的密切关系:

  领着情人吧害臊,
  丢下情人吧心焦。
  情人若是个木碗,
  揣在怀中有多好。②

其次,藏门珞经贸关系,对民族的经济生产和社会发展起到了积极的推动作用。

我们知道,珞巴族的社会生产力水平低,在刀耕火种的农耕生产中,长期以木制工具甚至骨制工具从事耕作。铁器的传入和铁制工具的使用,提高了生产效率,使珞巴族的社会生产力水平得到了提升。随着珞、藏交换的发展,使珞巴族的一些生产领域已开始具有商品生产的属性。如珞巴族用于交换的辣椒,原本是调剂余缺的自然产品。由于在珞藏交易中需求量大,珞巴族便大量种植,用作交换以换回食盐等生活必需品。染草也是如此,珞巴族自身基本不用,他们采集后全部用于交换,为藏族提供染制衣物的染料。这样,由于交换的需要,使珞巴族扩大了生产领域,促进了经济的发展。而生产力的提高,生产领域的扩大,剩余劳动的出现,就为经济分配的不平等创造了条件,出现了贫富差别和等级。交换的发展,还直接加剧了珞巴族内部贫富的分化。小户人家劳动力少,无力采集和生产更多的物品用于交换,通常一年只能到藏区交换一次,换回的食盐、羊毛往往不够一年使用。而富户人口多,特别是蓄有奴隶的人家,大量种植辣椒和采集染草,还通过内部交换、馈赠等手段获取大量稻米、药草和皮张

---

 ① 群沛、诺尔布:《西藏的民俗文化》,向红笳译,见《国外藏学研究译文集》(九),西藏人民出版社1992年版,第303页。
 ② 中央民族学院语文系藏族文学小组编:《藏族民歌选》,民族出版社1981年版,第340页。

等，将这些货物拿去交换，换回大量的生产和生活用品。例如，崩如部落的富户嘎法，一年要到隆子县准巴或斗玉交换三次，每次都有约 20 个奴隶背运交换物资，交换的数量很大。他们交换来的物品除一部分自用外，另一部分高价转手给其他离藏区远的珞巴人，以谋取利润[①]。博嘎尔部落的一些富裕户，把从藏区换来的食盐、羊毛、藏刀、铜铃等物，以高出一倍的价格出让给前来与他们交换的邦波部落人，获取到更大的利润。这种交换，一步步扩大着氏族成员之间贫富的差别，加剧了珞巴族贫富的分化。

  门巴族以手工业制品为代表的商品生产的发展与繁荣，也是在同以藏族为主的其他民族的贸易活动中逐渐兴盛起来的，极大地推进了门巴族的经济生产和社会发展。

  最后，藏门珞经济关系，推动了藏门珞民族关系的发展。

  藏族、门巴族和珞巴族之间长期紧密的经济联系，既是藏门珞民族关系多侧面的一个重要方面，同时又是联系和连接民族关系的基础和纽带。藏门珞最初的交往和联系是从经济活动开始的。通过长期互通有无的交换活动，增进了民族间的了解，密切了关系，形成了藏门珞人民之间互相依存的经济关系和密切往来的友好联系，为藏门珞民族关系的全面发展提供了条件和奠定了基础。

---

① 李坚尚、刘芳贤：《珞巴族的社会和文化》，四川民族出版社 1992 年版，第 63 页。

第七章　藏族与门巴族珞巴族的宗教文化交流

宗教文化交流，在藏门珞文化交流以及藏门珞民族关系中占有十分重要的地位。民族文化交流从来都是一个双向交互作用的过程，彼此的文化相互产生影响渗透。从总体上看，由于门巴族和珞巴族的社会生产力发展水平落后于藏族，人口少，居住地域小，因而在藏门珞文化交流中，藏族文化处于强势，藏族文化对门巴族和珞巴族文化的影响远远大于门珞文化对藏族的影响，藏门珞文化交流呈现出不平衡状态。在藏门珞宗教文化交流中，藏族的本教和佛教先后传入门巴族地区，也传到了与藏族毗邻的珞巴族地区。藏族宗教文化对门巴族和珞巴族的宗教文化的影响程度是不尽相同的：对门巴族宗教文化的影响广泛而深刻，对珞巴族的影响则远不及对门巴族，尤其是对珞渝腹心地区的珞巴族影响较小。值得指出的是，门巴族在接受藏族本教和佛教的过程中，并非被动接受而原封不动地照搬照抄，而是根据自身的信仰需要和现实可能，有选择地吸收"引进"，并加以改造和同化，将藏族本教神祇和佛祖菩萨纳入了自己的宗教文化体系。

第一节　本教与门巴族传统宗教的交融互渗

一　藏族本教及其对门巴族传统信仰的影响

本教，藏语称为本波（bon-bo），是佛教传入藏地之前的一个古老宗教。本教是以西藏地方的自然崇拜为基础，在外来宗教文化的影响下产生的。后又与佛教文化相融合，对西藏文化的发展产生了巨大影响。

在本教发展的早期阶段，吸收了许多原始崇拜的内容，致使不少学者长期视本教为原始宗教，忽略了它同原始宗教的重大差别：原始宗教是泛神论的自然宗教，本教已是体系化的人为宗教。本教有创始人，有系统的教义教法，有经典、信徒和寺院，这是自然宗教无法比拟的。尤其是后期经过佛本斗争后的本教，其面貌同自然宗教差别更大，而与佛教文化倒颇有相似之处。

在西藏历史上，本教曾显赫过相当长的时间。在佛教未传入前，本教既是普通群众的重要信仰，又是统治者治理王政的工具。藏史古籍载："从聂赤赞普至赤德妥赞之间，凡二十六代，均以本教治理王政"，可见其当时显赫的地位。在佛教传入后的相当长时期，本教作为一股强大的政治势力仍左右着吐蕃王室，作为强大的宗教力量影响着吐蕃社会。公元8世纪中后期，本教在同佛教的斗争中败北，在政治上威风不再，势力逐渐衰微。藏传佛教诸教派形成后，本教更受排斥和歧视，被贬斥为"黑教"，影响愈加不如从前，多在边远地区传播。以至不少人认为本教已销声匿迹，或以为本教已失却作为一种宗教的特点而成了藏传佛教的一个教派。

图7—1 神湖纳木错

其实，本教远没有销声匿迹，仍广泛存在于藏土，势力和影响仍相当大。根据笔者的调查，西藏各地现有本教寺庙100余座，僧人数千名，信教群众众多。除昌都和那曲地区本教寺庙和信徒较集中外（昌都有本寺50多座，那曲有本寺30多座），拉萨、林芝、日喀则、阿里都有本教寺庙和信徒①。此外，在四川、青海、云南等藏区也有本寺和信教群众。笔者在昌都和日喀则等地考察了著名的则珠寺、丁青寺、郭棍寺、热那雍仲林等本教寺庙，调查了信奉本教集中的村寨和群众，了解了本教在当地社区的作用和影响，始知本教和本教文化在西藏和藏区仍具有相当广泛的影响。则珠寺的法会，昌都、那曲、四川、青海等地的信徒都去参加，盛况空前；林芝本日山是本教最大的神山，转山朝圣者络绎不绝。而本教寺庙、本教壁画、本教经典、本教法器、本教法事、本教服装等同藏传佛教亦有较大差异。转经念诵形式也不相同：佛教转经时视顺时针为"正转"，逆时针则为"外转"；本教则相反，推崇逆时针转经，视为"正转"。信佛群众念诵六字真言，本教信徒则念八字明咒。

当然，不能不看到，在长期的佛本斗争中，特别是在佛教取得绝对统治地位之后，本教为了自己的生存，适时地在内容和形式方面作了许多改变，吸收了不少佛教的内容，致使一般人难以分辨佛本的区别。但是，无论从内容到形式、从文化表象到哲学思想，佛教和本教都有重大区别。

相传本教的创始人为辛饶·米沃且（gshen-rab-mi-bo-che），实际上辛饶·米沃且是对本教的系统化作出杰出贡献者。本教最早源于魏摩隆仁（bol-mo-lung-ring），然而魏摩隆仁在何处则有不同的解释。有人认为在大食，有人认为在象雄，还有人认为在西藏的西部某处。在本教徒心目中，这块地方是神圣的乐土，永远不会消亡，哪怕这个世界最后毁于烈火之时，它也会腾升上空，和天国里另一个本教圣地合二为一，被称为什巴叶桑（srid-pa-ye-sangs）。

这一绝妙的境地，本教徒是这样描绘的：魏摩隆仁位于世界的西部，呈八瓣莲花的形状。当然，它的上空也呈现出八个轮柄的轮形。中间有一座九层雍仲山俯瞰大地，这九层雍仲山的含义是："九个卍字形的山峦"，"卍"和"九"字在本教中都赋有很深奥的含义。卍是符号形式，文字形式是"g·yung-drung"，标志着永生、永固、永存，加上 du，意思是"具有咒力的永恒本教"。"九"在本教中具有特殊意义，认为大地从里到外共有九层，天国最初也有九层，后来发展成十三层（十三在本教中也是吉祥数字），本教的教义称为九乘经论，雍仲山有九级。九层雍仲山是魏摩隆仁的中心，整个魏摩隆仁被海洋包围着，海洋之外又有陡峭的雪山环

---

① 关于本教的现状，可参见顿珠拉杰《西藏本教简史》，西藏人民出版社2007年版。

绕。根据经典的描写，魏摩隆仁可能位于西藏象雄，尤其是冈底斯山和玛旁雍错一带①。

　　本教的发展经历了三个阶段，展现了本教在西藏的演变过程。第一阶段为"笃本"（brdul-bon）阶段。"笃本"即所谓自在本教，盛行于第一代藏王聂赤赞普所开始的"天赤七王"时代。土观·罗桑却季尼玛所著《土观宗派源流》记述道："笃本者，聂赤赞普过六世到赤德赞普时，卫部的翁雪纹，有名叫辛氏家族的一个童子，年十三岁，被鬼牵引，走遍藏地，到了他二十六岁时始进入人世。由于非人鬼类的力量，故说什么什么地方，有什么什么鬼神，它能作如何如何的祸福，应当作这样的供祀，或作禳祓送鬼等术，始能效云，就这样便产生了各种说法。……当时的本教只有下方作镇压鬼怪，上方作供祀天神，中间作兴旺人家的法事而已。"②第二阶段为"洽本"（vkhyar-bon）阶段。"洽本"，意为游走本，指自外流传来的本教。始自第八代赞普止贡赞普，盛行于吐蕃王朝建立前的数百年间。据说止贡赞普时，吐蕃地区的本教徒无法超荐震慑凶煞，特意从吐蕃西北部的克什米尔、勃律、象雄等地请来了三位法力超群的本教徒，"其中一人行使除灾巫术，修火神法，骑于鼓上游行虚空，开取秘藏，以鸟羽截铁，显示诸种法力。一人以色线、语言、活血等作占卜，以决祸福休咎。一人则善为死者除煞，镇压严厉，精通各种超荐亡灵之术"。③据说"洽本"融合了外道大自在天派的许多内容。第三阶段为"觉本"（bsgyur-bon）。"觉本"意为翻译本，指佛教传入西藏后，佛本相互斗争和相互融合、本教徒改佛典为本典而形成的本教。"觉本"阶段又分为前中后三期。前期据说是由绿裙班智达将邪法与本法相杂而成。中期是赤松德赞时下令本教徒改宗信佛，而杰卫绛曲不从，乃与本教徒篡改佛经为本经，为此很多本教徒受诛杀，遂藏经于地下，后世掘出，为本教"伏藏法"。后期"觉本"是在吐蕃末代赞普朗达玛灭佛后，藏地娘堆（今日喀则江孜一带）的辛古鲁迦，在达域卓拉地方将大量佛典改为本经，如将《广品波若》改为《康钦》，《二万五千颂》改为《康穹》，《瑜伽师地论》

---

① 丹珠昂奔：《藏族文化发展史》（上），甘肃教育出版社2001年版，第444—445页。
② 土观·罗桑却季尼玛：《土观宗派源流》，刘立千译注，西藏人民出版社1985年版，第194页。
③ 同上。

第七章　藏族与门巴族珞巴族的宗教文化交流　221

改为《本经》,《五部大陀罗尼》改为《白黑等龙经》等。此时的本教,已是佛本互融后有严密理论体系的宗教。

图7—2　念青唐古拉山

早期的本教崇奉众多的神灵鬼怪,其宇宙观念具有特色。霍夫曼在《西藏的宗教》一书中指出:"按照古代西藏的信仰,世界分为三部分:即天、气和地。有时称天、地和地下。"① 在三界分别居住着不同的神灵,即龙神、年神和赞神。龙神生活于地下界,藏语称之为"鲁"(klu)。"鲁"类神灵泛指生活于水中的动物,如鱼、蛙、蝌蚪、蛇等。鲁神居住于江河湖泊之中,掌管人间的疾病。"年"(gnyan)神生活于地上界,这是一种在山岩沟谷中游荡、在石缝森林中安家的神灵。年神主管自然灾害和瘟疫,因此与人们的生产生活关系密切。这类神灵喜怒无常,很容易被人所冲犯,常给人们带来疾病和灾难。"年"神通常被人视作山神,如藏区著名的山神"年青唐拉"便意为"大年唐古拉山神"。根据藏文史料的

---

① [德] 霍夫曼:《西藏的宗教》,李有义译,中国科学院民族研究所编印1965年版,第5页。

记载，西藏有四大山神：雅拉香波山神（yar-lha-sham-po），其居地位于东方；库拉卡日山神（sku-la-mkhav-ri），其居地位于南方；诺吉康桑，也就是诺吉康娃桑布（gnod-sbyin-gang-ba-bzang-po），其居地位于西方；年青唐拉山神（gnyan-chen-thang-lha），其居地位于北方。① 天空是"赞"（btsan）神的国度。"赞神是一种以天空为基地的更为凶悍的神，形体如牛、马、猪等。"② 赞神和年神在人们的观念中有时指同一类神灵，人们习惯合称为"年赞"，而"天"在人们的心目中占有很高的位置。根据古老的本教神话，西藏的第一位赞普聂赤赞普便是作为天神之子入主人间的。古藏文文献《敦煌本吐蕃历史文书》这样记述道："天神自天空降世，在天空降神之处上面，有天父六君之子，三兄三弟，连同墀顿祉共为七人。墀顿祉之子即为墀聂墀赞普也。来作雅砻大地之主，降临雅砻地方。当他降临神山江多之时，须弥山为之深深鞠躬致敬，树木为之奔驰迎接，泉水为之清澈迎候，石头石块均弯腰作礼，遂来作吐蕃六牦牛部之主宰也。"③

聂赤赞普连同以后的六代赞普，亦即"天赤七王"均是以"天神之子作人间之王"，当他们完成了在人间的使命后又"逝归天界"，"为人们目睹直接返回天宫"。④

本教继承了许多原始信仰，如崇拜自然界的日、月、星辰和大山，相信天界的存在，相信非凡的人物来自天界，最后能返回天界，光绳是他们上下天界的工具，而位于天地之间的高耸入云的大山，则是天与地的结合处，连接着天上人间，因而本教十分崇拜大山，尤其是象雄境内的著名神山——冈底斯雪山被称为灵魂山、"九重雍仲山"。

本教的神灵系统十分复杂，除上面所列的天、地和地下的几类古老而原始的神灵外，早期本教还将民间所信仰崇拜的土地神、灶神、阳神、战神、箭神等统统纳入自己的神灵体系中。在本教系统化和理论化之后，本教神灵家族中又增加了许多新成员，如所谓"最初四尊"即萨智艾桑、辛拉俄格尔、桑波奔赤和辛饶·米沃且，"塞喀五神"即贝塞恩巴、拉部

---

① ［奥地利］勒内·德·内贝斯基·沃杰科维茨：《西藏的神灵和鬼怪》，谢继胜译，西藏人民出版社1993年版，第233页。

② 丹珠昂奔：《藏族神灵论》，中国社会科学出版社1990年版，第23页。

③ 王尧、陈践译著：《敦煌本吐蕃历史文书》，民族出版社1980年版，第161—162页。

④ 同上书，第162页。

图7—3 雅拉香波神山

托巴、卓却卡迥、格措和金刚橛（降魔橛）等。① 佛本融合后出现的新的神灵，已失却了早期本教神灵的原始性和拙野性。这些神灵大多供奉于本教的庙宇殿堂，与普通民众的生产生活并无直接关系，一般不为民间所知晓和供奉。

　　本教的仪式复杂而繁多，诸如婚嫁丧葬、传宗接代、延寿增福、避灾免祸、招来财运、预祝丰收、驱除恶魔、治疗疾病、求神打卦等都有完整而系统的仪式，而从事这些仪式的又是本教巫师。本教巫师众多，因其职能不同又分为不同的类别，如"恰贤类"（pya-gshen），主要职能是占卜吉凶。"楚贤类"（vphrul-gshen），主要职能是从事巫术活动，以"阿年"（A-mye）为其代表。如今的阿年以防雹和占星两项活动为主，尤以施行巫术防雹闻名，被称为"防雹喇嘛"。"都尔贤类"（dur-gshen），主要职能是与各种鬼魂打交道。"朗贤类"（snang-gshen），其职能为祈福禳灾②。

---

① 丹珠昂奔：《藏族神灵论》，中国社会科学出版社1990年版，第62—64页。
② 格勒：《藏族早期历史与文化》，商务印书馆2006年版，第446—458页。

本教巫师仍活跃于藏族民间。

藏族的本教对门巴族的宗教信仰有着广泛而深刻的影响。

门巴族曾有过信仰原始宗教的久远历史,"万物有灵"是门巴族原始信仰的观念基础。天神地灵、山鬼树精都是门巴族信仰和崇拜的对象。然而在门巴族的传统信仰中,处处可见到藏族本教影响的痕迹。

考察门巴族信仰的传统宗教,与藏族原始本教有着许多共同点,主要表现在以下几个方面。

第一,两者有相同的称呼,并且都有崇拜的主神。门巴族和藏族都称本教为"本波"或"本却",称谓完全一致。门巴族和藏族本教都有信奉的主神,但其具体信奉对象则有所不同。藏族本教相传是由敦巴辛饶(又称辛饶·米沃且)所创,辛饶·米沃且是本教徒信奉的教主。实际上,本教在敦巴辛饶之前已经产生,他只是对本教系统化有卓越贡献者。而本教崇拜的最高主神是辛拉俄格尔和什巴桑波奔赤。

图7—4 勒布沟境内的神山

门巴族信奉的主神因地而异。门隅门巴族信奉的本教主神是"沙达多赞",这是一位可能来自赞界的、与土地密切相关的主神,反映了门巴族强烈的土地崇拜观念；墨脱门巴族信仰的最高主神是"阿颇多吉扎增"。门巴族认为，沙达多赞或"阿颇多吉扎增"，都至高无上，是三界神灵"拉""赞""鲁"的最高主宰，其他众神灵都要听命于他们的调遣。主神的出现，实际上是人类社会进入阶级社会后国家形式在宗教上的反映。

第二，两者都有相同或接近的教理思想。门巴族本教与藏族本教的教理思想，集中表现在两个方面。首先，他们都以大自然神灵作为自己的神灵崇拜对象，形成了完整的本教神灵谱系。在本教神灵系统中，包容了大量的原始宗教神灵，是对原始宗教的继承和发展，而万物有灵与灵魂不灭仍是本教信仰的观念基础；同时，他们又适应社会发展的需要，不失时机地请来了一些新神。其次，他们有相同的时空观念，即关于时空的"层、格"结构和"三界"观念。在门巴族和藏族的信仰观念中，均把宇宙分为三层境界，即天上、地上和地下；与三界相对应的神鬼是"拉""赞"和"鲁"。天界是天神"拉"居住之所，中界为"赞"神所居之地，下界则是"鲁"神生活的地方。门巴族和藏族本教的神灵谱系、"三界"观念，反映出原始本教已具有了较系统的理论化思想，已有了系统化、条理化和概念化的特征。

第三，两者都有相对固定的祭坛和祭祀日。门巴族和藏族都有一些大型的集体祭祀活动，在某一固定的场所和固定的时日举行，并往往还有固定的主持人和固定不变的目的。如每年庄稼收割前的祭祀活动，最初产生于本教祭祀仪式，藏话叫"望果"，门巴话称"曲科尔"，便是在秋收前固定的时节举行；祭坛就设在田间地头；祭祀目的是明确的：酬神禳灾，祈望丰收。整个祭祀活动最初是由本教巫师主持。另如转神山，源于对山神的崇拜，后来又得到"三界"观念的支持。转神山也有固定的地点和时间，最初也是由巫师主持。这些在固定的时间有组织地举行的大规模的集体祈神活动，在生产力水平极为落后的原始社会是不可能出现的，表明本教和原始宗教的区别；而这类活动在门、藏两族中的相似性，又表明门、藏两族本教信仰与崇拜的密切联系。

第四，两者都有从事宗教活动的神职人员——巫师，都有繁缛的巫术活动。藏族和门巴族的本教巫师都被称作"本波"，根据职能的不同又有相应的名称。巫师的巫术活动繁多，举凡请神问鬼、祈福禳灾的宗教活动都由巫师主持和实施。巫师在社会上享有崇高的地位，他们作为人间世与鬼灵世界的通话人而受到人们的敬畏和尊崇。只是后来，在藏区由于藏传佛教的兴盛，本教巫师的权威地位被喇嘛取代，而门巴巫师仍与喇嘛平起平坐，威势不减当年。

从上述四方面我们可以看到，藏族本教对门巴族的信仰有着极为深刻的影响。

二 门巴族传统宗教的特点

门巴族宗教从理论思想、天神地祇到宗教仪轨都全面吸收了藏族原始本教，这是毋庸置疑的。这并不意味着门巴族的本教信仰是藏族本教的复制或翻版。门巴族对藏族本教的吸收，始终以本民族的文化结构和文化心理为条件和基础，是根据自己的信仰需要和现实情况对其改造同化的，因此，门巴族信仰的本教已同藏族本教有了较大的不同，具有鲜明的民族特点。门巴族本教与藏族本教的不同表现在许多方面，即使从上述几个"共同点"中，我们也能看出两者的某些差异。两者的不同和差异主要表现在地位与影响、宗教观念、神祇系统，以及巫与巫术礼仪等方面。

首先，看本教在藏族和门巴族文化结构中的地位和影响。藏族本教在佛教未传入前既是普通群众的信仰，又是统治者得以"治理王政"的工具。藏文史籍载："从聂赤赞普至赤德妥赞之间，凡二十六代，均以本教治理王政"[1]，可见其显赫的地位。在佛教传入后的相当长的时间里，本教作为一股强大的政治势力仍左右着吐蕃王室，直到公元8世纪的赤松德赞时期，在佛本斗争中本教败北，从此失去了统治地位，转而走向民间，继后又从藏区腹心地区转向了边远山区。但本教仍有自己的市场，有系统的经典，并有本教的寺院，作为一个有影响力的教派存在于藏族社会。门巴族信仰的本教虽然在门巴族社会中有着深广的影响，但它没有藏族本教早期曾有过的殊荣，它始终是作为一种信仰而从未有过作为政治力量存在的历史。它有自己的"理论化"的教理思想，但没有藏族本教（特别是后期）系统化的教义，也没有经书，更没有寺院。门巴族本教至今仍保留着朴素、原始的面貌。

---

[1] 土观·罗桑却季尼玛：《土观宗派源流》，刘立千译注，西藏人民出版社1984年版，第194页。

其次，再看宗教观念，集中反映在宗教时空观念方面。门巴族虽接受了本教的"三界"观念，但门巴族对时空观念中的"层、格"结构有自己的解释。门巴族把宇宙时空分作"九层"：天界有四层，为天神所居之所；中界分空间和地面两层，分别由精灵"赞"和人居住，人间世界也有许多"赞"；下界也有三层，分别由各种死灵居住；天界由八个花瓣状的格块组成，每一格块中住一神，这与藏族本教对宇宙层、格的划分和解释是有较大差别的。

图7—5 基巴村后山上的神湖圣境

再次，神灵系统的差异。一是在门、藏本教信奉的神灵系统中，主神不尽相同。门隅门巴族的主神"沙达多赞"、墨脱门巴族信奉的主神"阿颇多吉扎增"，同藏族本教的"什巴"大神，既有联系又有区别。二是神灵谱系的差异。藏族本教和门巴族本教都有自己的神灵谱系，其神灵谱系各有特点。在门巴族的神灵家族中，有的神来自藏族本教，如对"拉""赞""鲁"的信仰；更多的神则来自本土，包括"拉""赞""鲁"三类神灵中的具体所指。藏族本教神谱中的许多神，甚至是非常重要的神灵，在门巴族的神灵家谱中并无他们的位置，如本教神系的"最初四尊""赛喀五神"等神灵，门巴族并未引入；藏族本教中的曜神、箭神、阳神以及战神等，也难以在门巴族本教中寻到踪迹。门巴族的神灵家族，绝大多数来自他们信奉的原始宗教鬼灵，本教传入后，将原始宗教鬼灵统统接纳为本教神祇成员，形成了门巴族本教庞大的神灵家族。为了窥视门巴族本教神祇的特点，我们以墨脱为例，介绍一些门巴族神灵。①

在墨脱门巴族各村寨，都有为数不少的山鬼地灵，树精水怪。它们或善或恶，有时善恶集于一身，影响着人们的精神世界和生产生活。

东波村："东珠达杰"，一神石，男性，善灵。

亚让："罗布曲杰"，巍峨的山体，男性，善灵。

米衮："龙拉杰姆"，巨树，女性，善恶兼备。

玛迪："玛哈德瓦"，一巨石，性别不定，善恶集于一身。

米日："森东朗措"，一湖泊，女性，善恶兼备。

德兴："达龙"，石岩，有虎豹等自显印迹，性别不定，善恶兼备，每年需祭祀。

荷让："阿巴云达杰波"，雅鲁藏布江中的一块怪石，冬季水枯时露出水面，是德兴和荷让一带的厉鬼，男性；"当坚嘎让"，一山体，男性，系铁匠死后所变，恶鬼。

文朗："宗增本顿"，系文朗村背后的七兄弟峰，善灵，男性；"次仁坚额"，系文朗村背后的五姊妹峰，女性，善灵，向其祭祀，生儿育女可如愿。

得哥："阿司杰波"，一山峰，男性，善灵。

马尔崩："却本拉姆"，七棵巨树，直冲霄汉，女性，善恶兼备。

西约："德本松玛"，一山体，男性厉鬼，危害极大。

巴登："白玛朗措"，一湖泊，女性，善恶兼备。

乌那："巴瓦本顿"，七座山峰，善灵七兄弟，男性。

约儿东："西格曲丹"，一岩石，有一滴泉常年滴水，男性，善灵。

勇培："阿颇多吉扎增"，又名"洛荣钦角杰季达波"，意为"南部十

---

① 关于墨脱门巴族神灵信仰的资料，系笔者1986年在墨脱进行文化考察时搜集的，提供材料的有益西平措、罗桑、珠巴等门巴族老人。1992年和1993年，笔者又二度增补核实，提供材料的有罗布次仁、米久、尼玛等门巴族人士。参见拙著《走入喜马拉雅丛林——西藏门巴族珞巴族文化之旅》，中国藏学出版社2002年版，第113—115页。

八沟壑之王",系一险峻高山,为墨脱门巴族崇拜的最大的山神,男性。门巴族每年都要向其祭祀,祭祀地点在其山下一个叫"阿颇颇章"地方,祭品有长刀、长矛、小刀、土枪、各种粮食、衣物、哈达等。人们在每年藏历一月跳神时,首先要跳祭它的宗教舞。参加酬神舞的有4名巫师、2名喇嘛、2名信使、4名持刀武士、4名持箭武士、1人扮作山神。山神居中,其他人分列两旁,另有专人击鼓。每次需跳半天。跳神时,如山上顿时大雾弥漫,暴雨骤至,人们相信这是感动了"阿颇多吉扎增";如果山上不起雾,没下雨,则意味着"阿颇多吉扎增"不为所动,需再次跳酬神舞和增加供物,不然便会遭到灾难。平时,人们经过神山时,不能大声说话喧哗,不能放屁,不能往山上吐唾沫、扔杂物、拉屎尿,不然,山神会扔石头,违禁者不死即伤。

图7—6 仁钦崩寺供奉的阿颇多杰扎增山神像

背崩:"扎西旺杰",一巨石,巨石旁有两株大树,男性,善恶兼于一身。

布迥:"辛达拉姆",一怪树,女性,恶灵;"白玛玉措",一湖泊,女性,善恶兼备。

格林:"加瓦日额",一山峰,男性,善灵;"达帕右永",两块怪石,是一对夫妻;"日那旺钦",一山峰,男性,"辛吉巴东",系一大瀑布,女性精灵。格林一带门巴族信奉的4个精灵,均是善恶兼备、喜怒无常的山灵水怪。

德儿工:"桑朵白日",一山峰,男性,善灵;"康卓多桑",形似一石桥,女性,善灵。"桑朵白日"和"康卓多桑",后被纳入宁玛派的神灵系统。

萨噶:"措达衮布",一湖泊,女性精灵,善恶集于一身。

西让:"坚吉热吉玛",一山峰,系一女性精灵。神话讲,该精灵只有一只眼、半边脸、一个乳房和一颗牙齿,常翻手为云,覆手为雨,喜怒无常。

增白:"阿颇夏热",怪石,男性厉鬼。

格登:"拉崩松",一乱石嶙峋的岩山,男性;"鲁崩",一山峰,从山上流出的水呈白、红、黄、蓝和青蓝色,人们认为是地下"鲁"神聚居之所;"增达阿颇",系一形状奇特的草山,男性;"增归罗布扎堆",一树干高大的密林,男性;"托格",亦为一密林,女性。

多嘎:"阿扎巴瓦",一山腰密林,女性精灵;"玉曲贡顿",一山峰,男性,善鬼。它们均善恶兼备。

嘎登:"玉嘎央塞",一草山,男性,善鬼。

龙勒:"东那嘎波",一小湖,湖旁有怪石和奇树,人们认为是男性精灵所居之所;"嘎玛安日杰波",一密林,男性精灵,树木严禁砍伐,砍伐树木者将患麻风病。

加热萨:"增嘎多吉",一山体,男性;"阿布西让",一密林,女性;"帕雄阿布",一小湖,女性精灵;"德旺阿布",雅鲁藏布江边的一座山岩,奇险,为男性厉鬼的化身和住所;"阿布绸格",一狰狞巨石,系男性厉鬼。

门巴本教的神灵家族还有许多成员,无须一一罗列。从上面所介绍的神灵成员可以看到,门巴族的神祇大都是可感可触、与人们现实的生产生活密切相关的山川大地、林木湖海，而缺乏抽象的神灵；神灵中，女性神灵占有很大的比重，而且多与水、湖相关，男性神灵则多与石、山、树干相关。这些都反映出门巴族本教神祇的自然性与原始性，还保留着浓厚的原始宗教神灵的色彩。

最后，关于巫与巫术活动，藏族本教巫师叫"本波"，因职能的不同，本教巫师有多类，但在称呼上均与"本"有关。门巴族本教巫师也称"本波"，但本波仅是门巴族本教巫师中的一类，还有因职能的不同而扮演各种角色的巫师，其称谓均与"本波"无关。如门巴族的驱鬼巫师有"顿龙肯"和"巴窝"，请神巫师有"巴莫"和"觉姆"，可见两者在巫的称谓上的显著差别。

图 7—7　门巴族巫师做法事

这里，还有必要对门巴巫师的称谓作一简单辨析。从语音上看，门巴的"巴窝""巴莫"和"觉姆"似是借自藏语。藏语"巴窝"意为"勇士""英雄"；"巴莫"意为"女杰"；"觉姆"意为"女尼"，但这些词的含义在门巴族的称谓中已有了质的不同。门巴族的"巴窝""巴莫"

"觉姆"都是请鬼跳神的本教巫师。

门巴巫师与藏族本教巫师还有一个重大差别，就是门巴巫师中女巫占有相当的数量。据对墨脱四措近两代人中巫师情况的不完全调查，巫师共有48名，其中女巫26人，男巫22人，女巫占巫师总数的54%强[1]。门巴族女巫有两类，即"巴莫"和"觉姆"，她们自称是女神的化身；而藏族本教巫师中几乎没有女巫。门巴巫师中女性占较大的比重，反映出门巴本教与门巴原始宗教的直接继承关系，因为在原始宗教活动中女性占据重要地位。

"巴莫"系女巫，其主要职能是祭神，一般是定期为人们举行祭神仪式。每年藏历一二月间，门巴人家家户户要迎请"赞"和"坎卓"两女神，九十月间庄稼丰收后则欢送两女神，这种仪式称为"奴夏巴"，均由巴莫主持。巴莫施法时，头戴"仁安"神帽，两耳旁悬挂纸扇形的"仁安乃"饰物，额部和颈部缀挂若干串珠，身披"沙热"神衣。在助手"曲本"的帮助下，在祭主家点燃"古玛薪"树枝叶。熏烟缭绕中，巴莫左手持铜铃，右手持手摇小鼓，口诵咒语，在一竹席铺就的神坛内来回走动或跳跃，同时摇晃身子和头部，摇铃击鼓演唱祭词。一次"奴夏巴"仪式需两三个小时，多在白天举行，目的是祈求祭主家平安吉利，庄稼丰收。

"觉姆"亦为女巫，其职能既可祭神亦能跳鬼，多为祭神。觉姆在作法前，需先进行米卜，用自带的称为"削丝过木"的米筛筛米，根据呈现的卦象，判断需祭祀哪方神灵，所需祭品以及病人的吉凶。

作法前，觉姆还需到河溪旁将自己的手、头洗干净，然后请助手摆放供物。祭台一般设在祭主家的正房。在房梁上横一竹竿，上面悬挂银制避邪物9个、花色背带9条、围裙9条、铜锅9口，以及弓箭、箭筒、衣物、布、长刀等若干。悬挂物上还缀以染色的棉花制作的花朵。悬挂物下方摆一方桌，上面放置竹盒3个，里面盛着饭、菜、香蕉、黄瓜及各种鲜花。方桌前摆放一个作法时用的坐垫。坐垫旁设一小木凳，上面放芭蕉叶和米或玉米面，此系觉姆保护神之祭品。当助手"儿得"在火塘内烧起古玛薪枝叶，整个房间烟雾弥漫时，觉姆开始作法。

---

[1] 西藏社会历史调查资料丛刊编辑组编：《门巴族社会历史调查》（二），西藏人民出版社1988年版，第57页。

觉姆作法时，身披一块红色毯状的沙热神衣，头戴 3 个或 9 个银制饰物，颈挂串珠，手戴铜制手镯，边念咒语，边向房内四周抛撒玉米粉或米粒，然后在祭台的座垫上坐下。觉姆坐定后，先"啊——"三次，接着唱专门的曲调，边演唱，边全身发抖，意为觉姆的灵魂从墨脱到主隅接请自己的保护神的旅途艰辛。然后，每当觉姆喊到某神或某鬼的名称时，"儿得"就向祭台上撒些米、面、祭品或酒等。演唱内容多为叙述一些门巴族的神话、传说、历史等。觉姆请来神或鬼后，还要送走神或鬼。作法结束时，觉姆再"啊——"三次。觉姆的宗教仪式，一般是太阳初升开始至中午止。觉姆作法时坐于垫上，不跳跃，没有神鼓、摇铃等法器。

"顿龙肯"系男巫。与巴莫和觉姆作法时不同，顿龙肯注重杀牲献祭，但法器少，也无特殊穿戴。顿龙肯的职能主要是送鬼。

顿龙肯送鬼仪式一般是在下午或晚上进行。他作法时不唱不跳，只是念咒语，也不需要法器，但送鬼仪式必须在村外草坝或河溪旁举行。出村前，顿龙肯将祭物摆放在病人跟前，念咒语后才将祭物送到村外的祭地。送鬼前，杀猪或牛，筑灶支锅，祭肉煮熟后开始仪式。届时，顿龙肯在地上摆放三排祭品。第一排是 7 个大铜锅。第二排是贵重的衣服和首饰。病人家的衣饰不够时，需向邻居和亲朋借用，完后归还。摆放时先要在地上铺垫一层芭蕉叶。第三排是 5—7 个邦穹，盒底铺垫一层芭蕉叶，盛装大米饭。米饭的四周放蔬菜，最上层置放煮的祭肉（肝、心、肚、肠等内脏各部位的肉都要放一点，以示祭献的是全牲）。祭品准备完毕，巫师念念有词，呼叫各种鬼灵的名字，最后呼叫 3 个需要重点祭祀的鬼灵：阿毕桑吉卓玛、辛巴什达那波、卓年赤勒旺曲。巫师一边将食物抛撒四方，一边祷告：

　　你所需要的都准备好了，
　　你吃吧、穿吧、用吧！
　　这是病人奉献的，
　　请把病人的灵魂放回吧！
　　放时，请将套在灵魂上的绳索解开！
　　放时，请将钉在灵魂上的钉子拔掉！
　　放回的灵魂要像鸡蛋一样完美无缺！
　　放回的灵魂要像洗澡后一样的干净！

放回的灵魂要像树刚剥皮那样新鲜、洁白！①

巫师念诵完毕后，由助手、病家亲属和几位乡邻一道去林中砍回一大把树枝，看树枝上有无一种叫"永布"的白虫，如没有永布还要念咒，再一次去砍树枝。巫师将永布虫用棉花轻轻包起，带到病人的睡卧处，塞进病人的头发里，表示将灵魂找回来了。送鬼仪式结束后，所有供物除留一份给病人外，其余都分发给在场的人吃。当顿龙肯一行人回到病人家时，病者家人向他们身上抛撒一点灶灰，以防止害人鬼入室。同时，家人还要在入门的梯子旁插上一枝带叶的树枝，3 天内禁止他人进入室内。

"巴窝"在门巴人心目中是法术最高的巫师，既能祭神送鬼，还能举行各种巫术活动。巴窝多由男性充任。

图 7—8　门巴巫师做法事时的服饰

---

①　西藏社会历史调查资料丛刊编辑组编：《门巴族社会历史调查》（二），西藏人民出版社 1988 年版，第 45 页。

第七章　藏族与门巴族珞巴族的宗教文化交流　235

巴窝的宗教活动频繁而复杂,我们兹举其施术治病和禳解巫术的片段以窥其特点。

巴窝为病人施术治病时,头缠红、白两色布巾,戴一"仁安"神帽,胸前挂满串珠,身上斜披白带子,端坐高凳上敲鼓。巴窝面前放一托盘,盘中盛有玉米粉,上面立有玉米棒子若干。施术开始,他的身体东摇西晃,节奏由慢而快,同时挥刀起舞,状似疯人。病人屋中烧一大锅开水,巴窝将烧红的石头投入沸水中,满屋蒸气弥漫。巴窝用树叶蘸沸水洒在自己身上,显出不怕烫的神情,以示自己是"神体";又在病人身上涂上酥油,然后洒沸水。若还有人要求治病,可事先围坐在屋内,巴窝向病人洒水时一并洒向他们。巴窝口中唱道:

　　天上的大雪啊向我降吧,
　　山谷里的大风啊向我吹吧,
　　妖魔鬼怪啊跟我来吧,
　　灾难祸殃啊集于我身吧……

病人病重时巴窝还要挥舞着刀从室内到室外,意味着把鬼赶走。

巴窝除送鬼跳神外,还有一个重要的职能是对诅咒巫术的禳解。墨脱有一种叫"安"的诅咒巫术,据说是一种十分厉害可置人于死地的黑巫术。施巫术者将被咒人的名字、年龄写在一张纸条上,装入牛角中;或将被咒人的头发、指甲、衣服残片等物装入牛角中,念咒后,将牛角埋在被咒者家的墙角或进门的木梯旁,有的则埋在离被咒家较远的乱石堆下或大树下。被咒人很快会头痛恶心,患重病,直至死亡。当病家怀疑是遭人施了"安"时,必须请巴窝来禳解。届时,巴窝到病家,问清病人的姓名和年龄,用大米面和玉米面做成面坨,放于绕塞内的"曲雄"神龛前,同时摆放香蕉、米饭、鸡蛋及病人的衣服等物,由助手曲本点燃"古玛薪"枝叶。巴窝身披法衣,头戴神帽,手拿法鼓,佩挂法刀,先坐于地板上击鼓念咒,请求神灵附体。巴窝渐渐脸色变白,全身颤抖,然后猛地跳起,左右晃动,一边击鼓,一边念念有词。念词内容由助手翻译给众人听,主要是问询是什么鬼灵作祟、病源来自何方等。助手要不时抛撒米粒、小麦等粮食。经过一番问询后,巴窝拔出法刀,念诵着跳跃着出了家门,在病家的室外或墙体、或门边用法刀画一个圆圈,病家立即在巫师画圆的地方挖，将挖出的符咒烧掉后，仪式即结束。据说巴窝每次寻找符咒都很准，这更增加了人们对巴窝的信仰和对巫术的神圣感。

第二节　藏传佛教在门隅的传播

门巴族既信奉原始宗教和本教，又信仰藏传佛教。藏传佛教的宁玛派、噶举派、萨迦派和格鲁派在门巴族地区都有影响，尤以宁玛派历史悠久，传播最广。

一　藏传佛教在门隅传播的历史

佛教最初传入门隅当在吐蕃时期。佛教传入门隅的途径有两个方向，一是经过北部的错那，二是经由西部的主隅（不丹的古称）。

我们知道，公元7世纪时，门隅已归入吐蕃王朝治下。松赞干布不仅在门隅派有官员主持政务，传说在他亲自绘制的状如仰卧罗刹女的吐蕃地形图中，把门隅画作罗刹女的左手心，并在其上建一罗刹女庙。这庙位于上门隅勒布四措之一的斯木措境内，名"斯木拉岗寺"，意为"罗刹女庙"。在后来每年举行的朝佛供神活动中，西藏地方政府要派官员主持[1]。

8世纪中后期，莲花生大师来藏，一路降妖伏魔，帮助赤松德赞修建了西藏第一座佛法僧三宝俱全的寺庙桑耶寺。在门巴族民间传说中，桑耶寺建成后，莲花生沿河谷向南，翻越亚堆拉、雪香拉、俗坡达拉和波拉等大山，捉妖降怪南下门隅，至今在错那和上门隅勒布一带，还有许多相传是当年莲花生大师传教时留下的遗迹。

门隅是藏区通往印度和不丹的主要通道，而不丹是古门隅的一部分。在不丹也盛传莲花生传教和降妖伏魔的事迹，尤其在不丹东部的布姆塘一带，留有莲花生活动的诸多圣迹。布姆塘与今天以达旺为中心的门隅并不远，不排除莲花生曾到此传教的可能性。莲花生对门隅的影响不可低估。事实上，在门隅的佛堂庙宇中，供奉的主神均为莲花生大师。莲花生后来被宁玛派这一西藏最为古老的佛教派别奉为开山始祖，而宁玛派是门巴族

---

[1] 参见益西赤列《我的家乡——门隅》，载《西藏文史资料选集》（第2辑），第77—78页。

第七章　藏族与门巴族珞巴族的宗教文化交流　　237

人最为信奉的教派。

9世纪中期，在以佛本斗争为表象的激烈的权力争斗中，西藏末代赞普朗达玛被推上前台。朗达玛上台后焚经书，毁寺院，强令僧人改宗还俗。佛教在西藏腹心地区遭到毁灭性打击。此间，佛教僧人大批逃亡，一部分逃往西藏东部，另一部分逃往南部门隅。吐蕃王朝崩溃后的200多年间，西藏腹心地区已难觅佛教踪影，佛教仅在包括门隅在内的边地得以保存和继续传播。

随着封建农奴制在西藏的确定，西藏佛教进入了一个再度繁盛的时期，即所谓"后弘期"。萨迦派、宁玛派、嘎举派、噶当派等佛教教派的出现，标志着具有西藏特色的藏传佛教的最终形成。藏传佛教的噶举派、宁玛派和在噶当派基础上改造而来的格鲁派都传入了门隅地区。

宁玛派意为"旧派"，它是相对于后弘期才相继出现的萨迦、噶举等其他教派而言，以显示自己历史的久远。宁玛派大德高僧们的一个杰作是所谓"伏藏"（gter-ma）的发掘。他们在神像下、屋柱下、岩洞中发现了据传是吐蕃时代的君臣显贵或大德们写的书籍，这些书籍或经要是因为害怕战乱或其他原因而埋藏起来以利保存。"伏藏"中最有名的如《玛尼全集》（相传为松赞干布所著）、《柱下遗教》（相传为松赞干布所著）、《莲花遗教》（相传为莲花生所著）、《五部遗教》（相传为莲花生所著）等。这些"伏藏"的发现者称为"德尔顿"（gter-bton，掘藏师）。早期宁玛派的许多大德都有"德尔顿"的头衔。

应该说，宁玛派是最早传入门隅的一个佛教教派。如果把莲花生作为宁玛派的开山祖师，那么早在吐蕃时代中期（公元8世纪）宁玛派就在门隅有所传播。然而，宁玛派作为一个佛教教派出现是在后弘期，即公元11世纪以后的事，是素尔（zur）家族的三位杰出人物为宁玛派的创立做出了贡献[①]。

宁玛派作为一个被认可的教派传入门隅的时间，目前所见资料一致认

[①] 宁玛派形成于公元11—12世纪，"三素尔"做出了特殊贡献。"三素尔"即素尔波且·释迦迥乃（1002—1062）、素尔穹·喜饶扎巴（1014—1074）和释迦僧格（又名拉结钦波濯浦巴，1074—1134，系素尔穹·喜饶扎巴之子）。参见王森《西藏佛教发展史略》，中国社会科学出版社1987年版，第41—43页。

为是在公元11世纪左右①。其时，宁玛派活佛德尔顿·白玛宁巴从主隅布姆塘来到门隅的降喀（在达旺附近）传教，得到了当地头人的支持。其后，乌金桑布（系白玛宁巴胞弟）也来到门隅，与当地土王楚卡尔娃之女多吉宗巴成婚。乌金桑布在降喀的索旺一带建了乌金林、桑吉林和措吉林3座宁玛派寺庙，此地因此被称为"拉俄域松"，意为三神地。他还在原噶拉旺波土王王宫所在地满扎岗（今达旺）为门巴信徒授以"马头金刚灌顶"，当地百姓纷纷接受教化，皈依佛法，地名也由满扎岗改名达旺（rta-dbang）②。此后，乌金桑布在拉俄域松群众和白林施主的帮助下，在灌顶的地方建立了达旺寺。乌金桑布终其一生在门隅传教，最后逝世于乌金林。他的后代一直在达旺一带传教和执掌宗教事务。

对于宁玛派于11世纪后传入以达旺为中心的门隅，笔者深信不疑，但对第一个到门隅传教者为白玛宁巴却有异议。白玛宁巴，即乌金·白玛林巴（ao-rgyan-pad-ma-gling-pa），古门隅布姆塘人（今属不丹），于藏历第八饶迥之阳铁马年（公元1450年）出生，系虐（myos）氏家族，父名顿珠桑波，母名仲姆白宗③。白玛林巴是著名的掘藏师，被誉为"五掘藏王之第四位"④，故又称为德尔顿白玛林巴。白玛林巴一生有多种著作传世，其中伏藏构成其著作的主要内容。白玛林巴于1521年圆寂，他的教法至今在不丹和门隅仍很盛行。白玛林巴作为宁玛派著名的高僧在藏区也有一定的影响。在布达拉宫后面龙王潭小岛上，17世纪后期修建了一座祭奉龙王的小庙，藏语称之为"宗角鲁康"（rdzong-rgrab-klu-khang，意为"城堡后面的龙王之屋"）。鲁康内的壁画内容源自白玛林巴的伏藏《大圆满普贤心智汇集》，其中还绘有白玛林巴的生年传记故事和题记⑤，从白玛林巴的出生和他一生的事迹看，他不可能早于他出生前的几个世纪就到达旺一带传教。而他和他的胞弟乌金桑布在门隅达旺一带传教也是不

---

① 参见《门巴族简史》编写组《门巴族简史》，西藏人民出版社1987年版，第10页；关东升主编《中国民族文化大观·藏族、门巴族、珞巴族》，中国大百科全书出版社1995年版，第397页。

② 参见益西赤列《我的家乡——门隅》，载《西藏文史资料选辑》（第2辑），第67—68页。

③ 杜均·益西多吉：《杜均教史》（藏文版），四川民族出版社1996年版，第467页。

④ 同上书，第466页。

⑤ 参见［德］嘉格布·温柯勒《拉萨鲁康内的佐钦壁画研究》，苏发祥译，《西藏民族学院学报》2002年第1期。

争的事实，只不过不是在 11 世纪，而是在 15 世纪及其以后。

图 7—9　龙王潭小庙

藏传佛教噶举派传入门隅当在 12 世纪。噶举派支系众多，素有四大八小之分。据藏文历史文献《青史》载，1146 年前后，噶玛噶举派僧人都松钦巴（1110—1193）曾到门隅游历传教，他到过门地的夏雾达郭（sha-vug-stag-sgo）地方，并做了门隅土王卡通的供奉尚师[1]。

对门隅影响较大的是噶举派帕竹噶举的主巴噶举支系。主巴噶举中的下主巴创始人为洛热巴旺秋尊追（1187—1250），他曾到主隅布姆塘地方建立了塔尔巴林寺[2]，传播噶举派教法。主巴噶举派势力一直很强，在主隅占有重要地位。公元 17 世纪初，阿旺南杰从西藏来到主隅，整合了互不统属的噶举派力量，形成了"南主巴"的新的支系，并掌握了不丹的政教权力。主隅属古门隅的一部分，主隅的噶举派势力必然对门巴族的宗教信仰产生一定的影响。

---

[1]　郭·循努白：《青史》（藏文版）上册，四川民族出版社 1985 年版，第 568 页。
[2]　王森：《西藏佛教发展史略》，中国社会科学出版社 1987 年版，第 140—141 页。

藏传佛教格鲁派是最后兴起的一个教派，由宗喀巴·洛桑扎巴（1357—1419）创始于15世纪初叶。这一新兴的宗教势力发展很快，到16世纪中期，便形成一个势力强大的宗教集团。17世纪中叶，更成为西藏社会占统治地位的政教势力。从此，西藏的宗教和政治同格鲁派密不可分。

17世纪中叶，五世达赖喇嘛阿旺·洛桑嘉措派门巴族喇嘛梅惹·洛珠嘉措到门隅传教，1680年，梅惹喇嘛将宁玛派寺庙达旺寺改属格鲁派，并对寺庙进行了扩建，名为甘丹朗杰拉孜寺，成为格鲁派在门隅地区最大也是最重要的寺院。

从佛教在门隅开始传播到格鲁派在门隅取得统治地位，经历了长达近千年的漫长过程。佛教的传入，深刻地影响了门巴族的传统宗教信仰。

二 门巴族藏传佛教信仰的特点

如同藏族本教在传播过程中被门巴族改造同化一样，藏传佛教在门隅的传播过程，也是藏传佛教被门巴族地方化和民族化的过程。门巴族社会发展的特殊性，使门巴族地区的藏传佛教具有自己的鲜明特征。

（一）佛、本的杂糅与共存

佛教未传入门巴族地区之前，门巴族信奉的是原始宗教和经过改造后的本教；佛教传入后，门巴族原始宗教和本教信仰并未因此而消失，而是与佛教杂糅共存，成为门巴族共同的信仰。

佛本的杂糅与共存，集中表现在两个方面：

第一，门巴族原始宗教和本教的神祇，站进了佛教神祇的行列，步入了佛堂庙宇，受到人们的供奉和朝拜。门巴族有着种类繁多的原始宗教和本教神祇，掌管着人们的福祸生死；佛教传入后，它们也没有被人们冷落和轻视，而是被人们恭敬地请进了佛的殿堂，同佛祖菩萨们一道受纳人们虔诚的朝拜和祭献。门巴族崇拜的野牛精灵、野猪精灵和猎狗精灵，被人们供奉于佛堂。当寺庙举行重要法事和大型跳神活动时，人们要将这些精灵与佛祖菩萨们一道从佛堂请出，在同一个神圣祭坛上按部就座，平等共处；跳神舞时，既有扮演佛祖菩萨的角色，也有扮演自然精灵的角色，不分彼此，同台共舞。门巴族崇拜的生殖大神"旺久钦波"，不仅是住在每家每户房檐上的尊神，神圣的佛殿中也有它的位置，门巴族的每个寺庙，都要请旺久钦波守护，以避邪祟。可见，旺久钦波已成为佛之净土的重要神灵，供人祭奉。这种佛堂殿宇和民间都供奉生殖大神的习俗，直到今天仍完整地保留着。1992年年底竣工的由曲尼出资、设计并主持修建的桑多白日寺（即喇嘛岭寺），仍保留着门巴族佛寺神灵供奉的古老传统，在寺院山门前也供奉着两对木制的男女性器。曲尼，系墨脱宁玛派寺院德儿工寺著名的杜均·益西多吉活佛的女婿。

图7—10　喇嘛岭寺

图7—11　喇嘛岭的木制男性性器

第二，门巴族巫师同佛教喇嘛地位平等，不分轩轾。在门巴族社会中，巫师和喇嘛都备受人们的尊崇，享有崇高的地位。巫师和喇嘛之间，互不排斥攻讦，而是常常聚于一处，共同主持仪式，各显自己的神通。如墨脱门巴族每年2月的集体祭地仪式，巫师和喇嘛都要出席，通常由喇嘛念经，巫师跳神作法。又如每年12月或元月祭祀山神"阿颇多吉扎增"的跳神活动，也是巫师和喇嘛并肩共舞，以求得山神的欢颜。若遇到天灾人祸如地震水患、瘟疫流行、虫灾雹灾时，巫师和喇嘛往往也联合行动，以祈福禳灾。甚至在日常宗教活动中，如某人久病不愈，巫师或喇嘛单独行动效果不佳时，往往应邀前往，携手合作，共同"会诊"：由喇嘛卜卦，巫师跳神。群众对本教和佛教无高下之分，对巫师和喇嘛无优劣之别，巫师和喇嘛之间亦无门户之见，这反映了门巴族宗教信仰的佛本融合的特点。这一特殊的文化现象的形成，是由门巴族的复合社会形态决定的。西藏民主改革前的门巴族社会，是封建农奴制与原始村社并存的一种复合社会形态，即一方面，门巴族内部的社会结构是原始社会末期的农村公社，地缘组织的村社取代了血缘组织和氏族，生产资料的村社公有制取代了氏族公有制，并与普遍存在的个体家庭私有制并存，村社成员内部贫富差别不大，没有等级划分和阶级对抗；另一方面，在外部关系上，门巴族又处于封建农奴制的统治之下，西藏三大领主占有门巴族主要的生产资料和部分人身自由，三大领主和门巴族之间的关系是占有和被占有的关系，整个门巴族都是三大领主的农奴。正是这样一种复合社会形态，才出现了门巴族原始宗教信仰、本教信仰和佛教信仰并存互融的现象。

（二）唯宁玛派独尊的信仰格局

在藏传佛教的诸多教派中，先后有三大教派相继传入门隅，这就是宁玛派、噶举派和格鲁派，虽然噶举派和格鲁派在门隅和墨脱有一定的影响，但影响最大、最受门巴族欢迎和推崇的则是宁玛派。门巴族特别推崇和信奉宁玛派，有其突出的表现。

其一，门巴族地区的佛寺绝大多数都是宁玛派寺院，僧人大都是宁玛派僧人。在门隅地区，除达旺寺及其少数属寺为格鲁派寺院外，其他的寺院（庙）均为宁玛派寺院（庙），就连紧邻格鲁派势力范围的勒布地区，其13座寺院（庙）也全属宁玛派。其中，札嘎寺、乌金林寺、白日衮寺、札南多杰林寺、扎西曲林寺、桑丹曲林寺这6座宁玛派寺庙，又同为错那宗格鲁派大寺院贡巴则寺的属寺。在墨脱，全地区大小38座寺院

（庙），无一不属于宁玛派，所有僧人也都属于宁玛派。门巴族地区的寺院（庙）还有一个特点，就是许多寺院（庙）是个人筹资所建，寺庙为寺主所有，而不是村民公有或寺庙喇嘛公有；寺主对寺庙的扩建、命名及全部财产享有支配权，其后裔对寺庙财产有继承权，寺庙采用父传子继的方式管理和维系；寺庙还需向主寺和官府缴纳赋税和承担差役。这一现象也是在藏区寺院中少见的。

图 7—12　勒布基巴村境内的札嘎白玛林寺

其二，门巴族佛寺供奉的佛主是古如仁波且（即莲花生），而非释迦牟尼。在门巴族僧人和群众的信仰中，古如仁波且地位最高、最受尊崇。门巴族有大量的神话讲述古如仁波且的事迹，有大量的关于古如仁波且的圣迹受到人们的朝拜。门巴族宁玛派信徒日常修习的是德尔顿·白玛宁巴的教法。白玛宁巴在藏传佛教的众多高僧大德中，并不是一个十分显赫的人物，但是，在门巴族宁玛派信徒的心目中，则是仅次于莲花生大师的佛教高僧，享有崇高的威望，占有重要的地位。门巴族修习的所谓白玛宁巴教法，大都是一些祈福禳灾的秘咒和祷文之类，不重教理，不尚经典，这正是与门巴族原有的宗教信仰心理相契合，是似曾相识而又喜闻乐见的；

而格鲁派和噶举派严格的清规戒律和经典教条与他们传统的宗教信仰格格不入，因此难以为他们所接受。

从本教文化和藏传佛教文化在门巴族社会中的传播过程中可以清楚地看出，当本教和藏传佛教进入门巴族社会，它已经过了门巴族传统宗教文化的取舍、融合、调和与改造，发生了内容和形式上的变化，逐渐整合为一种新的文化体系。门巴族宗教文化已不等同于藏族本教和藏传佛教文化，已属于门巴族自己的宗教文化，是门巴族文化的有机组成部分，正如藏传佛教已不同于印度佛教和中原佛教一样。

第三节 藏传佛教高僧在珞渝的传教活动

珞巴族敬巫重鬼，信奉原始宗教，珞渝一直被人视为尚未教化的蛮荒之地。可是，在珞巴族许多部落中，却广为流传着藏族佛教著名高僧汤东杰波的故事。

汤东杰波，是15世纪时期藏传佛教香巴噶举派名僧，在藏区以修建铁索桥闻名，藏戏中被尊奉为开山祖师。在《汤东杰波传》[1]中，记载了汤东杰波师徒9人赴珞渝传教的情况。汤东杰波在珞渝地区的传教活动影响很大，其事迹不仅记载于传记中，还长久保留在珞巴族人民的口碑中，一代代传扬下来。相传，汤东杰波是应珞巴族首领的邀请去珞渝地区传教的。珞渝腹心地区，过去外界很少有人能进入。由于汤东杰波是藏传佛教高僧，又多次在靠近珞渝的地方修行和传法，其名声也渐渐为珞巴人所知晓，因而受到邀请。汤东杰波接受邀请后，带领八名弟子经里龙、乃巴翻洛拉，先到珞渝的梅楚卡和马尼岗一带传教。

汤东杰布师徒到达梅楚卡后，热情好客的珞巴族人民把他们当作贵客，热情招待来自远方的客人。在珞巴族人的支持下，他们在梅楚卡一带传教比较顺利。

汤东杰波在弟子们修的法台上，向珞巴人宣讲十善法和其他教理，诵六字真言，提倡举行讲经和祈祷大法会，供奉莲花生大师。他们在梅楚卡和马尼岗一带建立了4个林，即拉龙、德贺塘、辛巴尔和梅楚尔，设立了5个传教中心，即白玛西布、白玛吉岭、谢嘎尔崩曲、普尔布嘎那和德庆

---

[1] 久米德庆：《汤东杰波传》（藏文版），四川民族出版社1985年版。

塘，使佛教势力在梅楚卡地区有一定的发展。汤东杰波师徒在珞渝地区不畏艰苦，广事传法。一次，师徒在传教途中，因携带的口粮耗尽，饥饿难行，被困阻在前有激流，后有悬崖的危险地带。本来水中有鱼虾，林中有禽兽，要寻到吃的并不难，但宗教禁止杀生的戒律限制了他们。正当他们无计可施之时，碰巧河对岸来了几个狩猎的珞巴猎人，他们见汤东杰波一行饿成这个样子，示意他们抓河中的鱼吃。汤东杰波师徒自然不愿意。珞巴猎人见此情形，便将随身携带的玉米棒和干粮绑在箭头上，射到河对岸供他们吃，及时救助了他们。珞渝地区山高林密、水深流急，村寨与村寨之间道路难行。珞巴人主动为汤东杰波搭建藤桥，砍修道路，给了他们传教以很大的帮助。

汤东杰波师徒在珞渝一直住了两年，同珞巴族和睦相处，尽心向他们传授佛法。当他们师徒准备返回藏区时，珞巴族恋恋不舍，《汤东杰波传》中记述了当时送别时的情况。"珞巴人对汤东杰波说：'我等此地，以前谁也不能前来，未闻佛名，唯有做无佛法之声的非喜之事。今大师您为珞渝之人传授佛法，遂使此地安乐，此为大恩。无论您怎样说，亦请勿往他处。'说着眼泪涌出，并敬礼无数。汤东杰波说：'我等此次相见，系众生昔日祈祷之力，此后众生仍可祈祷相会。我每年将派一位僧人代我前来，在珞渝和藏交界处之自成玻璃塔前举行祈祷……'"[①] 从这段记载来看，汤东杰波在珞渝地区的传教活动是有一定收获的。当然，传记对汤东杰波的传教所获的记述有所夸大，因珞巴族祖祖辈辈信奉原始宗教，崇拜大自然精灵，其信仰同汤东杰波师徒宣讲的佛教存在着重大差别，甚至有着不可调和的矛盾。这就决定了汤东杰波在珞渝腹心地区的传教活动不可能在短时间内获得大的收获。但是，经过他们两年的努力，也使珞巴人了解到一些佛教的东西，其影响是不能低估的。

汤东杰波师徒结束了在马尼岗和梅楚卡一带的传教后，向北行翻越东拉山经米林纳玉沟返回藏区。在米林传教期间，汤东杰波念念不忘珞巴族人民在他赴珞渝传教时所给予的支持和帮助，他专门在通往珞渝必经之路的纳玉修建了一座叫札岗乃的寺庙。这个寺庙与藏区其他寺庙不同之处是，庙里除供奉佛像外，还供奉有珞巴族始祖阿巴达尼的塑像。在阿巴达尼塑像的两旁，还塑有两个珞巴族妇女像，三人的衣饰装束均按珞巴族穿

---

① 久米德庆：《汤东杰波传》（藏文版），四川民族出版社1985年版，第150页。

戴所塑，形象逼真。札岗乃的修建，充分表达了汤东杰波对珞巴族人民的深深怀念之情和他规劝珞巴人皈依佛教的心情。珞巴族始祖阿巴达尼的塑像同其他佛像一道，长期以来受到藏、珞人民的供奉和朝拜。珞巴族人民也没有忘记汤东杰波，他们深深怀念和崇敬这位藏传佛教的著名高僧。虽然汤东杰波赴珞渝传教已过去了几个世纪，他的事迹被珞巴族人民一代代传颂至今。汤东杰波为珞巴族和藏族的文化交流作出了历史性的贡献。

继汤东杰波在马尼岗和梅楚卡等地传教之后，梅惹·洛珠嘉措也前往珞渝传教。门隅同珞渝毗邻，他在珞渝的传教活动取得了一些成果。从五世达赖喇嘛的封文中记载的"……余未归我治下者及洛隅人等亦入我治下……"①看，当时梅惹·洛珠嘉措不仅在邻近门隅的珞渝传教，还将珞渝的部分地方纳入了有效的治理范围。

藏族高僧还到属上珞渝的白玛岗（今墨脱）传播佛教教义。

门巴族东迁上珞渝后，工布藏族高僧达赖甘布（又称甘布巴）便到白玛岗弘法建寺，受到了信奉佛教的门巴族群众的欢迎和支持，却遭到了只信鬼灵、不信神佛的珞巴族的激烈反对。最初，甘布巴和门巴族群众商议在其居住地东波村附近建寺，但是在当地居住的一百多户珞巴群众坚决不允，多次谈判亦无结果。在东波建寺不成，藏门代表又提出在南则玛拉山上的仁钦崩地方建寺，珞巴族说南则玛拉山是珞巴族的猎场，在其上建寺会得罪山神，以后将打不到猎；仁钦崩地方是鬼地，在其地建寺会冒犯鬼灵带来灾难。经过反复谈判，最后向珞巴族送了许多财物才得到了寺址。所送财物之多，门藏群众形容说可阻断雅鲁藏布江水。

仁钦崩寺的修建过程也不是一帆风顺的，经历了许多曲折，付出了很大代价。传说仁钦崩寺址上有一棵大树，当树砍到一半时，大树发出哀鸣，百鸟狂鸣，蛇虫纷纷爬出，原来这是一棵鬼树。得罪了鬼灵，砍树人纷纷病倒。刚打完地基，顿时乌云滚滚，电闪雷鸣，暴雨大作，建寺者非亡即病，连高僧甘布巴都重病不起。后又从拉萨请来大德高僧驱鬼祭神，但寺庙白天修建，晚上即被鬼灵拆除。最后在古如仁波且（莲花生）的神助下，寺庙才修建成功。仁钦崩寺的修建过程，反映了藏传佛教传入珞渝时同珞巴族原始巫教的殊死斗争。

---

① 参见中华人民共和国外交部《中华人民共和国政府官员和印度政府员关于边界问题的报告》，1961年，第45页。

第七章　藏族与门巴族珞巴族的宗教文化交流　　247

图7—13　墨脱地区影响最大的寺院仁钦崩寺

仁钦崩寺是白玛岗地区修建最早和影响最大的佛教寺庙，人们称其为"德瓦仁钦崩"，意为"中心聚宝寺"。寺庙是一座有12面墙和东、南、西、北四门的石木结构的三层建筑，寺内有多座镀金铜佛像。这座寺庙是白玛岗规模最为宏大的建筑。[①] 仁钦崩寺修成后，藏门喇嘛和信教群众又陆续修建了罗邦寺、巴尔衮寺、格林寺、德尔工寺等大小寺庙30多座，佛教的旗幡飘扬在上珞渝的白玛岗地区。

珞巴族和藏族的宗教文化交流，除高僧大德深入珞渝地区传教外，民间的宗教朝圣活动是一种重要形式。转札日神山对沟通藏门珞民族之间的经济文化联系所起的重要作用我们已作了论述，属上珞渝墨脱的转山朝圣活动对藏门珞的宗教文化交流也产生过重要影响。

白玛岗境内有许多神山圣地，人们常去的圣地有布达次崩、桑朵白日和衮地宁等。

布达次崩是白玛岗境内著名的神山，在布达次崩神山附近还有热达次

---

① 西藏社会历史调查资料丛刊编辑组：《门巴族社会历史调查》（一），西藏人民出版社1987年版，第159页。

崩和嘎达次崩两座神山，以布达次崩为最大。神山里有许多状似野牛、野羊的大石，其头都朝向山尖。每当夏季七八月，男女老幼都满怀虔诚前来转山。转山路线通常从山下的德庆塘地方出发，沿半山腰绕行，夜晚宿于山腰一个称为"普巴扎普"的石崖下。从石崖往上行有一座高约15米的石梯，陡峭险峻，相传只要能从石级上攀缘上去，灵魂就能升入天堂。上完石级，到一个称为"龙岗"的山洞，洞口十分窄小，仅一人可勉强通过，据说善良诚实之人再胖也能钻进，凶险欺诈之人再瘦也难通过。进洞后，里面十分宽大，洞壁上有许多天然生成的印痕，人们视为古如仁波且的自显"圣迹"而加以崇拜。洞壁上，还有虎、豹等动物的印迹。出洞口有一山泉，清澈甘甜，据说饮此山泉能使人心智明净，祛病禳灾。转山人都会痛饮甘泉，并设法为亲友们捎一些回去。神山上有很多五颜六色、奇形怪状的石子，还有一种称为"甘萨"的可食的黏土。传说古如仁波且曾发愿要用它做成药丸，每人每天吃三粒就能不饥饿和无病无灾，可惜大师的愿望还未实现就圆寂升天。转山的人都要捡一些奇石、带一些"甘萨"回去赠送亲友。

衮地宁神山又称古堆颇章，在白玛岗东部，山高路险，森林密布，是莲花生大师预言的圣地。传说神山顶上有一块圆形白色巨石是莲花生大师的僧帽变化的，巨石附近还有莲花生留下的开启神门的钥匙，至今仍未被朝圣的人找到。在神山的密林深处，每到夜晚就发出男女的说话声，并伴以砍伐树木的声音，只闻声不见人，十分神秘，令人敬畏。

人们转桑朵白日神山一般是在6—7月间，绕山脚转一圈需一天时间，爬上山峰绕山顶转山一天可转三圈。人们相信转了桑朵白日神山死后灵魂即可升天。

白玛岗南部雅鲁藏布江下游的支流仰桑曲河清澈碧绿、味甘甜，藏门两族称之为牛奶河，视为圣水。在仰桑曲河与雅鲁藏布江交汇处，奇石嶙峋，其中有一块状似大鹏鸟"甲穷"的巨石，是著名的宗教圣迹，藏门群众常常结伴前往转经朝拜。

第四节　藏门珞宗教文化的交互影响

一　藏传佛教对门巴族、珞巴族社会的影响

藏传佛教对门巴族和珞巴族社会的影响是巨大而深刻的。在佛教未传入前，门巴族信仰的是原始宗教和本教，门巴族地区没有寺院，没有专门从事宗教活动的神职人员，只有不脱离生产劳动的巫师。自从佛教传入门隅和墨脱后，一座座佛教寺庙相继建立起来。据不完全统计，至民主改革前，门隅地区已有佛教寺庙近 40 座，墨脱地区也有大小寺庙及经堂近 40 座。

门隅地处西藏与印度、不丹之间的交通要冲，门、藏的联系又十分紧密，藏传佛教在门隅传法建寺，影响深广。随着达旺寺的改宗和扩建，其下属寺院（庙），如札玛东穷寺、达隆寺、沙丁寺、多列寺、江袁寺、春定寺、僧松寺、同门寺和根母乃寺等，在门隅各地相继建立起来。这些寺院（庙）均由达旺寺委派喇嘛主持寺务，而达旺寺的主寺是拉萨哲蚌寺，由哲蚌寺洛色林扎仓委派堪布进行管理。至西藏民主改革前，在门隅每个较大的村庄，几乎都建有小寺和神殿。门隅地区已是寺院林立，钟鼓相闻。

墨脱地处偏僻，道路险阻，与外界联系极为困难，又是祖祖辈辈信奉原始宗教的珞巴族居住之地，门巴族迁去的历史还不长，却已建寺近 40 座，足见藏传佛教对门巴族社会影响之深。

下面是西藏民主改革前墨脱诸寺的有关简况[①]。

墨脱乡，仁钦崩寺（宁玛派，僧人 25 名，活佛 1 名）；迪普经堂（宁玛派，僧人 1 名）；郭郭经堂（宁玛派，僧人 1 名）。

德兴乡：罗邦寺（宁玛派，僧人 25 名，活佛 1 名）；那东寺（宁玛派，僧人 15 名）；马尔崩寺（宁玛派，僧人 20 名，活佛 1 名）；巴尔衮寺（宁玛派，僧人 15 名）；西贡寺（宁玛派，僧人 12 名）；吴朗经堂（宁玛派，僧人不详）。

背崩乡：德儿工寺（宁玛派，僧人 25 名，活佛 1 名）；格林寺（宁玛派，僧人 12 名，活佛 1 名）；西让经堂（宁玛派，僧人 1 名）；地东经堂（僧人 2 名）；强久经堂（宁玛派，僧人不详）；阿仓经堂（宁玛派，僧人不详）；巴登经堂（宁玛派，僧人不详）；波通经堂（宁玛派，僧人 1 名）；约儿东经堂（宁玛派，僧人 1 名）。

格当乡：格当寺（宁玛派，僧人 18 名，活佛 1 名）；兴格寺（宁玛

---

① 关于民主改革前墨脱的寺庙情况，是作者在墨脱和林芝三次实地调查所获的资料。参见拙文《略论门巴族藏族宗教文化交流》，《中国藏学》1994 年第 3 期。

派，僧人 19 名，活佛 1 名）；桑珠扎仓寺（宁玛派，僧人 20 名，活佛 1 名）；乃巴寺（宁玛派，僧人 10 名，活佛 1 名）；乃沙经堂（宁玛派，僧人不详）；扎西经堂（宁玛派，僧人不详）。

帮辛乡：满扎丁寺（宁玛派，僧人 20 名，活佛 1 名）；坑坑寺（宁玛派，僧人 7 名，活佛 1 名）；拉巴丁寺（宁玛派，僧人 10 名，活佛 1 名）；邦果经堂（宁玛派，僧人 1 名）；帮辛经堂（宁玛派，僧人 1 名）。

甘德乡：加蚌岗寺（宁玛派，僧人 10 名，活佛 1 名）；白玛卫林寺（宁玛派，僧人 15 名，活佛 1 名）；冬堆林经堂（宁玛派，僧人不详）。

加热萨乡：工德木寺（宁玛派，僧人 20 名，活佛 1 名）；赞曲寺（宁玛派，僧人 18 名，活佛 1 名）；达昂经堂（宁玛派，僧人不详）；洛珠邦古经堂（宁玛派，僧人不详）。

门巴族地区佛教寺庙的大量兴建，无疑是藏传佛教传入的直接结果，也是门巴族宗教信仰受藏传佛教广泛而深刻影响的最明显的标志。不仅如此，藏传佛教的宗教思想与观念已逐渐为门巴族所接受，已在他们的心灵上扎了根，并深刻影响了他们原有的宗教观念，或与其互融共存，或产生重大改变。佛祖菩萨成为他们信仰与崇拜的对象，极乐世界是他们向往与渴望的归宿。在门隅腹心地区，喇嘛的念经法事已逐渐取代了巫师的请灵跳鬼，藏传佛教已在他们的信仰体系中占据了重要地位，渗透和影响到门巴族社会生活的各个方面。

随着佛教寺院的建立，寺院有了频繁的宗教活动。门隅寺院的宗教活动与藏区相同教派的活动无大的差别，如达旺寺，便仿照拉萨的传昭大法会或其他法会形式进行。在《达旺甘丹朗杰寺寺规》中对达旺寺的宗教活动还作了具体规定："藏历正月初一，举行本尊、护法神、天母以及财神爷酬补仪轨。初八到十五的八天内举行大愿法会，其间第一晚茶前奋力吟诵药师佛经，最后晚茶后作皈依、发愿、迎请、沐浴等仪轨。诵大宝佛父子的赞扬、发愿词后，乐愿兴法愿作暂且结束词。二月二十五日起举行遍知喇嘛阿旺洛桑嘉措祭祀仪式。二月二十三日至二十九日吟诵药师佛、法愿及祈祷文。三月初八举行尊者一切知根敦嘉措（第二世达赖喇嘛）祭祀仪式。三月二十七日举行尊者一切知索南嘉措（第三世达赖喇嘛）祭祀仪式。十二月初五举行尊者云丹嘉措（第四世达赖喇嘛）祭祀仪式。

十二月初八举行尊者根敦朱巴(第一世达赖喇嘛)祭祀仪式。"① 在法会活动中特别提到了对达旺寺的修建做出巨大贡献的梅惹·洛珠嘉措和五世达赖喇嘛的祭祀:"七月初八日举行喇嘛洛卓嘉措祭祀仪式","每月的初八日举行尊者遍知阿旺洛桑嘉措祭祀仪式"。

墨脱寺院(庙)的宗教活动则有浓郁的地域和民族特点,主要是吸收了原始宗教和本教的某些神祇、礼俗和仪式。如墨脱的主巴大法会,是墨脱各寺庙一年中最大的宗教活动,也是最隆重的宗教节日。寺院的这些宗教活动,对门巴族的生产生活产生了广泛的影响。人们为了生产的顺利和生活的平安,平时常到寺院转经拜佛,参加寺院的宗教活动。许多宗教活动已逐渐融入人们的日常生活,有的大型法事成为地区性甚至全民性的节日。

图7—14 南伊河谷入口处的经幡

藏传佛教对珞巴族社会也产生了很大影响。前述洛珠嘉措和汤东杰

---

① 阿旺朗杰:《达旺甘丹朗杰寺寺规》,俄日才让、陈金钟译,《中国藏学》2007年第4期。

波在珞渝的传教活动对珞巴族的传统社会有一定的冲击。汤东杰波于公元15世纪在马尼岗和梅楚卡一带传教，为藏传佛教在珞渝的传播开辟了道路。约在18世纪初，一部分门巴人和工布藏族迁往与梅楚卡相邻的白恰西绕地区。他们带去了藏传佛教信仰和门巴族、藏族文化，与珞巴族博嘎尔部落人和睦相处。白恰西绕地方原属工布则拉岗宗嘎尔恰豁卡管辖，1858年（藏历木马年）原西藏地方政府封给十二世达赖喇嘛的父亲拉鲁·彭措才旺，并赐给了铁券文书①。白恰西绕的群众信奉藏传佛教宁玛派，"语言文字、歌舞、戏剧、器乐、跳神等艺术，卜算、降神等宗教活动以及寺庙的铁棒喇嘛、领经、供养师的设置，各个地方的石板佛像、路龛、佛塔等宗教设施等均与西藏相同②"。在处于珞巴族部落文化包围之中的白恰西绕竟出现了这番景象，可见藏族文化与珞巴族文化的交互影响和混融程度。

藏传佛教对墨脱米古巴、米新巴部落的影响也是极为深刻的。

二 门巴族和珞巴族宗教文化的交互影响

在研究藏传佛教对门巴族和珞巴族社会的影响时，不容忽视门巴族和珞巴族文化之间的交互影响。我们发现，藏族文化（包括佛教文化）对珞巴族的影响往往不是直接的，多是通过门巴族这座桥梁间接对珞巴族社会发挥作用。

门巴族和珞巴族文化的交互影响在墨脱表现得甚为鲜明。

门巴族文化和珞巴族文化是有着显著的差别的。就社会形态看，珞巴族处在原始社会父系氏族公社阶段；门巴族虽然还保留有原始社会末期的某些残余，但已较早地进入了封建农奴制社会，封建农奴制的统治已在门隅推行了较长时间。就经济活动类型和生产力水平看，珞巴族过的是"不耕不织"的以采集和狩猎为主的经济生活，即使耕种，也是经营十分粗放的原始农业，使用的工具是石制和木制工具，尚不知铁器

---

① 参见拉鲁·次旺多吉《德里秘密换文未曾得到原西藏地方政府的承认》，载《西藏文史资料选辑》（第10辑），民族出版社1989年版，第13页；德绕次多《我住嘎尔恰豁堆期间印度军队侵占白恰西绕地区真相》，载《西藏文史资料选辑》（第10辑），民族出版社1989年版，第37页。

② 辛东：《白恰西绕地方是我国无可争议的领土》，载《西藏文史资料选辑》（第10辑），民族出版社1989年版，第33页。

图 7—15 具有灵性的瀑布

为何物；门巴族则以经营农业为主，畜牧业已有了相当的发展，采集和狩猎仅是经济活动的一个补充，东迁的门巴族将农耕文化也带进了墨脱。门巴族的工具虽仍是以使用硬木制作的工具为主，但门巴人已会打制铁器，会制作各种铁制工具，并擅长编织。从宗教信仰看，珞巴族信奉万物有灵的原始宗教，崇拜大自然精灵，事无巨细均杀鸡卜卦，巫术活动盛行。门巴族虽然固有的宗教也是原始宗教，但藏传佛教早已传入门隅，原始宗教受到了重大冲击。人们深受藏传佛教宁玛派的影响，已逐渐接受了佛教的理论和观念，信仰神佛，转经朝圣。两族文化的差别是重大的，冲突在所难免。

门巴族和珞巴族文化激烈冲突和斗争的过程，也是两族文化相互吸收和融合的过程。冲突和斗争的结果，从宗教信仰看，一方面是珞巴族的原始巫教深刻影响了门巴族的宗教信仰，另一方面经过门巴族改造的佛教文化也在珞巴族的信仰体系中占了一席之地。

居住在帮辛、加热萨一带的珞巴族，属米辛巴部落。门巴族东迁时，一批门巴族到了帮辛和加热萨地区，同珞巴族杂居相处，双方互相都吸收了对方的一些文化因子，在宗教信仰上也是相互影响。继门巴之后，一些康区藏族也纷纷来到这一带定居，在人数和佛教文化信仰上占了主导地位，使米辛巴部落受到了藏传佛教的深刻影响，最后竟改宗信佛，几乎完全被门、藏文化所融合。

除米辛巴部落外，墨脱境内的其他珞巴族都还完整保留着自己的宗教信仰，只是受到了门巴族文化的一些影响。如他们在村头也像门巴族村寨一样立"攀新"（经幡），生孩子时也请门巴族喇嘛命名，修房造屋请门巴族喇嘛主持仪式，农闲时也学门巴族那样去转山朝圣。

门巴族受珞巴族的影响较之珞巴族受门巴族的影响要广泛和深刻得多，它集中表现在两个方面：一是门巴族全面接受了珞巴族崇拜的原始神祇；二是门巴族产生了种类繁多的巫师和巫术活动。珞巴族的原始神祇都与他们的生产生活密切相关，而狩猎活动是他们最重要的经济生产活动，狩猎文化十分发达，有关狩猎方面的神祇和活动也多，如对猎狗、野猪和野牛的崇拜。门巴族在接受珞巴族狩猎文化的同时，也全部接受了珞巴族有关狩猎方面的神祇和祭祀及巫术活动。我们以猎狗图腾崇拜为例，看看珞巴族狩猎文化对门巴族文化的深刻影响。

珞巴族对猎狗的图腾崇拜，集中表现在《狗是灶神》或《祭灶由来》的神话及其有关的礼仪方面。神话讲，很早以前，大地上只有一个人，他就是达木珞巴人的祖先。祖先有一只神狗，祖先与狗相依为伴。狗替主人看守房屋，保护着主人的生命安全，忠实地为主人服务，从此便成了祖先的忠实朋友。祖先无论到哪里总是带着这只狗，让狗为他猎获各种野兽。祖先猎射到野兽时，总是把野兽的血及一部分内脏给狗吃。据说这狗吃了野兽的血后，变得非常勇猛，更能为祖先追赶猎物。时间长了，祖先的日子越过越好，有一天祖先认为野牛、岩羊、山獐、狗熊之类的野兽吃得不够味了，想吃天上的天狗换换口味，就让猎狗去追赶天狗，结果猎狗斗不过天狗。猎狗死后，变成了灶神。灶神不能陪伴祖先一同出去游玩、狩猎，但祖先一遇到危急情况，猎狗便能够出现在祖先面前，保护祖先的生命安全和帮助狩猎成功。于是祖先每次出猎，首先都要杀鸡或杀猪祭祀灶神，以求灶神保佑，平安出猎，满载而归。因此，珞巴人对猎狗十分崇敬，平时视狗如亲，爱狗如子。每当外出或狩猎时，必须向灶神（即狗神）献祭供奉，举行一系列的祭祀和巫术活动，以求灶神护佑，猎获到野兽。珞巴族的这一敬灶祀狗的文化现象，已深刻影响到东迁的门巴族。在门巴族当中，流传着同样的神话

图7—16 巫师"米剂"杀鸡看肝

和传说,他们对灶神的崇拜和对猎狗的感情毫不逊色于珞巴族,他们狩猎前后的一系列礼俗和禁忌与珞巴族毫无相异之处。不仅如此,他们还雕刻猎狗的图腾面具,平时同佛像一道供奉在寺庙里,每当祭祀或节日活动时,便戴着狗面具跳"羌"的宗教舞蹈。此外,珞巴族的野猪和野牛图腾也为门巴族所接受。

珞巴族崇拜的山鬼地灵,同样受到门巴族的崇拜。如珞巴族每年春播前的祭地习俗,门巴族在每年的2月或3月也要举行,举行的仪式和禁忌活动两族也完全相同,可以明显看出两者之间的渊源关系。

在原始崇拜方面,珞巴族和门巴族都有生殖崇拜习俗,流传着同一个生殖崇拜神话《卡让欣》,在修房造屋时举行同样的迎请生殖大神到家、悬挂木制生殖器于房檐的活动。关于生殖崇拜的神话及相关的礼仪习俗,究竟是谁影响谁,目前还未完全搞清楚,可能是门巴族影响珞巴族。因门隅门巴族至今仍保留着在房檐上悬挂木制男性生殖器的习俗,而珞渝地区较少有此现象,只是在墨脱地区的珞巴族中盛行此俗。但不管是谁影响谁,他们之间文化的互渗互融是显而易见的。

图7—17　进入迷狂状态的巫师

　　珞巴族在宗教信仰上对门巴族的深刻影响，还表现在门巴族重新出现大量巫师和种类繁多的巫术活动上。东迁前的门巴族，由于受西藏封建农奴制的统治和藏族文化的影响，传统的原始本教信仰逐渐同藏传佛教宁玛派信仰混融并存。到后来，门隅门巴族则完全吸收了宁玛派的佛教神祇，宁玛派的法事活动取代了巫师的跳神做法，举凡祈福禳灾的宗教活动都由喇嘛主持，门隅北部也无巫师。东迁墨脱的门巴族则不然，他们在珞巴族巫风弥漫、巫术盛行的原始文化的氛围中，虽然仍修寺建庙，供奉佛祖神灵，信仰宁玛教派。但是，他们固有的原始宗教信仰在墨脱这一特殊的文化地理环境中得以复苏和保留，并得到了相当的发展。因此，也孕育和培养出了门巴族名目繁多的巫师。墨脱门巴族的巫师根据职能的不同有"顿龙肯""巴窝""巴莫""觉姆""本波"等。本波是门巴族传统的巫师，其他种类的巫师则是墨脱门巴族所特有的，有的名称直接来自珞巴语，如门巴族称送鬼活动为"莫"，便来自希蒙部落珞巴语，希蒙部落称巫师为"莫玛"，称巫师作法为"莫"。据门巴巫师介绍，"顿龙肯""巴莫"等也是直接源于珞巴族巫师名称。从语音看，这两个名称虽不是珞巴语，可能是在最初产生时，吸收了珞巴族同类巫师的职能，直接使用珞巴语，在后来的发展过程中，改用门巴语来称呼这类巫师。

墨脱门巴族巫师的种类之多、巫师数量之大、巫术活动之繁是罕见的。这一特殊文化现象的形成，与门巴族生活于珞巴族的文化生态环境密切相关。

第八章　藏族与门巴族珞巴族的习俗文化交流

风情习俗是民族的标识和徽记。一个民族的习俗文化，是最能体现民族心理、民族性格、民族精神和民族审美情趣的文化现象。

习俗文化一般分为物质生活习俗、社会礼仪习俗和精神习俗几大类别。物质生活习俗包括人们日常的衣、食、住、行等生产生活方式及相关的习俗礼仪，社会礼仪习俗包含婚丧嫁娶、人生礼仪等相关内容，精神习俗则以节日、信仰和游艺等习俗为其代表。西藏民俗文化囊括和涵盖着人类民俗文化的一切领域和方面，内容相当丰富，具有浓郁的民族与地域特色。

西藏民俗文化是由西藏各民族共同创造的。藏族、门巴族和珞巴族，他们共同生活于西藏高原，也都有自己的民俗文化创造。从语言到婚丧嫁娶，从信仰节日到衣食住行，在民俗文化的方方面面都有自己的特色。同时，我们看到，由于藏族、门巴族和珞巴族在政治、经济和文化上长期有着紧密的交往和联系，这种交往和联系必然会对民族的社会和文化的发展产生影响，而这种影响必然会在文化现象和民俗事象上表现出来。考察藏族、门巴族和珞巴族的习俗文化，可以发现藏门珞在习俗文化方面交流广泛，影响深刻。

藏族、门巴族和珞巴族习俗文化的相互交流影响，主要表现在物质生活习俗和婚丧礼仪习俗等方面。

第一节　物质生活习俗交流

藏门珞之间物质生活习俗的交流，是与其物质生产及其技术的交流影响、与物质交换同时发生的。而衣、食、住习俗是物质生活习俗的主要表现。

一 衣饰习俗

因民族的生存环境、气候条件、生产方式和审美取向等原因,藏族、门巴族和珞巴族有着自己独特的衣饰文化系统。但在藏门珞文化的交流影响过程中,衣饰文化方面的相互吸收也是普遍存在的。

藏族生活于雪域高原,由于有水草丰美的牧场,盛产牛羊,藏族在古代便"衣则毛毡皮裘",牛、羊、毛织品氆氇呢和皮革是制作衣服的主要原料,形成了藏族衣着文化的毛呢文化类型[①]。门巴族和珞巴族生活于低海拔的喜马拉雅山东南坡,有浩瀚的森林和适宜农耕的坡地,出产野生和种植多品种的葛麻、棉花等纤维植物,将其加工成棉绸或麻绸后成为人们制衣的主要原料,因而形成了门、珞衣着文化的棉麻文化类型。

在藏门珞文化交流过程中,毛呢文化和棉麻文化产生了彼此吸收和互融的趋势。靠近藏区的珞巴族博嘎尔部落,以及与波密近邻的米古巴、米新巴部落,便较多地受到了工布藏族服装的影响。而在门巴族地区,随着氆氇呢和氆氇呢制作技术的传入,人们用氆氇呢裁制衣服已十分广泛。门隅门巴族人,尤其是勒布一带属上门隅的门巴族人,他们之所以接受和喜爱氆氇呢,主要在于氆氇呢保暖性能好,结实耐用,很适宜在冬季和高寒地带穿用,藏族的毛呢文化便自然融入了门巴族的棉麻文化体系中。

在衣饰习俗的交流中,珞巴族和门巴族对藏族的衣饰文化也有诸多贡献。就氆氇呢而言,每当氆氇呢纺织完毕后,下一道工序就是染色,而染色原料的一个重要来源是门珞地区,主要是珞巴族地区。珞渝地区多产可供染色的茜草,茜草历来是珞藏传统交换活动中的重要物品。

在衣饰习俗上,门巴族受藏族的影响很大。卫藏一带的农区妇女一般只梳两根辫子,从发辫的中段开始用一种称为"扎休"的发饰,同头发一起编成彩辫,常盘于头上,也可垂于身后。"扎休"通常是三条粗细一样、颜色不同的彩线,每一条彩线又由若干根同色的线组成。用"扎休"编扎彩辫是农区妇女的主要发式。门巴族妇女也有在头上扎彩

[①] 关东升主编:《中国民族文化大观·藏族、门巴族、珞巴族》,中国大百科全书出版社1995年版,第489页。

图8—1 墨脱门巴族织布

辫和盘头的习俗,同藏族妇女的发式没有什么差别。

　　脖颈上戴挂一串串由各种天然宝石串缀的珠串,是藏族男女佩饰的一大特点。在藏族人的装饰品中,有两大主要构成,一是金银器物,二是天然宝石,而藏族人对天然珠宝有着特殊的偏好。藏族人最喜欢的天然珠宝有琥珀、猫眼石(以九眼珠最为名贵)、玛瑙、珍珠、珊瑚、绿松石等。喜爱佩戴天然宝石的习俗,门巴族同藏族并无二致。

　　"噶乌",是藏族最典型的胸饰,遍及全藏,男女均可佩戴。"噶乌"系用金、银或铜为原料制成的盒状物,有八角形、菱形、圆形等多种款式,人们俗称护身盒(符)。"噶乌"的制作一般是金银錾花,表面以绿松石镶嵌,工艺精细。"噶乌"中一般放佛像、经书、圣物等,佩戴于胸前,既是美观的装饰品,又能满足心理上防身避邪的要求。在人们看来,佩戴"噶乌",会得到神佛护佑,可起到压邪避灾的作用。门巴族男女也喜欢佩戴"噶乌",一般妇女在左胸上戴银制菱形"嘎乌",用银链拴套。

　　藏族男女所穿的鞋可分为两大类,即松巴鞋和嘎洛鞋。松巴鞋的鞋底是牛皮做的,用粗毛线密密缝钉,厚达寸余。鞋帮色彩斑斓,分别用红、黄、绿、蓝等几种颜色的丝线绣花边和花瓣，鞋面绣很多花朵，十分艳丽。鞋帮用氆氇呢做长靿，长靿与鞋面间用红、绿毛呢相接，颜色搭配得体，长靿上端靠腿肚部位，竖开一条约十厘米长的口子，便于穿着和提携。

图8—2　门巴传统服饰

嘎洛鞋以牛皮作底，鞋帮用三层氆氇缝制而成，鞋后跟和鞋尖缝以黑色牛皮，鞋面用染黑牛皮拉条及金丝线镶边，结实美观。嘎洛鞋的特点是鞋尖上翘，宛如木船的前端。嘎洛鞋的鞋帮用黑色氆氇和围裙料制作，黑色在下，约一尺高；彩条围裙呢料在上，约二寸，花纹竖立。后帮开五寸竖口，口边分别用红羊皮加固，便于拉携。

在鞋的类别上，上门隅妇女都穿藏式软筒靴，靴底用牛皮制作，靴面用黑氆氇缝制，靴筒用红氆氇缝制。腿肚以上至膝下缠扎花带，用以固牢靴筒。达旺一带妇女的鞋在形制上同上门隅妇女的鞋相似，但靴帮和靴面是绿色的，靴筒与靴帮连成一体，在靴筒的侧面开口处缝缀花边。

门巴族妇女的装饰品有耳环、项饰、腰带、手镯、戒指等。耳环，是取用绿松石和红玛瑙（上绿下红），用彩线串缀起来，丝线的吊穗一直垂到两肩，给人以飞动、飘逸之感。项饰，是用若干根细细的皮条，串缀着许多珍珠、玛瑙、珊瑚、翡翠，中间的一颗很大，两边的较小，色彩斑斓。腰带，有银腰带、铜腰带和铜银合金腰带多种。这些装饰品的质料、样式和风格同藏族饰品没有大的差别，可以明显发现门、藏在服饰上的交流影响。

图8—3　博嘎尔部落妇女服饰

二 饮食习俗

俗语讲，民以食为天。人类要生存繁衍，吃饭问题是必须解决的首要问题。一个民族饮食习俗的形成，主要受制于其居住地域特定的自然条件、气候物产以及由此伴生的特定的生产和生活方式，即所谓靠山吃山、靠水吃水。

在藏门珞物质生活习俗交流中，饮食习俗的交流和影响是发生最早的。珞巴族的神话传说中便有珞藏交换食盐、大米和辣椒的记述，藏文史料中也有珞巴族和门巴族先民与藏族先民一样，"食不种自收谷物"的记载。

由于自然条件和物产的差别，藏门珞民族在饮食上差别是鲜明的。藏族传统主食以青稞等麦菽类粮食为主，副食以牛、羊肉为主，蔬菜少，仅有萝卜、元根等几个品种，而饮料以酥油茶和青稞酒为主。门巴族和珞巴族则不同，其传统主食是以稻米等稻黍类粮食为主。玉米和特有粮食作物"鸡爪谷"[①]，也是主食之一。荒年更是以采集加工野生植物"达谢""达荞"[②]为主食。副食中肉食除少量饲养的猪、牛外，主要靠狩猎所获的兽肉。蔬菜种类多，既有采集的野菜、蘑菇、木耳、竹笋等，又有种植的各种蔬菜。饮料以米酒、黄酒（用玉米和鸡爪谷酿制）和清茶为主，还有种类繁多的野生果汁类饮料。

藏门珞在饮食习俗上的交流影响是广泛的。门、珞地区出产的大米、辣椒、瓜果类食物通过民族间的交换和贸易大量进入藏区，一定程度上影响了藏族的饮食结构。门、珞地区生产的竹编器皿、木制器具等生活用品也大量传入藏区，深受藏族群众的喜爱。如珞巴族编制的竹藤器皿，门巴族编织的竹篾盒"邦穹"，门巴族制作的不同规格和种类的木碗，在藏区享有盛名。特别是门巴木碗，上至达官贵人，下至普通百姓，人人都喜爱门巴木碗，成为藏族人日常生活中不可或缺的用具。

藏族饮食文化对门巴族和珞巴族的影响是不尽相同的。就门巴族而

---

① "鸡爪谷"系一种黍类粮食作物，因谷穗形似鸡爪，俗称鸡爪谷。产于西藏低海拔的珞渝、门隅和察隅地区。

② "达谢""达荞"，是一种生长在森林中的棕榈类野生植物，淀粉含量高，故又名木糌粑、棕心粉。

图8—4　冬小麦

言,人们日常食用的盐,煮饭和日用的铜锅、铜瓢等来自藏区。糌粑、酥油茶和青稞酒已成为门巴族饮食结构中的重要构成。特别是毗邻藏区的上门隅门巴族,这种影响更为广泛和深刻。珞巴族受藏族影响相对要少一些。尤其是远离藏区的腹心地区的珞巴族。他们获取来自藏区的物品如食盐、铜锅、砍刀等生产生活用品的途径不多,主要通过与其毗邻的门巴族和邻近藏区的珞巴族其他部落,通过转手交换获得。紧邻藏区的珞巴族人受到的影响则要大得多。珞巴族博嘎尔部落人辛东曾指出他的家乡深受藏族文化的影响:"生活方面如饮食、穿着、生活用具、装饰等,也与西藏林芝地区无异。"[①] 辛东的家乡在白恰西绕的圩国村,邻近珞渝的梅楚卡地方,是珞巴族博嘎尔部落的住地。

门巴族和珞巴族之间在饮食习俗上影响很大。在称为"甲巴尔"稻种的引进上,还有一段门、珞友好交往的佳话。

门巴族种植水稻的历史已十分久远。人们在长期的农耕生产实践中,

[①] 辛东:《白恰西绕地方是我国无可争议的领土》,载《西藏文史资料选辑》(第10辑),民族出版社1989年版,第33页。

图 8—5 鸡爪谷

已培育出多种适应当地土壤和气候生长的优良品种，计有 3 种优质水稻种和 11 种旱稻种，其中称为"甲巴尔"的水稻最受人们的喜爱。

"甲巴尔"水稻穗长粒大，产量高，黏性强，煮饭软香可口，系一优良水稻品种。

相传"甲巴尔"稻种最初是由居住在墨脱以南仰桑曲流域的珞巴族培育的。门巴族在同珞巴族互通有无的交换活动中，发现了这个优良稻种。想引种时当地珞巴头人不同意，不允许门巴人带走稻种。有一次，一位门巴小伙子在珞巴村庄搞交换，来了一位漂亮的珞巴姑娘，对他笑了笑，但没有引起小伙子的注意。待他离开珞巴村庄时，在村口又碰到了这位姑娘。姑娘又对他笑了笑，并示意他朝地下看。姑娘离开后，门巴小伙在姑娘站立的地方发现了几粒"甲巴尔"稻种。他急忙收藏好，回家后精心培育，使"甲巴尔"在门巴族地区扎了根。经过逐渐改良和推广，"甲巴尔"成为墨脱最优良的水稻品种。

三 居住习俗

衣、食、住是人类社会赖以生存的物质条件。自从人类从最初的构木为巢到搭建最简单的地居式住宅开始，人类的居住习俗便逐渐形成。伴随着历史的前进，人类的居住形式和居住条件不断得以拓展和改善，出现了适应特定地区的地理环境和气候条件的居住形式，并形成了系统而稳定的居住习俗、礼仪和禁忌。民居作为社会历史的活化石，不仅表现了一个民族的生活空间，更重要的是表现了一种生活方式和与这种生活方式相关的经济基础和意识形态。

在广袤的西藏高原，簇立着风格多样、形式各异的民居：既有农区和半农半牧区"屋皆平头"的楼房，又有藏北牧区的帐篷世界，还有林区的木结构建筑，更有珞巴、僜人的"长房"，门巴的干栏式木屋，它们以其独特的个性直观地展示了西藏各民族和各地区居住文化的魅力。

门隅的门巴族居住地区，多雨潮湿，山高谷深，森林密布，草莽丛生，猛兽毒蛇众多，因而形成干栏式竹木楼居住文化。干栏式竹木楼居所，普遍盛行于下门隅地区，而在墨脱的门巴族居住习俗中仍明显保存。主要特点是：整个建筑用立柱高挑，主室离地悬空；楼下底层以数根立柱分割空间，无墙壁，供拴养家畜用。全部建筑以竹木为原料，因而显得纤巧、轻盈。无院落，无围墙。依地势而建，门、窗开启无定向选择，对方位与方向的宗教信仰观念表现不甚明显。多山腰而居，既可避江河泛滥，又可免取水之难。这些特征，使门巴族居住习俗文化有着鲜明的民族个性。

珞巴族的住宅建筑与珞巴族的氏族制度、家庭结构和鬼灵信仰密切相关，是珞巴族家庭形态和宗教观念的一个重要表现。

因珞渝地区多雨潮湿，珞巴族的住宅一般建在河溪两岸的半山坡上，既可以减轻潮湿和积水，又可避免山洪暴发的威胁。珞巴族住宅门的方向一般面向山坡，房屋不留窗户，因为怕"恶鬼"进入，但留有若干小洞，作为射箭孔和传递信息用。

珞巴族住宅的建筑结构形式有两类：一类是适应整个家庭居住的或作为公房的一字形长屋；另一类是供个体小家庭居住的小栋房。

供家庭和家长制家庭居住的长屋，呈"一"字形排列，有数间或数十间不等，长的可达几十米。一般长屋住着同一家庭的若干小家庭，每一小家庭占一居室，自立火塘。有的部落一个家庭住在一所长屋里。

崩尼部落家长制家庭长屋叫"南塔"，是一种竹木结构的干栏式楼居建筑，分三层：第一层称为"那贡"，作堆放柴火和圈养猪、牛之用；第二层住人，叫"郭基"；第三层即顶棚，供存放工具杂物。"南塔"的修建是先在地面竖立数十根圆木立柱作底架，在1.5—2米高处架放若干根横梁和摆放木条，用藤绳捆牢，上铺竹片和竹席等，搭建成一个长方形平台，这便是供人居住的楼层。顶棚的搭建也是架横梁和用竹木铺设地板。屋顶呈"人"字形，上盖"达热"藤叶、芭蕉叶和稻草等物，用竹篾或藤绳捆扎。一、三层无墙体，一层用竹木捆扎成棚栏，以便圈关猪、牛。二层的墙体是用在两层竹篾中间夹芭蕉叶编成的大竹席，在房体四周围一圈（留出门的位置），用藤条捆扎于木柱上。二层的入门处另用圆木或粗竹搭建阳台，通过阳台才能进入室内。

在珞巴族社会中，虽然存在为数不少的多妻家庭，但就其家庭形态的总体情况看，仍是以一夫一妻的个体家庭为主。因此，存在长屋的同时，各部落都建有供一夫一妻个体家庭居住的小栋房，有些部落甚至以小栋房为主。

图 8—6　传统干栏式房屋

小栋房呈方形或长方形。这类房在用材和修建上与"南塔"相似，在居室分配和结构上则不尽相同。以博嘎尔部落为例：修建时，先在底部竖圆木立柱，二层地板处和顶棚处架设横梁，横梁上铺设木条，房顶搭建成人字形，多用木板、芭蕉叶苫盖。墙壁、地板用篾席铺搭。房屋底层堆放柴火，作猪狗圈，二层住人，顶层堆放辣椒等杂物。门一般面向山坡开，门外有一阳台，在阳台靠门的两端设有男女厕所。人口多的人家把居室隔作两三间不等，每间均设火塘，由婚后的子女或奴隶分住。一般人家在靠近房子的入口处另建一耳房圈放牛羊，在房子的附近建仓库堆放粮食。

在居住习俗文化的交流影响中，上门隅的门巴族民居习俗，已融合了藏族民居习俗文化成分，呈现出异中有同的特点。主要表现在以下方面：①

空间结构：藏族建筑是以土石为料的楼居建筑，空间结构以块体错接为特征。在门、藏文化交往中，上门隅的门巴族建筑已吸收了藏族建筑风格。他们改竹木结构为石砌结构，以块体为空间结构单位，改藏式的错接为重合法，又改门巴族传统的悬空式为全闭式，更突出碉楼式特征。

建筑与环境的关系：门巴族的传统建筑无院落，散点式地分布在大自然环境中与大自然融为一体，表现出"天人合一"的自然崇拜倾向。当上门隅地区接受藏族建筑影响以后，虽然不设院墙，但以道路和农田隔离了住宅和大自然的亲近关系，如同藏族建筑布局，在住宅空间内不作山水穿插，与大自然的关系出现了求其远而不求其近的倾向。佛教意识的影响，使建筑在一定程度上反映出超越自然、挣脱凡俗追慕空境的信仰观念。

建筑序列：门巴族和藏族都聚村而居，但门巴族和藏族在建筑序列上却体现了不同的文化传统。所谓建筑序列，是指建筑群体内部的相互关系。门巴族的建筑序列，不追求统一和秩序，村寨没有中轴线，单体建筑自由摆布，比较自由、灵活，表现出村社组织的民主、平等的精神。而藏区村落序列，常以比较直的街道为坐标，形成中轴线，建筑群体井然有

---

① 参见关东升主编《中国民族文化大观·藏族、门巴族、珞巴族》，中国大百科全书出版社1995年版，第487—488页。

图8—7　已有五代人历史的传统门巴石楼

序，门窗开启也有大体的一致方向，一般是南向偏西，这不仅是采光的需要，也蕴含着对佛土的虔诚。藏族建筑序列的强烈的秩序感，是封建农奴制社会秩序的曲折反映。待到封建农奴制在门隅确立以后，对门巴族建筑序列也或多或少地产生了影响，特别是在上门隅地区，已出现了以街道为坐标的井然有序的村落。建筑序列的井然有序，是一种新的社会秩序的文化显现，体现了自律的意识。

在修房建屋上，珞巴族受藏族影响不大，但在起居礼俗上则受到了一定影响。藏族和门巴族都把火塘和锅灶视为神圣之物，对火塘和锅灶禁忌较多。如不得往火塘内扔脏东西、吐痰、吐口水，严禁脚踏或跨越灶台，他们有这样一种观念，认为火塘内有灶神，保佑着人们的福泽平安，平时恭敬供奉，绝对不能冒犯灶神。由于他们相信灶神能给人以安泰，所以当家人要出门远行时，长辈要用食指、中指和无名指蘸点锅烟灰，涂抹在出门人的鼻尖上和胸颈间，烟灰以三角支锅石上的最好。人们相信涂抹烟灰后，出门人会得到灶神的护佑，不会遇到鬼邪，不会发生意外，有时连晚上出外，也要擦点烟灰以防不测。珞巴族米古巴部落认为，火塘中有灶神居住，并传说灶神是由与人相依为命的狗变的。人们平时十分虔诚地祭祀灶神，每当吃饭时，家庭主妇要先向火塘抛撒些饭菜、酒肉等；猎人出猎前的头天晚上和临出发时，要杀鸡祭献，祈求灶神保佑狩猎平安和获得较多的猎物；每当盖新房时，要小心翼翼搭建好火塘，将家中所有的粮食和肉类（种类越多越好）各取一部分，在新搭的灶上生火煮，煮好后舀一点撒入火塘里，边撒边念祈祷词，以祭新灶。米古巴人对火塘的禁忌有：严禁从灶塘上方跨越或在灶塘上方挂放杂物；严禁用刀砍火塘四周的木架；严禁在火塘中烧死禽、死畜、死兽毛；严禁向灶塘方向扫地和不得背对灶塘而坐；严禁向火塘中吐痰……由此可见火塘的神圣和珞巴人对其敬奉的程度。

门巴族修房造屋，习俗礼仪较多，从选择地基及何时开工到落成竣工，都有许多礼仪和禁忌。如每月的十日、二十日、三十日和六日、十六日、二十六日这几日是不能动工盖房的，连竣工之日也要尽量躲开这几个日子，不然会发生意想不到的灾难。在整个建房过程中，宗教活动贯穿始终。门巴族修房建屋过程中的许多习俗，显然受了藏族习俗的影响。当然，门巴族也有一些特殊的习俗，如新房竣工后举行的"旺久钦波"仪

图 8—8　屋檐下的木制男性性器

式便极富特点。"旺久钦波"仪式的主要活动是在新房上悬挂木制男性生殖器。木制男性生殖器，墨脱门巴话称"卡让欣"，一般悬挂在房梁上或木梯两侧，斜插在木梯两旁的木制生殖器，还要涂抹红颜色，悬挂房梁上的一般不涂色；错那门巴话称"辛基白列"，悬挂在房门上方屋檐下。错那的木制生殖器长0.5—1米，直径10—15厘米，在其根部的一侧，挂一个装有5种粮食的布袋。这5种粮食是：青稞、荞麦、小麦、鸡爪谷和玉米。根部另一侧挂一个装有青稞酒的小瓶，以象征两个睾丸。根部还要缠挂柏树枝或黑牛毛，以象征阴毛。人们相信悬挂男性生殖器后，能阻挡女妖进入居室害人，确保家人平安。

第二节 婚丧礼仪习俗交流

婚恋、丧葬、命名、节日等礼仪习俗，是民族习俗文化的重要组成部分。藏族、门巴族和珞巴族在婚、丧等礼仪习俗上的交流和影响也是十分广泛的。

一 婚恋礼仪习俗

藏族、门巴族和珞巴族的婚恋习俗，差异是巨大的，而互相影响也是明显的。

藏门珞在婚姻制度上的差异，是由他们各自的社会发展所决定的。但是，由于西藏封建农奴制在门巴族地区的推行，藏族佛教的传入，以及其他文化现象对门巴族的影响和渗透，使门巴族的婚恋习俗也不同程度地吸收融合了藏族婚恋习俗文化成分，珞巴族的婚恋习俗也受到了藏族婚恋习俗的深刻影响。

藏传佛教对门巴族婚恋习俗的影响十分深刻。从门巴族的定亲、婚期的确定到迎娶时的礼俗均与宗教密不可分，宗教已渗透到婚姻缔结的各个环节。如门隅和墨脱门巴族定亲前要请喇嘛看男女生辰属相，婚期由喇嘛择定，结婚仪式上更少不了喇嘛的主持和祝福。

藏族世俗文化对门巴族婚恋习俗的影响也随处可见。如门巴族把媒人称作"噶东"或"伦波噶尔"，这是从藏族历史故事中借用的。伦波噶尔是松赞干布派往唐朝迎娶文成公主的主要使臣，传说他在唐太宗"五难婚使"的斗智中战胜了所有对手。聪明机智的噶尔作为媒人的代称是贴切的。有时媒人去对方提亲或在结婚大典上，还要讲述松赞干布迎娶文成公主的故事，夸赞女子像文成公主、男子像松赞干布。又如，门巴族结婚仪式上新娘要插"塔达尔"（五色彩箭），这是受藏族本教文化影响的遗留；要使用盛放有五谷和酥油等物以象征吉祥的"切玛"（五谷斗）；酒壶和碗边抹三道酥油；互相敬献哈达等，这都是对藏族礼仪习俗文化的吸收。

藏族婚恋习俗对门巴族的影响程度，从门隅婚礼习俗上可见其一斑。

婚期确定后，男方做好各种迎亲准备，如酿酒、粉刷房屋、清理园子、选定酒女、歌女、聘请曼巴（主持人）等。结婚这天，男家派去迎亲的主要有3人，2人系男性，是男方的至亲，是能说会道之人，门巴话叫"巴萨"。1人系女性，由同新娘年龄相仿的未婚女子担任，门巴话叫"朗朗"。天刚蒙蒙亮，迎亲人便穿着节日盛装，带着哈达和青稞酒到女方家迎接新娘。娘家送亲人有舅、姑、兄弟等亲戚，新娘父母不随队伍前往，要由男家专门派人来接。同村的乡亲在村口为新娘送行，并送钱送物，祝她幸福吉祥。

迎亲途中男方家要敬女家三道酒，门巴话叫"苏羌"，意为"迎接酒"。第一道酒在离女家不远的地方，第二道在途中，第三道在男家村口。有专职的敬酒人恭候。酒碗边上抹上三块酥油象征吉祥（绝对不能用缺边的碗）。敬酒时按顺序先敬喇嘛、媒人，然后敬舅父。

图8—9 门巴婚礼上的"苏羌"仪式

在迎亲的朗朗手中，拿有一支叫塔达尔的五色彩箭，当新娘一出家门，就要插在新娘的背上，表示新娘已有主了。新娘往往竭力反抗，不让插。

到新郎家时，迎接新娘的是婆母和家人，新屋门口两侧，端立着几位姑娘恭迎新娘和客人。这批人到后，又派专人去迎请新娘的父母。

新娘及客人入座后，酒女立刻献上酒，歌女唱起悠扬的萨玛酒歌。这时新郎仍未露面。新娘喝完一杯酒后，朗朗立刻带新娘入内室，将新娘从娘家穿来的衣服首饰统统去掉，里里外外换上婆家准备的一套东西。这时的新娘，穿戴整齐，头扎五色彩辫，戴巴尔霞帽，身着红氆氇袍，腰系白围裙，胸前佩挂玛瑙珍珠等饰品，背上披挂一张小牛皮。这一换衣习俗，表明新娘从此完完全全属于婆家新人。新娘换好衣后重新入座，新郎这时才露面。曼巴带领乡亲们向一对新人和娘家客人献哈达、敬酒，人们载歌载舞，痛饮狂欢。

婚礼第二天，娘家以舅父为主的客人开始发难。他们借口酒不浓、肉不匀，责骂男家。这时，主人家会急忙端上好酒好菜，向娘家人赔罪，请求原谅，这场闹剧最后是以舅父接受男家的"赔罪酒"而平息。

热闹的婚礼持续两天。第三天上午，新郎家要为新娘的父母及亲属在一个专门的房间设丰盛的酒宴。他们一边喝酒吃饭，一边商量新娘何时落户夫家。新娘的舅父及父母依次劝慰女儿，教训女婿。新娘母亲的话很有代表性："女儿呀，别难过了，'鸟要有窝，人要有家'，在这里你的财富多，从屋顶上的经幡到门后的扫帚都是属于你的，你要好好孝敬公婆，生儿育女。"母亲对女婿是另一副面孔："你听着，你要好好待她，不要现在把她当仙女，今后看她是魔鬼，我们不依！"在娘家客人离开时，他们会蜂拥而上，将新娘从婚礼席上抢走。新郎的亲属们急忙追出门外去抢夺。双方在门外你争我夺，最后，由曼巴出面才能解围。他让婆家为娘家人敬酒，献钱赔礼，保证今后像待亲人一样待其女儿，女方这才罢手甘休。人们饮酒狂歌，欢跃舞蹈。

可见，门巴族婚礼既有浓郁的民族与地域特色，又有着藏族婚恋礼俗影响的深深印迹。

二　丧葬礼仪习俗

藏族、门巴族和珞巴族在丧葬观念、丧葬方式和丧葬礼仪上彼此影响，出现了异中有同、同中有异的文化状态。

第一，关于丧葬观念。

藏族、门巴族和珞巴族丧葬观念的产生，是与其原始宗教观念"灵"和"灵魂"的产生相联系的。灵魂观念和灵魂转体思想的出现，直接导致了丧葬习俗的产生。为了使生生不灭的灵魂顺利转投于他处，就要妥善处理好尸体，从而形成了一系列的葬俗。土葬和水葬，是门巴族和藏族在信奉原始宗教和本教时期实行的古老的葬俗。珞巴族大多数部落则一直实行土葬。

图8—10　朗县列山墓葬

随着佛教在藏区的传播和立足，佛教的轮回转世、舍身饲虎、割肉贸鸽、极乐世界等观念和神话深刻地影响了藏族，使藏族的丧葬观念、丧葬方式发生了重大变化，逐渐从传统的土葬过渡为天葬，以使灵魂早日升天，来生幸福。人们实行天葬是基于这样的观念：在进行天葬时，前面有点香引路的人，这是点香铺设五彩路，祈祷赎去生时的罪孽，请诸佛把死者魂灵带入神界；而吞噬尸肉的鹰雕被视为神鸟，是佛界的使者，由它导引死者魂灵进入天堂。同时，随着藏区封建农奴制的产生和不断强化，人间现实世界的等级次第也在丧葬中反映了出来，出现了不同的葬仪和等级，有了丧葬方式的高下之分。藏传佛教传入门巴族地区后，天国和佛乐胜境也成为在现实中遭受苦难的门巴族向往和追求的终极目标，使门巴族葬仪也产生了变化。当然，不同地区的门巴族受藏族的葬俗影响是不同的，对藏式葬俗的优劣的看法也不尽相同。

第二，关于丧葬方式。

丧葬方式是与丧葬观念密切相关的，并随着丧葬观念的改变而发生变化。藏族、门巴族和珞巴族在丧葬方式上，既有联系，又有区别。

藏族有土葬、水葬、天葬、火葬等多种。土葬和水葬本是藏族古老的葬俗，自佛教传入、藏传佛教形成以后，土葬和水葬被视为低下葬式，土葬用于患麻风、天花等传染病者及强盗、杀人放火者和被刀砍死者，水葬用于鳏、寡、孤、独及乞丐等经济地位十分低下的人，而一般群众普遍实行天葬，火葬在喇嘛高僧和达官贵人中实行。天葬和火葬的施行是基于同一观念，即将尸体作为祭品供施敬佛，使灵魂进入佛乐胜境。

门巴族在丧葬方式上，也有土葬、水葬、天葬、火葬等各种的葬式，还有先土葬后火葬的复合葬。门巴族的天葬、火葬及其复合葬，是受藏传佛教影响而出现的葬式，这类葬式是以灵魂升天观念为其核心的。土葬和水葬，是门巴族传统的葬式，它并没有因藏传佛教的传入而消失或改变，仍保留得十分完整，是门巴族普遍实行的葬式。门巴族多种葬式的并存，是由门巴族社会的复合形态及多元宗教信仰的存在决定的。而珞巴族的一些部落在实行土葬的同时，也出现了崖洞葬、石冢葬、树葬等葬式。

第三，关于丧葬仪礼。

藏族、门巴族和珞巴族都有各自的丧葬仪礼。

藏族在丧葬仪式结束后，有"七期荐亡"习俗，即在49日之内逢七要做佛事。西藏佛教经典认为，人们中阴身（即前身已弃而后身未得之间）能够维持的最长期限是49天，大多数人的中间身阶段不超过四个星期，因而"四七"和"七七"是最重要的时期。据藏文史料记载，"七期荐亡"习俗曾受中原汉族的影响，藏文古籍《拔协》便有金城公主将"七期荐亡"习俗带入藏地的记载。[①] 藏传佛教传入后，门巴族丧礼在保留自身特点的基础上，又融入了藏族丧礼的浓厚色彩。如人死后，要请喇

---

① 拔塞囊：《拔协》，佟锦华、黄布凡译，四川民族出版社1990年版，第4页。

嘛念经超度，由喇嘛择算尸体的放置时间、出殡时辰以及出殡方位，尸体处理后，还要由喇嘛做各种法事，举行七七超度。门巴族的丧葬仪礼，表现出了同藏族丧礼较多的相似性。门隅门巴族在水葬后，死者亲属在原停尸处供奉酒饭等祭品，供七七四十九日。七七之日，亲属请喇嘛念经做法事，将一个装供品的碗扔到屋外，葬仪便结束，此后再无别的活动。

图8—11　墨脱土葬墓地

墨脱门巴族葬后仪式较繁。葬后第3天，死者亲属二三人随同喇嘛去坟地，立一根"潘新"（类似藏区的经幡），请死者灵魂回来。念经时，喇嘛用纸画出死者像，写上名字，拴在一支箭上，箭插在装满大米的量斗中，在箭上挂一条哈达，以此作为死者灵位，在灵位前供献祭品。喇嘛说：你已经死了几天了，今天从坟墓里召回你的灵魂，你再不要生气了。有两条路：一是天堂，二是地狱，你要好好选择。亲属们都在旁哭泣。

葬后有多次法事活动。死后第七日，即"头七"日，喇嘛要做"桑欧"法事，主要活动是念经。如果尸体在家放3天，此次法事可免。

"二七"时，喇嘛仍做一次"桑欧"法事，主要活动是念经超度死者灵魂。

"三七"时，喇嘛做"格瓦"法事，此次活动规模较大。主要活动有两个：一是焚烧画像，二是立"潘新"。是日，丧家要做许多大米面饼和称作"细措"的供品，仪式结束后分发给村人。喇嘛在画像前念一阵经后，说道：你肯定到天堂去了，这只是一张纸了，是一张没有灵魂的纸了，说着便将画像烧掉。烧完画像后，家人要在村口立"潘新"。富裕的人家，要立100根，称为"甲塔尔"，3根大的，97根小的；一般人家只立一两根。"格瓦"法事后，一般人家便无大的活动了，富裕户则还要在"七七"时做一次更大规模的"格瓦"大法事，历时3天，做大量的供品，献许多供灯。

周年时，死者亲属仍要延请喇嘛念经，为死者祈祷，使亡灵早日升天。

一年内，死者亲属不能唱歌跳舞，不得杀鸡宰猪，不能打猎，不能婚嫁。

树葬是珞巴族米古巴部落富有特点的葬俗。树葬的主要过程和仪式为：

人一旦亡故，即按习惯用藤索捆缚尸体置于藤筐或木箱中，用白布遮盖死者脸部。藤筐或木箱中放入一些死者生前的日常用品，男性多放弓箭、小刀、烟袋，女性放木锄、耳环、针线等物。停尸时间的长短由巫师占卜确定，一般为2天至3天。

树葬时，通常是找一棵枝繁叶茂的大树，在树上挖一个能放下尸体的槽。有时是死者生前已选好树，遵其嘱死后在指定的树上安葬。现在能挖尸槽的大树已经很少，一般是找一棵分杈的树，在树杈上放置藤筐或木箱。如果树杈放不下则在树上搭一个托架，将木棺或藤筐直接放在木架上。安放毕，在树上搭一个简易棚子，以遮阳挡雨。

米古巴部落除实行树葬外，有的还采用土葬。土葬是珞巴族各部落通行的一种十分古老的葬式，而米古巴部落的土葬仍具有自己的特点。

土葬的尸体处理同树葬，需将尸体捆缚成胎儿状，停尸数日。出殡时，在选定的葬地先挖一个一人多深的圆形竖坑，在坑底又往西挖约半人高，一人多深的横穴，横穴与坑壁呈90°角。横穴挖好后，在四周用木板贴封，并用香树枝叶熏烤。安葬时，在坑底铺垫木板、茅草和褥子，放置枕头，砍断捆缚尸体的绳子，揭去罩尸的面罩，将死者摆放成睡觉的样子，盖上死者生前的衣服。在男性死者的头部两侧放置生前使用的弓箭、砍刀、烟斗等，女性死者头前则放木锄、耳环、项链和手镯等。随葬物品的多少无规定，视死者家庭的经济状况。安置毕，在横穴口竖插一排木板封口，然后将竖坑填土压实，填土与地面相平，不留墓冢。在安葬地搭建一简易木棚，上挂安葬时所杀鸡的翅膀和猪的四蹄，以向死者献祭。

珞巴族传统葬仪礼俗繁多，如出殡之日全村人需停工参与送葬，安葬毕离开坟地时不能往回看，以免死魂跟着村人返回。死者家需在室外垒灶架锅做饭招待村人，不能在室内做饭。未吃完的饭菜需分发给村人而切忌带回家。死者出殡时一抬（背）出家门，家人立即将死者用过的破旧东西扔到村外僻静处，用带刺的青树枝在室内清扫，用香树枝熏烤屋子。安葬的当晚，丧家亲属需到坟地点燃火堆，并为死者敬烟供食，以安抚和慰藉亡灵，同时，村人在村内点燃篝火，往火中抛酒食，孩子手持木棍敲击各家木房竹屋，发出各种吼叫声，表示驱赶鬼，以免死魂回村危及村人，等等。

树葬这种形式可能是珞巴族古老的葬俗，是珞巴族先民远古游猎时代穴处巢居的产物，在珞巴族的神话传说中，反映远古时代曾经有过树洞葬的习俗。当然，也可能是受地接毗邻的藏区葬式影响而产生的新的葬式。藏族重天葬，轻土葬。而墨脱地区林木参天，气候潮湿，鲜有鹰鹫，没有实行天葬的条件，但天葬观念不可能不对达木珞巴人产生影响。将尸体置于林中大树上，死者灵魂仍可以顺着参天大树进入天堂。这一丧葬观念可能经过工布藏族和后期迁入墨脱加热萨一带的康区藏族传给了珞巴人，树葬或许就是天葬的一种地方化形式。珞巴族树葬的来源和发展还需进一步研究。

三　命名习俗

藏族、门巴族和珞巴族在取名上影响深刻。

藏族为孩子取名大多要请活佛高僧或有威望的长者取名。有时父母也根据其意愿为孩子命名。取名的时间一般在孩子快满月之时，也有孩子还在腹中时就请活佛提前取名的。

如果请活佛或高僧取名，其名字总是与宗教有关。由长者取名，多表达祝愿、赞美或纪念。由父母取名则主要表达其意愿。

藏族人名的内涵十分丰富，其取名方式多样，常见的有：

与宗教相关的名字。如丹增（bstan-vdzing）——圣法；塔巴（tharpa）——解脱；多吉（rdo-rje）——金刚；曲珍（chos-sgron）——佛灯；雍忠（g·yung-drung）——本教符号，象征永恒，该名为本教僧人或信徒之名；等等。与宗教相关的名字在藏族人名中占有很大比重，这一现象既反映了宗教对藏族社会的深刻影响，又体现了藏族取名的一个重要特征。

表达祝愿与赞美。如次仁（tshe-ring）——长寿；德吉（bde-skyid）——幸福；扎西（bkra-shis）——吉祥；桑珠（bsam-grub）——遂意、如愿；索朗（bsod-nams）——福泽；等等。

纪念出生日期。如边巴（spen-ba）——星期六出生者；达娃（zla-wa）——星期一出生者；次杰（thes-brgyad）——藏历初八出生者。

表达生、节育愿望。如仓姆决（mtshams-gcod）——终止生育；普赤（bu-khrid）——招弟，求下一胎生男孩。这一类名字主要是父母所取。"仓姆决"表示不想再要孩子，"普赤"则表达了想要男孩，因前几胎所生均为女孩。

以自然物命名，多表达一种祈愿。如嘉措（rgya-mtso）——大海；噶玛（skar-ma）——星星；美多（me-tog）——花朵。

藏族给孩子取名的方式还有多种。如已养育的孩子多夭折，为避免新生儿遭遇不测，故意给孩子取贱名，以躲过劫难。这样的名字常见有：其甲（khyi-skyag）——狗屎；帕甲（phag-skyag）——猪粪；普科（bu-gog）——丑孩。如有的孩子生病或遇灾祸后大难不死，多给孩子改名为西洛（shi-log）——死里逃生。父母对最幼小的儿女表示爱抚和亲昵，取名有琼达（chung-dag）——毛毛；琼吉（chung-skyid）——安乐小宝；等等。①

门巴族孩子的命名同藏族相似，过去一般请喇嘛或扎巴取名，也可由家人自己取。如果请的是喇嘛或扎巴取名，孩子的名字大都与宗教有关。如"多吉"，意为金刚；"群佩"，意为兴佛；"丹增"，意为圣法；"乌坚仁增"，意为乌仗那持明；"卓玛"，意为度母（女神）等。这一取名习俗是藏传佛教影响门巴族社会生活的典型反映。

如果由家人取名，一般名字表现了长辈对孩子未来寄予的美好期望与意愿，如祝愿型名字："次仁拉姆"，意为长寿仙女；"扎西罗布"，意为

---

① 王贵：《藏族人名研究》，民族出版社1991年版。

吉祥宝贝;"索朗金宗",意为福泽欢聚;"其美朗杰",意为不死胜利等。门隅门巴族喜欢给女孩子取名"措姆",如"仁增措姆""次仁措姆""扎西措姆"等。"措姆"意为湖泊。门隅地区多湛蓝碧绿的高山湖泊,在蓝天辉映下,湖水涟漪,碧波荡漾。女孩取名"措姆",表现了门巴族对恬静秀美的审美追求,也形象地反映了门巴族妇女温柔贤淑的品格和美德。

由于过去门巴族生产力水平低下,医药卫生条件极差,妇女高生育率与孩子低成活率形成巨大反差,孩子夭折现象较多。而夭折的原因他们又归于鬼灵,认为是鬼灵作祟。为了使孩子免遭不幸,躲过鬼灵的注意,一些人家给孩子取名时便故意给男孩取女孩名字,或取一些贱名。如"拉姆",意为仙女,一般用于女孩,但门巴族中一些男人也用此名。有的人家怕孩子体弱多病,不易养活,便故意取贱名,如"其加",意为狗屎;"帕加",意为猪屎等。取贱名这种习俗,许多民族都有,目的只有一个,希望孩子能经受住磨难,得以健康成长。

门巴族还有按七星曜日即"沙科尔"取名的习俗。七星曜即日、月、火、水、木、金、土,轮流一次恰好七日。这种取名实际上是表明孩子的出生日,含有纪念生日的意义,且简单易行,过去人们往往多用这种取名法。如出生于日曜日,则取名"尼玛",意为太阳;出生于月曜日,则取名"达娃",意为月亮;以此类推。按出生日期取名往往同表示意愿取名相结合,如出生于土曜日,自然取作"边巴",再加上表达意愿的成分,就可取名为"边巴次仁",意为土曜日所生,长寿;"边巴顿珠",意为土曜日所生,成就。这种按七星曜日取名的习俗是受藏族影响而产生的。

由于珞巴族社会是以男子为中心的父系氏族社会,珞巴族取名通常采用父子连名制,即孩子的名字与父亲的名字相连,其首字为父名,尾字为子名。如祖父名为杜尤,父亲名为尤甫,儿子名则为甫另,即……杜尤——尤甫——甫另……,形成父系谱系。我们在珞巴族地区调查时,博嘎尔部落海多氏族老人东娘曾一口气背诵了他的二十代谱系:阿巴达尼(远古祖先)……海多——多让——让纳——纳约儿——约儿迦——迦嘎——嘎约——约戎——戎喀——喀波——波若——若龙——龙永——永容——容玛——玛宁——宁帕尔——帕尔凌——凌金——金东——东娘(自名)——娘玛(子名)——玛波(孙名)。然而,在实际生活中,珞巴族取名也存在着多种方式,就连父子连名制实行较严格的博嘎尔部落,也有不完全按父子连名的情况。由于过去婴幼儿死亡率高，一些孩子累遭夭折的父母，便请养育孩子多、存活率高的妇女取名，并与该妇女的名字连名，而不用父子连名。崩尼、崩如、纳、布瑞等部落常依据下列几种方式取名：

以孩子的相貌、性格特征取名。如"亚崩"，意为不胖不瘦；"亚白"，意为肥胖；"亚仁"，意为瘦小；"亚基"，意为好哭；"得依崩"，意为翘嘴唇等。

以动、植物命名。如"达非"，意为跳蚤；"达休"，意为野猫；"达德"，意为青蛙；"黑宁"，意为竹子等。

以自然物、自然现象取名。这是母亲以其分娩时的气象情况为孩子取名，带有纪念性质。如"多略"，意为闪电；"多如"，意为下大雨；"多工"，意为雷声等。

以出生时间、季节取名。如"勒郭"，意为黎明；"亚结"，意为绿色季节，即夏季。

取贱名。父母为使孩子平安成长，能经受各种病痛和灾害的磨难，常给孩子取一些贱名。如"益博"，意为猪屎；"如益"，意为鸡屎；"崩益"，意为老鼠屎等。

一些珞巴族部落由于受藏族影响而取藏名，如米古巴、米新巴、巴依、纳等部落中有格桑贡却、卓玛、扎西次仁等都是典型的藏名。

四 节日习俗

藏族、门巴族和珞巴族在节日文化上的交流影响，集中表现在门巴族和珞巴族对藏族节日文化的吸收和改造上。

从节日类型看，门巴族和藏族都有宗教节日和岁时年节。岁时年节，如都过藏历年、萨嘎达瓦节和望果节等。随着本教和佛教的传入，藏族地区的宗教节日也传入门隅，如每年藏历十二月二十九日的宗教跳神法会和丰年秋后的主巴大法会等，其活动内容和活动方式，与藏区的基本相同。

有的节日虽然传自藏区，但门巴族却赋予了新的意义。如萨嘎达瓦节，是藏传佛教纪念佛祖释迦牟尼诞生、成道和圆寂的日子。藏历四月十五日这一天，如同西藏各大寺庙一样，门隅的所有寺庙也不分派别念经祷告，举行法事活动。届时，门巴族善男信女前往寺庙转经，烧香拜佛。每户均要出一定数量的糌粑、酥油和青稞酒，交给寺庙，喇嘛将糌粑做成"措"① 分给大家吃，众人互相敬酒吃喝，晚上家家户户房前屋后点酥油灯，庆祝一天。从此日开始，全村男女开始做农活。这个本是纪念佛祖的节日被门巴族视为祈求水草丰美、五谷丰登的祭祀活动，并作为进入农时的标志。门巴文化对藏传佛教文化的改造可见一斑。

在节日礼俗方面，为了比较其异同，我们将藏族、门巴族和珞巴族米古巴部落的岁时年节礼俗分述于下。

拉萨地区藏历新年是藏族人民最隆重的传统节日。从藏历十二月初，人们便开始忙碌过年，家家户户培育青稞青苗，供于佛龛前的双柜之上，以预祝来年粮食丰收。十二月中旬，各家纷纷用酥油和面粉炸出形状各异的"卡赛"（果子）。新年前夕，每家都要精心准备一个叫"竹索切玛"的五谷斗（盒）。斗用木料制成，盒的外部绘有各种吉祥的花纹图案。木盒内部从中隔为两半，左面装麦粒或炒熟的青稞粒，右面装酥油糌粑。糌粑和麦粒都堆积成金字塔形，上插青稞穗和称为"孜卓"的饰品。有的人家还准备一个彩色酥油塑的羊头（洛果），亦可用陶瓷品代替。这一切都具有喜庆丰收，预祝来年风调雨顺、人畜两旺的含意。除夕前两天，各家进行大扫除，摆上新卡垫，贴上新年画。

十二月二十九日，人们把灶房打扫干净，并在正中墙上用干面粉绘上"八吉祥徽"（八吉祥徽包括金鱼、胜幢、宝塔、白海螺、莲花、金轮、吉祥吉和宝瓶）。傍晚，不论大小家庭都要做"帕吐"（面疙瘩），天黑时，全家依长幼次序就位坐定，开始吃"吐巴"（煮熟的面疙瘩），藏族称为"古吐"。吃完吐巴以后举行送鬼仪式。一般家中女主人将剩的"古吐"倒入一陶罐中，端出门外，男主人手执点燃的麦秆到各房间内边挥舞边喊叫，令妖魔鬼怪都出来。此时女主人要径直走出院外，不能回首。她把陶罐连同里面的"古吐"一起扔到街心，男主人也将驱鬼剩下的残火扔到街心。二十九日晚的八廓街烟火缭绕，喊声四起，各家都忙着驱鬼，把一年的不吉和霉运都统统赶走，祈盼来年吉祥安泰。

除夕晚上，家家户户把房屋内外打扫干净，室内铺上新"卡垫"，在正屋佛龛前用各式"卡赛"摆放"碟嘎"。"碟嘎"是由形状不同的油炸面食垒起的供品。"碟嘎"两边要摆上绿茵茵的青稞苗，预祝新的一年能

---

① "措"：指宗教活动时的供品，由糌粑、酥油等揉制而成，法事毕可食用。

获丰收。供桌上还必须有一个羊头。

大年初一清晨，主妇天不亮就起床熬制"观颠"饮料，家人在起床前必须喝上一碗。主妇去井边打回新年的第一桶水。家人喝完"观颠"后即刻起床，互致新年祝福，梳洗打扮后全家人一道吃人参果米饭"卓玛折塞"，喝早茶。天刚亮，邻居街坊热闹的新年互拜便开始。每家由两人代表家人去拜年，一人端"切玛"盒，一人提青稞酒壶，挨门去邻居家拜年。人们互致"扎西德勒平松措"（意"吉祥如意大圆满"）的新年祝词，主人让客人"切玛曲"（尝"切玛"），客人会抓一小撮糌粑粉向上扔三下，以示敬奉天地神灵，然后放少许于口中品尝。双方互相敬酒，或干杯或喝"三口一杯"。清晨邻居间拜完年后，家人不再外出，各家闭门欢聚。

从初二开始走亲访友，人们互相拜年祝贺，唱歌跳舞，欢度佳节。活动一般持续数天。

大年初三，家人及左邻右舍的亲友共聚房顶，举行"托苏"仪式，插换房顶上的五色经幡，点燃桑烟敬神，祈祷神灵保佑全家人四季平安，家业兴旺。

传统藏历新年期间，拉萨正逢一年一度的传召大法会开始，人们除欢庆新年佳节外，还汇入人潮观看有关法事活动，特别是正月十五的酥油花灯节。有条件的人家在新年期间欢庆10多天，一般到正月十五酥油花灯节后才结束。

墨脱门巴族以十二月为岁首，为过好新年，从藏历十一月开始，就要做过年的准备，如宰杀猪羊、做酒、炸饼、缝制新衣、打扫房屋，等等。

大年初一早上鸡鸣第一遍时，全家人就起床，穿上新衣服，互致问候祝福后，每人喝一碗用酥油、奶酪、"邦羌"和鸡蛋煮制的饮料。天明前，全家食肉粥，天明后，才开始喝酒。初一不互访，亲人欢聚一室，饮酒畅叙家常，互相祝福。

从初二开始，门巴族以村寨为单位，全村人集中一起，轮流去各家聚餐。轮转的顺序，村人在节前就已民主商定，每户负责一天，包管全村人的酒肉饭食。一些贫穷的人家无力独自承担，可以两家或三家联合，而一些鳏寡孤独无依无靠的人则无须准备，理所当然地同村人一道聚会赴宴。任何不相识的外乡人这时到了门巴村寨，都将作为尊贵的客人受到热情款待，享受美味佳酿。全村每户轮流招待，一般的村庄轮转一遍要10多天，

图8—12　雪顿节展佛

大的村庄要转20多天。这期间，欢歌笑语不绝于耳，人们除载歌载舞欢度佳节外，还举行射箭、抱石、跳高、拔河等体育竞技和游戏活动，整个村寨沉浸在欢乐的海洋中。

错那门巴族过新年是从藏历元月初一至十五日为节庆日子，这是一年中最隆重的节日。从藏历十二月开始，人们便着手准备过年的东西，每家每户都要酿制大量的青稞酒。临近新年前夕，家家户户要大扫除，把屋内屋外收拾干净，用面粉调成糊状，在门、墙和椽条上面涂上各种吉祥图案，以示新年吉祥如意。十二月二十九日除夕之夜，各家均要喝一种用面团、肉块等9种食物煮的粥，称之为"古吐"，许多人家还准备一个叫"切玛"的五谷斗，内装炒青稞、糌粑面等物，预祝来年风调雨顺，五谷丰登。

大年初一清晨，各家主妇争相早起，抢先到平常汲水的地方背回第一桶水，认为新年最早背回的水是雪山顶上狮子流下来的奶汁，象征财富，谁背到第一桶水最吉利。第一个背水的人要在汲水的地方抹酥油，撒糌粑，以祭祀神灵。年初一合家欢聚，不走亲串户。

从年初二开始，人们走村串户，探亲访友，相互道喜。到别人家串门时，妇女必须走在前面先进屋，切忌男子先串门进屋。门巴人认为，新年时来客是妇女，预示着家中猪牛会多生母畜，是六畜兴旺的好兆头；若第一个来客是男子，则为不吉利，其时的男子属于不受欢迎的人。

十几天的节日期间，人们欢聚一处，唱歌跳舞。一首萨玛酒歌这样唱道：

> 高举玉觞吧满饮三杯，
> 放开音喉吧高唱酒歌；
> 心中的话儿尽意地说，
> 欢乐的歌儿尽情地唱。
>
> 良辰美景啊何时能再来？
> 亲朋好友啊何时再相聚？
> 愿今日相聚永不分离，
> 愿明年今日重逢此地。

节日期间除唱歌跳舞外，还开展多种形式的游艺活动，如拔河、角力、抱石头、射箭等，都是人们十分喜爱的活动。

节日期间还有一个大型活动，就是门巴戏的演出。各村寨都有业余戏班，届时演门巴族传统剧目《阿拉卡教父子》和《卓娃桑姆》等。一场戏一般要演2—3天。这些戏班还到其他村寨演出。勒布地区有名的戏班是勒村和麻玛村的，这两个戏班常应邀去他村演出。邦金一带的戏班也到勒布演出。门巴戏演出期间，全村不分男女老幼都去观看，甚为热闹。

藏历正月十五日，是整个节日的最后一天，全村男女集体聚会，共同分享各家准备的美味食品。家家房顶上竖立旗杆，悬挂经幡，祈福禳灾。至此，整个新年节庆结束。

珞巴族米古巴部落一年要过两个年节。由于他们同门巴族和藏族交往密切，门、藏文化对米古巴部落影响较大，他们对新年的称呼便借用了藏语，年节日期的确定也以藏历计算。他们一年中过的两个节日是：

"居尼巴洛萨"，意为"十二月新年"。过节前要准备近1个月时间，主要是上山打猎、捕老鼠和下江捕鱼。因过节时看一家的贫富，不是看穿着的好坏，而是看肉类的多少，还要酿制大量的酒。十一月二十九日，家家户户开始杀猪。三十日，各户在自家的粮食仓库内杀鸡，有多少种粮食就要杀多少只鸡，并祷告神灵，以祈来年种地时不烂种和庄稼获得丰收。这一天准备各种丰盛食品。新年的第一天凌晨，当公鸡第一声啼叫时，即杀大鸡一只，将鸡肉用清水煮熟全家分食，彼此祝福新年幸福，人人身强体壮。节日休息七八天。节日期间人们访亲会友，并习惯在新年时举办婚事，欢度年节再加婚筵的喜庆，更增添了节日的欢乐气氛。

"堂波洛萨"，即"正月新年"。节日 9—10 天。人们从十二月二十九日开始做节日准备，基本活动与"居尼巴洛萨"相同。"堂波洛萨"过完后，人们便开始准备各种农事活动。

通过以上比较，可以发现藏门珞民族的节日礼俗都十分丰富，而门巴族和珞巴族的一部分礼俗显然受到藏族的影响，如过新年的时间，过节时的准备，礼俗活动中喝"古吐"、摆供羊头、使用"切玛"以及抢背第一桶水，等等。同时，门巴族和珞巴族又有许多特有的习俗。

以上从衣、食、住和婚恋、节日等礼仪习俗方面探讨了藏门珞在习俗文化上的交流影响情况。通过比较可以看出，藏族、门巴族和珞巴族在习俗文化上的差异是明显的，而彼此影响与互渗也是深刻的。它从一个侧面反映了包括藏门珞文化在内的西藏高原文化多元整一性的特点。

第九章 藏族与门巴族珞巴族的文学艺术交流

在藏族、门巴族和珞巴族的文化交流中，文学和艺术交流是十分重要的方面。藏门珞之间的文学艺术交流历史久远，范围广泛，影响深刻。

第一节 文学交流

藏族、门巴族和珞巴族，都有悠久的文学传统和丰厚的文学遗产，民间文学十分丰富。藏门珞民间文学的繁荣，从根本上讲，是源于藏门珞人民在长期的历史发展过程中独立的文学审美创造，并构成他们各自民族文学的主体；同时，也有对他民族文学的借鉴、引入、吸收和改造。然而，在藏门珞文化关系中，藏族文化作为强势文化，藏族文学对门巴族和珞巴族的文学产生过很大的影响，我们从门巴族和珞巴族的神话传说、故事、诗歌等方面，都能发现藏族文学影响的深深印迹。在藏门珞文学交流中，民间文学交流是主要方面，作家文学交流也是一个重要渠道。门巴族天才诗人仓央嘉措创作的不朽诗篇，便是门藏人民共同喜爱的文学奇葩，是门、藏文化交流的结晶。

一 民间文学交流

（一）从神话传说看文学交流

藏族、门巴族、珞巴族都有瑰丽多姿的神话和传说。藏门珞在神话传说上彼此影响的痕迹至为明显，其中尤以人类起源神话和佛祖神话表现突出。

《猴子变人》的人类起源神话，在藏门珞三个民族中都有流传。藏族猴子变人的神话原型可能源于原始图腾神话，后又经过本教观念的改造，成为本教神话，直到藏传佛教时期，又经过佛教观念改造而定型，成为佛教神话。

门巴族和珞巴族的猴子变人神话显然不是独立产生的神话，可以肯定神话的源头在藏区而非门珞地区。珞巴族猴子变人神话具有更多的自然性和原始性，民族特色浓厚。门巴族猴子变人神话同藏族同类型神话则有许多共同点：

两个神话的主题相同，属同一个神话母题；神话形象相同，从名称、性别到特征都一致；神话情节也有一定的相似性。神话中心形象"江求森巴"系藏语一个佛教用语，意为"菩萨心"，门巴族地区的佛教是从藏区传入的，只有在佛教传入后才可能在神话中出现"江求森巴"这一佛教词语。而《猴子变人》的神话观念，可能比神话的形象用语传入更早。因为通观门巴族《猴子变人》中的主神不是菩萨，而是"天神"，神话贯通本教的"三界"观念，说明这篇神话的原生态是伴随本教一同传入门隅。现今流传的门巴族的《猴子变人》神话，自然崇拜色彩较浓，情节和细节发生了重大变化，整篇神话已变成了具有浓郁的门巴族特色的文学作品了。

除人类起源神话外，珞巴族神话"三头神牛"，受到了藏族古老的创世神话《什巴宰牛》的影响。佛祖神话如门巴族关于佛祖释迦牟尼和加白贡布的神话、古如仁波且（莲花生）的神话由于与门巴族的自然崇拜神话和本教神话相融合，佛祖形象身上神圣的光环已黯然失色，更多地具有人性的特征。在题材选择、情节处理和心理表现方面，已具有鲜明的民族特点。

（二）从民间故事看文学交流

在民间故事方面，藏族的许多故事，特别是《说不完的故事》中的许多故事，对门巴族和珞巴族的民间故事影响深远。

《猫喇嘛讲经》是一篇藏族民间故事，该故事收入在成书于15世纪的《益世格言注释》①中，在藏区广泛流传。故事讲的是，一只年老力衰的猫，身披袈裟，手持佛珠，爬上法座，一本正经地讲起经来，猫喇嘛讲经有三条规矩：一要专心，二要虔诚，三要排队出入，不准回关探望。老鼠们每次听完经后，遵猫喇嘛之命行事，鱼贯而出，于是老猫每次都将走在队伍最后的一只老鼠捉来饱餐一顿。最后，事情败露，老猫被当场捉住，揭穿了它的伪善、凶恶的真面目。②

门巴族民间故事中也有《猫喇嘛讲经》的故事，为了比较其异同，兹引述如下：

---

① 《益世格言》，又译作《修身论众生养育滴》，是印度人龙树所著的格言诗，有格言86首。藏族学者洛单白巴为之编了一本注释故事集，收入故事29则。

② 参见《猫喇嘛讲经》，载《藏族民间故事选》，上海文艺出版社1980年版，第173页。

第九章　藏族与门巴族珞巴族的文学艺术交流　289

　　从前，有一只猫年老体衰，看见肥大的老鼠在它跟前跑，可就是没气力抓。老猫想了一个办法，它把老鼠召集起来，宣布要给它们讲经。老鼠们相信了猫的话，都来听它讲经。猫喇嘛说："听经一要心诚，二要守规矩，三是来去要排队，不能左顾右盼，也不能回头看，不然学不到经。"老鼠们信仰猫喇嘛，每天排着整齐的队去猫喇嘛住的地方听经，听完后又整齐地排队出门，从不往回看。猫喇嘛每次将走在最后的一只老鼠拖走，作它的美餐。过了一段时间，老鼠们发现同伴越来越少，谁也不知它们到哪去了。老鼠的头人觉得很奇怪，开始警觉起来。经过观察，发现同伴都是在听完经后不见的，它们开始怀疑是猫喇嘛干的。于是，鼠头派几只胆大的老鼠去偷偷查看猫喇嘛的厕所，发现了猫喇嘛的屎里有许多老鼠的骨头。从这以后，老鼠再也不去听经了，听说猫就躲藏起来。猫喇嘛见阴谋败露，羞得不得了，以后拉完屎就用土盖上。直到今天，猫还保留着这个习惯，怕后人知道它的不光彩的事。

　　从上引的故事可以看出，门巴族《猫喇嘛讲经》的故事，显然是藏族同名故事在门巴族地区的流传和改造。门巴族的这则故事已不同于原型故事，而发生了明显的变异。

　　首先，故事的讲述方式发生了变化，藏族原故事是说唱形式，说唱体是藏族文学的传统，门巴族故事则是叙述体。

　　其次，故事的主旨发生了改变。藏族故事，意在揭露猫喇嘛的伪善与凶残，因此，在故事中，对猫喇嘛如何精心设计骗局，如何花言巧语行骗进行了大段的描述，对猫喇嘛凶残的本性进行了入木三分的刻画："猫喇嘛偷偷地关上门，把捉来的老鼠放在供桌上，敲一阵佛鼓，吃掉老鼠的四条腿、尾巴和耳朵，再敲一阵佛鼓，就划开老鼠的肚皮，吃老鼠的肉，喝老鼠的血。外面只听见佛鼓的声音，老鼠凄惨的哀叫早已被淹没了。"最后，老鼠们终于觉醒，当面揭穿了猫喇嘛的谎言，同凶残的猫喇嘛进行面对面的斗争。这篇故事蕴含着深刻的社会批判的精神，是阶级斗争在文学上的曲折反映。门巴族故事则不然，它对猫喇嘛的虚伪和谎言也进行了尖锐的抨击和无情的鞭挞，但并不像藏族故事那样去着意刻画和揭露猫喇嘛的凶残与伪善，去展示两个营垒激烈的你死我活的斗争，故事的主题已不是侧重于社会批判，而是侧重于道德批判。门巴族社会同藏族社会的客观现实斗争的差异，是门巴族故事改变原型故事主旨的根本原因。

最后，结尾不同。藏族故事的结尾是众老鼠痛斥猫喇嘛的暴行，要向猫喇嘛讨还血债。门巴族故事则是"猫喇嘛知道阴谋败露，十分害羞，从此它拉完屎就用土盖上。直到今天，猫还保留着这个习惯，怕后人知道它不光彩的事"。这已经没有藏族故事那种强烈的社会批判性，而成了解释动物习性的解释故事的结尾了。

《尸语故事》（ro-grung），又译为《说不完的故事》，是一部藏族民间故事集，有多种版本传世，共收录有故事30多则。故事集中有一部分故事的源头来自印度，绝大多数故事是藏族人民自己的创作，广泛流传于民间。

《说不完的故事》在门隅和墨脱珞巴族地区广为流传。从目前搜集和所见的材料看，门巴族民间故事中的《白玛班登七兄弟》《幸运的佣人》《青蛙求亲》《宝碗》《汤纠嘎布当上了吉波》等，便是直接来源于藏族《说不完的故事》。珞巴族民间故事中的《猎人当上了吉波》《木匠达穷肯布》《画匠、木匠、涅巴和巫师》《妹妹与蛇》等，也是吸收和改造藏族《说不完的故事》而来。

图9—1 已整理出版的部分民间文学作品

在藏门珞民间故事的交流影响过程中，门巴族和珞巴族的交互影响不容忽视。在墨脱地区，珞巴族关于猎狗图腾崇拜的神话《祭灶由来》，门巴族几乎完全继承了过来，讲述的内容和蕴含的观念完全相同。关于生殖崇拜的神话《卡让欣》，两族流传和讲述得几无二致。许多民间故事，也可以看出彼此影响的深深印迹，如珞巴族的许多动物故事，便深刻地影响了门巴族的同类故事；而珞巴族的《猎人当上了吉波》，又明显受到了门巴族《汤纠嘎布当上了吉波》[①]的影响。现就门巴族的《汤纠嘎布当上了吉波》同珞巴族的《猎人当上了吉波》的异同作如下比较：

表9—1　　　　门巴族《汤纠嘎布当了上吉波》与
珞巴族《猎人当上了吉波》异同比较

	门巴族《汤纠嘎布当了上吉波》	珞巴族《猎人当上了吉波》
1. 人物	木匠汤纠嘎布	猎人
	第一层次	
	①木匠在湖边帮助白青蛙战胜了黑蛇	①猎人在湖边帮助白飞蛾战胜了黑飞蛾
	②木匠帮助白蛇战胜了黑蛇	②同
	③木匠应邀入湖做客	③同
	第二层次	
	①木匠在鸡、猪的指点下，向湖主索要小母狗作礼物	①猎人在一老妇指点下，索要小母狗作礼物
2. 情节结构	②木匠要回小狗，发现是一个美丽姑娘，成亲	②同
	③木匠宴请吉波[②]，吉波想霸占姑娘，提出斗法，姑娘归胜利一方	③同
	第三层次	
	①比赛摔跤。木匠在妻子的帮助下，从湖中取回神人，获胜	①无此情节
	②斗鸡。木匠从湖中取回神鸡，获胜	②同
	③斗狗。……木匠胜	③同
	④比赛开垦刀耕火种地和播种。木匠胜	④无此情节
	⑤比赛在铜锅中煮。木匠胜，吉波身亡	⑤同
	⑥木匠当上了吉波	⑥同

[①] 门巴族和珞巴族的故事分别参见《门巴族社会历史调查》（二），西藏人民出版社1988年版，第64页；《珞巴族社会历史调查》（二），西藏人民出版社1989年版，第186页。门巴族故事《汤纠嘎布当上了吉波》另见李坚尚、刘芳贤编《珞巴族门巴族民间故事选》，上海文艺出版社1993年版，第423—432页。

[②] "吉波"系藏语"rgyal-bo"的音译，意为国王，此处指部落或氏族首领。

从以上对比可以看出，除个别情节外，两个故事在主要情节、基本内容上是相同的。部分门巴族东迁墨脱后，门、珞两族在共同开发墨脱的过程中，还共同创造了一些新的故事和传说，对这些故事传说，很难进行民族归属的划分。

（三）从《格萨尔王传》的流传看文学交流

《格萨尔王传》在门巴族地区和珞巴族部分地区广泛传唱，有着深广的影响。《格萨尔王传》中的《门岭之战》所描写的战争，根据史诗的内容分析，可能反映的是岭国同包括今天门巴族在内的古门隅之间的一场战争。史诗中多次提到的门国的地理特征、宗教信仰、物候、特产等，与今天门巴族地区的情况相吻合。如史诗在讲到格萨尔王率领岭国军队39000人进逼门地时，这样写道：他们"来到南方瘴气迫人的达拉叉俄山顶时，格萨尔王自忖，印度和汉地均无这样大的高山，尤其是南方险谷之地，道路狭窄多瘴气，看来门国军队为数不少"。[①] 接着，在门国大将吉拉脱杰斥责羌将玉拉时唱道："科热，娃娃你听清，上部印度佛路不在此，下部汉地法路不在此，中部尼国商路不在此，南方门国这地方，是我古拉的辖区，尔等为何来此地，莫非你把路走错……"[②] "好汉我这门国地，山路狭窄路闭塞，本是黑熊的故乡，是珞和野人的疆界。"[③]

从上引史诗中的唱词看，南方门国既不是印度，也不是尼泊尔，而是同珞巴相邻，又是黑熊的故乡（门隅邦金一带今天仍称"冬仓"，即黑熊窝之意），正同今日门隅的地理位置相合。史诗还提到门国是气候炎热的"瘴气迫人之地"（居住在西藏高原的藏族常将低热的藏南谷地视作"瘴气之地"，并曾作为流放犯人的地方），食物是"陈荞麦的烙饼"。史诗唱道："南方门是大粮仓，大米小米堆满地"，反映的都是门隅地区的特点。

[①] 西藏师范学院搜集，扎巴说唱：《格萨尔王传·门岭之战》（藏文版），西藏人民出版社1980年版，第111页。译文参见嘉措顿珠译《门岭之战》，西藏人民出版社1984年版，第97页。

[②] 西藏师范学院搜集，扎巴说唱：《格萨尔王传·门岭之战》（藏文版），西藏人民出版社1980年版，第133页。译文参见嘉措顿珠译《门岭之战》，西藏人民出版社1984年版，第118页。

[③] 西藏师范学院搜集，扎巴说唱：《格萨尔王传·门岭之战》（藏文版），西藏人民出版社1980年版，第144页。译文参见嘉措顿珠译《门岭之战》，西藏人民出版社1984年版，第129页。

《格萨尔王传》在门巴族地区的广泛流传不是偶然的。

（四）从民歌传唱看文学交流

在藏门珞民间文学宝库中，民歌的蕴藏是最为丰富的。藏族和门巴族之间，门巴族和珞巴族之间，民间诗歌的交流和影响十分广泛。甚至有许多诗歌，特别是民间情歌，在门巴族和藏族中同时传唱，很难分清最初源于哪个民族。

在歌体形式上，藏族和门巴族都盛行多段回环对应的"鲁"（glu）体民歌和短小精巧的"谐"（gzas）体民歌。藏族鲁体民歌的历史源头可在公元 8 世纪左右的吐蕃文献中寻到踪影，公元 12 世纪左右已基本定型，《米拉日巴道歌集》中便有这种歌体形式的许多记录。如：

　　藏北白唇小野马，
　　虽然马头不低下，
　　并非希冀得解脱，
　　乃是驯兽勇气大。

　　南方食肉猛虎壮，
　　虽饿不把己肉尝，
　　并非有意装样子，
　　乃是猛兽威性扬。

　　西方洁白雄狮王，
　　虽冷不离零心岗，
　　并非没有地方去，
　　乃是兽王威严相。

　　东方鸟王的鹫鹰，
　　展翅翱翔飞不停，
　　并非害怕摔下来，

乃是凌云壮志兴。①
……

这是一首多段回环对应体民歌。这种歌体广泛流行于藏区，《中国歌谣集成·西藏卷》中，收录有许多这种体式的民歌。兹举一首以窥其貌：

天空中一百颗星星列成排，
熟悉的有北斗星和昴宿星；
最闪光耀眼的是那启明星，
最恩深的是那月亮和太阳。

大地上生长出来一百种草，
最注目的是那白色的草药；
我认识的只有那冬虫夏草，
最恩深的是那草丛和草垛。

部落里聚集着人群有百位，
最注目是那位权大的头人；
我亲近的只有那青梅竹马，
最恩深的是两位慈祥父母。②

门巴族也有许多这种多段回环对应体的民歌。兹举一例③：

蔚蓝天空壮丽，
吉祥啊吉祥。

---

① 中央民族学院藏族文学史编写组：《藏族文学史》，四川民族出版社1985年版，第17页。
② 中国民间文学集成全国编辑委员会、中国歌谣集成西藏卷编辑委员会：《中国歌谣集成·西藏卷》，中国ISBN中心1995年版，第487页。
③ 此歌是笔者在墨脱考察时搜集的。参见拙著《走入喜马拉雅丛林——西藏门巴族珞巴族文化之旅》，中国藏学出版社2002年版，第53—54页。

第九章 藏族与门巴族珞巴族的文学艺术交流

日月连襟相伴，
吉祥啊吉祥。
群星光洁璀璨，
吉祥啊吉祥。
献上舞蹈颂吉祥。

雄伟雪山壮丽，
吉祥啊吉祥。
雄狮连襟相伴，
吉祥啊吉祥。
抖擞狮鬃威武，
吉祥啊吉祥。
献上舞蹈颂吉祥。

碧绿草坪壮丽，
吉祥啊吉祥。
麋鹿连襟相伴，
吉祥啊吉祥。
鹿角飘然高耸，
吉祥啊吉祥。
献上舞蹈颂吉祥。

茂密森林壮丽，
吉祥啊吉祥。
猛虎连襟相伴，
吉祥啊吉祥。
虎纹斑斓耀眼，
吉祥啊吉祥。
献上舞蹈颂吉祥。

巍巍岩山壮丽，
吉祥啊吉祥。

雄鹰连襟相伴，
吉祥啊吉祥。
双翼搏击长空，
吉祥啊吉祥。
献上舞蹈颂吉祥。

由上可见，门巴族民歌的体式特征、民歌素材和比喻手法同藏族民歌十分相似，显然是互相交流影响的结果。从藏族"鲁"体民歌具有的悠久历史和丰富蕴藏看，不难得出藏族民歌影响门巴族民歌的结论。

图9—2 门巴族歌手演唱萨玛酒歌（次仁旺堆摄）

"谐"体民歌是指一种每首诗歌只有四句，每句六音节，顿律为三顿的歌体形式。藏族和门巴族中都盛行"谐"体民歌，许多民歌同时在两族群众中传唱，已很难分清最初源于哪个民族，可见彼此影响之深。

在墨脱，门巴族情歌深刻影响了珞巴族的传统情歌。珞巴族传统情歌是多段体对唱形式，每行无固定音节数，每段无固定行数，多为即兴演唱。在长期的交往过程中，珞巴族吸收了门巴族"谐"体情歌形式，丰富了珞巴族情歌的表现手段。他们对门巴族情歌，有的是全篇毫不改动地吸收借用，更多的则是改造吸收。如：

门巴族情歌	珞巴族情歌
之一	之一
钉子钉进木板，	钉子钉进木板，
板子烂了钉子不断；	板子烂了钉子不断；
我俩心心相印，	我俩同饮山泉，
纵然分离情意不断。	泉水干了情意不断。
之二	之二
百颗星斗中间，	坎上鲜花万千，
唯独金星耀眼；	唯独嘎朵香艳；
百个姑娘中间，	村里姑娘二十，
唯独措姆心善。	唯独亚姆心善。

在门巴族情歌的影响下，珞巴族还出现了独段体情歌，在内容和形式上几乎看不出同门巴族情歌的区别。如珞巴的"谐"体对唱歌：

男：口尝蜂蜜一块，
　　满口甜蜜廿天；
　　看了表妹一眼，
　　心儿甜蜜廿年。
女：那晚公房约会，
　　情话刚说一点；
　　生怕阿妈知道，
　　心神不定廿天。
……

再如独段"谐"体情歌：

月亮躲进山坳，
竹林漆黑一片；
情人失约未来，
尖竹扎破脚板。

二 《仓央嘉措情歌》与藏、门文学交流

门巴族和珞巴族没有文字,决定了其文学创作主要是口头创作。随着藏传佛教在门、珞地区的传播,藏族文化对门巴族、珞巴族文化的影响日益广泛,门巴族和珞巴族有了一批知晓藏语藏文、熟悉藏族文化的人士。尤其是门巴族,还出现了不少享誉全藏的著名人物。如五世达赖时期的门巴族著名高僧梅惹·洛珠嘉措、第六世达赖喇嘛仓央嘉措、近代著名宁玛派活佛杜均·益西多吉等。相传梅惹·洛珠嘉措创作了八大藏戏之一的《卓娃桑姆》,杜均活佛撰著了《宁玛派教法史》,而仓央嘉措,则创作了《仓央嘉措情歌》。《仓央嘉措情歌》对藏族文学影响极为深远。直至今天,在西藏地区,凡是稍上年纪的人,几乎没有人不知道仓央嘉措的名字,几乎没有人不会吟唱仓央嘉措的诗歌。

(一)仓央嘉措生平与族属之辩

根据藏汉文史籍记载,仓央嘉措于藏历阴水猪年(1683年)出生在西藏门隅,具体出生地是"拉沃隅松"之乌坚岭。父亲名扎西丹增,母亲名才旺拉姆,系一信奉红教(即藏传佛教宁玛派)家庭。

仓央嘉措出生的前一年(1682年),五世达赖喇嘛阿旺·洛桑嘉措圆寂。掌握实权的第巴·桑结嘉措秘不发丧,继续以五世达赖喇嘛的名义行事,暗中派人寻访达赖喇嘛转世灵童,秘密选定了仓央嘉措。直到1696年,五世达赖喇嘛圆寂事泄,第巴·桑结嘉措迫于压力,被迫公开五世达赖喇嘛圆寂之事,声言新灵童已经找到。1697年,五世班禅洛桑益西在浪卡子为年已15岁的仓央嘉措授戒,取法名洛桑仁钦·仓央嘉措。同年10月,迎至布达拉宫坐床,是为六世达赖喇嘛。

仓央嘉措生活的时代,正是西藏历史上风云变幻的多事之秋。由于蒙藏上层争权斗争激烈,仓央嘉措居达赖喇嘛在位仅8年时间,就因第巴·桑结嘉措在同蒙古汗王拉藏汗的争权斗争中失败而遭废黜。1706年,年仅24岁的仓央嘉措在解送内地的途中,暴卒于青海湖畔,成为当时西藏政治斗争的牺牲品[①]。

[①] 关于仓央嘉措的卒年,绝大多数藏文史籍和《清实录》均记为卒于1706年。但一部名为《仓央嘉措秘传》的书则认为仓央嘉措1746年64岁时圆寂于内蒙古阿拉善。对《仓央嘉措秘传》一书的真实性有学者提出了质疑。

第九章 藏族与门巴族珞巴族的文学艺术交流

对于仓央嘉措的生平,诸如生地、生年、卒年等,以往学界并无大的分歧。关于仓央嘉措的族属,在近世的评介和研究类著述中,一般都称为藏族。

最先提出仓央嘉措是门巴族的是陈乃文先生的一篇内部资料。在《西藏门隅地区若干资料》中[1],首次提出了仓央嘉措的族属是门巴族。不久后,在公开出版的刊物上,开始有人明确提出仓央嘉措属于门巴族。于乃昌先生在《门巴族民间情歌与仓央嘉措》和《仓央嘉措生平疏议》中[2],根据实地调查材料,认为仓央嘉措应为门巴族。此后,持仓央嘉措为门巴族观点的文章越来越多。同时,也有一些文章认为仓央嘉措应为藏族。

关于仓央嘉措的族属,目前仍没有一致意见。在《中国民族文化大观·藏族、门巴族、珞巴族》一书中[3],"藏族篇"将仓央嘉措作为藏族诗人作了介绍。而在"门巴族篇"中,又作为门巴族的诗人作了重点评介。在同一部著作中对同一人出现两种族属之划分,可见学界的分歧。

仓央嘉措究竟是藏族还是门巴族?其实,确定其族属并非十分困难,关键是怎样看待和评价门巴族的历史文化和门藏历史关系。

我们知道,门巴族是生活在西藏东南部称为"门隅"地区的一个古老民族,藏文文献对其名称和历史的记载已有1000多年。门、藏民族在长期的历史发展过程中既有着紧密的联系,又有着明显的差别。新中国成立后,经过民族识别,门隅的门巴人于1964年被确认为一个单一的民族——门巴族。仓央嘉措出生于门隅,他的母亲是世居门隅的门巴人,仓央嘉措的族属自然应归为门巴族。也许有人会说,今天的门巴族不等于300年前的门巴人,也不同于1000多年前就有史记载的"门人",当时并没有一个独立于藏族之外的门巴族。是的,民族作为一个历史的范畴,有其自身的发展规律。今天的门巴族,正是古老的"门人""门巴"(人)长期发展的结果。考今天含义上汉语的"民族"一词,在我国出现于19世纪末期。而对我国少数民族进行科学识别,则是新中国成立后才进行的

---

[1] 陈乃文编:《西藏门隅地区若干资料》,中国社会科学院民族研究所油印本1978年版。该材料后收入《门巴族社会历史调查》(一)中,西藏人民出版社1987年版。

[2] 于乃昌:《门巴族民间情歌与仓央嘉措》,《西藏文艺》1980年第1期;《仓央嘉措生平疏议》,《西藏研究》1982年第3期。

[3] 关东升主编:《中国民族文化大观·藏族、门巴族、珞巴族》,中国大百科全书出版社1995年版。

工作。这是中国共产党和中国政府实行各民族不分大小一律平等的民族政策的光辉体现，不能因为今天才确认就否认我国五十多个兄弟民族古老历史的存在。

长期以来，藏族人民以十分崇敬的心情怀念仓央嘉措，对他的不幸遭遇寄予深切的同情。人们吟唱着他那不朽的诗句，把他视为本民族伟大的诗人。直至今天，《藏族文学史》等著作仍将《仓央嘉措情歌》作为藏族文学的名著加以介绍，这是可以理解的。然而，同样值得理解和尊重的是门巴族人民对仓央嘉措的感情。笔者作为多次赴门巴族聚居的错那和墨脱地区进行过社会调查的民族文化工作者，深切感受到门巴族人民对仓央嘉措怀有的深厚感情，他们坚持认为仓央嘉措是门巴族的诗人。我们多次在门巴族地区搜集到这样一首赞美仓央嘉措的民歌：

> 布达拉官顶上，
> 升起金色太阳。
> 那不是金色太阳，
> 是仓央嘉措的光芒。

如果说，门巴族群众认定仓央嘉措是门巴族还不足为据的话，那么，当地藏族群众也说仓央嘉措是门巴族就值得深思了。在仓央嘉措的故乡错那县，几位去过诗人出生地门达旺一带的藏族老人，异口同声地说："仓央嘉措不是藏族，是门巴族，确实是门巴族。"这是笔者在进行社会调查时藏族老人亲口所讲。调查对象的姓名、年龄、调查时间、调查地点等均有记录。笔者认为，仓央嘉措的族属为门巴族的理由是充分的，也是符合历史事实的。

（二）仓央嘉措的文学创作与门巴族情歌

仓央嘉措的一生是短暂的，但是他给后人留下了一笔丰厚的文学遗产，这就是他创作的几十首诗歌①。《仓央嘉措情歌》，内容丰富，思想深

---

① 仓央嘉措创作的诗歌，藏语称为"古鲁"（mgul-glu），原意并无"情歌"之意。以往研究者根据诗歌所表现的内容将其译为《情歌》，约定俗成，沿用至今。有人主张改称《仓央嘉措诗歌》或《仓央嘉措之歌》。本文仍用《情歌》。关于《情歌》的数量历来说法不一。于道泉1930年译本66首，印度人达斯1915年本60首，青海民族出版社1980年本74首，民族出版社1981年本124首。此外，还有200首、400首、千余首之说。

邃，艺术精湛，为人们世代传诵。是门巴族人民和门巴族民间文化，养育了仓央嘉措这位门巴族的伟大诗人。

门巴族是一个有着悠久历史和灿烂文化的民族。在门巴族社会中，民间文学十分丰富，既有神话、传说、故事、诗歌，还有独具特色的门巴戏剧。仅就诗歌而言，有"萨玛"体酒歌、"卓鲁"体牧歌、"加鲁"体情歌以及长篇叙事诗等形式。其中，数量最大、影响最广的是门巴族情歌。笔者在门巴族地区进行社会调查时搜集到500多首情歌。一两次粗略的搜集就获得数百首，可以想见门巴族民间情歌的丰富蕴藏。

门巴族民间情歌的盛行有着深刻的社会和历史原因。门巴族长期生活于喜马拉雅山东段南坡的门隅地区，直到20世纪50年代，门巴族社会还保留着较多的原始村社残余，内部贫富相差不大，没有等级划分和阶级对抗；同时，门巴族又深受西藏三大领主的统治和压迫。门巴族社会呈现出封建农奴制与原始村社并存的二重性特征。在婚姻和家庭方面，门巴族男女地位平等，男女之间的恋爱和婚姻自由。一首门巴族民歌唱道："东北的山再高，挡不住天上的太阳；父母的权势再大，定不了子女的婚缘"，便是这种青年男女能自主婚姻的真实写照。由于婚恋自由，门巴族青年男女总是用歌来表达相互之间的爱恋与倾慕，抒发情侣间细腻入微的内心感受。同时，人们也用歌鞭挞爱侣的不忠，诉说失恋的忧伤，感叹人生的离合悲欢，抨击封建农奴制对自由爱情的摧残。门巴族情歌，已不单纯是反映男女爱情生活，它包含了丰富的人生哲理，涉及和反映了门巴族社会广阔的生活内容。正如门巴语所表达的那样（"情歌"门巴语称为"森木能古鲁"，意为"心中的歌"），情歌是门巴族人民心灵之歌，表达的是门巴族人民的心声。门巴族情歌，也是门巴族人民心灵的一面镜子。门巴族人民用自己的艺术天赋，创作了难以计数的情歌作品。

门巴族民间情歌广博深邃的思想内容是通过精美的艺术形式表现的。门巴族情歌有统一固定的格式。每首歌绝大多数为四行，每行六言，顿律为三顿，每顿均为两个音节。情歌还有固定的曲调相配。这种四行六言三顿的格律形式，简洁明快，节奏鲜明。诵读时朗朗上口，铿锵悦耳，有强烈的音乐感；歌唱时词曲相配，优美动听。门巴族情歌善于运用比兴手法，比喻丰富多彩，喻体多取自现实生活中人们所熟悉的事物，形象鲜明生动。而民歌的语言都是经过提炼的鲜活口语，准确、生动而传神。这一切，使门巴族情歌具有很高的艺术水平，能产生强烈的艺术感染力。

门巴族民间情歌，熏陶和养育了一代杰出诗人仓央嘉措。

仓央嘉措自幼生活在民间，深受门巴族民间情歌的感染和熏陶。他吸取了民间文学的丰富营养进行创作，使他的诗歌臻于完美。他的诗歌，不仅在格律、艺术手法和风格方面保持了门巴族民间诗歌的特色，在取材和思想倾向上也吸收了民间诗歌的营养。他的一些诗作，就直接脱胎于民间情歌，并由此进行改造和再创作。从这个意义上讲，仓央嘉措是一位来自民间的诗人。

仓央嘉措的诗歌，采用了人们喜闻乐见的情歌歌体形式，节奏强烈，音韵铿锵；词曲相配，典雅优美。再加上诗人深厚的文学功力，那奇特的构思，形象的比喻，凝练传神的语言，蕴含悠远的意境，使情歌具有无比的艺术魅力。我们试举两首以作赏析。

> 从那东山顶上，
> 升起皎洁月亮。
> 美丽姑娘面庞，
> 浮现在我心上。

在蓝天碧澄、皓月当空的夜晚，诗人见景生情，联想到自己的情侣。作者在这首小诗中，把明月与爱侣的容貌巧妙地联系在一起作比喻，既衬托出爱侣的美丽，也写出了诗人情意的缠绵，情景交融，意境悠远。

> 帽子戴在头上，
> 辫子撂在背后。
> 道声"请你慢走"，
> 回答"望你保重"。
> 说声"心儿悲痛"，
> 答道"很快聚首"。

在诗人的笔下，一个幽会别离、难舍难分的场面短短几句诗便传神地描绘了下来。人事情景浑然一体，诗情画意水乳交融，意境如此清新，真有清水出芙蓉，天然去雕饰之妙。由此可见仓央喜措诗歌所具有的高度成就。

门巴族人民和门巴族文化，养育和培养了仓央嘉措。而仓央嘉措在居达赖喇嘛高位后，虽然再没有回过故乡门隅，但他没有忘记养育他的故乡和人民。他怀念故乡的山山水水，追忆他在故乡自由生活的美好时光。家乡的山川草木、花鸟虫鱼常常出现在他的诗歌中：

> 杜鹃来自门隅，
> 带来春的气息；
> 我同姑娘相会，
> 身心倍感舒适。
>
> 我同姑娘相会，
> 南谷门隅密林；
> 除了巧嘴鹦鹉，
> 谁也不会知情；
> 请求善言鹦鹉，
> 别把秘密泄露。

故乡人民更没有忘记仓央喜措这位门巴族的杰出儿子。几百年来，门巴族人民深深怀念仓央喜措，代代传颂着他的事迹，传唱着他的诗歌，人们无不为他们民族出现了仓央嘉措这样的诗坛巨星而无比骄傲和自豪。

（三）仓央嘉措情歌对藏族文学的影响

仓央嘉措情歌对藏族文学的影响是巨大而深远的。在西藏地区，无论是达官贵人还是普通民众，几乎没有人不知道仓央嘉措的名字，几乎没有人不会吟唱仓央嘉措的诗歌。

藏族人民喜爱仓央嘉措诗歌的原因，主要在于他的诗歌所具有的深刻的人民性。仓央嘉措诗歌的人民性，一方面表现在诗歌所反映的内容上，另一方面表现在诗歌的艺术形式上。

仓央嘉措情歌，多以爱情为题材。由于仓央嘉措生活于等级森严的封建农奴制和宗教禁欲主义盛行的时代，使他的情歌超越了单纯的爱情描写，表现了更广泛、更深刻的社会主题。情歌中处处表现出对自由和理想的追求，对宗教清规戒律的抗争和对平等、自由的渴望。仓央嘉措自幼生活在民间，又出身贫寒，对人民的疾苦深为了解。他过惯了无拘无束的自由生活，对藏传佛教格鲁派的禁欲主义和等级森严的封建农奴制不满。早年他在错那宗贡巴则寺学经期间，就常到屠夫居住的雪夏地方，同被视为最下等人的屠夫和姑娘们来往交友。他在一首情歌中写道：

  仁增仓央嘉措，
  哪管骨头高低。
  骨头高等何用，
  不能熬粥充饥。
  我爱漂亮少女，
  雪夏帕卓家里。

他在诗中，大胆歌颂爱情，抨击各种邪恶势力对爱情的摧残，这在当时神权统治西藏的时代是具有非常深刻的社会意义的：

  问那心上人儿，
  可作终身伴侣？
  答道"除非死别，
  活着绝不分离"。

  背后龙魔凶狠，
  没有什么可怕；
  前面苹果香甜，
  舍命也要摘它。

在《情歌》中，有许多诗生动反映了仓央嘉措离经叛道的行为：

  夜晚去会情人，
  黎明大雪飞扬。
  也无秘密可言，
  脚印深留雪上。

  居住布达拉宫，

持明仓央嘉措；
荡迹拉萨街头，
浪子当桑旺波。

当有人对他的放荡不羁议论和指责时，他做出了自己的回答：

人家说我闲话，
自认说得不差。
少年轻盈脚步
常去女店主家。

他在诗中，还猛烈抨击倚仗权势夺人之好的权贵们：

仙女益卓拉姆，
是我猎人捕获。
却被权贵人主，
诺桑王子抢夺！

他说出了人们想说而不敢说的话，道出了人民的心声。因此，仓央嘉措情歌，已超脱了单纯的爱情描写，在一定程度上反映了广大群众要求自由爱情和向往幸福生活的美好愿望。人民喜爱他的诗不是偶然的。

仓央嘉措情歌所采用的歌体形式，是人们十分熟悉又喜闻乐见的民歌形式。这种四行六言三顿的歌体形式，今天被人们称为"谐体"民歌。

关于"谐体"民歌的源流与演变，藏族文学史专家佟锦华和文国根先生曾进行过研究，他们认为"谐体"民歌是由藏族的"鲁玛谐"体民歌演变发展而来的[1]。在藏族文学发展史上，吐蕃时期有四行六言二顿的诗歌体。在13世纪和14世纪，《诗镜论》和《西藏王统记》中分别有一首四行六言三顿的诗歌。17世纪时，西藏定钦地区的才仁旺堆在改编藏

---

[1] 佟锦华：《藏族诗歌格律纵横谈》，中央民族学院少数民族文学艺术研究所文学教研室编《少数民族诗歌格律》，西藏人民出版社1986年版；文国根：《藏族民歌格律及其形成与演变》，段宝林等编《中外民间诗律》，北京大学出版社1991年版。

戏脚本《诺桑王传》时，运用了较多的"谐体"形式。但是该戏剧脚本中所有的"谐体"均是以十二音节六顿为一行的结构形式出现的。直到17世纪末，仓央嘉措情歌的问世和传播，才使"谐体"民歌走向成熟和普及。

有人认为，藏族地区现在流行的"谐体"民歌"是在仓央嘉措之后才出现在西藏地区，并广为流行，形成了所谓西藏的'谐体'民歌"①。从上文所述我们已知"谐体"类作品在仓央嘉措之前就已存在。应该说这种歌体是藏族人民和门巴族人民的共同创造，亦有可能是藏族同类型民歌在门巴族地区的传播。不过，从仓央嘉措从小生活于门隅，耳濡目染民间文化；而在他入主布达拉宫后，高墙深院阻隔，民间文化再难以浸润他来看，此说又不无一定道理。还有一种观点认为："'谐体'格律是从'鲁体'格律中派生出来的。以目前所见材料看，'谐体'格律最初见于17世纪末仓央嘉措的《诗歌集》。后来流传到民间，被广大劳动人民所热爱和接受，日益遍及藏区的村村寨寨。"② 应该说是先有民间"谐体"情歌才有仓央嘉措的创作，而仓央嘉措的诗歌创作反过来又给了民间诗歌以巨大的影响。无论哪种说法，都一致认为《仓央嘉措情歌》对"谐体"民歌的发展和普及起了十分重要的作用。

《仓央嘉措情歌》对藏族文学的影响是广泛而深刻的。情歌问世距今已历三百多年。几百年的历史烟云，湮灭了太多的人和事，而仓央嘉措的名字却深深刻在了人民心底，他的诗歌至今还在人民群众中广为传唱。1995年，《中国歌谣集成·西藏卷》出版发行，书中收录了流传在民间的仓央嘉措的诗歌50首③，这还仅仅是采录于拉萨市一个地区的，尚不包括西藏其他广大地区的流传。这一事实充分说明仓央嘉措情歌在藏族群众中的影响程度。

尤其值得指出的是，《仓央嘉措情歌》问世的年代，正是西藏"年阿体"诗歌垄断诗坛，学者文人竞相追求典雅深奥、讲求辞藻堆砌、鄙视"俗词俚语"之时，仓央嘉措情歌却以崭新的面目出现于西藏文坛，独树

---

① 于乃昌：《门巴族民间情歌与仓央嘉措》，《西藏文艺》1980年第1期。
② 中国民间文学集成全国编辑委员会、中国歌谣集成西藏卷编辑委员会：《中国歌谣集成·西藏卷》，中国ISBN中心1995年版，第5页。
③ 同上书，第653—658页。

图 9—3　传说与仓央嘉措有关的玛吉阿米藏餐厅

一帜,并经受住了历史岁月的无情考验,成为千古绝唱和不朽名篇。由此可见《仓央嘉措情歌》在西藏文学史上所占有的特殊而重要的地位。

其实,探究仓央嘉措的创作道路和他所取得的成功可以发现,藏族文化对仓央嘉措的影响也是不容忽视的。仓央嘉措被秘密选定为五世达赖喇嘛转世灵童后,从小就学习藏语和藏文经典。入主布达拉宫后,更是生活在藏族文化的氛围中。博大精深的藏族文化,使仓央嘉措的聪慧和才智得以充分地发挥和升华。可以说,没有门巴族民间文化的熏陶和培育,不会有诗人仓央嘉措;而没有藏族文化的熏陶和培育,同样也不会有诗人仓央嘉措。仓央嘉措是门巴族文化和藏族文化共同培育出的伟大诗人。

仓央嘉措不仅是门、藏文学,也是门、藏文化交流的历史见证人。《仓央嘉措情歌》是门藏文化交流的结晶,是门藏人民共同培育的文苑奇葩,是门藏两族人民共同拥有的精神财富。

第二节　艺术交流

藏族、门巴族和珞巴族在艺术方面的交流十分广泛,在音乐、舞蹈、美术、工艺和戏剧等艺术门类上，都留下了相互交流和影响的痕迹。其中，尤以藏戏和门巴戏的交流、影响最为深广。

戏剧，是融音乐、舞蹈、工艺、文学等艺术门类于一体的综合艺术形式，是一个民族的艺术形态乃至整个文化特征的集中展示。因此，观察和研究民族间的戏剧交流，是探讨民族间艺术交流的最佳途径和切入点，同时，对深入了解和认识民族文化交流亦具有重要意义。

一　羌姆与门巴傩戏

"羌姆"（vcham），藏语意为跳神，是藏传佛教寺院举行的一种酬神醮鬼的宗教祭祀舞。羌姆产生于公元8世纪，相传是莲花生大师结合当时藏地的土风舞，在桑耶寺建成后的庆典上首创的。经过长期的发展，羌姆已成为藏传佛教各教派重要的宗教仪轨，各教派的重要寺院都有羌姆活动。在后期，"羌姆"仪式上不仅表演密宗金刚神舞，还有一些宣传佛教轮回思想、劝诫众生积德行善的有人物和一定情节的、具有傩戏性质的演出活动。西藏几个大型的跳神活动有桑耶寺会供大法会、萨迦寺冬季大法会、热振寺的"帕邦塘廓"、扎什伦布寺的"斯莫钦波"、昌都寺的"古庆"以及布达拉宫的岁末跳神等。

藏传佛教传入门巴族地区后，寺院跳神活动也随之传入。门巴族地区有两个大型宗教法会举行跳神活动，一是达旺寺大法会，另一个是墨脱主巴大法会。

主巴法会的第一天，主要活动是跳"德羌"（生殖舞）和"夏瓦羌"（鹿舞）。生殖舞和鹿舞各跳半天。

"德羌"在上午跳，舞者仅1人。舞者头戴木雕面具，赤裸上身，用木炭在胸部、背部和胳膊上画纹饰，下体穿短裤，阴部拴挂一个木制男性生殖器（用"卡让欣"木做成，长约一拃，涂深红色）。跳"德羌"的必须是寺庙中有较高地位、有威望的上层喇嘛，如翁则或罗本。先由一名"曲称巴"、两名举芸香的僧人以及两名吹喇叭的僧人在前开道，舞者再缓缓登场。他先摸摸木制生殖器，又摸摸自己的鼻子，踏着鼓钹的节奏（伴奏的僧人在广场旁的阿康即钟鼓房中），抬右脚，身体往左侧摆动，放下右脚抬左脚，身体往右侧摆动，接着左旋，右旋，不时地旋转一周，做各种象征性的动作，绕着广场跳完一圈才结束。据说，德羌有惊天地、泣鬼灵的神力，跳完"德羌"后，再晴朗的天也会乌云滚滚，天色变暗。

如果舞者跳完后天气没有变化，还要重新跳一遍。

下午跳"夏瓦羌"。跳之前，先举行"吐儿达"仪式：两名身穿绣缀有虎纹的缎料衣服，头戴鹿面具的僧人，抬一个祭祀神架，安放于广场正中，口中念诵祷词，祭祀天灵地祇，并将一条白棉线纺制的哈达献挂于神架上，边跳边退场。仪式毕，跳羌人出场，仅1人。他穿戴同举行仪式的人，但戴的鹿面具更为逼真。面具是用"卡让欣"木制作的，鹿角是"秀巴欣"木所做。舞者模拟鹿的各种动作，或轻盈跳跃，或驻足观望，形态逼真。

主巴法会上的跳神表演，一些已具有傩戏的性质。所谓"傩戏"，即宗教性祭祀戏剧。一部短戏名叫《中索羌》①，每次演出约需半天。这是一出具有傩戏性质的表演。演出的主要人物、过程和内容为：

一农户人家有三口人，老头、老太和小男孩。3人均戴面具上场。做各种干农活的动作：老两口晒谷扬场，小孩负责守谷。老两口做着扬场的动作退至场边。

一公一母两只大鹏鸟上场，身上穿藏青色缎子，戴骷髅面具，上场后便啄食小男孩。男孩昏死过去。大鹏鸟舞着退场。

老两口上场，见状大惊，哭叫道："谁杀了我孩子，我们就这一个孩子。"夫妻俩在场上大哭大喊。

一戴人形面具的青年上场，告之系大鹏鸟所为。老头去请喇嘛做法事，老太守护小孩。

喇嘛、扎巴和敲鼓击钹者共六七人登场。主人的一公一母两只狗扑上咬来人；狗由戴狗面具的小孩扮演。把来人的衣服全部撕扯掉，每人只剩下了一块遮羞布（观众大笑）。主人赶狗，狗退场。

喇嘛做供品"多玛"，放于一张供桌上。击鼓钹，做法事招魂。

狗偷偷进场，突然跳上供桌，把多玛全部掀翻。狗扑向喇嘛，喇嘛与狗搏斗。

老头上场，用木棍打狗。把狗抓住后牵狗下场，把狗牵到离表演场地很远的地方，在观众席上逗留。

---

① 陈立明：《走入喜马拉雅丛林——西藏门巴族珞巴族文化之旅》，中国藏学出版社2002年版，第156页。

喇嘛同女主人拥抱接吻，做多种交合的象征动作。扎巴在一旁指手画脚（观众哄笑）。

老头上场。见其妻同喇嘛调情做爱，举手要打妻。其妻申辩。

喇嘛又做法事。女主人敬酒，故意将酒洒在喇嘛身上（观众大笑）。

狗又上场，老头跑过去赶狗。

喇嘛又与女主人调情。

老头上场，喇嘛做完法事，招回了孩子灵魂。孩子苏醒。喇嘛、扎巴等退场。

大鹏鸟又至。三人同大鹏鸟搏斗，大鹏被赶走。

一家三人平安，舞着退场。

这出戏本是一出宗教戏剧，主题是宣传喇嘛的法力无边，但已充满浓厚的世俗生活内容。尤其是表演时主要演喇嘛同女子调情做爱，看似难以理解。其实，从宗教社会学的角度看，可以认为这是对喇嘛的虚伪、堕落的尖刻讽刺与嘲弄，是门巴族社会佛教与原始宗教激烈斗争的反映。而从更深层的意义看，这出戏的核心内容是对"性"的模仿与关注：交合—生殖—复苏，这正是古老的生殖崇拜观念的形象展示。这出戏道白极少，类似哑剧，人物除喇嘛等僧人外均戴面具。面具系木刻制成，古朴而稚拙，表现了墨脱门巴戏的古老与原始性。在表演过程中，风格诙谐轻松，已没有宗教跳神时的肃穆气氛和一招一式均严格遵循旧制的程式化特征，具有明显的从宗教戏剧向世俗戏剧过渡和演化的倾向。

另一出剧目为《噶玛如巴斯朗巴多》[①]，简称《巴多》。这是一出宣扬善恶有报的宗教戏剧，出场人物多，场面宏大，需表演两天时间。

据几位门巴老人介绍说，这出戏流行于不丹，最初是由如巴大师根据在阴间的所见改编成戏剧的。主隅（即不丹）的部分门巴东迁墨脱后，这出戏也传到了墨脱，过去巴日寺、玛尔崩寺和仁钦崩寺在跳神活动中都演出过该戏剧。

该戏第一天表演的内容和过程为：

[①] 陈立明：《走入喜马拉雅丛林——西藏门巴族珞巴族文化之旅》，中国藏学出版社2002年版，第158—160页。

第九章　藏族与门巴族珞巴族的文学艺术交流

猎人父子上场，拿着弓箭，身背背篓，腰别砍刀。老猎人见动物就射箭。猎人在场中来回走动，摩拳擦掌。

场上先后出现戴猪、牛、鹿、獐等面具的动物。老猎人一一射杀。出现老僧和小僧人，猎人不敬重。

阎王上场。头戴骷髅骨面具，青面獠牙，大嘴往上翻。身穿锦缎。右手拿"昌木欣"生死牌，左手持明镜。阎王左右各有一妇女打扮的夫人，戴美女面具，手中拿羽扇。

阎王身后先后出场顺序为：黄牛精（一公一母，均戴相应的面具，以下同）。手拿牦牛绳，司职捆坏人。

猴精。手上拿秤，司职辨善恶。一猴拿有用水泡开的玉米（呈白色），一猴拿黑炭。

蛇精。手拿镜子，可以看清人间世界。

虎精。手上拿纸和笔，司职秘书。

熊精。手拿皮风箱，司职烧水。地狱中有一大铜锅，名"聂瓦桑钦那波"，内装满众生灵的灵魂。

狮精。手上拿锤子。

大鹏鸟。手上拿锯，锯生灵的头和腿骨。

最后是一白神仙和一黑魔上场。白神手拿白色玉米，做了多少善事他知晓。黑魔右手持刀，左手抓木炭，人做了多少坏事他有记录。

众神灵上场绕场一周后立于场地边。猎人父子上场。

猎人步履蹒跚，衰老。猎人唱道：

> 我在人间世界时，
> 我是扁扁苍天的主人，
> 我是圆圆大地的主人。
> 我随心所欲干事情，
> 我吃肉饮酒多舒坦。
> 我也曾经做善事，
> 一次六人困江边，
> 我砍树架桥助其行。
> 如今年迈体衰老，
> 死后孩儿多保重。

猎人唱完后，痛得在场上打滚挣扎后死去。

其子哭泣，请喇嘛做法事。法事毕喇嘛、猎人下场。

阎王呼叫黄牛精三次后唱道：

　　　　有人寿终来地府，
　　　　你们快看生死牌。

牛精呼叫蛇精三次后唱道：

　　　　阎王有令你听好，
　　　　有人寿终来地府，
　　　　快看明镜莫迟疑。

蛇精拿出明镜一看，只见猎人的灵魂正往地府而来，报告阎王后全体神灵起舞。

猎人戴死人面具上场。两头猪精去抓猎人，牛精用绳捆绑猎人带至场中。黑魔上前，举刀在猎人面前挥舞。众精灵上前将猎人团团围住，猎人大惧，唱道：

　　　　阎王大人听我言，
　　　　我在人间生活时，
　　　　只道苍天扁扁空如也，
　　　　不知苍天之上有佛国。
　　　　我在人间生活时，
　　　　只道大地圆圆坑洼洼，
　　　　不知大地之下有地府。
　　　　今天到了地府生恐惧，
　　　　还请阎王大人饶恕我。

阎王说道：你在人间时的所作所为从实招来。对父母如何，对喇嘛怎样，做了什么善事，干了什么坏事都讲出来。猎人讲了自己的狩猎经历，将弓箭、箭筒、砍刀等都交了上去，求阎王放他回人间。

白神站起来为猎人求情，黑魔则要求阎王严加惩处，将猎人打入十八层地狱，神和魔激烈争吵。阎王令猴子拿秤称白籽和黑炭，象征善业的白籽只有六斤，而代表恶业的黑炭重达十八斤。阎王判定，猎人被打入地狱。

猎人大哭。众神跳着舞绕场一圈退场。

第一天的表演即结束。第二天的表演过程和内容为：

第九章　藏族与门巴族珞巴族的文学艺术交流　　313

　　首先出场一喇嘛和扎巴。喇嘛宣讲佛法，要人们平时积德行善，不要杀生，不要偷盗，不要烧寺庙，不要放毒。表演喇嘛讲经布道一生。喇嘛辞世。

　　死后灵魂进入地府。地府中的阎王精怪的穿戴同前日，发令说话询问一如前日。但猪精、牛精去抓时，喇嘛的灵魂发白光，抓不住。称善恶秤时，全是白籽，无黑炭。黑魔在一旁无话可说。阎王判定，喇嘛进天堂。

　　一神佛打扮的人出场，铺上一块白布，引导喇嘛进天国。鼓钹齐鸣，全场欢舞。

　　观众向喇嘛和神灵献哈达。

　　全剧结束。

这出戏剧宣传佛教的善恶观念，惩恶扬善，是一出典型的宗教戏剧，表演时的仪式化和程式化特征浓厚。但是，该剧故事性强，情节较完整，穿戴、道具等具有浓郁门巴族生活的气息。有说白有唱词，但唱词和道白较少，舞蹈语汇丰富，尤其是模拟各种动物行为的舞蹈语汇极具特色，与墨脱门巴族生活的特殊自然环境和自然崇拜关系密切。

图9—4　拔羌舞（次仁旺堆摄）

门巴跳神和傩戏,虽然内容和形式源自藏传佛教,但它有许多独特之处。其一,参与跳舞者多为俗人,称为"米那羌姆",即俗人跳神。门巴族地区的寺庙除达旺寺外规模都不大,除领舞者和一些重要角色由僧人担当外(领舞者称为"羌本"),跳羌姆的人主要为俗人。其二,绝大多数的动物精灵、神仙或人物面具为木雕面具,古朴稚拙,这在藏族羌姆中是难以见到的。其三,自然崇拜、图腾崇拜和生殖崇拜色彩浓厚。仪式中的动物精灵成双成对,具有自然性而鲜见精怪性。生殖崇拜特征更为昭显。

《噶玛如巴斯朗巴多》已然是一出典型的宗教戏剧。该戏的主要内容在藏传佛教寺院跳神中有演出,如扎什伦布寺法会斯莫钦波和拉卜楞寺跳神法会上都有表演[①]。演出时的名称叫《贡布夏羌》,即《猎人与小鹿》。该戏题材出自米拉日巴的一个小故事,在《米拉日巴传及其道歌》一书中有详细记载[②]。故事讲的是米拉日巴在深山苦修时,猎人贡布多吉驱犬追猎小鹿,鹿逃至尊者隐居处,后猎犬和猎人分别追到了米拉日巴跟前,在米拉日巴的劝导下,猎犬和猎人放弃了猎鹿杀生的行为,拜米拉日巴为师,猎人同犬和鹿一道修行,终成善果。

二 藏戏与门巴戏

门巴戏是在门巴族丰厚的民族文化土壤中孕育、萌生、成长起来的民族艺术之花。门巴族丰富的神话传说、民间歌舞和宗教跳神,培育和诞生了门巴族最初的戏剧形式,在长期的发展过程中,形成了独具一格的门巴族戏剧艺术。同时,门巴戏又不断借鉴、吸收藏戏的艺术养料,充实和丰富了门巴戏的内容和艺术手段,促进了门巴戏的发展。

藏戏对门巴戏的影响久远。通常以面具形式把藏戏分为白面藏戏和蓝面藏戏两大类,白面藏戏是较古老的一种戏剧形态。而门巴戏有许多方面与白面藏戏相似,可见早期藏戏对门巴戏已有影响。藏族戏剧大师汤东杰波曾到过门隅修桥、传教也演戏,汤东杰波是15世纪人,藏戏至迟到15世纪时在门隅已有广泛传播。

---

① 中国戏曲志编辑委员会:《中国戏曲志·西藏卷》,文化艺术出版社1993年版,第87页。

② 乳毕坚瑾:《米拉日巴传及其道歌》(藏文版),青海民族出版社1981年版,第430页。

第九章　藏族与门巴族珞巴族的文学艺术交流　315

藏戏对门巴戏的影响，表现在以下几个方面：

第一，门巴戏和藏戏的称谓相同。藏戏称"阿吉拉姆"，门巴戏也称"阿吉拉姆"，显然，门巴戏的称谓是对藏戏称谓的移植。

第二，门巴戏和藏戏的唱腔都称"朗达"，门巴戏朗达唱腔有四种类型（曲牌），即"达仁朗达腔"（长调）、"达通朗达腔"（短调）、"当均朗达腔"（普通唱腔）、"扎西朗达胜"（意为吉祥的尾声唱腔）。门巴戏唱腔的名称全部借自藏语。

第三，门巴戏和藏戏的演出方式和演出程式基本相同。门巴戏和藏戏都是采用广场演出的方式，无固定的场地和舞台，一般在村寨的平坝或寺院前的广场演出。藏戏的演出程式分三个部分，即"顿"（序幕或开场）、"雄"（正戏）和"扎西"（结尾），门巴戏的演出程式亦分三个阶段，带有藏戏演出程式的明显特征，但开场仪式和结尾差别较大（详见后文）。

第四，门巴戏和藏戏的乐器相同，只有鼓和钹；演出时都戴用白山羊皮制的面具。

第五，门巴戏和藏戏演出的剧目有的相同。门巴戏有自己的传统剧目，如《阿拉卡教》《卓娃桑姆》等，同时，也演出藏戏《诺桑法王》。《诺桑法王》剧目，是随着藏传佛教格鲁派在门隅的传播而传入门巴族地区的，最初仅在达旺一带演出，后来传到门隅南部和北部地区，成为门巴族喜爱的一出保留剧目。

门巴族戏剧深深植根于门巴族丰厚的文化土壤中，门巴戏虽然吸收和借鉴了藏族戏剧的艺术营养，但它始终保留着浓郁的民族特色。门巴戏不仅有自己独立的审美创造的传统剧目，即便是演出移植的藏戏名剧《诺桑法王》，它与藏族地区表演这一剧目亦有较大差别。只要我们将门巴戏《诺桑法王》与藏戏《诺桑法王》作一比较，就能发现它们各自的民族风格和艺术特色。

其一，两者的开场仪式不同。

藏戏《诺桑法王》的开场，是由"温巴"（猎人）、"拉姆"（仙女）、"甲鲁"（王子）首先出场，祈祷神佛和祭奉藏戏祖师汤东杰波。《诺桑法王》的这一开场仪式，也是整个藏戏演出时开场的固定仪式。而门巴戏的开场仪式叫"琼根着娃松"，亦名"顿羌"，由戏师举一面称之为"杜嘎日"的本教护法神旗绕场一周，剧中的6个角色，即"聂巴"、"聂琼"（渔翁和渔夫）、"甲鲁"（王子）、喇嘛（仙翁）、仙女和龙女同时出场，

图 9—5 门巴戏《诺桑法王》

表演祭奉太阳神、香獐神、象神和鹿神的舞蹈。门巴戏的开场仪式，带有浓厚的本教祈神仪式的色彩。门、藏戏剧开场仪式的不同，反映了两个民族宗教文化的差异，同时也说明门巴戏比藏戏保留了更多的戏剧的原初风貌。

其二，演员的构成和人数的多少不同。

藏戏是根据剧中的角色设置演员，一般一个演员演一个角色，并且由男女演员分别扮男女角色。门巴戏只有 6 名演员，他们除扮演剧中的 6 个主要人物，同时还要轮流扮演剧中的其他角色，但服饰装扮不改换。门巴戏演员全是男子，无妇女充任演员，司鼓击钹的只有一人。

其三，唱腔不同。

虽然藏戏和门巴戏都称唱腔为"朗达"，但两者的音程调式、基本旋律、曲式结构迥然不同。我们以剧中同一人物的同一曲牌的唱腔作一对比就能发现，藏戏和门巴戏的演唱形式、音阶调式、词曲结构、基本旋律完全不同，唱腔风格各异。藏戏唱腔激越高亢，门巴戏唱腔婉转悠扬。门巴戏唱腔是由门巴族民间音乐"萨玛"曲调演化而来，充满民歌的韵味。

此外，藏戏有帮腔伴唱，门巴戏为独唱。

其四，舞蹈语汇不同。

门巴戏的舞蹈语汇十分丰富，常见的有18种基本动作，如下：

（1）"祭拜太阳"；（2）"麋鹿跳跃"；（3）"金鱼戏水"；（4）"獐子爬山"；（5）"大象醉酒"；（6）"磨子磨面"；（7）"黄牛走步"；（8）"羊羔出圈"；（9）"骏马奔驰"；（10）"雄鹰展翅"；（11）"冰峰滴水"；（12）"鸽子飞翔"；（13）"双臂环首"；（14）"狮子抖鬃"；（15）"六祥叠集"；（16）"宝贝聚集"；（17）"九祥叠罗"；（18）"吉祥如意"。

在上述门巴戏的舞蹈语汇中，模拟各种动物行为的舞蹈动作极为丰富，这与门巴族生活的特殊自然环境和自然崇拜密切相关。此外，门巴戏在表演时，舞蹈动作丰富，而道白极少，舞蹈与道白不同时进行，即舞而不说，说而不舞。这说明，门巴戏是在门巴族民间跳神歌舞基础上产生的，并具有歌舞剧的性质。

其五，服饰不同。

在门巴戏的演出中，剧中人物的穿戴完全按照门巴族的衣饰习俗进行打扮，世俗性鲜明。

其六，内容和情节各异。

藏戏《诺桑法王》情节曲折，首尾完整，演出紧凑，一般只要1天或2天就能演完。门巴戏对《诺桑法王》的内容和情节进行了大量增删，根据剧中人物的主要活动，将全剧分作7个部分，每个部分演1天，全剧演完需要7天。剧中的内容情节都变化很大，融入了门巴族的神话和传说。在表演中，还大量穿插表演门巴族的歌舞。

由此可见，门巴族《诺桑法王》并未照搬原剧的模式，而是吸收原剧的丰富养料，用本民族独特的审美视角对其进行了改造和加工，使之成为本民族文化的有机组成部分。与藏戏相比，门巴戏保留着更为凝重、稚拙、朴野的风貌，特色浓郁，风格突出。

三 《卓娃桑姆》与藏戏

在西藏传统的八大戏剧中，有一出剧名叫《卓娃桑姆》，这是门藏人民家喻户晓、共同喜爱的优秀剧目。

关于《卓娃桑姆》一剧的由来，许多学者根据有关资料和民族学调查材料，认为这出戏是门巴族的创作。早在20世纪五六十年代，察珠活佛等学者就明确指出,《卓娃桑姆》这个戏剧脚本,是五世达赖喇嘛的弟子门巴喇嘛梅惹·洛珠嘉措创作的①。《藏族文学史》一书亦提出"传说是闷(门)喇嘛改编的"②。《藏族文学史略》提出了类似的看法:"《卓娃桑姆》这部戏剧的作者,有人说是门喇嘛。"③

图9—6　藏戏《卓娃桑姆》

《中国戏曲志·西藏卷》认为:"应该说《卓娃桑姆》也是他们本民族的剧目,其内容和人物就是反映门巴族历史上格勒旺布时期的历史传统故事的。而藏戏《卓娃桑姆》剧本,据民间一个比较普通的传说,就是五世达赖的弟子和密友门喇嘛梅惹·洛珠嘉措所著。"④

在民族文化调查中,门巴族群众普遍讲到《卓娃桑姆》是根据门巴族的历史传说改编而成的,剧本的创作者是门巴族著名高僧梅惹喇嘛洛珠嘉措。剧本中有人们十分熟悉的几句话,大意为:"在门隅下方和印度交

---

① 西藏自治区文化局编:《艺研动态》1986年第1期,第41—42页。
② 中央民族学院《藏族文学史》编写组:《藏族文学史》,四川民族出版社1985年版,第358页。
③ 王沂暖、唐景福:《藏族文学史略》,青海民族出版社1988年版,第254页。
④ 中国戏曲志编辑委员会:《中国戏曲志·西藏卷》,文化艺术出版社1993年版,第22页。

界处，云雾环绕着一座白色小屋，就是卓娃桑姆的仙居"，这里就是门隅达隆宗木新村之南的拉加地方，是卓娃桑姆出生之地，过去曾建有卓娃桑姆的宫殿，后来改建为拉加拉寺，寺中还保留着卓娃桑姆使用过的一些器物。在20世纪60年代，拉加拉寺尚保存着用来供奉卓娃桑姆的7克2升种子的香火地。除在卓娃桑姆的家乡还有她的遗迹外，达旺也保留着她的遗物，相传卓娃桑姆的一根腰带便珍藏在达旺寺。达旺寺在每年举行的隆重的"细巴桑登"法事中，喇嘛们将腰带取出供人朝拜，法事毕又供奉于寺中。关于卓娃桑姆的故事，至今仍在民间广为流传。[1] 由此看来，《卓娃桑姆》这出戏取材于门巴族历史传说，最初是由门巴族创作的，这一看法是可信的。

门巴族卓娃桑姆的故事是怎样传到藏区，又是怎样改编成藏戏的？我们先看看卓娃桑姆故事的主要内容。

很久以前，在门隅曼扎岗地方，有一国王名叫噶拉旺布。一天，国王率领随从外出打猎，丢了爱犬，他们四处寻找。后来，他们发现在门隅和印度交界处的森林中，有一云雾环绕的白色小屋，住着白发苍苍的老两口和一位美丽无比的姑娘，这个姑娘就是卓娃桑姆。噶拉旺布看中了她，强娶卓娃桑姆为妃。过了几年，卓娃桑姆生了一个公主和一个王子。噶拉旺布的长妃哈姜堆姆对此一点也不知道。长妃哈姜堆姆是魔鬼变的。

公主长到5岁和王子3岁时，一天，姐弟俩到外边玩耍，被妖妃的贴身女仆发现。哈姜堆姆知情后，暴跳如雷。她设计用毒酒把噶拉旺布弄疯后关进地牢，亲自带领人马去抓卓娃桑姆。卓娃桑姆本是仙女下凡，情急之际，她让两个孩子逃进森林，自己飞上了天。

哈姜堆姆对卓娃桑姆无可奈何，便想方设法要把她的两个孩子弄死。他派猎人兄弟去抓公主和王子，要他俩把公子和王子的心挖出来给她吃。猎人兄弟不忍心杀死公主姐弟，挖了两只狗心来搪塞妖妃。不久，妖妃发现后，又派渔夫兄弟去杀公主和王子，要他俩把公主和王子扔到湖里淹死。渔夫兄弟同情公主姐弟的遭遇，又放了姐弟俩。后来，哈姜堆姆又派石匠兄弟去杀公主和王子，要他们把公主和王子

---

[1] 参见《邦锦花》1993年第1期。

扔下摩多山（门隅南部最高的山）。石匠兄弟抓到公主和王子后，决定一人扔一个：大石匠扔公主，小石匠扔王子。当大石匠抱起公主要扔时，却下不了手，他放走了公主，小石匠则把王子扔下了山崖。卓娃桑姆在天上看见了这一切，她变成一只老鹰在半山腰接住了儿子，又变成一条大鱼把王子送到了河对岸。后来，王子被迎请到白玛坚国当了国王，公主四处流浪。公主行乞到白玛坚国时，被当国王的弟弟认出，姐弟俩再次相逢。

妖妃哈姜堆姆得知消息后，率领曼扎岗国的军队向白玛坚国发动了战争，结果哈姜堆姆被王子一箭射下马来，结束了性命。王子和公主返回曼扎岗国，把父王从牢中救出，治好了父王的病。卓娃桑姆也从天庭回到人间，一家人终于团聚。后来，王子去白玛坚国当国王，噶拉旺布仍当曼扎岗国的国王，天下太平，百姓安乐。

卓娃桑姆的故事代代相传于门巴族群众中。1654年，梅惹·洛珠嘉措奉五世达赖之命回门隅执掌政教事务。卓娃桑姆的故事对土生土长在门隅的梅惹喇嘛来说，自然是十分熟悉的。梅惹喇嘛学问渊博，精通藏文，谙熟创作，他借鉴藏戏的艺术形式，将门巴族这个故事改编成了藏文的戏剧脚本。经他改编的《卓娃桑姆》，不仅保留了民间传说中情节曲折、故事性强、活泼生动的特点，在结构安排、剧情发展、语言运用等方面，也达到了较高的艺术水平，深受门巴族人民的喜爱。剧本传到藏区后，很快为藏族人民所接受和推崇，藏区各剧团竞相上演，一直盛行不衰，使这出戏日臻完美，并融入了浓厚的藏族风情色彩和审美倾向，成为藏族文化的有机组成部分。通过藏戏的演出，卓娃桑姆的名字和故事传遍了藏区。人民群众之所以喜爱卓娃桑姆的故事，与故事的思想内容和艺术形式是分不开的。故事中，善良最终战胜了邪恶，表达了人民的美好愿望和理想。人们对卓娃桑姆母子三人的遭遇是极为同情的，故事对上层统治者依仗权势、蛮横无理的行径进行了揭露和抨击，表现了人民对封建农奴制社会的不满。对同处于封建农奴制社会下的门巴族和藏族人民来说，他们的遭遇和命运是相同的，思想是相通的，容易产生共鸣，所以易于接受。

戏剧《卓娃桑姆》同《仓央嘉措情歌》一样，是门、藏文化交流的结晶。

第十章 藏族与夏尔巴人和僜人的关系

第一节 藏族与夏尔巴人的关系

夏尔巴（shar-pa）系藏语音译，藏语意为"东方人"，相传其祖先来自西藏东部地区。夏尔巴人英文写作 sharpa 或 sherpa，也有将夏尔巴翻译称作"舍帕""谢尔巴""舍尔巴"等。

夏尔巴人是一个跨境族群，主要分布在中国西藏自治区、尼泊尔和不丹等国边境交界地带和喜马拉雅山脉两侧。在我国境内的夏尔巴人主要聚居在聂拉木县樟木口岸一带、定日县绒辖乡和定结县陈塘镇等地，2008年人口为 2087 人[①]。而根据田野资料调查，居住在聂拉木县樟木口岸下辖樟木村、邦村、立新村、雪布岗村和迪斯岗村的夏尔巴人有 1442 人[②]，生活在定结县陈塘镇那塘、藏嘎、沃雪、比塘、萨列和雪修玛 6 个行政村共有 506 户，2321 人，因此估计生活在我国境内的夏尔巴人有 4600 多人[③]。国外的夏尔巴人主要聚居于尼泊尔东北部的索卢（so-lu）、昆布（khum-bu）和帕拉克（pa-ra-k），约有 7 万多人。

一 从族源看藏族与夏尔巴人的关系

夏尔巴人的族源史料记载非常有限，对夏尔巴族源问题的研究在学术界也有较大争议。综合学界的研究成果，目前对于夏尔巴人的族源主要有

[①] 西藏自治区统计局、国家统计局西藏调查总队编：《西藏统计年鉴》（2009 年），中国统计出版社 2009 年版，第 34 页。
[②] 王思元：《理性选择与文化逻辑：夏尔巴人跨境医疗行为的人类学解读》，《广西民族大学学报》2016 年第 6 期。
[③] 马宁：《夏尔巴人非物质文化遗产"芒羌"鸡爪谷酒酿制技艺的人类学探析》，《西藏民族大学学报》2017 年第 4 期。

图 10—1 陈塘沟—夏尔巴聚居地（马宁摄）

三种观点。

第一种观点认为夏尔巴人是菩提亚人。根据《人人百科全书》记载："从西藏的地理位置看，夏尔巴人在其南，不在其东。以尼泊尔的情况而言，也无从确切解释，因为夏尔巴人的东边和西边都有菩提亚人居住。但这一名称业已广泛流传，我们必须以它专指一个与其他菩提亚集团有显著区别的民族集团。"[1] 这种观点代表了以居住在国外大部分地区[2]的夏尔巴人为研究对象的研究者的观点。菩提亚人是居住在喜马拉雅山地与藏族关系极为密切的族群。

第二种观点认为夏尔巴人源于藏族。持这种观点的研究者认为，夏尔巴人是"藏族人的分支"，在长期的历史演进中不断发展，形成了源于藏族的古老先民而有别于藏族的夏尔巴人，因居住环境等各种因素与藏族融

---

[1] 中国社会科学院民族研究所民族学室编：《夏尔巴人资料汇编》，1979 年版，第 4 页。
[2] 国外的夏尔巴人主要聚居于尼泊尔东北部的索卢（so-lu）、昆布（khum-bu）和帕拉克（pa-ra-k），还有散居于库科拉（Likhu khola）、金姆蒂科拉（khinti khola）河谷，逊科西（sun kosi）河上游两岸和加德满都东北的耶尔穆（yelmu）地区。

而未合，但是与藏族在语言、风俗习惯、宗教、纪年方法、文字使用、人名称谓等方面的关系都非常密切。在夏尔巴人喇嘛桑结丹增①的3部藏文著作《夏尔巴喇嘛桑结丹增传》《夏尔巴佛教史》和《世间形成简述之先祖世系清净根本次第》中，作者以多年在藏区收集的资料为根据，结合夏尔巴人世代流传的古老传说，论述了夏尔巴人的历史。桑结丹增在《世间形成简述之先祖世系清净根本次第》一书中详细记述了夏尔巴人是从藏族六大姓氏塞（bse）、穆（dmu）、董（ldon）、东（ston）、查（dbra）、楚（bru）中的董氏发展而来的②。发源于西藏山南雅隆河谷的董氏族中的一支迁徙至此逐渐形成弭药人，而夏尔巴作为弭药人的一支，因战争原因从西藏东部四川西部一带迁到西藏定日，最后翻过囊巴雪山到尼泊尔上下昆布、雄绒等地定居。

第三种观点认为夏尔巴人源于西羌，是党项羌的一支。《尼泊尔民族志》载："1980年至1981年8月，中国社会科学院民族研究所的陈乃文和张国英两同志经过在西藏一年的考察，弄清了夏尔巴的起源。原来夏尔巴人就是木雅人，是党项羌族的一支。党项羌族中的首领曾建立过西夏王国。蒙古族灭亡西夏后，党项羌中的一支向南迁徙到西康木雅地区，后来在忽必烈南征大理时，他们又逃离木雅迁往后藏，其中一部分人翻越喜马拉雅山的囊巴拉山口，到达今天尼泊尔境内的索卢、昆布。他们在那里繁衍生息，形成了今天的夏尔巴。"③

通过对以上三个观点的比较和分析，我们可以看到普遍认同夏尔巴人的族源都是源于国内经过迁徙后到达尼泊尔上下昆布、雄绒等地定居。但有关诸多细节还存在分歧，需要进一步研究。夏尔巴人的族源研究普遍性地指向了"木雅"或"弥药"（mi-nyag）这个称谓，但就"木雅"而言，在藏汉史志文献记载多有不同。藏史《拉达克王统记》在叙述形成世界

---

① 桑结丹增1924年生于尼泊尔雄隆，出身于木雅董族的米钦家族。其23—33岁期间在西藏生活，他先在拉萨朝拜大小昭寺和三大寺、布达拉宫，又在哲蚌寺的洛赛林做过僧人，继而赴康地的昌都、德格、八邦、宗萨、佐钦、谢钦、江玛嘎、白玉等寺，曾先后随15位西藏堪布和学者学习经典和五明著作。桑结丹增的3部著作都是用藏文写成的，木刻印刷成书，后由法国学者麦克唐纳（W. -Macdonaed）影印，收集在《夏尔巴社会组织与宗教研究文献汇编》一书之中（1971年，出版于巴黎）。文中引用资料参见张国英译《从略谈世界之形成渐次阐述夏尔巴先祖世系》，1985年。

② 参见苏发祥主编《西藏民族关系研究》，中央民族大学出版社2006年版，第221页。

③ 王宏伟、鲁正华编著：《尼泊尔民族志》，中国藏学出版社1989年版，第129页。

四大部洲的生物及种族的形成变化时说:"内部四小人种是:象雄的查氏族,苏毗的东氏族,弥药的董氏族,吐谷浑的塞氏族。"① 张云的《唐代吐蕃史与西北民族史研究》也认为:"弭药巴(mi-nyag-pa)的祖先,传说也是自称猴与岩魔女相配逐渐变成人的,源自塞、穆、董、东、查、楚——藏族最早的六氏族。"② 如前所述,《从略谈世界之形成渐次阐述夏尔巴先祖世系》也持此观点。由此,我们可以推断来自西藏雅隆河谷的藏族先民是"木雅"的祖先,夏尔巴是藏族先民的一支"董"氏的后裔。

从夏尔巴人的族源记载和传说看,夏尔巴人这个族群与藏族之间有着密不可分的关系。

图10—2 樟木镇—夏尔巴聚居地(王思亓摄)

---

① 陈乃文:《夏尔巴人源流探索》,《中央民族学院学报》1983年第4期。
② 张云:《唐代吐蕃史与西北民族史研究》,中国藏学出版社1995年版,第256页。

二 从经济生产领域看藏族与夏尔巴人的交流

夏尔巴的农业和畜牧业是紧密相连的，每家每户都是农牧兼营：耕种提供粮食和蔬菜，牧业提供肉类和酥油。农牧劳作有自然分工，一般每家都有1—2人进行放牧，其他人则从事耕种、经商或帮工。夏尔巴农业耕作方法比较简单，耕地时用两头犏牛二牛抬杠方式牵引木犁。农耕生产每年从2月到11月为耕作、管理和收割期。畜牧业在夏尔巴经济中占有比较重要的地位，牧畜主要为牦牛、犏牛、黄牛和水牛，以及少量的山羊和绵羊。水牛一般在海拔较低的河谷地饲养。牧畜中以犏牛数量最多，这是因为犏牛既有牦牛耐寒的习性，又具备产奶量高、温顺易役使等优点。牧场分夏冬两季，冬季牧场主要在低海拔的河谷地带，从春天开始随着气温的升高逐步向高海拔处迁移。

夏尔巴人居住在中尼边境两侧，所处地理位置有利其在中尼边贸中担当重要角色。长期以来，藏、尼商人不断往返于西藏的定日、聂拉木与尼泊尔加德满都之间进行商贸活动。在1965年公路通车之前，夏尔巴人经常被商人们雇用背运货物，从而使夏尔巴人学会了做生意。尼泊尔缺盐、缺羊毛等原材料，西藏则需粮和布匹等，互补性很强，夏尔巴人看中了商机，他们从尼泊尔购进粮食或布匹及其他纺织品，到西藏的聂拉木和定日等市场出售，然后再从西藏市场上买回食盐、佛珠和佛像等运到尼泊尔去卖，从中赚取利润。1965年中尼公路修通，基本结束了大量靠人背畜驮货物往返于商道的历史，但因樟木至尼泊尔巴拉比斯段经常发生泥石流造成公路中断，货物靠人工运送的现象仍然存在。境内的夏尔巴人在各级政府帮助下经济得到较快发展，现在多数人已不再是为商人运送货物的背夫，而更多地成了雇用他人的商人。

夏尔巴人的传统商品主要为当地产的畜牧产品和活畜，皮毛一般出售给尼泊尔的商人，活畜（主要是成年犏牛）则出售给聂拉木、定日等附近藏族农区做耕畜。中尼公路通车之后，内地大量轻工业品进入市场，商品也由传统的盐、粮变为服装、鞋帽、暖水瓶、电池、棉毯、火柴等。夏尔巴人在农闲时节会搞一些手工副业，如编竹席、竹筐、纺毛线、织氆氇等。竹编除自用外，多数出售给定日、聂拉木等县的群众，氆氇自用。氆氇织机多从藏族地区引进。夏尔巴没有自己的木匠和铁匠，铁匠受歧视，其观念同藏族相似。

三 从语言及娱乐方式看藏族与夏尔巴人的交流

夏尔巴人有自己的语言，无文字，通用藏文。但是因所处地区的不同，夏尔巴人的语言也有很大的区别。随着社会的不断变化和发展，现在很多年轻人也会用尼泊尔语，也有少数人会英语和印地语。有关统计表明在夏尔巴人的语言结构中藏语词汇约占 45%、尼泊尔语词汇约占 25%—30%、夏尔巴语词汇约占 25%—29.5%、英语和印地语词汇约占 0.5%[①]。如立新村夏尔巴人的语言，其语法结构与藏语基本相同。陈塘镇夏尔巴人的语言较复杂，既有藏语、尼语，还有土语。据中央民族大学 1972 年对夏尔巴语 110 个语汇的调查结果表明，夏尔巴语与藏语相同的词有 81 个，占 73.6%，语法结构与藏语相同，属地方方言范畴。夏尔巴人语言结构中包含了较大数量的藏语词汇，尤其是藏传佛教有关的词汇，如贡巴（dgon-pa，寺院）、曲登（mchod-rten，塔）、拉康（lha-khng，佛堂）等。虽然这些词汇只是夏尔巴语中的极少部分藏语例证，但是从中我们不难发现两者读音完全相同。语言的传承承载了很多的历史记忆和信息，人类语言史和世界范围内没有两个毫无相关的民族的语言会如此相同，除非他们互为族属关系。仅此而言，我们也可以推断夏尔巴人与藏族之间的密切关系，尤其是藏传佛教对夏尔巴人的影响。

夏尔巴人没有文字，没有流传下来文字记载的史料，也没有文字的文学作品，但夏尔巴人的民间口头传说和故事丰富。如关于迁徙的传说讲道："很久以前，康区木雅地方有五个兄弟，因经常争斗与乡里人失和，被迫出走。经过长期的漂泊，最后经定日一带来到孔布，并在此定居下来。"这些口头传说，生动地道出了夏尔巴人的族源以及其文化渊源。

歌与舞，是夏尔巴人主要的娱乐方式。夏尔巴人尤其擅长跳舞，每当节日喜庆场合，人们常跳舞至深夜，以至通宵达旦不散。夏尔巴人跳舞时有乐器伴奏，乐器有口琴、六弦琴和"比旺"琴等。"夏尔巴的器乐曲属独奏曲形式，分吹奏乐曲、弹拨乐曲。吹奏乐曲有鲁姆（自制竖笛）曲，此乐曲主要由男性吹奏，在各种场合都可以自由演奏；口琴曲，口琴除吹

---

① 参见刘洪记搜集整理《夏尔巴人概况》铅印本，1980 年，第 13—14 页。另参见刘洪记《夏尔巴习俗述略》，《中国藏学》1991 年第 3 期；袁超俊《夏尔巴人概况》，《西藏研究》1989 年第 1 期。

奏歌舞曲之外，也吹奏各种民歌，不分场合、时间，随时随地尽情自吹自娱。弹拨乐曲有扎念琴曲，基本上与西藏的扎念琴相同，但是在形制、定弦、音质、演奏方法、曲目等方面有一些区别；嘎阿（口弦）曲。"① 只要乐器声一响，男女老少都能闻乐声而翩翩起舞。

夏尔巴人的舞蹈种类多，舞姿优美，跳舞时手脚、腰身和臀部动作灵活，吸收改造了尼泊尔舞的一些舞蹈语汇，很有特点。夏尔巴人的游艺活动还有射箭、掷骰子、"擦嘎"、"科比"等形式。射箭为男子的活动，以射远或射准作为评判胜负的标准。射箭多是在大型节日聚会等场合举行。掷骰子游戏传自藏族，其规则和娱具等同藏族一样，只是名称叫法不同。同射箭活动在大型节庆场合举行不同的是，掷骰子随时随地都可进行，成为男子日常娱乐的重要形式。"擦嘎"游戏带有赌博性质，玩具为10个半边的干桃核，以抛出桃核的正反面计算胜负。"科比"似投壶，在前方放一个小筒，玩时用小硬币投掷，以投进筒为胜。

四 从生活习俗看藏族与夏尔巴人的交流

夏尔巴人的生活习俗受自然环境和周边民族文化的影响，与藏族有许多相同之处②。

（一）服饰

夏尔巴人的服饰与藏族的服饰类似。夏尔巴男子衣饰分上衣下裤。上身内穿白色长袖衬衣，外罩称为"波杜巴"的无领短袖素色外衣。"波杜巴"系用未着色的羊毛织品缝制。下身着白绒布或白布制作的紧身裤，使用腰带。头戴"次仁坚阿"藏帽或黑色无檐船形帽，老人在冬天多戴毡帽或毛线织就的帽子。戴项链和戒指，腰间佩戴民式"戈尔边"刀。刀为尼泊尔工匠打制，有不同的质地和等级。好的"戈尔边"刀做工精细考究，刀柄雕刻有精致花纹，有的还镶嵌宝石。刀鞘多为皮质和木质，也有用合金制作的雕刻精美的刀鞘。"戈尔边"刀，刀锋锐利，实用美观，很受夏尔巴人的喜爱。人们外出时作为防身的武器，在家时又可用作切菜切肉的工具，为每位男子所必备。夏尔巴男子现受卡斯族的影响，渐

---

① 格曲：《夏尔巴器乐曲》，《西藏艺术研究》2002年第1期。
② 刘洪记：《夏尔巴习俗述略》，《中国藏学》1991年第3期；袁超俊：《夏尔巴人概况》，《西藏研究》1989年第1期。

图10—3　陈塘夏尔巴夫妻（马宁摄）

渐穿尼泊尔上衣和细管裤。夏尔巴妇女上身多着花色衬衣，外罩白色无领短袖外衣"波杜巴"，下身穿白褶花布长裙。过去无穿裤习惯，现在除老人外，年轻妇女大多已经习惯穿裤。妇女喜欢戴耳环、项链和手镯等饰品。耳环有金、银、玉等质地的区别。姑娘婚前多戴小型的银、玉或铜制耳环，婚后则戴椭圆形金制大耳环，耳环上镶有各种宝石，十分珍贵。

（二）饮食

夏尔巴人生活在喜马拉雅山南坡的高山峡谷地区，境内可种植玉米、青稞、小麦、鸡爪谷和土豆等粮食作物。在同其他民族的贸易交换中，常购买大米食用，大米亦是夏尔巴人的主食之一。

玉米的食用方法主要是磨成面粉后做成称为"贡塞"（又音译"公则"）的玉米稠糊。"贡塞"的加工方法为：将长柄锅置于火上，加水烧至将开时放入适量玉米面，用木铲搅拌以防结块和粘锅，水开后即熟。"贡塞"的稠度以手能抓食为宜，食用时盛入盘中佐以辣椒、土豆和盐。大米通常做成米饭，青稞磨制成糌粑，小麦则通常磨成面后做饼食用。

土豆产量高，人们喜欢食用。土豆在夏尔巴人饮食结构中既是主食，又充当佐餐菜品。土豆对于夏尔巴人而言是非常主要的食物之一,正如《夏尔巴人资料汇编》记载:"土豆比荞麦,然好得名,在昆布松而沙质的土壤里,它繁殖得那么好,以至于在同样亩数的地里种植土豆,比播种荞麦在好年成时所收获的食物多得多。特别是近来康巴移民在边缘土地上的耕作,土豆是唯一的经济作物,如果没有土豆这种丰富和可靠的基本食物,很难想象昆宗和孔德这样的村庄能负担它现在的人口。"[1] 土豆食用方法简单,作主食时只需煮熟去皮佐以辣椒粉,作为菜肴时可切成块或片炒食或同肉一道煮食。

夏尔巴人食牛羊肉,但不自己宰杀。食猪肉,但无养猪习惯。食肉方式多为煮食或炒食,较少吃生肉。

蔬菜主要有土豆、萝卜、白菜等,还食采集的蘑菇和野菜。一种称为"撒杜巴"的野生植物,人们常取其叶和花穗煮制加工后作为佐餐之用。夏尔巴人喜食辣椒,食用的佐料有小茴香、大蒜、洋葱和咖喱粉,辣椒自然是佐料中最重要的,几乎每日必备,每餐必食。

夏尔巴人的饮料有甜茶、酥油茶和酒类饮品。甜茶系用红茶煮制加奶和糖而成,人们喜欢饮用,酥油茶的做法同藏族相同。酒类饮品中,有用青稞酿制的"羌",其酿制方法同藏族。由于当地青稞产量不高,因而种植量小,可用于酿酒的原料亦不多,人们平时多饮用玉米酿的"巴鲁"酒和大米酿的"寨羌"。酿制"巴鲁"和"寨羌"的方法系先煮制粮食,待其温热时拌酒曲发酵,再加入清水酿 2 天左右即可饮用。人们在重大喜庆活动时还酿制浓度较高的"阿让"酒。"阿让"酒的酿制方法同藏族有些不同,藏族酿制"阿让"采用蒸馏法,夏尔巴人用的是煮制法,其过程是:将小麦煮成七八成熟,待温热时加酒曲发酵,再将发酵好的酒粮放入一个底部侧面有孔的铜缸中,加水适量,放入少许称为"差"(Khre)的糜黍粒,生火煮沸后拔去铜缸底部的塞子沥出酒汁,沥干后又加水煮制,可煮三次。沥出的酒汁经沉淀后清澈透明,酒香醇厚,为待客饮用的上等佳酿。"阿让"酒第一沥最浓,第三沥酒味偏淡,一般将三次沥出的酒勾兑调匀后饮用。

陈塘地区夏尔巴人的主要饮品是用鸡爪谷酿制的"芒羌",其酿酒方

---

[1] 中国社会科学院民族研究所民族学室编:《夏尔巴人资料汇编》,1979 年版,第 13 页。

式和酒具具有浓厚的地域特色①，"芒羌"鸡爪谷酒酿制技艺已经列入西藏自治区非物质文化遗产名录，得到了有效保护。

夏尔巴人传统的就餐方式是全家围坐一起抓食，不用碗筷刀叉。人们习惯上用左手干脏活，吃饭时只用右手抓食，不用左手。现在人们已经习惯使用碗筷，用上了塑料、玻璃、不锈钢等制作的饮具、餐具和其他生活用品。

夏尔巴人的饮食禁忌主要表现在不吃鱼、狗、小牛肉，也不吃自己宰杀的牛羊肉。夏尔巴人无屠宰师，宰牛杀羊主要雇用藏族人，多是吃病死或摔死的牛肉或吃交换购买的肉干。所有的这些习俗和禁忌都和藏族相同或者相似。夏尔巴人生活的喜马拉雅地区野生动物种类繁多，但人们不狩猎，也不食野兽肉。

（三）居住

夏尔巴人长期从事半农半牧的生产活动，为适应其农耕和牧业生产，他们的住房分为两种。一种为固定的居住房屋，修建在海拔较低、条件较好、离农田较近的地方。另一种为临时住房，分别建在夏季牧场和冬季牧场，以适应因季节变化而不断迁移的游牧生活。这一点也同藏区牧民一样。

夏尔巴人称夏居地为"耶尔萨"，冬居地为"贡萨"，均为藏语"dbyar-sa"和"dgun-sa"的语音和词意的再现。这些在夏居地和冬居地修建的住房多为用石木、竹木搭建的窝棚，结构简单，供牧人放牧时临时居住。夏居地位于远离村庄的高山牧场上，住房为土石墙窝棚，并用石板盖顶，较少用木头，因远离村庄不易运送。冬季牧场海拔较低，有时几间甚至十多间房屋集中建于一处，室内备有储存的粮食和饲草，供人居住和圈拦牲畜，以躲避喜马拉雅山冬季气候多变带来的冰雪和风暴。

夏尔巴人的村寨建在离水源近的宽阔坡地上，房屋多为二层石木结构的楼房。建房时，用粗大的木柱搭架，第二层铺设木板。房屋四周用石块砌墙，石墙之间的缝隙用泥、沙和牛粪混合制成的厚浆填塞抹平，再涂上石灰浆刷白。屋顶为人字形，用松木板层层叠压苫盖，下雨时，雨水顺着木板的沟缝下流。房屋多为上下两层，个别富裕户也有修建三层楼房的，

---

① 马宁：《夏尔巴人非物质文化遗产"芒羌"鸡爪谷酒酿制技艺的人类学探析》，《西藏民族大学学报》2017年第4期。

图10—4　陈塘夏尔巴山村（马宁摄）

第三层为储藏室。炉灶多设在靠后墙的中间位置的火塘内，火塘为约一米见方的方块，边缘和底部用石板与楼板隔开，边缘石块略高于地面以防火灰外延，火塘里面靠墙用坯垒有二层台阶一个，供放锅勺等炊具。每个家庭都设有神位，摆有供桌，供有佛像。富裕的人家则专门隔出一间小方屋作为供佛之用。佛堂内摆放佛龛，主供古如仁波且（莲花生大师）。佛龛前设供桌，上放香炉、酥油供灯、净水铜杯等宗教用品。有的人家还摆放佛经，悬挂唐卡佛画于佛堂。

（四）节日

因为夏尔巴社会通行藏历，过去纪年数月择日均使用藏历，新年的日期也是根据藏历推算的，所以夏尔巴人的主要岁时年节基本和藏族的岁时年节一样。我国境内定结县陈塘镇的夏尔巴人，还保留着古老的年节礼俗，新年要过三次。藏历十二月初一过"道洛"（rtogs-lo，意为"盼年"），藏历正月初一过"杰洛"（rgyal-lo，意为国王年），藏历二月初一过"米洛"（mi-lo，意为平民年）[①]。而樟木口岸立新乡的夏尔巴人过去

---

① 次仁平措：《夏尔巴人的民族属性问题》，《西藏研究》（藏文版）1990年第1期。

是藏历正月过新年。民主改革后，由于受到驻扎在当地的部队和机关的影响，将新年日期改成了元旦，现已成习。每逢新年来临，家家户户都要更换经幡、杀羊宰牛、换粮做酒、准备柴薪、打扫房屋、粉刷墙壁。新年这天清早每家都要去泉水或溪边打一桶清水用来洗脸。穿衣前要用自己的手抚摸一下全身祝祷长寿，然后着盛装、洗脸。家人在起床洗漱后，先聚在一起向神佛敬献哈达，并在神佛像前摆一供桌，供上大米、糌粑、饼子、油条、净水、水果等。食物周围撒糌粑面和放酥油坨。一切布置完后开始进餐（有的家庭在前一天晚上睡前布置好）。新年这天多为自家欢聚，忌外出探亲访友。从初二开始走亲访友，年轻人也开始相邀欢聚。初二、初三、初四三天，家中的长辈要在家接待客人。有的村寨女儿女婿上门要送酒、油条和三个鸡蛋，还要送一个用油条、萝卜丝炒的菜，上面再放点酥油表示吉祥如意。村中的老人普遍受尊敬，逢年过节，每户都要有人去拜访村中年迈的长者，为长者祝福并送些礼品，老人也要给一些回赠。馈赠礼品以单数为吉利，忌送双数。在拜访长者时如果家中有年前出生的孩子，父母往往把孩子抱去让老人给摸摸顶，以示祝福。新年一般休息10天左右。节日期间，人们唱歌跳舞，还举行射箭、掷骰子等活动。

  夏尔巴人节日文化是丰富多彩的，除岁时节日以外，还有很多生产节日，这些生产节日中都包含了丰富的藏传佛教的宗教活动。"噢啸"节，多在公历4月下旬或5月上旬择日举行，目的是给庄稼提供神的保护。仪式要请喇嘛到家做"朵玛"、念经，钹鼓伴奏，插经幡和小旗等。这个活动的主要目的是通过仪式使庄稼不受天灾虫灾，故该节又被称为"护村田"节。"底瓦尔"节，意为牛节。境内该节逐渐淡化，境外仍很盛行，在每年尼历的7月9—14日过。境内此节无具体日期，多在公历8月初举行，称夏酒节或牛节，时间亦仅一天。夏酒节是所有养牛户在离开村子到高海拔牧场去住牧之前，为保护牛羊不受灾害而进行的一种祈祷仪式，故又称为牛节。祈祷仪式由养牛户共同请喇嘛主持，届时，喇嘛做各种祭品陈列于祭桌之上，诵一段经后，一手端起装谷物的铜盘子，一手翻书诵经，在列举一遍神、喇嘛和圣水的名字后，把盘中的谷物撒向空中，仪式即告结束。耕牛节，每年的10月24日举行。举办这节日主要是夏尔巴人认为耕牛一年四季为人们耕田犁地十分辛苦，为了酬谢耕牛终年的勤劳而举行的节日。夏尔巴人宗教节日较多，主要有驱鬼节、赎罪节、多姆则节、马尼林多节等，而宗教节日都是由喇嘛来主持的。驱鬼节一年举行两次，分别是公历4月和10月，两次活动均由"拉瓦"（村民选出的负责组织宗教活动的代表）组织。活动开始先在村庙里集体进行一个"奇里姆"驱鬼仪式，此仪式由两名喇嘛主持，旨在赶走威胁村庄的魔鬼。而后举行聚会，聚会及仪式所需由村民共同出资。聚会后，每家每户在当晚点燃火把在家里每个房间来回走动，并发出"噢噢"的叫声，把家中的凶神恶煞赶走。此节类似藏族除夕前驱魔送祟的活动。赎罪节，时间是公历5月底或6月初，为期三天。目的是洗刷罪过增加功德。赎罪仪式在寺庙举行，由村里选出的三个"拉瓦"组织。除总灯用的酥油和主持仪式的喇嘛的饭食外，其余开销均由村民分摊。"多姆则"节是在赎罪节后的一个月内举行，但无具体日期，节日为六天，节日期间所有人都去参加庆祝，如不能参加全过程，也要参加一天至两天。活动中僧人和一些艺人也都趁此机会向人们展示他们的才能，喇嘛和僧人都要诵经并主持仪式。"马尼林多"节，是在寺院里举行的宗教舞蹈节，一般为期四天。节日期间以僧人活动为主，举行"西维金萨"等宗教仪式。

图10—5 樟木夏尔巴"岗玖"晒佛仪式（王思亓摄）

夏尔巴人丰富多彩的节日文化中处处表现出与藏族节日文化的密切

关系。

（五）婚俗

夏尔巴人的婚俗与藏族的婚俗大同小异，夏尔巴人传统的婚姻形态基本为一夫一妻婚，有少量的一夫多妻和一妻多夫婚。从一夫一妻婚的缔结过程看，既有听命父母遵从媒言订立婚约的"明媒正娶"，还有通过武力和突袭的手段抢来女子成婚的抢婚。夏尔巴人的婚俗文化多姿多彩，别具特色。婚礼一般由喇嘛主持并举行一些仪式。不论是哪种婚姻，夫妻间都是平等的，共同劳动，共同享有劳动成果，没有谁依附谁的关系。在夏尔巴社会中没有男尊女卑的现象。今天，夏尔巴人的婚俗既保留着古朴的礼俗，又受到了汉、藏民族和现代文化的影响，变异中的夏尔巴风俗呈现出多姿多彩的风貌。樟木一带的夏尔巴婚俗同传统婚俗相比已有许多变化，如婚礼不再必须由喇嘛主持；训诫先举行，而后点酥油，点酥油多由德高望重好口才的老者担任，点酥油时诵祝福颂词；主要婚礼内容改放在晚上，形式为汉藏结合式，既有藏族婚礼敬酒唱酒歌和献哈达的隆重仪式，又有汉族婚礼上司仪主持、分项进行的程序，带有浓厚的多民族文化融合的色彩。

（六）葬俗

夏尔巴人盛行火葬，也有为数不多的土葬和水葬。土葬多用于小孩夭折，水葬主要为无力承担火葬财力的贫困人家和孤寡者采用。人亡故后，家人用一块白布盖上死者，立即前往寺庙请喇嘛到家做法事。在喇嘛未到来之前，任何人不得触摸尸体。喇嘛来后诵经祈祷为死者超度灵魂，根据死者的年龄、生辰属相和死亡时间等占卜测算停尸的方位和可以接触尸体的人，然后将尸体捆缚成胎儿状，用白布包裹后放入一口木箱内，箱上放一轮回图，将尸体放置于室内占卜所定的位置。有的地方尸体不放入木箱，捆裹尸体后用白布和哈达盖上，盖尸的哈达要与尸体平行，从脸部直掩至脚上。在尸体前搭一祭台，点供灯，摆放酒食祭品和举行仪式时所需的"多玛"等宗教供品，喇嘛在鼓、钹的伴奏声中念经做法事。停尸时间的长短由喇嘛占卜确定，通常停尸三日，第四日清晨出殡。送葬队伍的顺序为：主祭喇嘛念经开路，后随拿鼓钹的僧人，其后是手擎经幡的儿子，再后是背尸人，队伍最后是背送火化时所需物品的人及其他送葬的亲朋乡邻。背尸姿势为背靠背，儿子手擎的经幡系用木棍或竹竿作杆，顶端扎有开花的香蒿或松枝，系一条下端拖地的长哈达。下葬仪式由喇嘛主持，由众乡邻亲朋具体实施火葬的各项工作。到葬地后众人架设柴火堆，将尸体脱去衣服平放于木柴上。喇嘛在柴堆旁搭一简易祭台，念经祷告，然后点火焚烧。火化期间，喇嘛一边念诵经文，一边将祭品丢进火中一并焚烧，同时劝慰死者不要再留恋世间的生活，高高兴兴到另一个世界去。次日，喇嘛在丧家要行"纳布尔"仪式。夏尔巴人还有七七祭祀的习俗，逢七期间延请喇嘛念经祈祷。从中不难看出，夏尔巴人与藏族在丧葬习俗方面的密切关系。

图10—6　樟木夏尔巴丧葬仪式（王思亓摄）

（七）生育

夏尔巴妇女在怀孕后，仍从事日常劳作，直到临产前休息。婴儿出生3天以后（不能超过7天），需请喇嘛到家举行仪式，念经焚香，以消除因生育带来的污浊和晦气。在夏尔巴人的观念中，生育是一种不洁的行为，会给地方神和土地神带来污秽，需要通过宗教仪式除去污秽，使孩子健康成长。这一观念、仪式和习俗同藏族的"旁色"相似。念经焚香时，需清扫房屋，清理并将一白色旗幡系在房屋附近的旗杆上，表示去污仪式完成。喇嘛还要给产妇和婴儿系一根红色或白色的护身线，保佑母子平安。现在随着生活条件的改善、科普知识的普及以及人们卫生保健意识的加强，夏尔巴人传统的生育习俗正发生着变化。

（八）命名

夏尔巴人新生孩子的命名主要请喇嘛为之。夏尔巴人只有名字，没有姓氏，但不冠房名，有种姓。喇嘛取名时多与宗教有关，也用一些表示吉祥的词语为孩子取名，如丹增（圣法）、群培（佛法昌盛）、卓玛（度母）、扎西（吉祥）等。父母和家中的长者也可为孩子取名，孩子的名字多为出生时的日期，以作纪念，或表达长辈们的心愿和祝福。常见的巴桑（星期五）、拉巴（星期三）、齐美（长生）、次仁（长寿）、德吉（幸福）等。此外，夏尔巴人的名字多为复合名字，即多为四个音节两组词结合而成的，如扎西次仁（吉祥长寿）、德吉单嘎（幸福白度母）、索朗多吉（福泽兴旺）等。夏尔巴人的命名习俗与藏族相同。

五 从宗教信仰看藏族与夏尔巴人的交流

夏尔巴人的传统信仰既有以自然崇拜和鬼灵崇拜为特征的原始信仰，还有多神崇拜的本教信仰以及藏传佛教信仰，夏尔巴与藏族的宗教信仰几近相同。在夏尔巴人的传统信仰中，对山神的崇拜占有重要地位。在人们的观念中，巍峨的高山，突兀的山峰，幽深的沟谷，茂密的原始森林，湍急的河流溪涧，都有神灵在主宰和支配。以我国夏尔巴人主要居住地之一定结县陈塘镇的夏尔巴人为例，在信仰上，当地村民对与他们生产生活密切相关的山神、土地神、树精、水灵等怀有深深的敬畏，无论是耕种采集登山还是外出远行，人们都要祭祀神灵，凡有重大举动都要占卜作法以祈福禳灾，保佑庄稼丰产、人畜平安。本教在夏尔巴人的信仰中也有一定地位。本教的念咒作法同人们的自然崇拜往往并不能划出明显的界限，在夏尔巴人的丧葬礼仪上，人们的鬼魂崇拜仪式往往同本教与藏传佛教同台共祭。夏尔巴人大都信奉藏传佛教，在夏尔巴地区建有藏传佛教庙宇和经堂。藏传佛教的萨迦派、噶举派和格鲁派都有人信奉，但信仰最为广泛的是藏传佛教宁玛派。人们的信仰活动主要有念诵"唵嘛呢叭咪吽"六字真言、转经朝圣、请僧人做法事等，其藏传佛教信仰观念和行为同藏族相似。人们以佛教教规作为行动的准则，喇嘛及宗教人士在夏尔巴人中享有特殊的地位，很受人们尊敬。在夏尔巴人聚居的地方有少量的、规模不大的藏传佛教寺院，这些寺院属于各种不同的教派，一般都是宁玛、噶举派的寺院；僧人人数不多，与民间的关系密切。信奉格鲁派的较少。而在樟木地区的夏尔巴人多数信奉噶举派。寺庙较多，几乎村村都有，还有尼姑庵。除了如前所述习俗中包含的藏传佛教仪式以外，夏尔巴人在结婚、盖新房、出远门等之前，都要请德高望重的老人或僧人占卜念经，以图吉利。

六 西藏和平解放后夏尔巴人的经济社会发展

西藏和平解放以来，在党和政府的亲切关怀下，在藏族等兄弟民族的大力支持下，夏尔巴人经济社会全面发展。尤其是兴边富民行动的实施和扶持人口较少民族政策的落实，夏尔巴人的社会面貌发生了翻天覆地的变化。

改革开放以来，国家在边境地区落实了一系列的优惠政策。开通了中尼两国的边境贸易，两国边境30公里内的居民可以使用边民证进入邻国的市场，自由交易。兴边富民行动的实施大大改善了村民的交通和居住条件。所有的配套设施如通水、通路、通电、通信也都落实到村。正如立新村村委会主任夏尔巴人多布拉所言："我们赶上了社会主义，赶上了改革开放，国富才能民强，我们夏尔巴人过上了真正的好日子。"[①]

夏尔巴人的传统教育主要是通过寺院教育的形式来实现的。在夏尔巴地区，寺院是一切文化活动的中心，除了举行宗教活动和仪式以外，还扮演了学校的角色。西藏和平解放和民主改革以后，我国境内的夏尔巴聚居地都兴办了学校，适龄儿童入学率不断提高。地处偏僻的陈塘镇建有中心小学，目前全镇小学适龄儿童入学率达98.8%，巩固率达100%。还有不少夏尔巴青少年在拉萨和内地的学校学习和深造，夏尔巴有了自己的大学生、干部、医生和教师，夏尔巴地区教育的落后面貌正在迅速改变。

自改革开放以来，居住在聂拉木县樟木口岸的夏尔巴人居住条件改善快，许多人家新盖的楼房高大美观，室内宽敞明亮，较多使用钢筋水泥作建筑材料，房顶用白铁皮取代了木板瓦，不仅经久耐用，在阳光照射下，铁皮银光闪闪，风景独特。2015年4月25日，尼泊尔发生了8.1级强烈

---

① 《采访手记：夏尔巴人过上了好日子》，2009年5月16日，中国网，www.china.com.cn/news/zhuanti/oqjrxz/2009-03/content_17453194.htm。

图10—7　陈塘镇（马宁摄）

地震，聂拉木县樟木镇受灾严重，人民生命财产遭受严重威胁。为了保护夏尔巴群众的生命财产安全，国家和地方投入了大量人力物力财力，对樟木镇2000多名受灾群众进行了整体搬迁，安置到了日喀则市桑珠则区。灾害无情人有情，面对地震灾难，夏尔巴人积极自救，藏汉各族群众踊跃捐款捐物支援，共同抵御自然灾害，谱写了一曲曲同生死共患难的民族团结的颂歌。而地处偏僻的定结县陈塘镇夏尔巴人由于交通闭塞，经济欠发达，居住条件长期较差，通过国家兴边富民行动，各级政府投入资金对陈塘镇300多户民房进行了改造，陈塘家家户户都住上了新居。如今，一排排具有夏尔巴民族风格的新民房拔地而起，令人赏心悦目。

　　随着经济的发展和生活条件的改善，如今夏尔巴人的娱乐活动远比过去丰富，既有传统的娱乐形式，又接受了新的游艺方式。如人们在婚庆节日场合，既跳传统舞蹈，又跳现代交谊舞；既玩骰子、"擦嘎"，又打扑克、下棋；既围坐一起唱传统歌曲，又听录音机、收音机和看电视，手机和网络也已在偏僻的山村逐渐普及。人们还参加各种现代体育竞技运动，如登山、探险、赛跑、打球等，根据自己的喜好和特点，选择各种竞技娱乐活动。夏尔巴人，这一喜马拉雅山地的古老民族今天正焕发出勃勃生机，在世人面前展现出新的风采。

第二节 藏族与僜人的关系

一 僜人及其分布

僜人主要生活在西藏自治区东南部察隅一带的额曲、察隅曲、格多曲和杜莱曲流域。我国境内的僜人居住区东接缅甸，南邻印度，西边与丹巴江流域相邻，以祈灵公山为分水岭。察隅僜人有两种自称：称作"达让"的约占77%，称作"格曼"的约占23%，藏族对其统一称呼为"僜巴"。

"僜人"有自己的语言，属汉藏语系藏缅语族，没有文字，以刻木、结绳、摆木棍（树枝）记事。僜人总人口约20000人[①]，2000年我国第五次人口普查，在我国实际控制区内的人口为1463人，分布在察隅县上、下察隅乡的9个自然村，其余的居住在非法的"麦克马洪线"以南印度占领下的下察隅地区。

达让僜人主要居住在杜莱曲流域。这一河水是察隅曲下游一个较大的支流，北面是额曲领域，而西面为丹巴江流域，东面是格多曲流域。格曼僜人主要生活在察隅曲流域。察隅曲是由西支流的额曲和东支流的桑曲两大支流汇合后的称呼。察隅曲最初向南流，然后转向偏北，在前门里地方以西逐渐流向西南方向，最后流入印度境内。这一地带山川秀丽，资源丰富，气候宜人，素有"西藏江南"的美称。格多曲一带是达让和格曼混杂居住的交叉地段，格曼人口多于达让。格多曲是察隅曲下游仅次于杜莱曲的一个较大的支流，是僜人两大支系的交叉杂居点。额曲是一个比较重要的各民族居住的水域，在额曲的最上游主要是藏族居住区，其中有一部分僜人，与当地藏族人和睦相处，形成大杂居小聚居的格局。在历史上额曲有许多不同的名称，有的书中称为"贡日嘎布曲"，有的称为"阿札曲"。这两个名称是由于发源地的不同而得名的。额曲上游称为"穆曲"，还有的称为"陇多曲"，这两个称呼是藏语称呼。在额曲上游一带达让僜人较多，而在下游有一小部分格曼僜人，现已和达让僜人混杂居住。

---

① 杨毓骧：《滇藏高原考察报告》，载《民族调查研究》（专刊第三集），云南民族研究所1986年版，第14页。

图10—8　察隅的稻田与村落

二　从族源传说和历史发展看藏族与僜人的关系

族群传说是一个族群的历史记忆，虽然无文字等可以考究的资料，但是其象征和隐喻内涵是一个族群最早的"根"，族群的传说承载着一个族群的早期历史。在达让僜人中间流传着阿加尼的故事，内容是关于大地的起源、洪水故事和汉族、藏族、珞巴族等与僜人同源的传说。传说有一个叫作德绕高的人在茫茫大水上架起了几根柱子，上面铺上土才创造出了大地。在这块大地上生活着一个名叫阿加尼的金人和他的金妹妹、一只公猴，他们为一母所生。公猴子出去繁衍了很多，阿加尼娶母猴为妻繁衍了人类，所生的四兄弟中的老大名叫"东克衣"、老二名叫"东马"、老三名叫"东都"、老四名叫"东代"，后来这四兄弟分别变成了汉族、藏族、珞巴族和僜人。又有传说讲过去有一条大蛇，后来头部变成了汉人、中段变成了藏人、尾部变成了僜人等。有传说认为达让是从丹巴江流域的义都人中分出来的，在械斗中失败成为战败者跑出来，后逐渐发展成为达让，这与达让和义都在语言和一些风俗习惯上比较接近的情况是一致的。传说格曼主要是从东边来的，来源于今缅甸北部迈立开江上游靠近葡萄地方的布莱地区，这里与察隅的东南支流勒木河（噶仓河）只是一山之隔。而一部分格曼则是从西边来的，如来自察隅曲南岸印度边境内马陇马地方的一些人相传源于义都人①。

据历史资料记载，公元7世纪吐蕃王朝时期，察隅一带就已纳入吐蕃王朝的管辖范围。公元13世纪后，元明中央政府通过对吐蕃的管理从而使察隅一带成为元明王朝的统治范围。17世纪中期及其以后，西藏地方政府对察隅（古称桑昂曲宗）的管理不断加强和完善。在1896年十三世达赖喇嘛颁发给桑昂曲宗的一份执照中，明确记载了桑昂曲宗辖区包括上、下察隅等地②。1910年春，驻藏大臣赵尔丰曾派出后营管带程凤翔进驻上、下察隅，到达杜莱曲一带，向僜人赠送食盐和颁发官职证书，深受僜人的拥戴。当时用藏、汉两种文字颁发给松冷③地方官员护照，落款是"宣统二年九月□日发给"。管带程凤翔还在今印占领区刻下了一块石碑，曰："叟不远千里而来，不亦乐乎"。1949年时，因江水猛涨，此石碑已被淹没。另一块石碑立于今印占领区的土巴村，上刻"天堑"二字，落款是宣统元年④。一直到辛亥革命后，下察隅地区仍属桑昂曲宗管辖。

西藏地方政府长期在下察隅地区征收税赋。1892年，西藏地方政府根据原有税收簿册重新制定了下察隅税册，详细记载了这个地区的答巴、航堆、德弄、洞巴、明期、呷合等地每年缴纳差税的数额。在1929年桑昂曲宗的税收规定簿册中，也详细规定了上、下察隅地区缴纳差税的数额，并规定："在下绒和下部地区（即下察隅米依地区），按岗户分摊，并根据地方出产……来进行征收。"⑤

综上所述，对于僜人生活的察隅地区，我国中央和西藏地方政府很早以来就行使着管辖权。由于非法的"麦克马洪线"，我国僜人居住的下察隅大部分地区至今仍被印度所非法占据。

---

① 中国社会科学院民族研究所编：《僜人社会历史调查》，云南人民出版社1990年版，第10—19页。

② 同上书，第195页。

③ 今上察隅区府所在地。

④ 杨毓骧：《滇藏高原考察报告》，载《民族调查研究》（专刊第三集），云南民族研究所1986年版，第15页。

⑤ 中国社会科学院民族研究所编：《僜人社会历史调查》，云南人民出版社1990年版，第196页。

图 10—9　下察隅镇萨琼村

三　藏族与僜人的经济交往

西藏民主改革以前的僜人社会，处在原始社会的末期发展阶段。虽然以血缘为纽带的氏族社会土崩瓦解，但是其残余和影响仍然存在[①]。僜人过去居住于深山老林，从事刀耕火种的原始农业，种植玉米、鸡爪谷、荞子、青稞等作物，刀耕火种是他们的主要生产方式。由于山林中可耕地少，生产工具落后，耕作方式粗放，粮食产量很低，缺粮十分严重，采集和狩猎便成为重要的生产活动。采集的根茎野生植物、爪果和野菜可补充粮食的不足，而狩猎则是肉食的主要来源。1950年后，在政府的关心和兄弟民族的帮助下，僜人走出山林，定居于河谷台地，开始种植水稻，大米逐渐成为僜人的主食。僜人以个体家庭为基本经济单位，进行农业生产劳动，在农业生产上男女的分工非常明确。僜人的妇女和儿童专门从事采集业，成年男子一般很少参加。同时狩猎成为他们的重要食物来源。每个成年僜人男子平时佩带着一把砍刀，砍刀来源于同藏族的交换。僜人最初迁移到察隅时，他们与当地的藏人和睦相处、互相帮助。僜人在此刚开荒

---

① 赵胜启、张力凤：《走过藏东南》，云南大学出版社2005年版，第215页。

时，不仅没有遭到当地人的反对，相反，得到了当地藏族人的许多帮助。

图 10—10　僜人的纺线与织布

僜人和藏族的传统贸易历史悠久，而实物交换是最重要的贸易形式，通过贸易促进了相互了解。僜人虽然以农业为主，但采集和狩猎业仍然在经济活动中占有一定的比例，采集和狩猎获得的植物和动物物品是僜人重要的生活来源，除用来维持日常生活外，剩下的物品成为交换的重要物资。经商的僜人还会把从印度等地交换回来的物品用于同藏族交换。例如，用印度产的"莱代"（达让话）布（藏语称作"不惹"）换取藏族的猪或者牛等[①]。除此之外，僜人常采集野蜂蜜、纺织和编制的物品、金属加工品来交换自己所需的物品。还有采集野生药材黄连、天麻和野生染料植物，用来交换所需的物资。狩猎获取的兽头、皮张、熊胆、麝香等也可用于交换。僜人社会的交换中，实行的是传统的物物交换，牛主要是作为一般等价物，因而牛成为重要的财富，是旧时购买妻子和奴隶时必不可少

---

① 中国社会科学院民族研究所编：《僜人社会历史调查》，云南人民出版社 1990 年版，第 222—225 页。

的财富，这也是其长期处于原始社会末期发展阶段的遗存。僜人完全不把牛用于生产，既不用于耕作，也不用于驮运或乘骑。僜人养奶牛但不挤奶，而仅仅是用作交换及提供肉和皮张。

僜人用采集的蜂蜜到集市同藏族交换粮食。喜欢蜂蜜的藏族人也常向僜人换取蜂蜜，一般情况下一壶蜂蜜能换取二筒杂粮，有时能够换到四筒杂粮，在一定程度上缓解了僜人的粮食缺口问题。西藏和平解放前，藏区的商人常来额曲流域，带着马帮驮运盐、砖茶、牛肉、酥油、服装、布匹、棉花、丝线、呢绒、帽子、耳环、噶乌等各种生活必需物品[1]，但是僜人一般不与藏商直接交换，而是通过当地的藏族与藏商交换。一般僜人用狩猎和采集所获的兽头、皮张、熊胆、麝香、黄连、天麻和野生染料植物来换取他们必需的盐巴、粮食、茶以及服饰等物品。以前当地藏、僜之间进行物资交换时，要到交换一方的家里说明情况，表示愿意交朋友，再提出交换的物品和比价，谈好之后才正式进行交换。长期的商品交换活动，密切了藏族和僜人的关系，促进了藏、僜群众之间的友好往来，同时也促进了各自的经济和文化发展。

四　藏族与僜人的文化交流

僜人的语言属汉藏语系藏缅语族，与藏语属于同一个语系。在察隅曲上游和桑曲下游生活着一些说土话的藏人，当地的很多藏民听不懂这种土话，相反僜人中的格曼人却能听懂一小部分。根据语言调查，这一土话的基本词汇和语法结构与格曼话基本相同，但是这种土话又吸收了一部分藏语词汇，说明了两种语言间存在着千丝万缕的联系。经常外出的僜人也能够讲流利的当地藏语[2]。由于僜人与当地藏人的联系日益加强，互相学习语言有一定的便利，僜人普遍懂藏语，对互相之间的往来与交流起到了一定作用，同时密切了与当地藏族群众的关系。

在信仰方面，僜人信仰万物有灵，认为每类事物都有一种相应的鬼，凶祸灾害都是鬼在作祟。在僜语达让话里鬼称为"德永央"，格曼话里称为"喷"。鬼被认为无所不在，而且各种鬼有不同的危害，有半山腰的

---

[1] 中国社会科学院民族研究所编：《僜人社会历史调查》，云南人民出版社1990年版，第52页。

[2] 同上书，第24页。

图 10—11　僜人的各式背篓

鬼、山坡上的鬼、河边的鬼、河里的鬼、到处游荡的鬼、狗熊鬼、鸟鬼、猴子鬼、树鬼，等等。而凡是鬼，都只能给人带来灾害，人死后的灵魂是鬼魂，也只能给人带来灾害。没有一种和鬼对立，能给人带来幸福的"神"的观念。所以，要求得平安幸福，只有设法把鬼送走，杀牲送鬼成为他们重要的宗教仪式。由于僜人只信万物有灵，僜人的葬俗也很有特点。其丧葬方式有火葬和土葬两种形式，目前以火葬为主，然而在历史上，他们长期实行土葬，是千百年来奉行的传统葬俗。僜人认为人死后灵魂集中在地底下，认为地底下是个理想的世界，所以僜人用土葬的办法安葬死者。后来，有些人认为土葬会发生洪涝灾害，相反火葬会避免这一灾难，因此在僜人习俗中才逐渐盛行火葬，但没有固定的火葬场。僜人的葬后活动和禁忌较多，其中一个大型活动是举行称为"达洛亚"的送鬼仪式。在巫师的主持下，"达洛亚"通常在尸体火化后的第十日或十一日举行送鬼。另一禁忌是忌讳在死者家属前提及死者的名字，平时人们谈论事情时，也忌讳提到死者名。如果违禁，当事人必须向死者家属赔礼道歉，并需杀猪杀牛摆宴方可平息纠纷。在靠近藏族地区的僜人也部分信奉藏族的本教和藏传佛教。

图10—12　僜人室内挂放的象征财富与力量的牛头

僜人的婚姻形态主要是一夫一妻制，也存在一定数量的一夫多妻婚，主要发生在富裕的家庭里。同姓不婚是根本的婚配原则，同时还禁止姨表婚。但姑姑之子可以娶舅舅的女儿为妻，舆论认为这是最好的，在僜人的婚姻中具有优先权。在僜人社会中盛行买卖婚，人们习惯把娶妻称为"买老婆"。牛是购买妻子的主要"货币"。女子被买为妻后，即成为丈夫私有财产的一部分，从属于丈夫，丈夫有权将其赠送或转卖他人。传统的僜人家庭是典型的父权制家庭，男子居于家庭的核心地位，男性家长主宰一切，妇女地位极为低下。今天，在僜人社会中，传统的包办和买卖婚姻虽然还个别存在，但婚恋自由的风尚已逐渐形成，僜人的通婚范围除保留同姓近亲不婚外，僜人与其他民族之间的婚姻不受限制，僜人同藏、汉等民族的通婚受到人们的认可和欢迎。同时，建立在买卖婚基础上的不平等的家庭关系正受到重大冲击，父权的残余虽还在一定程度上存在，但广大僜人妇女的地位得到了空前提高，一个平等、和睦的新型家庭关系正在僜人社会中建立起来。

五　西藏和平解放后藏族与僜人的关系

1951年前，在西藏政教合一制度统治之下，僜人长期遭受奴役、盘剥与欺凌，经济落后、人民生活苦不堪言。由于不堪忍受西藏三大领主的剥削和压迫，僜人逃进森林，过着非常艰难的原始生活。1951年西藏和平解放和随后的民主改革，解放了包括僜人在内的西藏各族人民，西藏步入了一个全新的发展阶段，确立了社会主义新型民族关系，各族人民真正成为主人，各族人民真正享受到了民族平等，走上了社会主义康庄大道。

西藏和平解放后，在党和政府的关怀和藏族人民的帮助下，僜人走出了深山老林，有了属于自己的田地，建起了房屋，过上了现代生活。1965年，政府工作队进入深山老林，动员僜人走出山林定居，当地藏胞也欢迎僜人下山，自愿让出土地给僜人耕种，县里派出民工帮助僜人建盖民舍、学校、电站等，直到1969年，将原来分散在密林深处的15个僜人居民点全部迁到贡日嘎布曲（额曲）台地的上下察隅定居。自僜人下山以后，僜人与藏、珞、汉等民族交往日益密切，与当地的藏族人团结和睦，学会了藏语、汉语和珞巴话等语言，方便了同其他民族的交往。同时他们学会了开荒种地，学会了新的农业生产方式，买卖婚姻、吸食鸦片的陈规陋习已经绝迹。新中国成立前，僜人的婚姻禁忌特别多，一夫多妻婚盛行，而且不与藏族等外族通婚，现在僜人的这种习俗有了很大改变，开始有一部分僜人和藏族等其他民族通婚，其中多数是当干部的僜人和藏族女子结婚[1]，也有僜人男女同汉族干部职工联姻。现在僜人实行一夫一妻制，藏、僜、汉人民亲如一家。

在新的历史条件下，僜人摆脱原有的枷锁，按照自己的意愿过着自由幸福的生活。当地僜人在藏族的帮助下开垦荒地、饲养牲畜，生活上有了很大的改变。在党和政府的帮助下察隅一带建起了固定的交易市场，并且以公平、公正、诚实、信用的原则进行市场交易，彻底消除了以往的不等价交换。这不仅使藏、僜人民之间的关系更加紧密，也使藏、僜人民获得了合理的经济利益，生活水平得到了进一步提高。在当地，由于环境的影响，一些富裕的僜人家庭为获得更多的收入，建起藏式建筑，开起店铺，

---

[1]《西藏自治区概况》编写组编：《西藏自治区概况》，西藏人民出版社1984年版，第31页。

图10—13　僜人妇女传统服饰

传播僜人文化，使得察隅一带的藏、僜更加融为一体，充分体现了民族大家庭的兄弟之情。2011年6月，被称为中国僜人最后的部落首领——阿鲁松正式放下世袭领袖身份，以选举产生的村庄带头人身份引领本村、以威望引导周边10个僜人村落。[①]

近年来，政府加大了对僜人的扶持力度，帮助他们修建住房，开垦农田，兴修水利，购买农业机械，僜人生产生活发生了质的变化。特别是在改革开放以后，僜人逐渐学会了商品经济，通过运输、打工、经营药材生意和发展边境旅游业等方式富裕起来，使僜人族群真正意义上融入现代社会。正如当地僜人干部孔松所言："是共产党毛主席解放了我们僜人，生活一天比一天好起来，我们一辈子都忘不了共产党，忘不了毛主席。所以，我们僜人家家户户都挂着毛主席的像，从解放不久，一直挂到现在。毛主席是救命恩人啊，我们忘不了他老人家……"[②] 随着国家民族平等和民族团结政策的落实，僜人的社会地位和政治地位也不断得以提高，僜人

---

① 参见《中国僜人最后部落首领放下世袭领袖身份参与选举》，2011年6月26日，中新网，http://www.chinanews.com/df/2011/06-26/3137103.shtml。

② 赵胜启、张力凤：《走过藏东南》，云南大学出版社2005年版，第209—210页。

图 10—14　僜人首领阿鲁松

有自己的自治区人大代表，在当地的各级党政部门僜人干部越来越多。西藏僜人人大代表张梅说，现在广大的僜人群众在各级党委和政府的亲切关怀和内地兄弟省市的无私援助下，老百姓的生产生活有了翻天覆地的变化，各项事业有了长足的进步。自20世纪60年代末僜人走出山林定居于河谷台地以来，在政府的帮助下多次修建了僜人新村，人们的居住条件得到了根本改善。如今，僜人群众家家户户用上了电视、电冰箱等现代家用电器，使用电话、手机和网络等现代通信方式，喝上了安全、健康的饮用水。群众住进了宽敞、明亮的新居。在僜人聚居的下察隅镇兴建了中心小学，僜人适龄儿童入学率达到了100%，巩固率达到100%。2015年，僜人学生李西华摘得了西藏自治区中考状元的桂冠，反映出僜人今天的巨大变化。随着农村合作医疗的实施，群众看病就医难的问题也得到了有效解决。

总之，西藏和平解放和民主改革以来，尤其是国家实施兴边富民行动和扶持人口较少民族政策以来，僜人的经济社会发展很快，藏族和僜人的关系进入一个新的发展阶段，其民族关系更加和谐和团结，呈现出共同发展、共同繁荣的新景象。

图 10—15　僜人新居

第十一章　藏族与蒙古族和回族的关系

藏族与蒙古族、回族的关系是中国民族关系的重要组成部分，也是西藏世居民族关系的重要内容。虽然蒙古族和回族同藏门珞等民族相比是较晚才进入西藏高原的，但在进入后的几百年间他们与藏族有了密切的政治、经济和文化联系，同藏门珞等民族一道建设开发了雪域高原，为多民族交融的高原文化增添了绚丽色彩。元代和清初蒙古族曾两度统治西藏，两族在政治、经济、宗教和文化等方面的深入交往是两族关系的丰富内容。后世学者对藏族与蒙古族关系的研究多有关注，成果颇丰。限于篇幅和本书的主旨，本章藏族与蒙古族的关系一节中，在材料取舍和论述中仅仅以西藏为出发点，因而对两族关系的一些内容未能全面论及，比如宗教，本书虽未过多涉及，但我们认为在两族的交往中，藏传佛教得以在蒙古族地区广泛传播，宗教是维系两族关系的重要纽带。而藏族与西藏回族作为各有独特宗教信仰的世居民族和外来民族，几百年间在雪域高原的同一时空交融共生，和谐相处，本身就是西藏社会和文化的奇迹，是我们研究西藏民族关系乃至中国民族关系的一项重要课题。

第一节　藏族与蒙古族的关系

藏族和蒙古族都是在中国统一多民族国家历史演进中产生过重大作用和影响的民族。13世纪，推动中国统一多民族国家迈向确立的蒙古族进入西藏，开启了藏族和蒙古族关系的新篇章。本节以历史发展的主要线索，首先勾勒元明清时期的蒙藏关系；其次以达木蒙古为个案，考察达木蒙古长期与藏族相处最终融入藏族的过程；最后阐述霍康家族在藏发展演变最终融入藏族的历史脉络，以此窥视西藏藏族与蒙古族的关系。

一 政教联合：蒙藏关系的历史

（一）元代蒙藏关系

关于蒙古势力最早进入西藏的时间，汉、藏、蒙文史料均有成吉思汗进兵西藏的记载，但各种说法互有矛盾，成吉思汗是否与西藏有过联系尚不能肯定。成吉思汗从1205年始领兵攻打西夏，到1227年攻灭西夏，其间一些在西夏的藏族僧人与蒙古王室联系增多。陈庆英认为，由于西夏与藏族地区密切的宗教文化联系，所以在蒙藏的最初交往中，西夏起了重要的桥梁作用。正是在灭西夏及西征中亚的战争中，蒙古王室与藏族及藏传佛教发生了接触和交往，并为以后统一藏族地区和蒙藏关系的发展奠定了基础。并认为各种文献记载表明："早在成吉思汗时期，就有藏传佛教不同教派的僧人通过西夏地区零星地进入蒙古活动，有的还直接与成吉思汗的家族有了联系，成为蒙古王室与藏传佛教接触的开端。"[①] 但是，"在历史上抛开传说，第一个和西藏发生关系的蒙古王室成员是阔端，而不是传说中的成吉思汗"[②]。

1239年，坐镇凉州的蒙古宗王阔端（窝阔台第二子）派部将多达那波率军进入乌斯藏。关于多达那波此次进军乌斯藏，藏文文献《西藏王臣记》《大司徒绛曲坚赞自传》《贤者喜宴》等均记载了其在藏的活动，这是有史记载的蒙古势力第一次深入西藏。对于多达那波进军的目的，学者一般认为有二，一是以武力击溃所遇到的武装抵抗；二是与藏传佛教正式建立联系，找到一个可以代表西藏的人物，并把他请到凉州去商讨西藏如何归附蒙古的大事。[③] 多达那波了解了乌斯藏的政教情况后，向阔端汇报说："丛林最多者，唯噶当派；通达情理者，唯达隆巴；威望最高者，唯止贡京俄；明晓佛理者，唯萨迦班智达。"[④] 多达那波最终促成了萨迦班智达前往凉州与阔端商谈西藏和平归附蒙古的重大历史事件。

萨迦班智达，名贡嘎坚赞（kun-dgav-rgyal-mtshan，1182—1251）。他

[①] 陈庆英：《蒙藏关系史大系·政治卷》，西藏人民出版社、外语教学与研究出版社2002年版，第21—22页。

[②] 王辅仁、陈庆英：《蒙藏民族关系史略》，中国社会科学出版社1985年版，第15页。

[③] 陈庆英：《蒙藏关系史大系·政治卷》，西藏人民出版社、外语教学与研究出版社2002年版，第27页。

[④] 五世达赖喇嘛：《西藏王臣记》，刘立千译注，西藏人民出版社1991年版，第60页。

是萨迦五祖中的第四祖,自幼跟随伯父扎巴坚赞受戒出家,到多达那波进藏时,已是一位学识渊博、德高望重的著名大师,他住持的萨迦寺是当时后藏实力最强的一派。受西藏地方政教首领的推荐和阔端的邀请后,1244年,他带着 8 岁的侄儿八思巴起身前往凉州,经过近两年的跋涉,于 1246 年到达凉州。此时阔端因回蒙古参加选举贵由继任蒙古大汗的王公大会而不在凉州,直到 1247 年,阔端返回凉州,萨迦班智达才与阔端举行了具有历史意义的会见。

萨迦班智达和阔端议定了西藏归属蒙古的办法,主要内容是西藏各僧俗首领向蒙古降附纳贡,归顺蒙古,接受蒙古的统治;蒙古维持西藏原来各地首领的职权,并正式委任给相应的官职。与阔端议定条件后,萨迦班智达以宗教首领的身份给西藏各地僧俗首领写了一封公开信,即著名的《萨迦班智达贡嘎坚赞致乌斯藏善知识大德及诸施主的信》(亦译为《萨迦班智达致蕃人书》)。

萨迦班智达在信中指出,归顺蒙古是大势所趋,他举例劝诫说归顺者如何得到好处,拒不归降者则会遭到惩罚性的进攻,最后还是要被迫归降。关于归顺条件,信中说,西藏地区的僧俗官员和百姓属民都要承认自己是蒙古的臣民,世俗行政事务由蒙古派人来管理,宗教和寺院僧人的事务由蒙古委派萨迦寺的领袖人物来主持。在此前提下,西藏各地的僧俗官员都可以照常供职,而由蒙古派出的官员对他们重新加以委任。凡是愿意归顺的,都要造三种表册,一是地方官员的姓名,二是百姓属民的数字,三是缴纳贡物的品种数量。三种表都要缮写三份,一份送阔端,一份送萨迦,一份由各地方官员自己存留。分析萨迦班智达的这封信,可以说这封信是萨迦班智达在凉州与阔端商谈和亲身观察思考后,向西藏僧俗首领发出的归顺蒙古的号召书。在蒙古推进全国大一统之际,由于萨迦班智达的努力,使西藏广大人民避免了战乱之苦,他对西藏僧俗首领的规劝完全符合西藏广大人民的心愿,这充分表明了萨迦班智达的卓识远见。

萨迦班智达与阔端的凉州会晤奠定了西藏归属蒙元中央的基础,为后来元代在西藏地方施政铺平了道路。从民族关系角度而言,这次会晤也正式确立了符合两族各自利益的友好关系基础。

有元一代,中央设置总制院(后改名为宣政院)执掌西藏宗教和行政、军事等事务。1260 年,忽必烈即大汗位后,对八思巴"尊为国师,授以玉印,任中原法主,统天下教门",1270 年,八思巴又被封为"帝师"。关于"帝师"的地位，从忽必烈给八思巴的封号可见一斑。《元史·释老传》记云："皇天之下，一人之上，宣文辅治，大圣至德，普觉真智，佑国如意，大宝法王西天佛子，大元帝师。"

张云认为八思巴的权力有四：其一，吐蕃事务顾问；其二，总制院的院使；其三，总制院及其他行政部门官员的推荐与任免；其四，吐蕃地方行政体制的建立与调整①。八思巴以后帝师制度得以相承，有元一代的帝师多出于萨迦昆氏家族。在西藏地方，元中央设置乌斯藏纳里速古鲁孙等三路宣慰司都元帅府（乌斯藏宣慰司）、吐蕃等处宣慰司都元帅府（脱思麻宣慰司）和吐蕃等路宣慰使司都元帅府（朵甘思宣慰司）三个地方行政机构，由中央的宣政院统一管理。宣慰司下，设有万户府、千户所等军政组织机构，其中乌斯藏地方设有13万户。

宗教文化方面，萨迦班智达在凉州6年中，成为第一个在蒙古宫廷中成功传播了佛教并受到蒙古王室成员信仰的藏传佛教首领。其后，八思巴及历任帝师继续在宫廷传播藏传佛教，终使藏传佛教得以在整个蒙古地区广泛流传，成为联结蒙藏两族关系的纽带。八思巴任帝师期间还奉命创制八思巴文字，对蒙藏两族的文化交流做出了贡献。

为了笼络藏族上层贵族以巩固在西藏的统治，蒙古皇室除了在宗教与政治上扶植和利用萨迦派昆氏家族外，同时还与昆氏家族结为姻亲，互为舅甥，以婚姻的手段来增强藏族对元王朝的向心力和凝聚力。比如《汉藏史集》记载："汗王阔端让他（恰那多吉）穿蒙古服装，并把公主墨卡顿嫁给他。"②《汉藏史集》还记述道："他（恰那多吉）朝见薛禅皇帝（即忽必烈——引者注）后，薛禅皇帝封他为白兰王，赐给金印，并为他设置左右衙署，委派他治理整个吐蕃地区。在整个吐蕃和萨迦派中，他是最早得到王的封号和职位的人。"③

总之，有元一代，尽管西藏蒙藏关系集中反映在元朝皇室与萨迦派之间，但这种特殊的政治关系推动着蒙藏两族关系在政治、经济、文化、宗教等多个方面取得了很大的发展，为后世西藏蒙藏关系奠定了坚实基础；特别是从中国统一多民族国家历史演进的角度而言，在元王朝推进中国统

---

① 张云：《元代吐蕃地方行政体制研究》，中国社会科学出版社1998年版，第39—40页。
② 达仓宗巴·班觉桑布：《汉藏史集》，陈庆英译，西藏人民出版社1986年版，第206页。
③ 同上。

一多民族国家迈向确立的历史进程中,西藏地方归属元中央直接行政管辖,不仅有利于蒙藏两族关系,更重要的是为中国统一多民族国家的确立做出了重要贡献。

2. 明代蒙藏关系

元亡明兴后,由于蒙古各部分立,西藏佛教各派之间也是争斗不息,蒙藏关系较元代形成了错综复杂的局面。蒙古各部当中与西藏关系密切的有土默特部、鄂尔多斯部、喀尔喀部、察哈尔部以及卫拉特蒙古准格尔部与和硕特部等①。这其中,西藏佛教并没有因为朝代更替而停止向蒙古各部广泛传播。由于土默特部首领俺答汗和鄂尔多斯部首领库图克台彻晨洪台吉经略青海,据《蒙古源流》记载,库图克台彻晨洪台吉曾进兵西藏,与西藏佛教建立了联系②。1578年,俺答汗与西藏格鲁派领袖索南嘉措会见,双方互赠尊号,俺答汗赠给索南嘉措"圣识一切瓦齐尔达喇达赖喇嘛"的尊号,索南嘉措赠予俺答汗"咱克喇瓦尔第彻晨汗"的尊号,这对促进双方关系具有重要的意义。后来,俺答汗的曾孙被蒙藏两族上层共同认定为索南嘉措的转世,是为第四世达赖喇嘛云丹嘉措。在历辈达赖喇嘛中,只有第四世是蒙古族身份。

索南嘉措与俺答汗的会见,无疑使新兴的格鲁派找到了支持力量,这在一定程度上刺激了西藏当时其他政教势力寻求支持。此时,蒙古各部在青海争斗不已,原来支持格鲁派的蒙古土默特部已经被喀尔喀部的却图汗征服,却图汗联合察哈尔的林丹汗进入青海,以期共同对付卫拉特蒙古和硕特部,进而便于进一步向西藏扩展势力。1634年,林丹汗病卒。1635年,支持噶玛噶举派的却图汗派其子阿尔斯兰领兵入藏,在格鲁派的内外处境岌岌可危的情况下,格鲁派向和硕特部请援。1637年,和硕特部首领固始汗率部进入青海,在与却图汗部的"血山之战"中以少胜多,自此,固始汗掌控了青海广大地区。1638年,固始汗到达拉萨,与四世班禅罗桑却吉坚赞和五世达赖喇嘛阿旺·洛桑嘉措会见,这次是蒙古统治阶

---

① 15世纪,达延汗统一漠南、漠北蒙古各部后,把蒙古划分为喀尔喀、兀良哈(乌梁海)、察哈尔、鄂尔多斯、土默特、喀喇沁六部。有时也称为六个万户,这六个万户又分为左右两翼,左翼三万户为喀尔喀万户、兀良哈万户和察哈尔万户;右翼三万户为鄂尔多斯万户、土默特万户和喀喇沁万户。卫拉特四部的活动主要在清代,但是其分化结盟是在明代。

② 萨囊彻晨:《蒙古源流》,道润梯步译校,内蒙古人民出版社1980年版,第354—355页。

级又一次和西藏宗教上层相结合。随后，固始汗加紧与格鲁派上层联络，积极准备进军西藏，先后消灭康区白利土司顿月多吉和后藏的藏巴汗政权。固始汗还通过武力干预，使西藏其他寺院改宗格鲁派，并摧毁噶玛噶举派寺院，至此噶玛噶举派与格鲁派的长期斗争基本宣告结束。和硕特部掌控西藏后，格鲁派在其强有力的军事力量的保护下，取得了在藏传佛教各教派中的绝对优势地位，蒙藏两族上层建立了联合掌政西藏的甘丹颇章政权。

可以看出，明代由于西藏地方政教纷争，加之蒙古各部之间的相互斗争，蒙藏关系远比元代复杂得多。然而，"无论是元代还是明代，蒙藏民族之间关系的建立，都是政治先于宗教的。蒙古族统治阶级在向藏族地区伸展势力时，总是先利用其军事优势，在取得军事胜利的基础上进而寻求建立宗教上的联系，以利于实现其政治目的"。[①]

3. 清代蒙藏关系

清初蒙藏关系集中表现为蒙藏上层联合掌政西藏。1642年，固始汗和格鲁派的联军推翻第悉藏巴政权后，固始汗邀请五世达赖喇嘛到后藏日喀则，将卫藏十三万户和藏巴汗宫廷的大量金银财宝奉献给了达赖喇嘛，并将西藏地方政府首府迁往拉萨，扶持五世达赖喇嘛建立起甘丹颇章地方政权。与此同时，固始汗与五世达赖喇嘛商请四世班禅住持扎什伦布寺，划后藏部分地区归班禅管辖。至此，在固始汗的支持下，格鲁派在藏区的势力取得了绝对优势地位。随后不久，固始汗拜四世班禅罗桑却吉坚赞为师，并于1645年赠予"班禅博克多"称号，这是班禅名号的正式开端。为了巩固在藏区的统治，固始汗采取了一系列措施，他派遣儿子们率部驻扎青海，建立以他为领袖的和硕特部根据地，他本人则长期坐镇拉萨，在拉萨以北的达木地区驻扎重兵，起震慑保护作用，从而在全藏区形成蒙古汗王统治的局面。在甘丹颇章政权内，卫藏地方藏族高级行政官吏和世俗贵族由固始汗任命封赐，卫藏地区的行政命令，必须由固始汗盖印、发布执行，官职最高的第巴只是副署盖印。

清初蒙藏关系还表现为两族上层接受清中央的册封。早在清军入关前，固始汗和格鲁派上层就意识到后金取代明朝已经成为必然趋势，双方

[①] 陈庆英：《蒙藏关系史大系·政治卷》，西藏人民出版社、外语教学与研究出版社2002年版，第168—169页。

共议后派出以伊拉古克三为首的代表团前往盛京，1642年，代表团行抵盛京，受到皇太极的隆重礼遇。清朝安都北京后，为巩固新生政权，与西藏地方的联系更加频繁。1652年，五世达赖喇嘛应邀入京觐见，顺治帝于1653年赐予金册金印，封其为"西天大善自在佛所领天下释教普通瓦赤喇怛喇达赖喇嘛"。在册封五世达赖喇嘛的同时，顺治帝派员前往西藏给固始汗赍以汉、满、藏三体文字的金册金印。至此，清中央政府正式确认了达赖喇嘛在蒙藏地区的宗教领袖地位和固始汗在西藏的统治权，这一时期，是蒙藏关系平稳发展的重要时期。这样，清政府通过册封，赋予了蒙藏上层联合掌政西藏的法律地位。显然，清政府以和平的方式达到了行使主权的目的。

1702年，拉藏汗窃得汗位。他上台后，与第巴·桑结嘉措的关系日趋紧张，最终双方爆发武装冲突，第巴·桑结嘉措兵败被杀。1717年，蒙古准噶尔部策妄阿拉布坦袭藏，拉藏汗被杀，和硕特部在藏的75年统治宣告结束。准噶尔部在藏骚扰破坏长达3年之久。1720年，清朝第二次派兵进藏驱逐平定了准噶尔部对西藏的袭扰，废除了汗王制而采取众噶伦共同执政西藏的新的治藏措施。从此，蒙古势力被彻底排除出西藏。

纵观元明清三代蒙藏关系，不难看出，蒙藏两族关系体现出政教联合的鲜明特征，即西藏佛教上层为了在政教纷争的局面中取得统治地位，不得不依恃强有力的蒙古军事力量，而蒙古势力要顺利进入西藏又不得不扶持西藏宗教上层。很显然，藏传佛教在双方的关系中起到了重要的纽带作用。元代，蒙古族是统治民族，其以扶持萨迦派为核心的蒙藏关系是元中央和西藏地方关系的一个重要体现，是元中央治藏之策的需要。明清时期的蒙藏关系中心是蒙古和硕特部势力进入西藏后与藏族的关系。关于和硕特部进入西藏的原因，王力认为是由于各种推、拉因素综合作用的结果，他认为推的因素主要有四点：一是对牧地需求的增加；二是喀尔喀部的进逼；三是俄国势力的进逼；四是准噶尔部的威胁。拉的因素主要有三点：一是明中期以来有大量蒙古族生活在广大藏区，这为和硕特部的进入提供了民族和文化的归属感以及语言、宗教、习俗等方面的便利，是为民族亲缘因素；二是广大藏区丰腴的水草和辽阔的草场资源、宽松的政教环境等，是为藏区优越而宽松的生存环境因素；三是西藏格鲁派上层的邀请①。

显而易见，影响元明清三代的蒙藏关系因素，除了时代因素外，还包括区位、地缘、亲缘、宗教等。中央政府通过对蒙藏政教上层的册封来调控蒙藏关系，在一定程度反映了中央政府的治藏措施，及至清朝前期，中国统一多民族国家进一步巩固强盛之际，清中央本着强化中央主权和权威、安稳地方的治藏方针，对蒙藏关系的调控力度加强。此外，在蒙藏关系的发展中，西藏传统文化向外广泛传播，深深地影响到了青海、蒙古等地，蒙古广大地区至今仍崇信藏传佛教便是突出的表现。

二 达木蒙古：蒙古族族属到藏族族属

"达木"，系藏语"vdam"译音，清代文献也译作达穆、达目、塔木、打木等②，其意为沼泽地、草场（滩），即今天西藏的当雄县，该地也曾有达木蒙古、达木八旗、达木牛场、达木蒙古八旗等名称。达木地方位于西藏自治区中部，藏南与藏北的交界地带，距拉萨市约 153 公里，被称为拉萨的"北大门"。达木是青海到拉萨的要冲，在历史上蒙古势力从青海进兵西藏和经略整个藏区中具有重要的战略地位。明末清初和硕特蒙古固始汗应邀率部赴藏消灭与格鲁派为敌的第悉藏巴政权，五世达赖喇嘛让他们挑选驻地，结果选定在达木地方，固始汗遂以此为其夏宫所在地。固始汗的这支蒙古骑兵是护卫西藏政治中心的武装力量，并被清廷编组为达木蒙古八旗。到清末，达木蒙古逐渐藏化。现今当地牧民仍认为自己是固始汗的后裔，并依据七家蒙古族姓氏划分的八个部落（一个部落不属于姓氏之列），即曲考（曲柯尔）、阿托、锅查（果才卜）、恩果、潘加（班加）、巴家（巴加尔）、娃休（阿许）、索布。

（一）达木蒙古的由来

早在元代，元世祖曾派桑哥率军进藏，并在达木一带驻扎军队，管理藏北地区的驿站。1260 年，藏历第四饶迥铁猴年，忽必烈派以答失蛮为首的官员到藏清查户口和设置"甲姆"（驿站），在藏北设贡（今公塘）、

---

① 王力、张荣焕：《和硕特蒙古南迁藏区述论》，《北方民族大学学报》（哲学社会科学版）2012 年第 3 期。

② 参见（清）松筠《卫藏通志》（西藏人民出版社 1982 年版）等。

官萨（今宁中）、甲哇（今羊八井一带）立了驿站，甲哇等划归乌思（卫藏辖）①。后因乌思藏人不适应藏北的气候条件，经桑哥奏请，乌斯藏人不必在藏北驻站，而是每年派人把应交付给驿站的物资运送到藏北交给蒙军②。此时即有蒙古族在藏北生活。驿站设有专职官员管理机构。而在这一时期在八思巴的法旨中出现了"达木"一词。《西藏地名资料简编》在提到当雄地区曾使用过的地名时，列举了"达木（元）、达木蒙古八旗、达木八族、达木牛厂、达木蒙古"③ 等，也特别标明元代即已使用达木这个地名。国家测绘局地名研究所编的《西藏地名》④ 沿用了这一观点。

明中叶以后，蒙古几部势力在藏区的角逐中先后进驻此地。据《三世达赖喇嘛传》载，三世达赖喇嘛索南嘉措曾应达木蒙古首领塔尔本的邀请前去进行宗教活动⑤。这一部分蒙古人在16世纪初被达延汗军队打败后先移居青海，后又在明军的打击下迁徙到藏北。⑥

三世达赖喇嘛索南嘉措时，藏传佛教格鲁派在青海蒙古族中得到传播和发展。明朝末年，游牧于明边及青海湖一带的永谢布部（又作永邵卜、应绍卜、应绍不）因西进的林丹汗的冲击而开始涌入西藏。《五世达赖喇嘛传》记载："（1632年）蒙古永邵卜的四位官人迁移到恰达木（今西藏当雄县）地方，其原因是察哈尔王林丹汗毁掉了他们的统治。"在1635年喀尔喀蒙古却图汗之子阿尔斯兰带领上万军队来到达木，一举击破了永谢布四部⑦。

明末清初，西藏的政治形势处于混乱局面，藏传佛教各个教派间相互倾轧纷争不已。宗喀巴所创立的格鲁派（黄教）受到来自后藏第悉藏巴

---

① 恰白·次旦平措、诺章·吴坚、平措次仁：《西藏通史——松石宝串》，陈庆英、格桑益西、何宗英、许德存译，西藏社会科学院、中国西藏杂志社、西藏古籍出版社2008年版，第375页。

② 达仓宗巴·班觉桑布：《汉藏史集》，陈庆英译，西藏人民出版社1999年版。

③ 西藏自治区革命委员会测绘局、西藏军区司令部侦察处：《西藏地名资料简编》，1979年版，第16页。

④ 武振华主编、国家测绘局地名研究所编：《西藏地名》，中国藏学出版社1995年版，第109页。

⑤ 五世达赖喇嘛阿旺·洛桑嘉措：《三世达赖喇嘛传》，参见五世达赖喇嘛阿旺·洛桑嘉措《一到四世达赖喇嘛传》，陈庆英、马连龙等译，中国藏学出版社2006年版，第188—189页。

⑥ （清）张廷玉等：《明史·鞑靼传》，中华书局1974年版。

⑦ 五世达赖喇嘛阿旺·洛桑嘉措：《五世达赖喇嘛传》，陈庆英、马连龙等译，中国藏学出版社1997年版，第139页。

的压迫，青海信仰噶玛噶举教派的却图汗的排斥以及康区信仰本教的白利土司的压制。这些危机促使格鲁派上层急于寻求外援，于是第四世班禅罗桑曲吉坚赞和第五世达赖喇嘛阿旺·洛桑嘉措于1634年派专使向厄鲁特蒙古和硕特部首领固始汗求援。1637年，固始汗率军灭却图汗，占据青海。当年秋天，固始汗率卓尼曲杰等一千多人化装成香客到达了达木地方，随后入藏与五世达赖喇嘛进行了会晤。这时居于达木地方的永谢布部应是归顺到了和硕特部。1639—1640年固始汗派兵自青海入康区灭白利土司；1642年，固始汗执杀藏巴汗后继续西进，击降各部，彻底摧毁了后藏的第悉藏巴地方政权，遂成为西藏地区的统治者。固始汗将卫藏地区行政事务委任于达赖喇嘛的第巴，于是以蒙古汗王为主要执政者和藏族第巴共同组成了联合政府。也因达赖喇嘛的挽留，固始汗命其长子达延汗（即鄂齐尔汗，名丹津道尔吉）常驻拉萨辖领部众，命第六子多济尔（即达赖巴图尔台吉）佐之，留有蒙古骑兵，驻牧于拉萨北部达木牛场地方，以控制卫藏各地。此后，在西藏的蒙古军队，除少数驻拉萨外，大多数驻于达木。

嘉庆二年（1797年），时任驻藏办事大臣的松筠到达木阅兵，著有《丁巳秋阅吟·达木观兵》。他在该篇的自注中云："达木系草地，所居官兵本青海蒙古。初，青海厄鲁特固什汗剿灭藏巴第巴，因留兵二千余住此护卫达赖、班禅。后因固什汗曾孙拉藏汗于康熙年间被准噶尔戕害，达木蒙古亦被掳去十分之九。雍正初年，青海罗布藏丹津与察罕丹津构衅，该游牧人众有避兵投藏住达木者。自是达木所居新旧蒙古共八百余户，遂为八鄂托克。后置固山达、佐领、骁骑校各八名，分管所属，因呼为达木八旗。固宜劝之教之，用成武备。"[①] 由此可知，固始汗所部在准噶尔袭藏事件中被"掳去十分之九"，在后来的青海罗卜藏丹津叛乱中其所部有"避兵投藏住达木者"，"自是达木所居新旧蒙古共八百余户"。罗布藏丹津所部亦属和硕特蒙古，所以，达木蒙古的主体是和硕特蒙古。

从相关文献和调查获悉的讯息得知，固始汗进驻达木之前，此地仅有7户不同姓氏的蒙古牧民，固始汗进藏时首先征服了达木原住居民，尔后其部在此驻牧，安家落户。该地水草丰美，适宜发展牧业生产，因此陆续

---

① （清）松筠：《丁巳秋阅吟·达木观兵》，参见吴丰培辑《川藏游踪汇编》，四川民族出版社1985年版，第143页。

从西康、青海、甘肃等地迁来许多牧民在此定居，后来发展成 8 个部落，这 8 个部落是：曲柯尔、恩果、巴加尔、阿托、班加、果才卜、阿许和索布①。每个部落以 7 户先民中一户的姓氏命名。

（二）清朝对达木蒙古的治理

清朝时期实行"兴黄教，即所以安众蒙古"的扶植格鲁派扶绥蒙藏人民的政策，使得格鲁派势力迅速发展。固始汗死后，其后裔拉藏汗袭位，坐镇拉萨统治卫藏，他上台后与时任第巴·桑结嘉措发生权力之争。拉藏汗既受朝廷封作屏辅，又在达木驻有军队，只因惮于第五世达赖喇嘛在蒙藏人民心目中的威信，而暂时对于第巴·桑结嘉措未能摒除。五世达赖喇嘛圆寂后，第巴·桑结嘉措秘不发丧达 15 年之久。1703 年，第巴与拉藏汗矛盾公开化。1705 年，拉萨传召法会期间双方发生了军事冲突，后经调解，拉藏汗离拉萨回青海，第巴退回山南。但是拉藏汗并未返回青海，而是转到那曲达木地方后，调集了蒙古骑兵兵分三路突袭拉萨，桑结嘉措兵败被杀，蒙古汗王独揽西藏政务。在这一事件中，达木蒙古军队起到了至关重要的作用。为防止和硕特蒙古控制西藏，清朝于 1709 年派侍郎赫寿到西藏协助拉藏汗办理事务。

清康熙五十六年（1717 年），准噶尔部策旺阿拉布坦派遣策凌敦多布率 6000 人军队袭击拉藏汗，双方决战于达木，后拉藏汗兵败被杀。清军于 1720 年在那曲当雄一带击败准噶尔，准噶尔军从那仓地方逃回伊犁，劫走一部分达木蒙古士兵。清朝在 1721 年废除了由汗王和第巴联合掌权体制，设立四噶伦共同管理西藏地方事务。1723 年青海和硕特蒙古首领罗卜藏丹津叛乱，清朝派年羹尧、岳钟琪于青海击败罗卜藏丹津。在这一战乱中有部分和硕特蒙古逃往达木地方。

雍正五年（1727 年），西藏贵族之间发生内讧，阿尔布巴与隆布鼐、扎尔鼐勾结，杀了贝子康济鼐。据藏文《颇罗鼐传》载，参加这次战争的有"霍尔蒙古"，经辨析，该霍尔是指藏北达木地区的青海和硕特蒙古族。② 内讧发生之后，阿尔布巴差阿隆巴带兵前往达木蒙古地方震慑，后据阿隆巴回报："据众蒙古说，我主子康济鼐被杀了，我们情愿归达赖喇嘛属下。"由此推知，此时达木蒙古被迫接受阿尔布巴为首的噶伦政府

---

① 陈庆英：《中国藏族部落》，中国藏学出版社 2004 年版，第 596 页。
② 《藏族简史》编写组：《藏族简史》，西藏人民出版社 1986 年版，第 125 页。

管辖。

1727年卫藏战争结束后，清朝封颇罗鼐为贝子，总理全藏政务。为方便派遣侦探及请旨之故，经颇罗鼐奏请又将达木蒙古隶属颇罗鼐差遣管辖。1730年晋封颇罗鼐为多罗郡王，其次子珠尔默特那木札勒封为头等台吉，领有藏北三十九族和达木蒙古八旗。自此，达木蒙古从由和硕特蒙古上层管辖转变为由西藏地方政府贵族管辖。

乾隆十二年（1747年），颇罗鼐卒，其子珠尔默特那木札勒袭位。乾隆十五年（1750年），驻藏大臣傅清、拉布敦被珠尔默特那木札勒属下杀害，清廷派兵镇压。事后，四川总督策楞提出将达木蒙古改归驻藏大臣管辖，获得允准。①

乾隆十六年三月，策楞偕班第上奏："酌定西藏善后章程"十三条，将达木蒙古由西藏郡王管辖改归由驻藏大臣管辖。在章程中有专门的一条是关于达木蒙古的，如下："达木蒙古，应遵旨安插。查该蒙古，前经颇罗鼐奏请，由该王差遣管属。自珠尔墨特那木扎勒被诛后，伊等因无人管辖，竟尔潜回达木。该蒙古等原属无罪之人，向系游牧为生，与唐古特情形迥异。即遵旨询及本人，亦情愿归回达木，听候差遣。自应仰体皇仁，善为安顿。从前原系编为八个佐领，惟是该头目等所有名号，或称宰桑，或称台吉，均系颇罗鼐、珠尔墨特那木扎勒混行加给职衔，于体制亦有不符。应酌定将现有之头目八人，均授为固山达各色。属下仍选择八人，授为佐领。再选八人，授为骁骑校。俱照例给以顶戴，递相管束，俱归驻藏大臣统辖。每佐领派人十名，共八十名驻藏，以备差遣，并护卫达赖喇嘛。其实用口粮仍照旧例，向达赖喇嘛仓上支取。一切调拨，均依钦差大臣印信文书遵行，噶隆、代奔等，不得私自差遣。一切革除补放，俱由钦差大臣商明达赖喇嘛施行。每年查察该蒙古内，如有勤劳恭顺者，酌加奖赏；倘有不遵法度一者，严加惩责。至现在藏地蒙古，因本地毫无牲口养膳，向住藏内以资糊口之数十户，应查明存案，准其留藏，以资养生，庶各蒙古有所约束，均得仰沐天恩矣。"② 从这段史料可以看出，颇罗鼐当政期间，在达木蒙古设有宰桑、台吉、那彦等职，很明显保留了和硕特部原有的管辖组织制度。当时就有头目八人，管辖其八个鄂托克。平定珠尔

---

① 《清高宗实录》卷378，乾隆十五年十二月戊寅条。
② 张其勤：《清代藏事辑要》，西藏人民出版社1983年版，第182—183页。

默特那木扎勒之乱后，清廷制定"西藏善后章程"，始将达木蒙古的管辖权纳入其制度范围之内。从文献记载可以看出，清朝在达木蒙古固有的组织形式上各派八名固山达（"旗主"之意）、佐领、骁骑校等各级官员。也就是每个"旗"各有一名固山达、佐领和骁骑校。从此达木蒙古划归驻藏大臣统辖，平时游牧，战时征调奔赴前线。达木部落因属驻藏大臣管辖，被称为"达木嘉学介"，意为"达木汉属地管辖的八部落"①，清政府称之为"达木蒙古八旗"。

关于达木八族官员额数及八族百姓丁口，《九族县志》载："曲柯族协领一员，佐领一员，骁骑校一员，什家户五名；英葛族协领一员，佐领一员，骁骑一员，什家户六名；驻藏阿朵族协领一员，佐领一员，骁骑校一员，什家户四名；八甲族协领一员，佐领一员，骁骑校一员，什家户四名；篇中族协领一员，佐领一员，骁骑校一员，什家户三名；古渣族协领一员，佐领一员，骁骑校一员，什家户三名；物绪族协领一员，佐领一员，骁骑校一员，什家户二名；索布族协领一员，佐领一员，骁骑校一员，什家户五名；又由八员协领内选派总领一人管八族事务。八族男女总共二千九百五十一丁口，官无俸兵无粮，牧养为生。"②

乾隆五十四年（1789年），和珅等《遵旨议覆鄂辉等奏西藏善后事宜十九条折》云："查西藏由理藩院派出司官一员承办达木额鲁特及二十九族番子事务，其游击统领并兵五六百名，若无印篆，似不足以昭信守。该将军等所奏，自为慎重边务起见，应请旨敕部铸给办理西藏番务章京关防一颗、驻藏游击关防一颗，庶征调一切缓急公务均有裨益。"③ 由此可知，这种司官是总体上管辖达木蒙古的官员，而游击是军事方面的官员，他们都驻拉萨行使着权力，但仍受制于驻藏大臣。

乾隆五十八年（1793年），《藏内善后章程二十九条》的颁布，将中央政府对西藏地方的治理提升到一个新的阶段。《藏内善后章程二十九条》规定：设"理藩院司员一员，管理达木蒙古八旗官兵三十九旗番民

---

① 陈庆英：《中国藏族部落》，中国藏学出版社2011年版，第596页。
② 赞廷：《九族县志·附达木》，参见张羽新主编《中国西藏及甘青川滇藏区方志汇编》（第8册），学苑出版社2003年版。
③ 张羽新：《清朝治藏典章研究》，中国藏学出版社2002年版，第84—85页。

事务，承办驻藏大臣衙门清文稿案，三年更换。"① 此即驻藏大臣之下所设西藏夷情事务一职，亦有作夷情章京，章京为满语的音译，多加在具体职务之后。

达木蒙古是清代中央部院直辖的蒙古旗，即内属旗②，和察哈尔、乌梁海等一起列入"游牧之内属者"为游牧八旗。《钦定大清会典事例》卷九百六十六《理藩院·疆理》记载："达木蒙古八旗游牧。四旗在札喜汤。二旗在汤育。一旗在五佛山，皆北倚拉干山，南与前藏接界。一旗在格拉，东北滨哈拉宾苏，西与后藏接界。"其卷九百七十七《理藩院·设官》中有关于达木官制的规定："达木蒙古八旗，设佐领防御骁骑各八人，由驻藏大臣选拟补奏。"光绪十八年（1892年），西藏方面提出："达木八旗，霍尔三十九族领域，其兵丁、军饷统归西藏征调。"此要求清朝政府未批准。

综上所述，达木蒙古在清朝一代属领关系从由和硕特蒙古上层管辖到由西藏地方贵族统属，继而归入驻藏大臣管辖，划归到中央院部直辖的内属旗。

（三）清代达木蒙古的军事地位

在清一代，随着中央政府对西藏地方直接管理的逐渐加强，达木蒙古也有其明确的定位，清中央始终将其作为一支防御外来势力侵扰、维护西藏地方安定的重要军事力量。

达木蒙古战斗力强，驻地战略位置重要，是一支不容忽视的军事力量，清廷对达木蒙古的军事作用给予高度重视。达木之兵向来驻在达木角一带，离拉萨较远，调来操演，来回甚是不便，但又不能听其自便荒弛军务，因此，乾隆年间把每年来前藏轮差的官兵改为一年两次更换，归入操演藏兵之内一体练习。"认真训练，务令技艺娴熟，一兵有一兵之用，毋致日久懈生，有名无实"③，严格训练操演。并由驻藏大臣于操演之期，一同校阅，优异者给予一定的奖励。驻藏大臣松筠在其著作《西招图略》"量敌篇"中云：唐古特兵"尚有达木蒙古骑兵五百，有马可备缓急，平

---

① 《西藏研究》编辑部编：《〈西藏志〉〈卫藏通志〉》（合刊），西藏人民出版社1982年版，第335页。

② 内属旗：清代统治者根据蒙古部落的不同情况建立了不同性质的旗，即将蒙旗划分为外藩旗和内属旗。内属旗由清朝中央直接统治，统其治于将军或大臣或都统以达于院。

③ 《清宣宗实录》卷359，道光二十一年十月壬亥。

时切莫调用。亦应严行操演,今著每年秋,论调八十名来藏入队操演。"①达木兵一切调动,均依驻藏大臣印信文书遵行,噶伦、代本不得任意差遣,一切革除补放,俱由驻藏大臣同达赖喇嘛定夺。每年查该蒙古内有勤劳恭顺者,酌加奖赏;不遵法度者,严加惩责。

达木蒙古划归驻藏大臣管辖之后,一直是一支维护西藏地方安定且战斗力较强的军事力量,如遇战事,则征发于达木蒙古。在维持西藏地方安定方面,格鲁派在西藏地方的政教纷争中胜出,达木蒙古兵起到了决定性作用,固始汗与达赖联合掌政西藏后,达木蒙古兵担负护卫达赖、班禅的职责。拉藏汗与第巴·桑结嘉措的武装冲突中,拉藏汗得以迅速获胜,达木蒙古兵起到了重要作用;在抵御准噶尔袭藏中,达木蒙古亦是发挥了重要作用。同治元年(1862年),驻藏大臣满庆奏称西藏寺院与摄政热振呼图克图发生矛盾引起动乱局面,请求清政府派兵入藏。清政府命令四川总督骆秉章调兵数百名,交进藏赴任的景纹带领赴藏。同时命令:若因川省有事,藏路遥远,未能调拨,即咨行景纹酌调达木蒙古官兵及霍尔三十九族番兵,交其统带赴藏弹压务使两造畏服听断。② 14天之后,清政府又重申了这一命令。但因瞻对(今四川新龙县)地方土司互斗,景纹赴藏道路受阻,这一命令遂无法执行。

在抵御外敌入侵方面,1788年廓尔喀(今尼泊尔)侵犯西藏济咙、聂拉木、宗喀等地,驻藏大臣庆麟即调达木兵五百,偕驻前藏、察木多的绿营前往抵御。乾隆皇帝谕令"巴勒布地方,距后藏甚近……著雅满泰即酌带绿旗暨达木额鲁特兵,前赴扎什伦布,将班禅额尔德尼加意抚慰"。③乾隆五十六年(1791年),廓尔喀再次入侵,驻藏大臣保泰、雅满泰奏:"西藏现有达木蒙古兵丁,若再有需要之处,内地相去窎远,可于土练番兵内,就近调取千余名,不独顺便,且较为得力。"④随后保泰急调达木兵三百,酌带绿营兵丁,至后藏迎战,与廓尔喀兵在萨迎附近相遇,固山达策巴结阵亡。战争的经过情形,据驻藏大臣奏:"唐古武兵见贼,施放一二枪即行退走,惟达木兵尚勇拒敌,无如抵有三百,众寡不

---

① 《西藏研究》编辑部编:《西招图略·西藏图考》,西藏人民出版社1982年版,第12页。
② 《清穆宗实录》卷33,同治元年七月丁亥。
③ 《清高宗实录》卷1309,乾隆五十三年七月丁亥。
④ 《清高宗实录》卷1385,乾隆五十六年八月辛辰。

敌，以致阵亡过多，贼乘势占萨迎庙居住。"① 因此次战役中，"达木兵受伤阵亡亦多"，乾隆帝命令"其阵亡达木蒙古兵丁，交保泰等，查明咨部。一体议给赏恤"。② 后来，清政府命福康安率军反击廓尔喀的入侵，在部署兵力时，乾隆帝即考虑了达木蒙古这支力量，他给军机大臣的命令中说："著福康安抵藏后再行酌量情况，通盘筹算。如尚需添兵，或就近于德尔格及屯练、降番并达木蒙古兵添调一二千名。于进剿既属得力，而后路声援，亦较为壮盛。"③ 对参战的达木兵丁的口粮，清政府规定在藏地以内，由达赖喇嘛商上支给。在藏地以外，由官为支给。④ 这场反击廓尔喀入侵的战争以清军的胜利而告终，达木蒙古官兵在保国卫藏的斗争中作出了贡献，是令人永远怀念的。

综上可以看出，达木蒙古的军事作用深受清政府的重视，不管是在维护西藏地方安定方面，还是在抵御外敌入侵方面，达木蒙古都屡建战功，在清中叶西藏地方发挥了重要的军事作用。

（四）清末达木蒙古改制及其后建置沿革

光绪三十二年（1905年），时任驻藏帮办大臣的联豫曾到达达木，他注意到，达木蒙古兵因相沿已久，不惟不解蒙语，即中文中语俱不识，而衣冠品级亦保与番官同。⑤ 可见，清末达木蒙古开始逐步向本地化转变。联豫的新政措施中，提出拟练新军六千，其中四成以达木蒙古和三十九族之人充任，并选调达木、三十九族十人进入新办陆军小学堂学习。此为清末达木兵改制之始。宣统年间，为了应付日益严峻的藏事危机，联豫提出"先练达木兵一营，以为模范，然后再从三十九族选练，逐渐扩充"。⑥ 但是，在当时清政府国库空虚、国事衰落的情况下，根本无力支付新政所需要的经费，各地也自顾不暇，对西藏的财政支持更无从谈起，此项措施也是无果而终。当时的达木蒙古的管辖，仍归于驻藏大臣。

辛亥革命后，清政府在西藏的军政力量土崩瓦解，达木蒙古也经历了一个由军事化组织到民间部落的转变过程。1912年，色拉寺的拉基因组

---

① 《清高宗实录》卷1385，乾隆五十六年八月甲子。
② 《清高宗实录》卷1387，乾隆五十六年九月甲子。
③ 《清高宗实录》卷1391，乾隆五十六年十一月戊子。
④ 《清高宗实录》卷1396，乾隆五十七年二月乙未。
⑤ 张其勤：《清代藏事辑要》，西藏人民出版社1983年版，第183页。
⑥ 牙含章：《达赖喇嘛传》，人民出版社2001年版，第222—223页。

僧兵抵抗川军有功，达赖喇嘛将达木赐给色拉寺，委任其为达木八旗总管，为期 25 年。① 直到 1959 年，达木一直是由色拉寺管理。色拉寺最初派了以一名堪布为首的十多个人前往当雄接管达木蒙古，但是当雄西部一个名叫诺巴机恰的千户拒绝交权给色拉寺拉吉，将其所派的一些人杀死。色拉寺以此为借口，依靠噶厦政府大肆镇压，杀害了诺巴机恰，设置当雄宗，其宗本由色拉寺拉基委派。这样，达木蒙古八旗的管理方式也开始纳入西藏地方行政管理模式中，即"当雄宗"的设置。

当雄宗政治组织由宗政府和部落组织两种形式构成。宗政府设宗本 3 人，均为僧官。宗本的任命是由色拉寺拉基下属的 3 个扎仓各派 1 人产生的。他们是扎仓里的上层喇嘛。宗本之下设涅巴（管家）1 人；仲译（秘书）2 人；宗本、涅巴、仲译任期均为 5 年②。部落是直接受辖于宗的一级行政组织，部落设甲本、藏革、坤都、久本、马本、休令等头人，甲本可译为百户官，藏革、坤都可能是蒙古语，藏革为佐领官，坤都为骁骑校，均为武官名，久本的汉意为 10 家户，马本的汉意为军官，休令的汉意尚不清楚。当雄 8 个部落各级头人的数目如表 11—1 所示。

表 11—1　　　　　　　当雄八部落各级头目人数③

部落头人	甲本	藏革	坤都	久本	马本	休令
曲（考）柯尔	1	1	1	5	3	3
恩果	1	1	1	5	8	
阿（窝）托	1	1	1	2		
巴（家）加尔	1	1	1	2		1
班（潘）加	1	1	1	2		
果（查）才卜	1	1	1	2	1	1
阿许（娃休）	1	1	1	2	1	
索布	1	1	1	2		

---

① 西藏少数民族社会调查组：《当雄宗调查报告》，中国科学院民族研究所 1964 年版，第 2、17 页。

② 西藏社会历史调查资料丛刊编辑组编：《藏族社会历史调查》（三），西藏人民出版社 1987 年版，第 311 页。

③ 本表根据《藏族社会历史调查》（三）制作，参见西藏社会历史调查资料丛刊编辑组编《藏族社会历史调查》（三），西藏人民出版社 1987 年版，第 311—312 页。

部落之下还有"居学""猎四""折恰"。当时,当雄八部落共辖780户,约3900人。其中最大的曲柯尔部落有200多户,约1000人。恩果部落大约有150户,巴加尔部落约有90户,阿托部落约有100户,班加部落约有90户,果才卜部落约有70户,阿许部落约有50户,索布部落约有30户。1959年,当雄宗改制为当雄县。①

(五) 现今的达木蒙古

在清代西藏地方历史演进中起到过至关重要作用的达木蒙古如今已融入藏族,但在当地还流传着很多关于蒙古族的事迹。至今在当雄很多的藏族老百姓都认为自己是蒙古族的后裔。现在当雄县的行政区划为6乡2镇,分别为当曲卡镇(当雄县城)、羊八井镇、格达乡、宁中乡、公塘乡、龙仁乡、乌玛塘乡、纳木湖乡。乌玛塘原作沃玛塘,沃玛藏语意为"牛奶",塘即荒原、草地之意。在当地还有一些地名如"哈麻儿"、"萨开"(今龙仁乡四组所在山沟)、"乌达"(龙仁乡四组所居住的山沟)、"汗锅"(今公塘乡二组所在地)等,当地人均认为是蒙语,其意思已无人知晓。位于当雄县县城偏东北部境内阿热湿地这一天然草场(地),也就是当年固始汗军队养马场所在地,当地人称之为"擦康熙日",贯穿其中弯弯曲曲的河流称为"那勒乌苏",这些名称均非藏语。

关于达木蒙古族后裔状况,我们在2011年8月的调查过程中发现②,不管是领导、知识分子还是当地普通老百姓均认为当地很多人都是蒙古族的后裔,这部分人主要分布在公塘乡的中噶村、龙仁乡、乌玛塘乡等,其中中噶村是固始汗夏宫遗址所在地。现居住在当曲卡镇的白玛、索朗旺堆兄弟称他们家是当地延续至今的一个蒙古家族,称"图窄",所谓"图窄",据他们祖辈传下来的说法是在五世达赖喇嘛时期,每年藏历元月要举行"莫朗钦波"(传召法会),各个寺庙的僧人都要聚集在大昭寺做法事念经为众生祈福,愿天下太平。这个时候,达赖喇嘛要围着大昭寺带领众人转经,在达赖喇嘛的前面需要两个人举着"图"(白伞盖)骑着马,而当时藏族没有人能举得动"图",这个时候有两个蒙古人举起了这个"图",自此以后"莫朗钦波"上在前面骑马举"图"的都是蒙古人。举"图"的任务就由当初举起"图"的蒙古人家传承,这个家族称为"图

---

① 陈庆英:《中国藏族部落》,中国藏学出版社2011年版,第596—597页。
② 本书课题组曾于2011年8月深入达木进行田野调查。

窄",也就是现在白玛兄弟这个家族。至今他们仍认为自己是"蒙古骨头"(蒙古血统)。家族里儿子继承这个家族的姓氏,女儿则不。据两位老人讲,他们的长辈们都特别希望家里有男孩出生,也特别要求要有儿子能将这个家族传承下去。

当雄每年的藏历七月都要举行"当吉仁"赛马节,据传是由固始汗时期阅兵收税演变而来,赛马节的内容除了念经、收税外,都是表演生活在当雄一带的蒙古骑兵和当地牧民日常生活劳动中必需的一些本领。当地老人讲现在赛马节的程式也都是按照以前的传统进行,如参加赛马比赛的必须是13岁以下的小孩。

除了赛马节这一传统节日外,当地老人讲蒙古族还有一个传统习俗"羌达"。在新年大年初一的时候,成年男子骑着马挨家挨户拜年,所到的人家都会端出切玛和酒欢迎。小孩子不给酒喝,会给他们油条吃。若是这户人家的牛圈或者房子周围没有摆上冰块,就意味着这一家在年前有人去世或者发生了不好的事情,人们就不会去拜年了。这个习俗只在当曲卡镇、乌玛塘乡、共塘乡和龙仁乡才有,相邻的宁中乡没有此俗。在过年的时候互相拜年时都要说:"阿玛司,桑贝那"(意为吉祥如意)。此外,由于蒙古人特别崇拜天,他们往往说:"向蓝天发誓",表示庄严地发誓。这些日常的词汇至今仍在沿用。

三 霍康家族:蒙古族血统到藏族血统①

(一) 霍康家族的由来

霍康家族原属蒙古族,是成吉思汗的后裔。明朝取代元朝后,蒙古族的全国统治地位不再,各部因时局变化不得不寻求新的迁徙地,其中,蒙古卫拉特部的一部分从青海迁徙到藏北草原,后来分化成三支(上、中、下三部)。其中一支又先后迁徙到定青色蔡(定青县境内)、索楚库等地(索县境内)一带和阿里一带。迁徙到阿里的这部分后来形成霍帕达钦格部落。17世纪上半叶,霍帕达钦格部又迁徙到了桑雄(那曲)。1642年,

---

① 本部分主要参考《西藏档案》2012年第2期关于霍康家族的专栏。道帏·才让加选辑:《与贵族世家霍康有关的六份藏文历史档案》(藏汉对照);巴桑旺堆:《贵族世家霍康及其庄园》;郭克范:《霍康家族史略》;道帏·才让加:《近代霍康家族和西藏的几位高僧大德——霍康强巴·旦达访谈录》等。

支持格鲁派的蒙古固始汗部推翻藏巴汗政权，格鲁派在西藏地方的政教各派纷争中最终胜出，西藏进入清初蒙藏上层联合掌政时期，各地方首领纷纷前来庆贺。霍帕达钦格部也参加了庆贺，庆贺结束后，该部首领在拉萨建了新房——"霍尔康萨"（藏语音译，"霍尔康萨"意为蒙古人的新房子），一般简称"霍康"。此后，以"霍康"为其家族名一直沿用至今。现今"霍康"位于拉萨市河坝林附近。

（二）霍康家族世系及其贵族地位

尚没有史料反映霍康家族定居拉萨后80多年里的史事。18世纪，卫藏战争后，颇罗鼐被清廷封为贝子（后为郡王），总理西藏事务。此一时期前后，霍康家族男性绝嗣。颇罗鼐把三位弟弟诺颜和硕齐同珠热丹（霍康·饶登顿珠）、车臣和硕齐（霍康·霍修齐）、次旺多吉（霍康·次旺多吉）入赘到霍康家族中，从此，霍康家族血统变为母系为蒙古血统，父系为藏族血统。

霍康·饶登顿珠在卫藏战争期间连立战功，加之其与颇罗鼐的兄弟关系，雍正十二年（1735年），清廷封其为扎萨克头等台吉[①]。1736年，霍康·饶登顿珠去世，霍康·霍修齐袭扎萨克头等台吉头衔；1738年，霍康·霍修齐去世，霍康·次旺多吉袭扎萨克头等台吉头衔，1744年，霍康·次旺多吉去世。1745年，霍康·霍修齐之子霍康扎萨·旺堆[②]承袭扎萨克头等台吉[③]。

1766年7月，"以故扎萨克一等台吉噶伦旺对子索诺木喇什（霍康扎萨·噶伦索朗扎西）袭职"[④]，1786年，索朗扎西担任噶伦职务。

1792年，索朗扎西长子霍康扎萨·次仁旺修多吉（策凌旺舒克多尔济）袭扎萨克头等台吉，1827年去世，因其夫人是拉达克公主，因而家族中又有了拉达克血统。

1806年，理藩院要求西藏地方详细报告受封贵族情况，噶厦发文，"特令拉鲁公、江乐金公、噶伦、札萨克喇嘛、霍康札萨克、功德林札萨

[①] 《西藏研究》编辑部：《〈西藏志〉〈卫藏通志〉》（合刊），西藏人民出版社1982年版，第33—34页。

[②] 《清史稿》中记旺堆为霍康·饶登顿珠之子，郭克范认为此处有误，旺堆应为霍康·霍修齐之子。郭克范所言是。

[③] 张羽新编著：《清朝治藏典章研究》，中国藏学出版社2002年版，第842页。

[④] 同上书，第902页。

克、丹杰林扎萨克、朵仁台吉、桑颇台吉、吞巴等"①，将皇帝敕封情况上报，这里所说的功德林和丹杰林扎萨克都是指扎萨克喇嘛，只有霍康扎萨克是世俗扎萨克。而在18世纪中期开始完备噶伦制度时，所有世俗噶伦均为扎萨克头等台吉。

对于霍康家族，目前见文献记载的，只有乾隆时给策凌旺舒克多尔济的敕书，未见最初封扎萨克台吉的封文。乾隆帝给策凌旺舒克多尔济的封文："扎萨克头等台吉策凌旺舒克多尔济之敕。奉天承运皇帝制曰：朕惟尚德崇功，国家之大典，输忠尽职，臣子之常经。古圣帝明王，戡乱以武，致治以文。朕钦承往制，甄进贤能，特设大武勋阶，以彰激励，防奸御侮。机无暇时，能此则荣及前人，福延后嗣，而身家永康矣！敬以勿怠。"②霍康·强巴旦达（此人后文详细论及）先生说，他小时候曾见到此敕书，是用藏、汉、满三种文字写就的，直到1959年民主改革时，霍康家还保存有该文书，民主改革后由拉萨市文教局收藏；先生还记得，藏文家谱中记载有雍正帝给扎萨·饶登顿珠的封文。

1828年，次仁旺修多吉之子霍康扎萨·顿珠玉杰袭扎萨克头等台吉头衔。1846年，驻藏大臣琦善奏，已袭扎萨克头等台吉顿珠玉杰自袭台吉以来，没有顶戴，奏请按照给予顶戴事。③顿珠玉杰曾担任孜本职务，主持过桑耶寺的维修，去世时间不详，年老退休后皈依佛教，曾在甲玛普加日追和桑隆日追静修。

1867年，驻藏大臣景纹奏，顿珠玉杰之子妥美占堆"忽得疯痰之病，不能当差。惟该扎萨克台吉向系按辈世袭，今妥美占堆患病已久"，请允其胞弟旺青占堆承袭名号及顶戴。④1882年，驻藏大臣色楞额奏，扎萨克台吉旺青占堆"将属下倒败地土归伊自管，栽种粮食，其差徭仍派百姓供支，实属偏私克苦，正筹议间，该扎萨克突然带领从役僧俗人等，夜至甲麻地方，将富饶三人捆拿至庄寨前，用刑过重身亡，由墨竹工营官、百

---

① 中国藏学研究中心等合编：《元以来西藏地方与中央政府关系档案史料汇编》，中国藏学出版社1994年版，第2144页。
② 《西藏研究》编辑部：《〈西藏志〉〈卫藏通志〉》（合刊），西藏人民出版社1982年版，第154页。
③ 中国藏学研究中心等合编：《元以来西藏地方与中央政府关系档案史料汇编》，中国藏学出版社1994年版，第2164页。
④ 同上书，第2173页。

姓等禀控。当即传讯，该札萨克业已承认，递具图记供词。似此藐违法度，妄废人命，请将旺青占堆札萨克名号、职衔一并斥革，发往达布所属江热庄地方看管，其余僧俗人等，按罪究办"。① 据霍康·强巴旦达先生记述，旺青占堆的夫人是芒康地方头人"库措"之女，事件的发生是因为夫人的兄弟与甲玛百姓发生冲突而引起的。此后，旺青占堆革职流放到尼木地方的尼仲姆豁卡生活，自此从霍康家族中分出，另为一支霍苏（霍康苏巴）。

1882年，色楞额再奏，旺青占堆之子霍康扎萨·噶伦索朗多布结"五品错拉营官（错那宗本）四郎多布结，现年二十七岁，堪以承袭扎萨克台吉世职"，请以其承袭扎萨克名号、二品顶戴；次年承袭。索朗多布结曾出任过聂荣基恰（总管）、卫（前藏）代本。光绪二十八年（1902年）以四品代本而补授噶伦之职。② 1903年，十三世达赖喇嘛将他在内的四位噶伦以"擅改达赖盖印亲笔公件"的罪名，将"噶布伦之职并东科尔一并斥革"，"调任罗布岭冈（即罗布林卡）关禁闭问询"③。其间非正常死亡。据霍康·索朗边巴先生讲，他是被人从罗布林卡监管处扔到拉萨河暗杀的；后来其他三位噶伦得到了平反，如果他没有去世，肯定也会得到平反的。

索朗多布结之妻为贵族索康家族之女，生有六女一子。儿子旺青平措朗杰；大女儿（名字不详）与江孜聂冲家的二子结婚；二女儿尼玛拉姆嫁给山南加里赤钦多布杰日修；三女儿是强巴曲珍（即阿沛·阿旺晋美先生的母亲）；四女儿格桑拉姆嫁到桑颇家族；五女儿阿乃和六女儿强久曲珍先后嫁给江布江热豀卡管家扎彭。

1906年，驻藏大臣有泰奏，"前噶布伦四郎多布结，于光绪二十九年虽因案经斥革噶布伦之职，尚袭扎萨克台吉名号，系属世袭罔替。该员现在因病出缺，所遗世职，查有伊子汪青彭错朗结，谨饬安详，现年十九岁，堪以承袭"④，请允袭。霍康·旺清平措朗杰娶擦绒噶伦汪曲杰布之女次旦卓嘎为妻。曾在雪机颇康工作，1918年年底，在拉萨发生大瘟疫

---

① 中国藏学研究中心等合编：《元以来西藏地方与中央政府关系档案史料汇编》，中国藏学出版社1994年版，第2186页。
② 吴丰培：《清代藏事奏牍》，中国藏学出版社1994年版，第1148页。
③ 同上书，第1162页。
④ 中国藏学研究中心等合编：《元以来西藏地方与中央政府关系档案史料汇编》，中国藏学出版社1994年版，第2199页。

时因病去世；留有一女一子，女为次仁玉珍，嫁到乃堆家，2006 年去世，享年 89 岁；子霍康·索朗边巴（遗腹子）。

霍康·索朗边巴，1919 年出生于甲玛赤康。他是甲玛赤康最后一代庄园主和霍康家族最后一任扎萨克，1958 年西藏地方政府按惯例授予他扎萨克头衔，1959 年民主改革后，旧式职衔称谓不再使用，他只任过一年的扎萨克。霍康·索朗边巴先后师从格西喜饶嘉措、格西曲扎、大学者根敦群培，1937 年步入仕途，先后担任过赛朗巴、宗本、警卫团如本（相当于营长）等职，1947 年年初随拉鲁噶伦到昌都任职，担任颇本（粮务官员）职务。昌都解放和西藏和平解放后，先后担任昌都解放委员会委员、西藏军区干部学校教导处处长、西藏自治区筹备委员会参事室参事、西藏社会科学院研究员、顾问、西藏自治区政协副主席等职。作为著名的西藏文化事业资助人，霍康·索朗边巴先生在西藏和平解放前，帮助格西曲扎完成和出版了《格西曲扎藏文辞典》木刻版；为根敦群培撰写《白史》提供了多方面的帮助和支持，包括陪同其进行田野考察，提供写作场所等，并出资主持出版了《白史》木刻版。晚年为搜集散失的根敦群培的著作，付出了很大的辛劳。1994 年因病在拉萨家中去世。西藏人民出版社出版了由他编撰的《西藏谚语集》《藏语语法注释新海之浪》《颇罗鼐传精要通俗读本》等著作。

霍康·索朗边巴 1941 年娶江孜白朗比西家的小姐卓玛央宗为妻，生有三女一子。大女儿次仁曲珍，原在拉萨市防疫站工作，已退休；二女儿强巴卓嘎，原在拉萨市房建队工作，已退休；二子强巴旦达。霍康·索朗边巴先生还有六位同母异父的弟妹。

霍康·强巴旦达，1945 年生于拉萨的霍尔康萨贵族官邸，为霍康家族世家的第十四代传人。1947 年其父亲霍康·索朗边巴被西藏政府委任为多麦基恰的颇本后，随父亲到昌都，在那儿度过了自己的童年生活。1950 年昌都解放，1951 年随父母返回拉萨。起初在门仲私塾学习藏文，1952—1963 年相继在拉萨市第一小学、拉萨市第二小学、拉萨市第一中学接受教育；1963—1965 年在中央民族学院干部班学习；毕业后到昌都地区八宿县工作近一年；1966—1980 年先后在宗喀岗区和曲尼多区基层牧区工作 16 年；1980 年从昌都调到拉萨，在西藏自治区人民政府编译处从事翻译工作，直到 1990 年；1991—1997 年在西藏自治区妇联从事翻译工作，其间 1995 年其父去世后，被选为政协西藏自治区委员会委员，前后担任两届政协委员；1997年退休后，主要整理和编辑其父的文稿并结集成册，于1999年由中国藏学出版社正式出版发行，时任全国人大常委会副委员长的其叔阿沛·阿旺晋美为《霍康·索朗边巴文集》作序。近年来，霍康·强巴旦达先生致力于抢救和保护甲玛赤康的历史文化遗址，编著霍康贵族世家的历史，现居住于拉萨。

3. 霍康家族的庄园

霍康·饶登顿珠及其两位弟弟袭得扎萨克头等台吉时期，霍康家族得到了包括甲玛赤康谿卡在内的不少谿卡和牧场，霍康家族正式成为西藏的大贵族之一。霍康家族是原墨竹工卡宗境内最大的贵族，有较高的声望和社会地位。该家族在甲玛万户府的基础上建起了庄园主建筑，诺颜和硕齐同珠热丹即为甲玛赤康第一代庄园主。清代雍正以后，其家族世袭扎萨克台吉封号。200多年来霍康家族代代有男性出任西藏地方政府各级官职，有三人曾以霍康名义出任噶伦，一人入赘其他贵族家后出任噶伦。霍康家族拥有众多庄园，其中一处主庄园和多处一般庄园。甲玛境内的赤康庄园称为"帕谿"，是霍康家族的府邸所在地，也是霍康家族的祖业地，是主庄园，由庄园主贵族霍康或其管家直接管理。另外甲玛境内还有4个小庄园，新仓、邦仓、综雄和强钦，这4个庄园直接受赤康庄园的管理。霍康家族在其他地区的庄园有墨竹工卡县境内的直贡米洛庄园、山南地区加查县境内的江热庄园、拉萨市曲水境内的邦苏、拉栋和当雄县境内的羌索树拉牧场等。霍康属下庄园的管理层由庄园主、强佐、涅巴和列本①组成。1959年民主改革前，除了不定期到甲玛巡查庄园事务外，庄园的一般事务由其大管家"强佐"代理管理。

根据1956年中国科学院民族研究所、中央民族学院专家组编写的《加马（甲玛）赤康谿卡调查报告》，当时的赤康庄园的等级和阶级构成情况为：甲玛境内民户190户中，差巴82户，支兵差的"玛岗"差民14户，堆穷76户，囊生50多户。另外有从外地逃入并寄居在甲玛的外来移民20多户②。赤康庄园属下的所有差巴、囊生和大多数堆穷人身上依附

---

① 强佐，领主的大管家，领主不住庄园期间，由强佐总管庄园大小事务；涅巴，文书兼小管家，负责庄园的收支账目的记录、钱粮出租、制订生产计划并组织具体生产；列本，即工头，协助涅巴具体负责庄园自营地的生产实施。

② 差巴，意为支差的人；堆穷，意为小户人家；囊生，意为家内奴仆。

于庄园主霍康。未经霍康家族的同意，不得擅自离开庄园，差巴户和堆穷租种差地，要支应差役乌拉。囊生要做领主家内奴仆。

霍康庄园的土地类型有：自营地、差岗地、玛岗地、内差地、分差地和喇薪地。其中赤康庄园共有土地90顿①，是霍康家族的自营地庄园，其组织形式与旧西藏其他自营地庄园大致相同，是一种在封建农奴制度领主土地所有制基础上形成的田产经营组织制度，基本特征是自给自足的自然经济。自营地经营方式在于，首先，霍康庄园本身有齐全的生产工具；其次，庄园涅巴或强佐（管家）安排生产，涅巴属下的署名列本组织、监督农奴从事农业生产，解决生计。

2012年2月至10月，道帏·才让加先后三次采访了霍康·强巴旦达先生。

    道帏·才让加：请您大概地讲述一下霍康家族的历史。

    霍康·强巴旦达：关于霍康家族的历史，我父亲曾专门写过一篇比较笼统、简略的文章，后来我在这个基础上，比较详细地写了一篇关于霍康家族史的文章，这篇文章没有对外公开发表。我写霍康家族史时尽量写得通俗易懂，以便将来被翻译成汉文等其他文种。我在父亲文章的基础上加进了颇罗鼐时期霍康家族的情况。主要按霍康先民的辈数和年代顺序表述霍康家族在不同历史时期的发展变化，尽可能比较详细全面地介绍历代达赖喇嘛和历任摄政执政时期霍康家族的情况。简单来讲，霍康家族源于蒙古成吉思汗的家族，后来由两名霍康家族祖辈在西藏地方政府中相继以扎萨克的身份晋升为噶伦，雍正十二年，霍康家族第一次被封为扎萨克头衔。从此扎萨克的头衔一直世袭传承到我父亲霍康·索朗边巴。从历史文献记载霍康家族算起，我是霍康家族的第十四代人。现在到我孙子为止可以说霍康家族已经传到第十六代。

    道帏·才让加：拉萨的各大贵族世家之间在历史上往往因联姻等事情发生密切的关系，霍康家族主要跟哪些大贵族发生过这种密切的关系？

    霍康·强巴旦达：霍康家族跟其他几大贵族世家有密切关系。我父亲的爷爷曾担任过噶伦，他有六个女儿和一个男孩，其中一个女儿嫁给

---

① 顿，旧西藏土地计量单位。旧西藏土地计量单位有顿、岗、克，1顿为2岗，一般1岗为50—100克左右不等。

尧馑·桑珠颇章，一个女儿嫁给拉嘉里王族世家，还有一个女儿是阿沛·阿旺晋美的母亲，其他两个女儿分别嫁给霍康在达布地区馑卡的馑堆，他们的后代还在达布。我父亲的父亲是扎萨克平措朗杰，他的女儿三十岁出头时在拉萨发生的一场瘟疫中死去。我父亲还在母亲怀中时他的父亲不幸去世，后来檫绒·达桑占堆娶了我母亲，他们生了六个女儿。其中跟我父亲同母异父的一个妹妹嫁给尧馑·彭康家族，一个妹妹嫁给嘎苏家族，现在还健在，另一个嫁到锡金，现在还健在。

道帏·才让加：霍康家族作为西藏历史上的一大贵族世家，它有什么不同于其他贵族世家的特性或者传统？

霍康·强巴旦达：首先霍康家族源自蒙古成吉思汗的后裔，到了七世达赖喇嘛格桑嘉措时期跟颇罗鼐家族发生了关系，颇罗鼐的弟弟扎萨克军事官员入赘到霍康家族。这次联姻使霍康家族由纯正的蒙古血统变成了母系为蒙古血统，父系为藏族血统的一个家族。扎萨克军事官员饶登顿珠因鼎力相助颇罗鼐平息叛乱，并且自己率军前往西藏和不丹南部边境，制服不丹方面在边境地区不断滋事的势头，平息了不丹方面的骚扰。为此，西藏地方政府在霍康家族原有布德拉通世袭小馑卡上封赐甲玛赤康馑卡，使霍康家族的庄园不断壮大。过了两三代人之后，霍康家族迎娶了拉达克王的一个女儿，这样霍康家族中融合了几个不同的民族。在历史的长河中，霍康家族就逐渐融入了西藏社会，现在已经完全变成了藏族。其次，霍康家族具有崇信佛教和尊重智者贤人的优良传统。霍康贵族世家作为西藏的一大贵族世家，除了拥有各个历史时期西藏地方政府封赐的世袭庄园以外，没有什么值得留存于后代的传世珍宝，大部分财务供施于寺院中学经高僧大德和西藏的智者贤人。到我父亲的时代，一直继承了这一优良传统。我父亲先后拜格西喜饶嘉措大师、格西曲扎、根敦群培等高僧大德为上师，努力学习各种文化知识，还对他们积极给予资助，这算是我父亲对自己恩师的一种供养。顺便我还想说，我父亲的思想比较开明进步，接受了一种比较新的思想。这主要归功于他的恩师们，比如说格西喜饶嘉措大师吧，他对西藏和内地的情况比较熟悉，而根敦群培多年游览印度，对国外的事情比较熟悉；格西曲扎来自布里亚特蒙古，对外面的事务也比较熟悉。这样一来，我父亲作为这些高僧的徒弟，自然受到了他们的影响，使他一生致力于传承和保护西藏传统文化的同时，积极发挥作用，力求引进一种新的思想，致力于改变西藏落后的局面。此外，在西藏的各大贵族世家中霍康家族的世袭脉络很清楚，从第一代的蒙古时期到第十六代我孙子时期的历史比较清楚。其他如江洛金贵族世家的世袭脉络可能比较清楚之外，大部分贵族世家的世系现在不是很清楚。

综上，西藏蒙藏关系源远流长，和谐共处是其主流。在蒙藏两族的历史交往中，以宗教为核心的西藏传统文化在蒙古族广大地区得以传播，蒙古地区至今对信奉藏传佛教有着深厚的传统；在蒙古族中广为流传的史诗《格斯尔》与藏族著名的史诗《格萨尔》有密切的关系。可以说，蒙藏两族历史上的紧密关系，为当今西藏蒙藏关系奠定了良好的基础。

西藏当今蒙藏人口见表11—2[①]。

表11—2　　　　　　西藏蒙古族、藏族人口　　　　　　单位：人

年份	总人口	藏族	蒙古族
1964	1251225	1208663	54
1978	1742412	1622930	83
1980	1852767	1718238	50
1981	1859573	1747238	72
1982	1892393	1786544	116
1983	1931409	1836999	59
1984	1966805	1876422	77
1985	1994808	1909693	72
2001	2537001	2440993	105
2002	2554423	2449231	102
2003	2592113	2464742	161
2004	2634370	2520739	142
2005	2675520	2549293	221
2007	2735867	2602788	276
2008	2792271	2644992	277

[①] 2010年我国第六次人口普查，西藏藏族人口为2716389人，其他少数民族人口为40514人，西藏蒙古族、回族等民族人口数没有单列公布。从2010年之后的《西藏统计年鉴》没有列族别人口，所以本表的人口数是根据2009年《西藏统计年鉴》所列。参见西藏自治区统计局、国家统计局西藏调查总队编《西藏统计年鉴》（2009年），中国统计出版社2009年版，第33页。

第二节　藏族与回族的关系

一　西藏回族的来源及称谓

回族是一个具有独特历史和文化表征的民族。学界一般认为，始于唐宋到广州、杭州、泉州等沿海地区经商的阿拉伯人、波斯人的后裔经过和其他民族长期的交往融合，在元代时期逐渐形成了一个稳定的民族共同体，即回族。入藏穆斯林在当地逐渐土著化的过程是中国回族形成过程的一个历史缩影。穆斯林在西藏的土著化，使西藏伊斯兰文化具有了不同于其他地区的典型特色。

从历史渊源看，现今拉萨回族主要有两大来源，一是历史上的外来穆斯林；二是从内地迁入的回族。历史上外来的穆斯林一般称为"藏回"，藏回的形成和西藏的地理位置密切相关。公元 7 世纪后期，随着阿拉伯人入侵中亚地区，在阿拉伯半岛刚刚创立和兴起的伊斯兰教也开始向这一地区渗透和传播。在随后阿拉伯军征服和统治的广大中亚地区，中亚伊斯兰化广泛展开，8 世纪后期至 9 世纪初，伊斯兰教开始成为中亚大多数本地民族所崇奉的宗教。[①] 此一时期，正值西藏吐蕃王朝强盛期，吐蕃势力延伸至西域和中亚，藏族始与中亚伊斯兰世界有了一定的接触，也有部分穆斯林进入了西藏。至蒙元时期，毗邻西藏的拉达克、克什米尔、尼泊尔、印度等地穆斯林进入西藏的各方条件更加便利。"他们从图尔克斯坦、巴尔蒂斯坦（Baltistan，也就是今天巴控克什米尔的巴尔蒂斯坦）和克什米尔，进入拉达克，主要从拉达克进入西藏西部和拉萨。"[②] 在移居西藏的中亚穆斯林中，克什米尔人居多，他们主要聚集于拉萨和日喀则，"而尼泊尔人、拉达克人和锡克教徒的在藏后裔也类属于该群体，他们的祖先在历史上主要因商贸往来进入了西藏"[③]。14、15 世纪之交，随着穆斯林商

[①] 安维华、吴强、刘庚芩：《中亚穆斯林与文化》，中央民族大学出版社 1999 年版，第 2 页。

[②] Abdul Wahid Radhu, *Islam Tibet: Tibetan Caravans*, Louisville: Fons Vitae, 1997, pp. 14–18.

[③] Skeikh, Abdul Ghani, "Tibetan Muslims", *The Tibet Journal*, Vol. XVI, No. 4, Dharamsal, India: Library of Tibetan Works & Archives, 1991, p. 87.

人的进藏和伊斯兰教传入西藏，拉萨的穆斯林至少有 10000 人，2000 户左右，主要从事商贸。到 1953 年，拉萨的外籍穆斯林有 141 户，600 多人。其中，克什米尔人占 75.18%；来自印度的穆斯林被称为"司巴"，占 19.15%；来自拉达克的只有 8 户 37 人。他们主要从事商业和手工业，后来随着拉萨市场需求的变化，有的人经营菜园，当磨户或裁缝，开饭馆，有的人往返于尼泊尔、印度等处做生意①。

周传斌认为，穆斯林在卫藏地区传播的可考历史始于五世达赖喇嘛时期（17 世纪）。他认为 13 世纪以前伊斯兰教虽然与藏区发生了接触，但穆斯林入藏活动还只具有可能性；即使有穆斯林入藏也是少量的、不连贯的。14 世纪是一个分界线。13 世纪伊斯兰教已推进到青藏高原四缘，14 世纪克什米尔的伊斯兰化为穆斯林从西南方向进入西藏提供了条件；明代内地回族的形成也为穆斯林从另一个方向进入西藏提供了条件。而 14 世纪以后，随着西藏在元代的再次统一，黄教兴起和拉萨复兴，为穆斯林入藏经商提供了内部环境条件。并认为伊斯兰教通过两种方式在藏区传播，一是传教；二是移民②。

从内地迁入西藏的回族大致始于清代。内地回族在拉萨的定居，是和清代驻兵西藏联系在一起的。从康熙五十七年（1718）到宣统元年（1909），清朝先后六次出兵西藏。康熙以后，清朝军队中的回民官员及军人和进藏的商人较多，成为今天拉萨穆斯林的主体。这些经商的回民来自青海、陕西、山西、北京、山东、湖北、四川等地。回族墓地中现存的乾隆时期的古墓碑文可以印证这一点。这些定居的回族在清代被划入拉萨汉人的群体，其首领称"保正"，由回民推选再经西藏地方政府承认，一般事件由保正处理，无法解决的才报西藏地方政府。③

以上在历史上外来穆斯林和清朝时期从内地入藏的回族，在新中国的民族识别中被认定为回族。他们由于在藏定居时间长，与藏族通婚、讲藏语、着藏服、习藏俗，和藏族的融合较深，日常生活方式本地化，除保留了伊斯兰教信仰之外，几乎很难区分他们是藏是回。外来回族世居西藏，

---

① 拉萨市情调查组编：《中国国情丛书——百县市经济社会调查：拉萨卷》，中国大百科全书出版社 1995 年版，第 84 页。
② 周传斌：《伊斯兰教传入西藏考》，《青海民族研究》（社会科学版）2000 年第 2 期。
③ 参见周传斌《伊斯兰教传入西藏考》，《青海民族研究》2000 年第 2 期；黄罗赛《西藏的藏族和回族关系初探》，《中国藏学》2008 年第 2 期。

习惯上被称为"藏回","藏回"即藏语中的"卡契"(Kha-che),学者的研究认为,"卡契"一词系"克什米尔"的借音,曾一度专指外来穆斯林,这个群体也一直以"藏回"自称;但也有把自清代定居西藏的回族称为"藏回"(卡契),意指本地化了的回族。今天,"藏回"很多时候是历史上外来穆斯林和清朝时期从内地入藏的回族的自称和他称;但人们有时把历史上外来的穆斯林称为"外来回",把清朝时期从内地迁入的回族称为"汉回"。显然,作为自称,"汉回"与"外来回"是这部分"藏回"在族群内身份认同的反映;作为他称,"汉回"与"外来回"则反映出"藏回"的来源。

清代以后,特别是20世纪50年代以后,由内地到西藏从事经商等行业的回族,由于入迁时间短,和内地回族的共性特征大于和"藏回"的共性特征,常常以"汉回"作为自称和他称,这部分"汉回"大多数情况下指晚近从内地各地到西藏从事经商活动并定居下来的回族,不过他们有时也以"藏回"自称,意指本地化程度深。可见,"藏回""汉回""外来回"这些不同的称谓反映的是西藏回族族群内的身份认同,"藏回"作为自称,反映出这部分回族对自己作为西藏世居民族的主人翁身份的心态;作为他称,反映出包括藏族在内的西藏各族对其世居民族身份的认同,"外来回"和"汉回"以"藏回"自称这一现象,清晰地表明藏回两个民族在长期的生产生活中融合至深,形成了"你中有我,我中有你"的局面。"汉回""外来回"不管作为自称还是他称,反映了西藏回族的来源;"藏回""汉回"不管作为自称还是他称并没有严格的界限;"藏回""汉回""外来回"是西藏回族族群内身份认同的反映,他们共同的身份认同是回族。以下为行文方便,把外来的穆斯林和清朝时期从内地入藏的回族统称为藏回。

罗布等人曾采访大清真寺亚古教长,亚古教长对"藏回"的理解是:

> 笔者:在拉萨有很多回族同胞,他们从事着各种各样的职业,但是现在我们已经很难区分藏族和回族了,因为大家使用的语言都是藏语,特别是好多回族同胞还穿着藏装,这形成了我们拉萨独特的民族风情。那么,什么叫"藏回",其含义是什么?
>
> 亚古教长:伊斯兰教传入青藏高原的途径有两条,一条是从国外克什米尔、阿富汗等地区传入;另外一条是从内地甘肃、青海、陕

西、四川等地传入。最初，居住在拉萨的穆斯林娶的大多是改信伊斯兰教的藏族妇女，他们世代在高原繁衍生息，而他们的后代在选择民族族别时，就会选择回族，现今定居下来的回民有五千多人。"藏回"是俗称，意思就是藏族穆斯林。因为本地的穆斯林在语言文字方面和藏族没有什么差异了，讲的是藏话，写的是藏文。生活习惯如吃糌粑喝酥油茶与藏族也没有什么区别。拉萨一些很多出名的甜茶馆都是藏回开的，而且一些穆斯林的食品，如"迪粒""沙拉"等也深受藏族同胞的喜爱。但是，由于宗教信仰以及宗教教义的不同，在饮食及信仰上还是有很大差别的。比如说喝酒、吃大肉（猪肉）、赌博等这些都是穆斯林所不允许的。就以我为例，我们祖上十几代都在这边生活，我可以说一口很流利的藏语，但我们还是保留着穆斯林独特的生活习惯。①

由于历史原因，从内地迁入的回族和"外来回"都有各自的聚居地。"外来回"主要集中聚集于拉萨和日喀则，在拉萨拥有小清真寺和西郊回族墓地；从内地迁入的回族在拉萨拥有大清真寺和北郊墓地，近年来，从内地各地来的大批流动回族，大多从事药材、土特产、开饭店等商业活动，主要集中在拉萨、日喀则、泽当等大中城市和各地城镇。目前在西藏定居的回族有 2158 人②。

二 藏族与回族关系的历史和现状

（一）宗教

作为西藏的一个少数民族，西藏回族和内地回族一样，信仰伊斯兰教，可以说，定居西藏的回族，长期生活在浓郁的藏传佛教和传统的伊斯兰教两种宗教文化之中。两个民族、两种宗教同居一个特定的时空，从一个侧面体现了宗教对社会关系的调适。

---

① 罗布等：《"藏回"的历史与现状——访拉萨大清真寺亚古教长》，《西藏大学学报》（社会科学版）2009 年第 3 期。

② 西藏自治区统计局、国家统计局西藏调查总队编：《西藏统计年鉴》（2009 年），中国统计出版社 2009 年版，第 33 页。

1. 清真寺：藏族、回族关系的见证

清真寺是伊斯兰教在一个地域特别是该地域原有宗教氛围浓郁的环境中存在的直接见证，据考证，历史上穆斯林先后在西藏建起过9座清真寺，现存6座（见表11—3）。

表11—3　　　　　　　　西藏历史上的清真寺

地点	名称	始建年代	现存状况
拉萨	拉萨清真寺	不详	10世纪尚存，现无存
	卡契林卡清真寺	不早于1678年	现存
	河坝林大清真寺	1716年	现存
	饶赛巷清真寺	不晚于1900年	现存
	扎什城清真寺	不早于1733年	1761年被毁
日喀则	邦加林清真寺	约17世纪	现存
昌都	昌都清真寺	1702年	现存
泽当	泽当清真寺	不详	无存，近来新建
阿里	古格清真寺	不详	1626年被毁

注：本表引自周传斌《世界屋脊上的伊斯兰文化》，《西北民族研究》2002年第4期。

拉萨现存最大的清真寺是河坝林的大清真寺。据载，大清真寺创建于康熙五十五年（1716年）[1]。当时规模不大，建筑面积只有200平方米；乾隆五十八年（1793年）平定廓尔喀后进行了维修和扩建。有学者据大清真寺内一块约立于乾隆年间的匾中，有"贸易客民马如龙、何文才、马明远"等人名物证考释认为，这是内地回族商人在拉萨活动的见证，最早创建大清真寺的可能是这些回族商人，而使大清真寺得以扩修并形成现存规模的却是驻藏清军。大清真寺可考的最早证据是在乾隆年间，乾隆年间已具相当规模[2]。以后几经修葺，1959年拉萨动乱中被毁，1960年重修。大殿（礼拜堂门）上悬挂的"清真古寺"横幅匾额就是重建竣工时所制。大清真寺总面积约2600多平方米，建筑面积约1300平方米。礼

---

[1] 西藏自治区文物管理委员会编：《拉萨文物志》（内部资料），陕西咸阳印刷厂印刷，1985年，第54页。另见拉萨市情调查组编《中国国情丛书——百县市经济社会调查：拉萨卷》，中国大百科全书出版社1995年版，第36页。

[2] 周传斌：《伊斯兰教传入西藏考》，《青海民族研究》（社会科学版）2000年第2期。

拜殿建筑面积285平方米,并建有一座13米高的邦克楼;大门为汉式牌坊建筑;上以阿文、藏文和汉文书写"西藏大清真寺"字样。整个建筑属混凝土结构,结合了藏、汉、阿拉伯三种风格。门厅、梁柱浮雕、大厅内铺设的卡垫等具有藏式风格;整个建筑的装饰具有汉式特色,而清真寺的尖顶、拱形窗户都具有鲜明的阿拉伯特色。

图 11—1 拉萨清真寺

拉萨小清真寺位于大昭寺南边的饶塞巷内。据《拉萨文物志》记载,"拉萨小清真寺是本世纪二十年代专门为在拉萨做买卖、短住或长住的克什米尔、拉达克、不丹、尼泊尔、英国等国信奉伊斯兰教的人做礼拜而筹资、捐款修建的"①。大昭寺周围的八廓街是拉萨最繁华的商业区，小清真寺建在这里显然与穆斯林商人紧密相关。周传斌考释认为，小清真寺的建筑年代可追溯得更早，至迟在19世纪末20世纪初小清真寺已经建立了②。

亚古教长的介绍：

> 笔者：据悉，在中国伊斯兰教协会的具体指导下，在区（市）两级党政部门和民族与宗教主管部门的正确领导下，拉萨穆斯林以爱国主义和民族团结为己任，对拉萨市社会经济的发展以及社会局势的稳定作出了重大的贡献。2011年6月24日拉萨大清真寺被授予"全国伊斯兰教解经工作先进场所"。请您简要介绍一下拉萨大清真寺的历史。
>
> 亚古教长：拉萨大清真寺是西藏规模最大、历史最悠久的清真寺，该寺始建于公元10世纪，公元1716年该寺进行第一次扩建，当时的殿堂面积是200平方米。公元1793年进行了第二次维修。1959年整个建筑遭到破坏，1960年由政府出资重新维修。党的十一届三中全会后，特别是随着改革开放的进一步深入，大量外地穆斯林来拉萨做生意，当时的殿堂无法容纳那么多的信教群众。于是，在2001年6月西藏自治区人民政府和拉萨市人民政府分别划拨了50万元（共100万元），同时穆斯林信教群众也自愿捐款筹集了部分资金，对拉萨大清真寺进行了扩建。扩建后的拉萨大清真寺面积为1160多平方米，可以容纳1200名左右的穆斯林同时做礼拜，基本满足信教群众的需求③。

当地回族普遍认为，历史上清真寺的修建和维护都和西藏地方政府的大力支持密切相关，特别是离不开第五世达赖喇嘛的宗教宽容政策，这一好的政策和传统在民间渐渐得到了继承，使得人们对回民及其信仰持有一

---

① 西藏自治区文物管理委员会编：《拉萨文物志》（内部资料），陕西咸阳印刷厂印刷，1985年，第55页。
② 周传斌：《伊斯兰教传入西藏考》，《青海民族研究》（社会科学版）2000年第2期。
③ 罗布等：《"藏回"的历史与现状——访拉萨大清真寺亚古教长》，《西藏大学学报》（社会科学版）2009年第3期。

种包容的心态①。不难看出，大清真寺的兴建与内地回族有关，而小清真寺的兴建则与克什米尔、拉达克、不丹、尼泊尔等国信奉伊斯兰教的商人有关，尽管其各自的兴建年代尚不能完全确定，但其修建和几经修葺并一直存在于今的这一事实本身，就是回族和藏族关系的一个最好的见证。

2. 传说与事实：藏族、回族关系的纽带

拉萨许多年长的穆斯林中有这样的传说：五世达赖喇嘛时期，从克什米尔等地来到拉萨的穆斯林人数已经不少，其中有一名长期生活在拉萨的阿訇，经常到拉萨市郊的一座山上按照伊斯兰教的方式做祷告，五世达赖喇嘛得知此事后觉得好奇，便找来这位阿訇了解情况，这位阿訇告诉五世达赖喇嘛他是按照自己的宗教信仰进行礼拜，由于当时拉萨并没有建立起清真寺，他只好选择在僻静的山上独自做礼拜。五世达赖喇嘛听后，便派人到此山上朝五个不同的方向各射了一支箭，以此范围为界，把这块地方赐予在拉萨的穆斯林，随后穆斯林在这里建起了第一个清真寺，也是穆斯林的第一块墓地。今天这里是人们熟悉的"卡基林卡"穆斯林公园。相传，由于五世达赖喇嘛对穆斯林的优待，吸引了越来越多的克什米尔等地的穆斯林前来拉萨。

另外，拉萨回族老人中对大清真寺的始建还有这样的口传：唐朝文成公主进藏的时候，拉萨还没有清真寺，回民只能在自家做礼拜。当时大昭寺竣工以后，剩余的木料和石料运到了盖清真寺的地点，用于其修建工程。"这一说法有它的依据，因为后人发现大昭寺和被毁的清真寺的柱石是相同的。该石现存放于拉萨北郊回族墓地。这是有关清真寺建立的最早证据。"②

这些口传至今的故事是否真实现在并不重要了，重要的是这些故事在拉萨长期居住的回族中能流传至今，反映出很重要的两点：一是关于大清真寺始于吐蕃时代的口传，意在表明他们入居拉萨的年代很久，他们长期与藏族和谐相处，这其实是他们作为拉萨一个世居民族身份诉求的反映，希望不被当"外来者"看待；二是关于五世达赖喇嘛赐地和优待的口传，意在表明他们的宗教信仰得到了尊重，社会生活得到了西藏上层的关照，故事世代相传，无疑对其后代是一个很好的教育。总之，这些口传已经成为连接回族和藏族关系的纽带。

---

① 黄罗赛：《西藏的藏族和回族关系初探》，《中国藏学》2008 年第 2 期。
② 黄罗赛：《拉萨藏回族群认同研究》，硕士学位论文，中央民族大学，2007 年。

3. 宗教生活：藏族、回族的和而不同

藏族和回族都有各自笃信的宗教。藏族崇信藏传佛教，回族崇信伊斯兰教，藏回两个民族生活在同一时空，在其他方面和谐共生，在宗教生活方面却是和而不同。

回族笃信伊斯兰教，奉《古兰经》为经典。拉萨的大、小清真寺是其重要的宗教活动中心。拉萨回族与内地回族一样，坚持参加每日的五大宗教功修，并在现实生活中履行伊斯兰教中相应的教义和教规。"藏回"在教义教规上要求严，人们虽然懂的教义不一定多，但他们懂多少就遵守多少，很少有不良行为。例如，拉萨有本地回族开的饭馆，几乎不卖酒。他们自己不喝酒，也不让别人喝，因为酒精对身体有害。这些良好的行为除了清真寺教长的讲演起作用以外，还有穆斯林群体内部所施加的压力。亚古教长的介绍：

> 笔者：开斋节、古尔邦节和圣纪节对穆斯林来说是非常重大的节日，也具有浓郁的穆斯林特色。您能否给我们介绍一下？
>
> 亚古教长：当然可以。关于开斋节，有些回族地区称其为"尔德节"，新疆地区的穆斯林称为"肉孜节"。教历，也就是回历九月为斋月，功课顺利完成后，为庆祝封斋圆满完成，就开始迎接欢乐的开斋节。古尔邦节，又叫宰牲节，该节日是庆祝朝觐功课圆满完成的节日。圣纪节是全世界穆斯林纪念伊斯兰教的圣人穆罕默德的节日，先知穆罕默德诞生和去世是在同一日期。因此，在这一天我们既要纪念先知的诞生，又要悼念圣人的离世。"抓饭节"是西藏拉萨穆斯林独有的节日，在夏天举行。关于这个节日的来历，有一年大殿维修扩建，工程结束的时候，群众要求举办一个竣工典礼以示庆贺，但时间上恰逢我们藏族同胞的萨嘎达瓦节（斋节）即氐宿月。相传佛祖释迦牟尼于藏历铁猴年萨嘎达瓦四月七日降生；木马年萨嘎达瓦四月十五日成道；铁龙年萨嘎达瓦四月十五日圆寂。故藏族人民把此月视为佛祖降生、成道、圆寂的诵经节，并把此月视作有造化和吉祥的月份。萨嘎达瓦节期间，各大小寺院举行各种佛事活动，笃信藏传佛教的藏族群众，都要以转经、烧香、吃斋饭、放生等形式纪念他们心目中的佛祖释迦牟尼。而在宗教吉日放生，更是一件善事。因此在拉萨河，人们集结了壮观的放生队伍。为了尊重藏民族的风俗习惯，我们

就不宰牲，到北郊墓地举办了一个小型竣工典礼，竣工典礼上提供的午餐都是素食。大家吃米饭，在饭里面加入参果、酥油。这体现了国家提倡的信仰上的互相尊重，以及民族间的相互理解、和睦相处，增强了各民族之间的友谊和团结①。

藏族笃信藏传佛教，拉萨作为历史文化名城不仅有大昭寺、小昭寺、色拉寺等宗教活动场所，还是藏传佛教信徒心中的圣地。回族和藏族在藏传佛教圣城拉萨乃至西藏和谐相处、相互尊重，在宗教生活领域互不干涉、彼此包容，显现出和而不同、和谐共生的场景，不能不说是一个奇迹。

(二) 语言与教育

回族是中国少数民族中唯一没有自己母语的民族，出生地的通用语就是其母语。清代及之前就定居西藏的回族，与藏族的交往和融合时间长，他们以藏语为母语。书面语使用方面，取决于个人受教育状况，但大多数人使用藏文。马永龙就语言使用情况专门做过问卷调查，共发放 368 份问卷，有效回收 300 份，其中，藏族共 175 份、回族（包括西藏回族和内地回族）共 65 份、汉族共 60 份。调查对象从职业分类上包括国家公务员、教师、教职人员、大学生、务工人员、司机、企业老板及饭店管理人员；从年龄结构上来看，有青年、中年、老年。对"您希望与本地区人交流时使用什么语言"，回答统计如下：

表 11—4　　　　　　　　语言使用情况问卷调查结果

民族	汉语	藏语
藏族	45	130
回族	25	40
汉族	37	23

从表 11—4 可以看出，藏族中有 72.3% 的人更希望通过藏语交流；回族中也有 61.5% 的人希望通过藏语交流，而回族中除了本地"藏回"全部希望用藏语交流外，外地回族中的 43.6% 的人也希望通过藏语交流，

---

① 罗布等：《"藏回"的历史与现状——访拉萨大清真寺亚古教长》，《西藏大学学报》（社会科学版）2009 年第 3 期。

这样更便于他们沟通,所以许多外地回族在生活中主动学习藏语口语;汉族中也有38.3%的人希望通过藏语与本地人交流,之所有这样的期望,是他们为了便于在藏区的工作和生活①。

目前,西藏回族和藏族学生所接受的教育是国家教育大背景下的汉语教育和作为西藏当地特色的藏文化教育,即我们通常所说的"双语教育"。西藏小学中科目设置基本以藏语文、汉语文、数学为主。学校一般都开设有汉文班和藏文班,学生可以自愿选择。藏文班以藏文为主,汉文为辅;汉文班则以汉文为主。部分回族学生从小就进入藏文班,直至中学毕业。他们当中,有很多人通过高考进入各地高校,其中不少人选择大学的藏文系,进一步学习藏语文。这部分学生毕业以后往往从事翻译、新闻采编或教学等工作,也有不少人在政府部门工作。现代西藏,在藏文化占有优势的氛围里,回族人在语言和文化方面适应了当地的环境,并在很大程度上融入了当地的生活。在西藏,回族儿童与藏族学生接受学校教育的机会和资源基本一致,区别在于两个民族各自的宗教教育系统。

寺院教育是藏族传统教育的主要方式。寺院是藏传佛教文化传承的最传统、最普遍的场所,寺院教育中严格学经制度的学位考核制度极具特点。僧人通过不断学习,根据学术造诣的不同,通过辩经、考试等方式考取相应的"格西"学位。这种传统的文化教育和传承模式曾培养出了众多的宗教大家和学者,是藏族传统教育的集中体现。

西藏回族的高等经院深造模式和清真寺办学也有自己的特色。高等经学院深造模式主要体现在教职人员的学习过程中。伊斯兰教的阿訇作为专业的教职人员,必须具有深厚的宗教文化底蕴和丰富的社会知识,才能肩负起"传道、授业、解惑"的重任。在拉萨大、小清真寺系统中,无论是外籍穆斯林,还是本国穆斯林,任清真寺教长的阿訇,都有在中国内地伊斯兰经学院,沙特、印度和巴基斯坦等国的伊斯兰大学求学的经历。教职人员通过多方求学,全面系统地掌握了伊斯兰教核心经典《古兰经》以及《圣训学》《教法学》等内容,同时精通古兰经诵读、教法解释和各种常识。在专业的经学院正式毕业、"穿衣"(学术答辩、资格评审符合毕业要求的)后才能回到清真寺任教,传播伊斯兰文化。拉萨大清真寺

---

① 马永龙:《西藏回藏关系研究——以拉萨城关区为例》,硕士学位论文,青海民族大学,2011年。

的正教长亚古阿訇和副教长阿里阿訇都有国内"转学"（意为在不同的清真寺师从不同的阿訇提升学识）和沙特、巴基斯坦等国留学的经历。小清真的哈里姆阿訇在15岁前跟随其父亲（当时小清真寺的教长）学习宗教知识，其父"归真"（亡故）后，由于小清真寺的教长必须是外籍穆斯林，因其持有尼泊尔护照，所以由哈里姆阿訇接任其父教长之位，他接任教长时年仅15岁，至今已执教40多年。

图 11—2 拉萨清真寺建筑

亚古教长自己的教育经历：

> 笔者：亚古啦，您好！您作为拉萨市政协副主席、拉萨大清真寺教长，工作必定非常繁忙，但您能够欣然接受我们的采访，深表谢意！据了解，您曾在国外留学深造，见识广博，首先请您给我们简单介绍一下个人的求学经历。
>
> 亚古教长：好的。我生于1962年，今年刚好五十岁了。我的家庭是传统的穆斯林家庭，祖辈十几代人都生活在拉萨。家中有七个兄弟姐妹，我是最小的。1980年高中毕业后，就选择了研修伊斯兰教的道

路，1981年到甘肃临夏中阿学校学习四年，1985—1989年在印度拉哈纳伊斯兰大学学习。1990年回拉萨后，当选为拉萨大清真寺副教长。1997年老教长去世，我接了他的班，担任了教长。2001年，我顺利通过了国家宗教局和中国伊斯兰教协会组织的考试后，被派到巴基斯坦国际伊斯兰大学进修学习。那次去进修的中国阿訇只有5个人。这样，2001年1月到2月底，我在巴基斯坦国际伊斯兰大学国际阿訇进修班学习，并且多次参加中国伊斯兰教协会中青年阿訇研讨班；2008年10月参加了国家宗教局组织的中国穆斯林中青年阿訇骨干培训班。[1]

  拉萨清真寺的早期办学教育情况已不可考。调查得知，1914年大清真寺开始办学，设有大学班、中学班、小学班和女生班，学生既有内地回族，也有克什米尔系的回族，达数百人。1938年国民政府教育部边疆教育司所属的国立拉萨小学正式开班，学生多数是原大清真寺的回民学生，也有少数汉、藏、尼泊尔学生。所开课程有汉文、藏文、阿拉伯文等。1949年国立拉萨小学停办，原大清真寺学校重新开班。1952年成立拉萨小学时，清真寺小学改为拉萨小学分校，学校的宗教色彩已经淡化，但仍保留了阿拉伯文课程。1956年迁出清真寺，改名为拉萨第二小学，与宗教相关的课程逐渐取消。1980年小清真寺开办夜校，讲授伊斯兰教常识及阿拉伯文等。自开办以来，大、小清真寺系统的青年都来这里学习，收到了良好的效果[2]。

  当前，拉萨大、小清真寺都有不同形式的幼儿教育学前班，主要为入学前小孩进行启发式教育，使孩子在上小学之前，掌握伊斯兰教基本常识，受到了穆斯林群众欢迎。这种学习班中，同时也兼顾汉语拼音和简单算术教育。参加学习的孩子除了拉萨本地回族的孩子外，还有甘、宁、青等地带家眷长期在拉萨做生意的穆斯林的孩子。这种教育使孩子从小就知道自己的民族身份，避免了在学校发生更多不必要的误解，入学后能够很自然地理解"我"与"他"之间的区别。对回族而言，清真寺是一个基

---

[1] 罗布等：《"藏回"的历史与现状——访拉萨大清真寺亚古教长》，《西藏大学学报》（社会科学版）2009年第3期。

[2] 马永龙：《西藏回藏关系研究——以拉萨城关区为例》，硕士学位论文，青海民族大学，2011年。

本的教育场所。大清真寺的宗教教育有两种，一是为其培养宗教人才；二是普及宗教常识。

关于儿童接受伊斯兰文化教育的情况，罗布等人曾采访过亚古教长。

>笔者：教育不管是对一个民族还是一个家庭来说都很重要，那么请您介绍一下拉萨穆斯林的基础教育情况。
>
>亚古教长：以前孩子的小学教育一般是以家庭教育为主，由家中学问比较好的人对孩子进行一些基础文化教育。但是，随着改革开放和社会的不断发展，以及在国家教育政策的宣传和引导下，穆斯林在教育下一代的重要性上有了新的认识。伊斯兰教既重视现世又重视来世，因此对学习文化知识抓得比较紧。现在大清真寺里面就有一个学前班，有132个孩子，由阿訇来担任老师。孩子们平时主要学习一些基础知识，为他们以后接受更高层次的教育奠定基础[1]。

亚古教长对下一代的教育期望：

>访问者：您作为教长，作为大学者，对下一代有何期望？
>
>亚古教长：我想，下一代首先一定要认清形势，要懂得知恩感恩。不了解旧社会的苦，就不会珍惜现在来之不易的幸福生活。其次，培养下一代要从教育方面入手，不管是家庭教育、社会教育还是学校教育都要常抓不懈。近年来，我区（市）寺庙爱国主义教育做得很到位，非常切合社会实际，我在会上也提出了自己的一点建议。我认为，爱国主义教育不仅要在寺庙中进行，还要在学校、机关中推广，这样才会有成效，才能实现爱国主义教育从娃娃抓起的目标[2]。

典型个案：AMN，拉萨"藏回"，大学生。

>我在拉萨就读期间，我的同学和老师基本上是藏族，班上只有两

---

[1] 罗布等：《"藏回"的历史与现状——访拉萨大清真寺亚古教长》，《西藏大学学报》（社会科学版）2009年第3期。

[2] 同上。

个回族学生。所以，跟我交往的基本上都是藏族学生。我家在河坝林，那里回族聚集，邻居大部分是"藏回"，也有藏族，但不多。我们平时与这些藏族人家也有交往，彼此相处很好，平日里还相互串门。我们还了解双方的节日，每逢藏族的重大节日，我们不但一起庆祝，而且还互送礼品。比如，藏历新年、雪顿节。我们的生活习俗基本上没有任何差别①。

此外，家庭教育是藏族和回族教育儿童从小接受习得各自特色文化、宗教文化的重要途径。比如，回族儿童从小跟随大人参与清真寺的宗教活动，耳濡目染一些伊斯兰教的教义教规；藏族儿童则从小深受大人转经、朝拜等佛教宗教活动的影响。

（三）族际通婚与回族人口

藏回先民初到拉萨时与藏族通婚，而且所生子女既有归藏族的，也有归回族的，后来随着藏回人口的增长才开始实行内婚制②。藏回与藏族通婚，但婚配方需改信伊斯兰教；同甘青一带的汉回通婚，多数是女子外嫁，而且选择的配偶都是老板。婚后男方随妻居留拉萨，很少返回原籍，双方交流的语言主要是汉语。这些汉回的语言接受能力相当强，过几年就能用藏语交流。但藏回与藏族、汉回通婚的情况仅为少数，人们大多愿意内婚，这样便于语言和生活习惯等方面的沟通和协调。如今，藏回的婚礼仪式糅合了藏、回两种民俗。在阿訇的主持下，人们身着藏装，给新人献哈达，也献花。穿藏装的人较之以前在减少，但中老年人仍然保留了这一习惯③。亚古教长的介绍更为具体：

笔者：每个民族都有不同的婚丧嫁娶习俗，作为信仰伊斯兰教的"藏回"，在这方面有什么不同的习俗？

亚古教长：首先婚姻方面，《古兰经》中有关于婚姻问题的一整套理论和规则。它首先肯定男女婚配是人类繁衍的必要条件，繁衍人

---

① 黄罗赛：《西藏的藏族和回族关系初探》，《中国藏学》2008年第2期。
② 信息提供人：自治区档案馆依苏老师。参见黄罗赛《拉萨藏回族群认同研究》，硕士学位论文，中央民族大学，2007年。
③ 信息提供人：河坝林居委会奴奴主任。参见黄罗赛《拉萨藏回族群认同研究》，硕士学位论文，中央民族大学，2007年。

类是男女婚配的根本目的。《古兰经》中有这么一段记载："他从一个人创造你们,他把那个人的配偶造成与他同类的,并且从他们俩创造许多男人和女人。"伊斯兰教也强调夫妻间的恩爱幸福,"他从你们的同类中为你们创造配偶,以便你们依恋他们,并且使你们互相爱悦,互相怜恤"。我们不允许包办婚姻,提倡自由恋爱。原则是:第一,信仰统一;第二,双方同意;第三,男方给女方送彩礼;第四,中间有证婚人和作证人[①]。

据统计,2003年年底定居西藏的回族人口总数为2513人[②],达到了西藏定居回族人口的最高峰值;2004年,全区流动回族超过了4万人,其中有很大一部分人集中在拉萨市[③]。当时回族人口数量上升的原因一是西藏回族自身的人口繁衍;二是与甘青等地回族的通婚;三是大量进入西藏的回族流动人口,"作为流动人口,甘青等地的回族不同于拉萨本地的'藏回',他们并没有融入藏族文化的氛围中,与藏族人的交往也仅限于商业上的来往和交易"。[④] 近年来,定居西藏的回族的人口一直呈稳定状态。

(四)生活习俗

在饮食方面,藏回完全遵守《古兰经》的规定,禁食自死物、血液、猪、狗及其他一些动物,不吸烟,不饮酒等。而饮食结构则与西藏藏族完全相同,比如,爱喝酥油茶,吃糌粑,冬季也喜欢吃风干肉,不过所用之肉都是按伊斯兰教规定诵真主之名而宰的。这种饮食特点既是西藏独特的高原环境下肉食品的储存方式,也兼顾了伊斯兰教信仰的相关规定,形成了独特的饮食结构和文化。随着社会的不断发展和西藏穆斯林家庭条件的日益改善,一年四季都可以买到新鲜肉,所以今天风干肉已经逐渐退出了穆斯林家庭,取而代之的是电冰箱、冰柜存放的新鲜牛羊肉。在调查的50位西藏穆斯林中可以看出,有些人因工作需要,有抽烟、少量饮酒的

---

① 罗布等:《"藏回"的历史与现状——访拉萨大清真寺亚古教长》,《西藏大学学报》(社会科学版)2009年第3期。

② 西藏自治区统计局、国家统计局西藏调查总队编:《西藏统计年鉴》(2009年),中国统计出版社2009年版,第33页。

③ 拉萨市民族宗教委员会编:《关于我区穆斯林群众的情况反映》(2006),内部统计材料,2006年。

④ 黄罗赛:《西藏的藏族和回族关系初探》,《中国藏学》2008年第2期。

习惯，但在吃饭方面严格遵守伊斯兰教法，周围的汉族、藏族同事也很尊重他们的信仰和风俗习惯。尽管西藏的回族在平时与藏族、汉族共事，但在饮食文化上形成了极其鲜明的族群边界，或者说体现其族群边界的最为突出的符号就是时刻提醒着穆斯林的"清真"符号。同时，这一符号又成为族群边界和凝聚族群的强大文化力量。

在服饰上，作为藏区的穆斯林群体，由于长期与藏族交往，服饰文化也相应发生了变化。较之内地的穆斯林，西藏本地穆斯林平时更习惯戴礼帽，里面再衬戴白色的礼拜帽，进入清真寺礼拜的时候，将礼帽摘放在高处，等礼拜结束后继续戴上礼帽。西藏穆斯林中老年妇女一般在家礼拜时戴盖头，外出时将头发盘起，并戴一个女士遮阳帽，年轻妇女一般不戴盖头、纱巾之类。中老年男士夏季一般喜欢穿汉式服装，冬季则因取暖的需要更喜欢穿藏式带毛大衣、戴狐皮帽子等，而中老年妇女常年喜欢穿藏袍，在家有时戴"盖头"。

西藏穆斯林妇女在信仰的层面与藏族有明显的界限，但在日常生活中则极力与周围藏族保持一致，甚至是审美观念和价值判断也趋于一致。但是，在着装习惯上，"藏回"虽身着藏装，但不配戴藏式饰品，尤其是与佛教有关的物件。总之，在服饰方面，当一名"藏回"行走在大街上时，从直观上根本无法判断其是藏族还是回族。

藏回的特点在于坚守伊斯兰教教规，生活习惯符合伊斯兰教义。伊斯兰教反对偶像崇拜，相信真主独一无二，藏回家庭内部装饰自然具有自己的特色。如人们喜欢在家中悬挂清真寺的全景照，或麦加的朝圣地，还有相关的阿拉伯文。家具摆设虽为藏式，但没有一般藏族人家所供奉的佛像。

总之，除了保留有伊斯兰信仰，严格遵循伊斯兰教的饮食和行为规戒外，藏回在生活习俗上已经完全藏化，是地道的藏人，也是正宗的拉萨市民。他们在语言、着装、饮食起居、公共教育、休闲等方面基本与藏人相同。如同拉萨本地藏人，中老年人都着藏装，只是不佩戴佛像及与佛教相关的宗教饰品；节日期间逛林卡，交友、休闲，但不许进藏人的娱乐场所，如囊玛厅、台球厅等；藏人的节日如藏历年、雪顿节期间，人们都借假休息，与藏族邻居互送礼品庆贺；一般不去佛教寺院，即使去了也只是参观，不朝拜。

由于西藏的回族和藏族在历史上融合较深，两个民族在长期的生产生活中和睦相处，彼此结下了深厚的感情，尤其是两个各自笃信宗教的民族都能相互尊重彼此的宗教信仰,这是西藏回族和藏族关系的坚实基础。马戎认为两个民族集团的通婚率达到10%以上时,我们可以判断说这两个族群之间的融合已经达到一定程度,关系史比较和睦[1]。马永龙的问卷调查结果显示,西藏"藏回"与藏族之间的通婚率在10%以上[2]。总之,不管是从实际情况来看,还是从问卷调查来看,可以说西藏回藏关系是和谐的。回顾历史,西藏藏族和回族之间的和谐关系源远流长,友好往来、良性互动是民族关系的主流;展望未来,在共同建设小康西藏、平安西藏、和谐西藏的进程中,藏族和回族等各族人民必将为西藏的社会稳定和经济社会发展做出更大贡献。

---

[1] 马戎:《民族社会学——社会学的族群关系研究》,北京大学出版社2004年版,第205—206页。

[2] 马永龙:《西藏回藏关系研究——以拉萨城关区为例》,硕士学位论文,青海民族大学,2011年。

第十二章　当代藏门珞关系

　　1951年西藏和平解放，1959年西藏进行民主改革，生活在非法的"麦克马洪线"以北的错那县、米林县、墨脱县、隆子县、察隅县和林芝县等地的门巴族珞巴族人民，同藏族等西藏各族人民一道，从封建农奴制社会跨入社会主义社会，藏门珞民族关系从此进入了一个全新的时期。改革开放以来，在中国共产党的领导和各级人民政府的关怀帮助下，在党的民族政策的光辉照耀下，藏族和门巴族珞巴族社会经济发展，社会进步，民族团结和睦，整个社会发生了翻天覆地的变化，平等、团结、互助、和谐的新型民族关系不断得到巩固和发展。

第一节　西藏和平解放后的藏门珞关系

一　藏门珞人民的翻身解放

　　1949年，中华人民共和国成立。1951年秋，根据和平解放西藏的"十七条"协议，人民解放军进驻西藏，五星红旗在西藏高原和喜马拉雅山区高高飘扬。在封建农奴制统治下度过了漫长历史岁月的藏族、门巴族和珞巴族等西藏各族人民，终于迎来翻身解放。

　　1951年年底和1952年6月，中国共产党西藏工作委员会和进藏中国人民解放军部队，先后向门巴族珞巴族聚居的错那县和墨脱县派出工作队开展工作。工作队深入村寨，访贫问苦，宣传党的民族政策，开展统一战线工作，扶助群众发展生产，救济贫苦农奴，实行免费医疗，陆续组织藏族和门巴族珞巴族中的积极分子到祖国内地参观，选送一批批优秀青年到北京中央民族学院等学校学习。封闭在茫茫雪域高原和喜马拉雅崇山峻岭中的藏族和门巴族珞巴族青年第一次有机会到祖国内地，真切感受到了祖国的强大和中华民族大家庭的温暖。

1959年，西藏封建农奴主阶级中的少数反动分子发动了武装叛乱。中国人民解放军在西藏各民族各阶层人民的积极支持下，迅速平息了叛乱。中华人民共和国国务院宣布解散了原西藏地方政府，接着在西藏进行了民主改革，统治西藏地方近千年的封建农奴制度被彻底废除，藏族和门巴族珞巴族等西藏各族人民一道，实现了社会发展的历史性飞跃。

西藏民主改革彻底砸烂了三大领主套在西藏各族人民脖子上的封建农奴制的枷锁，实行人民民主专政的政治制度。西藏民主改革给藏族、门巴族、珞巴族社会的生产关系和物质文化生活带来了根本性的变化。昔日生产资料的氏族所有制、家族所有制和封建领主所有制被废除，广大人民群众分得了土地、牲畜、房屋、工具和生活用品。按照《中华人民共和国宪法》，藏门珞人民同全国各民族人民一样，成为国家的主人，享有法律所规定的一切政治权利。传统的等级制已被打破，旧中国的民族歧视被消除，凡年满18岁的公民，不分民族、性别、职业、出身、宗教信仰、教育程度、财产状况和居住期限，都有选举权和被选举权。在历届人民代表选举中，从乡、区、县直到自治区和全国的各级人民代表大会，都有藏族和门巴族、珞巴族代表当选和出席，行使管理国家和地方的权力。他们对于维护祖国统一，加强民族团结，继承和弘扬民族优秀传统文化，加快发展区域经济，都发挥了重要作用。

1965年9月，西藏自治区成立，作为我国基本政治制度的民族区域自治在西藏全面实施，西藏地区跨入社会主义革命和建设的新的历史发展阶段。

二 社会主义新型民族关系的确立与发展

西藏和平解放以前，西藏三大领主推行的是民族压迫和歧视政策，藏族、门巴族和珞巴族人民备受西藏三大领主的奴役和歧视。作为农奴，门巴族珞巴族人民政治上无自由，甚至连基本的人身权利都被剥夺；经济上遭受盘剥，三大领主的各种乌拉差役压得劳苦大众喘不过气来。西藏三大领主同门巴族珞巴族的关系是剥削与被剥削、压迫与被压迫的关系。在西藏反动上层的挑唆和民族歧视观念的影响下，作为生活在西藏边陲的门巴族和珞巴族是被人看不起的弱小民族。尤其是长期生活在喜马拉雅山林中的珞巴族被人瞧不起，甚至被诬蔑为"野人"。

中华人民共和国成立后，中国共产党实行各民族一律平等的民族政

图 12—1　墨脱县城新貌

策，而西藏的和平解放和民主改革，彻底摧毁了封建农奴制统治，为在西藏建立新型的民族关系提供了前提。为了使中华人民共和国境内的各民族都充分享受民族平等的权利，中国政府在 20 世纪 50 年代和 60 年代组织力量进行了大规模的民族调查和民族识别。经过科学严谨的民族识别，门巴族被认定为一个单一民族，于 1964 年经国务院正式颁布确认；珞巴族亦被认定为一个单一民族，于 1965 年经国务院正式颁布确认。珞巴族被认定为单一民族，在称谓上以该民族居住在西藏南部而称作"珞巴族"（意为"居住在西藏南部的民族"），在藏文的写法上规范写为"lho-ba-rigs"，摒弃了历史上曾被蔑称的"klo-ba"即"野人"的写法。门巴族和珞巴族分别被认定为单一民族，这是门巴族、珞巴族民族发展史上的一件影响深远的重大事件，它标志着门巴族和珞巴族长期遭受歧视和屈辱历史的终结，它是中国共产党民族不分大小一律平等的马克思主义民族政策的具体体现。从此，门巴族和珞巴族作为中华民族大家庭中平等的成员出现在了中国的政治舞台上，门巴族珞巴族人民充分享受了民族平等的权利，这为建立平等、团结、互助、和谐的社会主义新型民族关系创造了条件。

在少数民族聚居地方实行民族区域自治，这是我国的一项基本政治制度，是我国解决民族问题的基本国策，是实现各少数民族当家做主的重要途径。为了贯彻落实《民族区域自治法》，西藏自治区人民政府批准在门巴族聚居的错那县勒布区，在原有的麻玛、吉巴、贡日和勒4个行政乡基本构架的基础上，于1984年11月1日成立麻玛门巴民族乡、吉巴门巴民族乡、贡日门巴民族乡和勒门巴民族乡[①]。1988年4月23日，在林芝县的排龙地区成立了排龙门巴民族乡。1988年4月成立墨脱县达木珞巴民族乡。1988年6月成立了米林县南伊珞巴民族乡。2000年6月，由于波密易贡发生特大山体滑坡引发洪水灾害，林芝排龙门巴民族乡的道路、桥梁、水利设施、土地、草场、民房等毁损极为严重，人民群众的财产遭受严重损失，加之排龙门巴民族乡地处偏僻，交通不便，当地门巴族人民的生产生活长期得不到根本改善。鉴于此，西藏自治区各级人民政府经过调查研究后慎重决策，决定将该乡整体搬迁至条件较好的更章地方。更章位于318国道旁，距林芝的政治、经济和文化中心八一镇仅32公里，排龙门巴民族乡也因此更名为更章门巴民族乡。2010年11月，西藏自治区人民政府审核批准设立斗玉珞巴民族乡。斗玉珞巴民族乡位于西藏山南地区隆子县东南部，海拔3100米，距离县城129公里，边境线全长29公里，乡政府驻斗玉村。斗玉珞巴民族乡的设立，充分体现了党和政府对西藏人口较少民族的重视和关怀。西藏自治区人民政府除在门巴族珞巴族集中聚居地建立了8个民族乡外，还在察隅县西巴村等珞巴族比较集中的地方实行特殊的扶持政策。

门巴族、珞巴族地区的基层自治政权建立起来了，而人民政权的主要领导都由门巴族珞巴族担任。这些实行民族自治的乡村，依据当地实际，制定和实施经济和文化发展规划和措施，充分发挥了门巴族、珞巴族在政治、经济和文化教育等各方面的自主权和自治权。今天，从地方到全国的历届人民代表大会和政治协商会议中，都有藏族、门巴族和珞巴族的代表和委员，他们直接参加地方和国家管理，行使当家做主管理国家的权力。

以下是西藏自治区8个门巴族、珞巴族民族乡的基本情况。

(一) 麻玛门巴民族乡

麻玛门巴民族乡位于错那县南部勒布沟，距县城40公里，平均海拔2800米，是错那县重要的边境乡，也是原勒布办事处所在地。

[①] 麻玛乡又音译为麻麻乡，吉巴乡又音译为基巴乡。

图12—2 麻玛新村

全乡总面积124061亩,其中耕地面积68亩,森林面积54990亩,草场面积60176亩。全乡有1个行政村即麻玛村,4个自然村即氆氇岗、利马荣、竹器社、扎姆拉。全乡共有55户人家,155人,其中门巴族107人,藏族48人。

麻玛乡耕地面积不大,牲畜数量也不多,但有着丰富的林下资源和传统的竹器编织和木碗制作等手工业。在国家禁止采伐森林资源后,当地及时调整产业结构,以种植业为主线,在县农牧局和林业局的支持下,扩建150亩茶树地,把150亩茶树地分给了每家每户,动员群众种植茶苗,生产品质优良的高原茶,受到市场欢迎,产品供不应求。政府还向群众提供资金扶持和技术指导,种植大棚蔬菜。2015年全乡牲畜总头数305头,粮食作物产量19.85吨,2015年实现国内生产总值311.77万元,第一产业收入64.37万元,第二产业收入92.21万元,第三产业收入155.19万元,劳务输出收入91.2万元,人均纯收入10061元。2017年全乡农村经济总收入456.94万元,人均收入15231.33元。

麻玛门巴民族乡有着丰富的旅游资源,以独特的自然风光、风土人情、民族文化吸引了众多游客观光旅游。麻玛乡利用其资源优势,因地制宜，把资源优势转化为经济优势，鼓励农牧民群众发展运输业和第三产业，以发展旅游业、民族手工业、特色种植业来促进该乡的经济增长，使经济走上良性循环、可持续发展的轨道。

（二）贡日门巴民族乡

贡日门巴民族乡位于错那县西南部、勒布办事处北部，距县城36公里，平均海拔3196米。

全乡地势北高南低，最北部的波拉山口海拔4500米，自山口南下，气候和生态环境呈现出明显的垂直分布特征，由高山草甸逐步演变为落叶常绿阔叶混交林。贡日乡辖斯木、贡日两个村委会。自北而南的娘江曲将贡日一分为二，江西为贡日村，村庄位于夏拉山山腰的一片洼地，斯木村处娘江曲东岸东嘎山麓，为乡政府所在地。辖区面积167045亩，其中耕地面积158.3亩，草场面积97200亩，林地面积62500亩。

全乡共有农牧民群众68户169人（斯木村44户110人、贡日村24户59人），其中门巴族154人，藏族15人。

贡日乡环境优美，自然资源丰富，经济主要以农牧业为主、林业为辅。2010年投资10万元修建野猪养殖基地，扩大了野猪养殖规模，提高了群众收入，受益群众达60余人。同年投资15万元，修建斯木村电磨坊及公共厕所，便利了群众的生活，改善了乡容乡貌。2011年投资30万元修建打麦场3处，为全乡农牧民进行荞麦加工及临时存储提供了便利，受益群众达169人。2012年投资25万元修建骡马道15公里，维修骡马道10公里，该项目的实施极大改善了农牧民出行、放牧、边境巡逻的条件，受益牧民达71人。几年来共投资159万元用于兴边富民项目建设，完善了全乡群众的生产生活基础设施，提高了人民生活水平，促进了民族团结、社会稳定和边防稳固。2017年年底，全乡经济总收入352.4万元，其中农业收入90.86万元，牧业收入75.89万元，劳务收入140.46万元，其他收入185.65万元，人均纯收入11203元。该乡民风淳朴，至今保留着浓厚的门巴风情习俗。教育事业得到了很大发展，2011年贡日乡已实现全乡群众脱盲，儿童入学率、巩固率均为100%。

（三）吉巴门巴民族乡

"吉巴"系藏语（skyid-ba，意为快乐、舒适）音译，又译为"基巴"或"吉布"。

吉巴门巴民族乡位于错那县南部、勒布办事处北部，距县城39公里，乡政府所在地海拔 3500 米，辖吉巴村、让村两个村委会。辖区面积 22366 万亩，其中耕地面积 242 亩，草场面积 209715.41 亩，林地面积 70915 公顷，是一个半农半牧的边境民族乡。

全乡共有 85 户，211 人（吉巴村 61 户 149 人、让村 24 户 62 人），其中门巴族群众有 195 人，藏族群众 16 人。

吉巴乡农作物以小麦、青稞、荞麦为主，农作物年产量 33.5 吨。牲畜总头数 790 头（只、匹），主要以牦牛为主，年产奶 3.5 吨。2015 年，全乡农村经济总收入 383.45 万元，第一产业收入 167.29 万元，第二产业收入 44.77 万元，第三产业收入 171.69 万元，劳务输出收入 103 万元，农牧民人均纯收入 10449 元。2017 年全乡农村经济总收入 460.6 万元，人均纯收入 11368 元。

2011 年吉巴乡已实现全乡群众脱盲，适龄儿童入学率、巩固率均达到 100%。

吉巴门巴民族乡民族文化特色浓郁，门巴族民间情歌和萨玛酒歌在群众中传唱不衰，流行于吉巴乡和贡日乡富有民族和地域特色的"门巴族拔羌姆"（又译为"巴羌"）即宗教神舞已经被列入国家第四批非物质文化遗产名录。

（四）勒门巴民族乡

勒门巴民族乡位于错那县西南部勒布办事处南部，距县城 52 公里，乡政府所在地海拔 2300 米。勒乡南抵印度实控区，西与不丹接壤，战略位置十分重要。

勒乡辖勒村、贤村两个村委会。辖区耕地面积 32.25 亩，草场面积 9.21 万亩，林地面积 10.29 万亩。全乡共有 51 户 132 人（勒村 28 户 75 人、贤村 23 户 57 人），其中门巴族 91 人，藏族 41 人。

勒乡农作物以青稞、小麦、荞麦及各种蔬菜为主。勒乡根据其气候特点开垦茶园种植茶树，产品很受欢迎，供不应求。勒乡种植的辣椒和大棚蔬菜也是市场的抢手货。

勒乡有着丰富的林业资源，为人们的副业生产实现增收提供了得天独厚的条件。人们充分利用其资源优势，因地制宜，将资源优势转化为经济优势，大力发展竹编、木碗制作等民族手工业和木材加工业。在国家兴边富民行动深入推进和扶持人口较少民族政策的助力下，勒乡的经济社会发展迅速。勒乡 2015 年农作物年产量 20.8 吨，牲畜总头数 368 头，2015 年实现国内生产总值331万元，其中第一产业收入129.06万元，第二产业收入2.68万元，第三产业收入227.65万元，劳务输出收入84.7万元，勒乡农牧民人均纯收入13791元。2017年全乡农村经济总收入452.25万元，农牧民人均纯收入17864元。

勒乡还有丰富的民族文化旅游资源。山南门巴戏是门巴族重要的文化遗产，2006年被列入第一批国家非物质文化遗产名录，其传统戏班过去主要由勒乡门巴人组建，戏师也由当地人充任。今天的门巴戏戏班仍以勒乡为主的村民建立，门巴戏国家级传承人格桑旦增现为勒乡副乡长。勒乡境内还有一处重要圣迹，相传是莲花生大师的修行地。修行地位于密林深处的山腰上，过去很早就建有寺庙，今天仍有1座修复的小寺庙，有僧人专门管理。在修行地还有许多当年莲花生大师留下的脚印等圣迹。修行地附近有一瀑布，在阳光的照射下显现出五彩霞光，美轮美奂而富有神秘感。这里每年吸引着大批善男信女到此朝圣，有着旅游开发的巨大潜力。

图12—3　更章门巴民族乡

（五）更章门巴民族乡

更章门巴民族乡原为排龙门巴民族乡。排龙乡位于林芝县东北角，北靠波密县，东接墨脱县，乡政府距县城130公里。排龙乡当时辖9个行政村，17个自然村，9个行政村分别是白玛店村、唐通村、扎曲村、门仲村、玉麦村、排龙村、白朗村、巴玉村、岩旁村。2000年6月，由于易贡洪水暴泻，为保障当地农牧民群众的生命财产安全，在自治区各级政府慎重决策下，排龙乡整体搬迁至林芝县（今林芝市巴宜区）更章地方，更名为更章门巴民族乡。

搬迁后的更章门巴民族乡下辖6个行政村，分别是更章村、白玛店村、久巴村、娘萨村、扎曲村和门仲村。乡总面积600平方千米，耕地面积1304.2亩。2015年，全乡共303户，1322人，其中门巴族481人，珞巴族133人，藏族699人。

为了妥善安置搬迁群众的生产和生活，林芝县政府先后争取资金数百万元，为搬迁群众修建了80平方米至120平方米宽敞的住房。农网改造及人畜饮水工程让当地门巴族群众用上了电，喝上了纯净的自来水，群众的生活条件和生存环境发生了前所未有的变化，处处呈现出现代化农村的新景象。为了方便尼洋河两岸的门巴族和藏族群众出行，自治区投入了1200多万元在尼洋河上修建了更章大桥。为了发展民族教育事业，新建了设施一流的更章门巴民族乡小学。

更章门巴民族乡充分发挥区位优势和交通优势，加大农牧业结构调整，种植大棚蔬菜，种植天麻、木耳、草莓和利用荒坡地栽种优质特色水果等经济林木，发展藏香猪等特色养殖业，开办藏香厂等，通过多措并举为农牧民开拓增收渠道，经济社会得以良性快速发展。2015年农村经济总收入为2764.3万元，粮油总产量完成536.4吨，肉食总产量为177.1吨，酥油总产量为18.4吨，人均纯收入为13173.4元。2017年，仅更章村经济总收入就达到778.55万元，人均纯收入15913元。

更章门巴民族乡还有着可资利用的丰富的旅游资源。老排龙境内有雅鲁藏布江峡谷大拐弯风景区，其独特的自然风光、风土人情、民族文化吸引了众多探险家、科考工作者和外来游客。近年来，前往大拐弯峡谷科考、探险、旅游的人越来越多。而大拐弯峡谷深隐在高山密林深处，山路崎岖蜿蜒，前往峡谷景区必须要雇用当地人当向导兼背工。更章门巴民族乡充分利用这一地域和资源优势，因地制宜，把资源优势转化为经济优势，鼓励农牧民群众发展运输业和旅游业，做向导和背工也已成为当地群众重要的收入来源。

(六) 南伊珞巴民族乡

米林县南伊珞巴民族乡距米林县城约6公里，位于喜马拉雅山东段北侧，雅鲁藏布江南岸支流南伊河两岸。该乡下辖南伊村、琼林村、才召村3个行政村，居住着珞巴族、藏族、门巴族等多个民族。据2015年统计总户数117户，人口529人，其中珞巴族94户389人，占全乡总人口的73%。行政区域面积648.4平方公里，其中林地面积5.87万亩，草地面积2.1万亩，耕地面积1244.5亩。

新中国成立后，政府出资修建新房，将散居于南伊各山沟的珞巴族群众从高山上搬迁到条件好的平坝地区，在南伊、琼林、才召设立3个行政村，建立南伊人民公社。1988年，在原南伊公社的基础上，成立了南伊珞巴民族乡人民政府。

1990年胡锦涛同志曾到南伊乡考察。在每年两会期间，胡锦涛同志曾多次询问珞巴族群众的生产、生活以及子女上学等情况，对珞巴族十分关心。近年来，米林县委、县政府按照民族乡工作条例，加大了对民族乡的投入，使珞巴族群众的生产生活状况得到了极大的改善。2015年农村经济总收入达到了1110.71万元，农牧民人均纯收入为13122.76元，其中现金收入为9587.4元。2018年，农牧民人均纯收入14490元，其中现金收入12029元。目前全乡通水率、通电率、通邮率、通车率、广播电视覆盖率、电信、移动网络覆盖率均为100%。

1985年南伊珞巴民族乡成立了全县唯一一所珞巴民族小学，开创了民族教育的新纪元。南伊珞巴民族乡小学现有学生170多名，其中珞巴族等少数民族学生140多名。全乡适龄儿童入学率达100%，巩固率100%。学校教学设施良好，配备了电教室、电脑室、图书馆等，实行汉语和藏语"双语"教学，开设了语文、数学、藏语、英语等课程。如今，珞巴族等西藏少数民族学生享受着包吃、包住、包学杂费用的"三包"待遇，并且在中考和高考中都有一定的加分优惠政策。

近年来，南伊珞巴民族乡立足自然资源和人文资源优势，大力发展生态民俗旅游，坚持珞巴民俗文化传承和发展，保护和利用自然原生态环境，打造南伊圣地旅游，成功举办了多届"珞巴民俗文化旅游节"。2013年上半年前来南伊沟观光旅游地的人数达到4万余人，南伊沟景区也被评为国家4A级景区。当地政府积极为农牧民搭建参与旅游增收平台，支持引导珞巴族群众参与旅游业，建起了珞巴民俗旅游广场，组建了珞巴民俗表演队。

在各级政府的关心帮助和珞巴族群众的自身努力下，南伊珞巴民族乡经济社会发展的各项指标名列米林县前茅，呈现出繁荣发展、蒸蒸日上的新气象。

图12—4 达木珞巴民族乡达木村

（七）达木珞巴民族乡

达木珞巴民族乡成立于1988年，下辖4个行政村即达木村、卡布村、珠村和贡日村。全乡以珞巴族为主，此外还居住着门巴、藏族等民族。2013年，全乡286户1029人，其中珞巴族625人，门巴族356人，藏族32人。

达木珞巴民族乡所处地方平均海拔为1930米，属热带和亚热带气候。主要农作物有稻谷、玉米、黄谷、鸡爪谷等，盛产香蕉、柠檬等热带水果，特色产品有野花椒、野木耳、野生蕨菜等。农业是该乡的支柱产业。截至2012年，农作物播种面积为2417.6亩，牲畜存栏率达到了1620头

(四)。全乡实现农林牧渔总产值 1706.26 万元，农民人均纯收入 6248.3 元，人均现金收入为 4608.7 元。2018 年，全乡农村经济总收入 1894.91 万元，人均纯收入 11552.59 元，其中现金收入 9526.79 元。

达木地区过去道路险峻，与外界联系困难，现在公路已经通到每个村寨。

达木乡适龄儿童入学率、巩固率均达到 100%。

(八) 斗玉珞巴民族乡

斗玉珞巴民族乡位于隆子县东南方向，海拔 3100 米，距隆子县城 129 公里。全乡国土面积 333 平方公里，是隆子县 6 个边境乡之一，也是山南地区唯一的珞巴族集中聚居地。全乡有 3 个行政村，11 个自然村，204 户，617 人，其中珞巴族 56 户 213 人，占总人口的 34%。

"斗玉"藏语意思为"山口之下"，该地风季较长，有一条河穿过斗玉境内。该乡地处亚热带，气候温和，森林资源丰富，还有各种可食用的野生植物。农作物在 3—11 月最适宜生长，主要种植玉米、青稞、土豆、红薯、芋头、油菜、南瓜、豌豆、辣椒等。

2015 年全乡农林牧渔业总产值 281.95 万元，加上劳务输出和其他政策性收入，农牧民人均纯收入 12182 元，其中现金收入占到七成以上。2017 年，全乡农村经济总收入 1520.23 万元，农牧民人均纯收入 15069 元。

斗玉珞巴民族乡正以建设"富裕斗玉、平安斗玉、美丽斗玉、文化斗玉"为目标，随着斗玉生态文明小康示范村的建成并投入使用，凸显了民族乡的民族特色，呈现出经济发展、社会和谐、文化繁荣的崭新气象。

除 8 个民族乡以外，在墨脱县和察隅县下察隅镇等地还集中居住着门巴族和珞巴族等少数民族。

墨脱县是目前我国门巴族最为集中的聚居地区之一。

墨脱县辖 7 乡 1 镇（其中包括 1 个珞巴民族乡）46 个行政村，主要居民为门巴族和珞巴族，此外，还有部分藏族、汉族及其他少数民族。截至 2013 年，墨脱全县总人口 12625 人，乡村人口 9965 人，其中门巴族 7745 人、珞巴族 1383 人、藏族 801 人、汉族及其他少数民族共 36 人。

由于交通条件的限制，墨脱长期被人们称为"高原孤岛"，经济社会发展严重滞后。今天，扎墨公路已经开通，墨脱经济社会发展迅速。2013

年，墨脱县农牧民人均纯收入6412元，其中现金收入4233元。2018年，墨脱县农村经济总收入16512.76万元，人均纯收入10380.41元，其中现金收入8833.12元。经过不懈努力，墨脱地区经济得到了长足发展，社会面貌发生了深刻变化，呈现出一派欣欣向荣的发展景象。

上察隅镇西巴村是察隅县唯一的珞巴族聚居村寨，村民属珞巴族义都部落。西巴村行政上隶属于上察隅镇，距镇政府所在地12公里，距察隅县城130公里。西巴村目前共18户人家，68人，是一个以农业生产为主的行政村。全村有耕地面积148亩，2013年人均收入9000元左右。2018年，全村经济总收入139.79万元，人均纯收入21506.6元，位居上察隅镇所有行政村前列。

西巴村地理位置良好，气候条件优越。村前是奔腾的河流，村后是茂密的原始森林，平均海拔2000米左右。受印度洋气候的影响，当地终年气候温和，阳光充沛，雨量充足，四季不明显，年平均气温在12—14摄氏度之间，年平均降雨量在720.3—987.2毫米之间。村民主要从事种植业，如稻谷、玉米、豆类等，兼营畜牧、纺织、狩猎和采集。

图12—5 上察隅乡西巴村大桥

近年来，西巴村经济社会发展迅速。在各级政府的关心帮助下，西巴村修建了能通汽车的钢构大桥，每家每户都盖起了漂亮的新房，人们安居乐业，其乐融融。在发展经济的同时，西巴村民十分重视下一代的教育，这个隐藏在大山深处的偏僻山村至今已经走出了多名大学生。

西藏是一个以藏族为主体的多民族地区，门巴族、珞巴族和藏族呈现大聚居小杂居的状况。由于历史和地理的原因，门巴族、珞巴族和藏族之间过去社会文化有较大差异，以致互相之间因文化差异与互不了解而产生冷漠与隔阂。这种不和谐的民族关系历史上曾影响和阻碍了藏门珞民族之间的团结和发展。今天，门巴族和藏族之间曾经不和谐的民族关系已得到了根本改变。珞巴族的经济文化过去十分落后，西藏各级党委政府采取了许多措施加快珞巴族地区的经济社会发展。为了改变珞巴族人民长期居住山林的状况，人民政府在20世纪60年代和80年代两次为珞巴族修建房屋和宽敞明亮的"珞巴新村"，接珞巴族群众下山居住，使珞巴族永远结束了山林中巢居和洞处的历史。为了帮助珞巴族发展生产改善生活，西藏米林、墨脱、隆子等地的藏族群众还拿出最好的田地供珞巴族耕种，手把手教会他们使用新的生产工具和耕种方法，珞巴族和藏族群众之间建立了深厚的兄弟情谊。随着党的民族政策的贯彻落实和民族区域自治的实施，特别是改革开放和国家对人口较少民族采取特殊的扶持政策，门巴族和珞巴族聚居区的经济快速发展，社会全面进步，其独特的文化和民族特征逐渐为人们所知晓，影响逐步扩大。为了加快门巴族珞巴族地区的经济社会发展，一批批藏族、汉族和其他民族的干部和工程技术人员来到门巴族珞巴族聚居区，同当地人民一道共同开发建设，门巴族、珞巴族同藏汉等兄弟民族之间的平等、团结、互助、和谐的新型民族关系得到日益巩固和发展。

第二节 新时期的藏门珞关系

一 兴边富民行动与扶持人口较少民族政策的实施

"兴边富民行动"是1999年由国家民委倡议，2000年正式实施的旨在"富民、兴边、强国、睦邻"、促进边疆民族地区经济社会快速发展的重要举措。2001年，"兴边富民行动"又与扶持人口较少民族发展政策相结合，2005年由国家民委、发改委、财政部等五部委制定《扶持人口较少民族发展规划（2005—2010）》，成为推进边疆民族地区和我国人口较少民族发展的强大动力。西藏边疆民族门巴族、珞巴族以及僜人和夏尔巴人在国家的大力扶持和全国各族人民的支援帮助下，社会面貌发生了翻天覆地的变化，西藏的民族关系更加和谐团结[①]。

西藏自治区党委、政府历来十分重视西藏人口较少民族的发展工作。自治区党委、政府明确要求西藏各级地方党委、政府从"共同团结奋斗、共同繁荣发展"和维护稳定、促进全面发展的高度，把做好西藏边疆地区人口较少民族的发展工作作为大事来抓，充分认识加快人口较少民族的发展既是经济问题，更是关系到和谐社会、巩固边防的重大政治问题，提出了"一年起步、三年突破、五年见效"的总体工作目标，使西藏人口较少民族从根本上实现整体脱贫，促进西藏经济社会的全面发展。

2000年12月，西藏自治区成立了兴边富民行动领导小组。领导小组由自治区政府办公厅、计委、财政厅、民宗委等16个部门组成，后又对原有的领导机构进行充实调整，从16个成员单位扩大到20个单位。2002年3月，在兴边富民行动领导小组会议上，领导小组组长、自治区常务副主席洛桑顿珠要求各地区各部门对门巴族、珞巴族等人口较少民族做好长远规划，加大扶持力度。2005年，由自治区民族宗教事务委员会和自治区发展改革委员会牵头，制定了《西藏自治区扶持人口较少民族专项建设规划》。兴边富民行动领导小组多次召开专题会议研究西藏人口较少民族发展问题，并组成专门工作组到边疆民族地区调研。2002年，由政府分管副主席带队赴林芝、山南等边境地区调研，现场解决门巴族、珞巴族等边境各族群众亟须解决的问题。2003年，自治区政府副主席甲热·洛桑丹增又带领由自治区兴边富民行动领导小组成员单位组成的工作组，对林芝地区的察隅、米林和山南地区的隆子、错那等边境县开展调查研究。工作组走访农户村民，查看田间地头，检查医院学校，召集地、县、乡、

[①] 本节资料的主要来源：课题负责人1997年、2003年、2006年和课题组2008—2016年实地调查材料。中国人口较少民族发展研究课题组编：《中国人口较少民族经济和社会发展调查报告》（内部资料），2001年。另参见《中国人口较少民族经济和社会发展调查报告》，民族出版社2007年版；西藏自治区民族宗教委员会、西藏自治区发展和改革委员会编《西藏自治区扶持人口较少民族发展专项建设规划（送审稿）》，2005年；吕昭义、红梅主编《门巴族·西藏错那县贡日乡调查》，云南大学出版社2004年版；龚锐、晋美主编《珞巴族·西藏米林县琼林村调查》，云南大学出版社2004年版。

村各级会议40多次，行程7000多公里。2008年7月，西藏自治区人民政府主席向巴平措带领工作组到林芝、察隅等边疆民族地区调研，检查和指导西藏兴边富民行动和社会主义新农村建设工作，集中解决发展中出现的突出问题。在自治区的统一部署下，具体负责兴边富民行动的自治区民宗委主要领导带领工作组多次到边疆民族地区进行调查研究，还徒步进入墨脱调研，广泛听取农牧民群众的意见，因地制宜，确定了与农牧民群众生产生活密切相关、与农牧民群众切身利益密切相关的项目，使兴边富民行动深入人心，成效显著。

兴边富民行动的主要任务是以水、电、路为主，解决边境少数民族地区的基础设施建设；以解决温饱为中心，改善边境群众生产生活；以培育新的经济增长点和形成特色经济为目的，加大产业结构调整；以自力更生为主，国家适当补助解决边民、人口较少民族住房困难问题；以繁荣少数民族文化为宗旨，加强民族文化设施建设，挖掘整理少数民族优秀文化；以生态建设为核心，实施草场围栏、绿化荒山等。通过这六项工程的实施，把兴边富民行动落到实处。

为此，西藏自治区民宗委等部门加大了对人口较少民族聚居区域各项事业的资金投入。自1998年以来，从发展资金中为人口较少民族聚居区安排项目140多个，投资1500多万元，全区8个民族乡基本实现了"四通、五有"（即"通电、通路、通水、通广播电视；有饭吃、有衣穿、有房住、有病看、有学上"）。自2000年以来，先后从"少数民族发展资金"中为区内人口较少民族投入3317.39万元，实施项目59个。其中：民房改造建设项目557.4万元、水利设施建设项目220万元、公路桥梁建设项目217万元、文化建设项目590.88万元、农牧业、科技等建设项目885.62万元、其他建设项目846.49万元。这些项目的实施取得了初步成效，使人口较少民族聚居区域的基础设施明显改善，产业结构得到逐步调整，群众的收入有所增加，社会事业进一步发展。"十二五"以来（截至2014年），自治区加大了对人口较少民族的扶持力度，已累计投入扶持人口较少民族发展资金28888.6万元，其中国家民委和财政部安排资金14068万元，自治区财政厅安排配套资金12950.6万元，自治区发改委安排财政预算内资金1870万元。累计实施基础设施建设、生产发展建设、兴边富民安居工程、科教文卫建设、实用技术培训、兴边富民特色优势产业、特色村寨建设等项目598个。其中，实施兴边富民安居工程项目解决了5883户人口较少民族群众的住房①。

　　西藏人口较少民族主要居住在林芝市和山南市（原林芝地区和山南地区），林芝和山南市委、市政府高度重视人口较少民族工作。2000年，林芝成立了以行署主要领导为组长的兴边富民行动领导小组，全面组织协调该地区的兴边富民行动的实施。米林县相继于2000年和2003年被列为全国兴边富民行动试点县和重点县，南伊珞巴民族乡被列为试点乡。米林县、乡两级党委、政府把此项工作列为重要议事日程，主要领导亲自抓，分管领导具体抓，相关部门配合抓，使试点工作开展得有声有色，有力地促进了包括南伊珞巴民族乡在内的人口较少民族地区的经济社会发展。

　　2000年以来，林芝地区兴边富民行动成果斐然。在边境少数民族地区投入各类建设资金5638.368万元，完成建设项目90个，其中在兴边富民行动重点县（米林县）落实项目36个，投入资金1693.2万元；墨脱县落实项目26个，投入资金2527.6万元；察隅县落实项目14个，投入资金548.168万元；林芝县落实项目10个，投入资金365.4万元。这些建设项目涉及人口较少民族地区的交通、能源、文教卫生、农田水利、农业开发、安居工程、生产资料等各个方面，初步改变了人口较少民族和边远少数民族地区的基础设施，改善了群众的生产生活条件。2006年米林县实现国内生产总值2.61亿元，比2000年增加1.49亿元，增长134%，县财政收入完成1130.3万元。比2000年增加580.1万元；增长105%，农牧民人均纯收入为3960.5元，比2000年增加1586.9元，增长67%，其中现金收入为2563元，比2000年增加1261元，增长97%。完成固定资产投资15639.2万元。兴边富民行动在促进米林县经济和社会快速发展中起到了非常重要的作用。

　　2007年，林芝地区在边境人口较少数民族地区投入各类建设资金1214.52万元，完成建设项目27个，其中在兴边富民行动重点县（米林县）落实项目3个，投入资金376.5万元；墨脱县落实项目9个，投入资金546.97万元；察隅县落实项目4个，投入资金216.33万元，林芝县落实项目11个，投入资金1102.53万元。这些建设项目涉及人口较少民族地区的交通、能源、文教卫生、农田水利、农业开发、安居工程、生产资

---

　　① 数据资料由自治区民宗委有关部门提供。

料等各个方面,有力地改变了人口较少民族和边远少数民族地区的基础设施,有效地改善了群众的生产生活条件。

林芝市"十二五"期间上报兴边富民行动和扶持人口较少民族发展资金项目321个,资金29526.66万元,其中兴边富民行动项目241个、资金25243.66万元,扶持人口较少民族发展资金项目80个、资金4283万元。2011年林芝市落实兴边富民行动和扶持人口较少民族发展资金项目42个,资金1929万元,其中兴边富民行动项目29个,资金1374万元;扶持人口较少民族发展资金项目13个,资金555万元。2012年落实兴边富民行动和扶持人口较少民族发展资金项目91个,资金3877万元,其中兴边富民行动项目66个,资金2706万元;扶持人口较少民族发展资金项目25个,资金1171万元。2013年落实兴边富民行动和扶持人口较少民族发展资金项目123个,资金6750万元,其中兴边富民行动项目96个,资金4760万元;扶持人口较少民族发展资金项目27个,资金1990万元。2014年落实项目123个,资金7692万元,其中兴边富民行动项目85个,资金4589万元,扶持人口较少民族发展资金项目30个,资金1603万元。特色优势产业项目3个,资金1300万元,特色村寨建设项目1个,资金200万元。2015年落实项目115个,资金5756万元,其中兴边富民行动项目97个,资金4630万元,扶持人口较少民族发展项目18个,资金1126万元。

这些项目建成后,极大地改善了边境县和人口较少民族群众生产生活水平、改善了居住环境和交通运输条件,为人口较少民族群众脱贫致富打下了坚实的基础[①]。

山南地区从2000年兴边富民行动实施以来至2005年年底,安排兴边富民行动项目126个,完成投资(含少数民族发展资金)2345万元。其中门巴族、珞巴族两个人口较少民族安排项目36个,完成投资657.7万元,门巴族安排项目25个,完成投资489.7万元,珞巴族安排项目17个,完成投资168万元。兴边富民行动重点县错那县安排项目56个,完成投资801.5万元。这些资金主要集中用于边境县的交通、水利、能源、文化、卫生、教育等基础设施建设。民族经济获得了较大发展,人民生活水平不断提高。

---

① 林芝市兴边富民行动资料由市民宗局提供。

2000—2005年，山南地区兴边富民行动投资的主要项目有：人畜饮水项目，共安排项目15个，投资245万元，其中2000年投资10万元建设的隆子县斗玉乡人畜饮水工程，解决了该村珞巴族群众46户180人的饮水问题。交通与电力项目，共安排项目25个，投资514万元，共建成大小桥梁21座，新建、改扩建乡村公路280.8公里，其中2000年、2001年通过实施兴边富民行动项目分别投资35万元、25万元新修了让村公路（含一座钢架桥）和贤村公路，使山南地区的4个门巴民族乡的所有村全部实现了通公路；2003年投资30万元建设的隆子县斗玉乡斗玉桥，极大地方便了当地群众的生产生活；通过实施兴边富民行动建起了隆子县斗玉电站、错那县让村电站。基本农田建设项目，共安排项目10个，完成投资210万元，前后投资80万元的错那县勒布办事处麻玛乡防洪坝对保护基本农田、保护当地群众的生命财产安全发挥了积极的作用。产业结构调整项目，共安排项目11个，完成投资166.5万元，2003年分别为错那县的4个门巴民族乡解决了5万元建设温室大棚，缓解了当地干部群众的吃菜难问题。教育、卫生、文化等社会事业，共安排项目20个，完成投资310万元，其中安排教育项目9个，完成投资155万元；安排卫生项目2个，完成投资40万元；安排文化项目9个，完成投资115万元。2001年、2002年累计投资达80万元的错那县勒布办事处完小教学楼，使勒布办事处4个门巴民族乡的学生搬进了宽敞明亮的教室；2000年到2005年投资56.5万元，兴建了错那县勒布办事处4个门巴民族乡文化室；2004年投资64万元在错那县勒布办事处新建了民俗文化村。其他项目，共安排项目34个，完成投资636.5万元，其中改善群众住房条件项目6个，完成投资258万元，共改善100户255人的住房条件，2005年投资100万元，完成了错那县勒布办事处勒乡48户门巴群众的住房条件。2005年完成勒布办事处麻玛门巴民族乡经济林建设。此外，兴边富民行动还安排了错那县勒布办事处吉巴门巴民族乡商品周转房建设、打麦场建设以及发展乡镇企业、民族手工业、发展旅游业、抗灾基地建设等一大批项目。

2007年，山南地区共实施人口较少民族发展项目23个，投资总额达10148.42万元。向门巴族聚居区投资283万元，投资项目11个，向珞巴族聚居区投资9880.42万元，投资项目12个。项目类别为：交通项目3个，投资总额达9205万元，其中投额资最大项目隆子县三安曲林乡至斗玉乡陇公路建设，投资额高达9023万元，项目建成后，珞巴族较为集中的斗玉乡出行条件将大大改善，公路建成后直通边防一线陇，这对维护边防稳定也将发挥积极作用。隆子县斗玉乡其玛普乡村公路建设投资160万，该项目建成后斗玉乡将实现村村通公路。投资22万元的准巴乡达嘎村农道桥建设，将极大地方便当地群众的出行。人畜饮水项目3个，投资额达123万元，其中投资22.33万元的隆子县斗玉村乡加麦村人畜饮水工程，彻底结束了该村人畜混饮同一渠水的历史，从此当地珞巴族群众和藏族群众喝上了干净的水。能源建设项目1个，为隆子县准巴乡电站建设，投资额414万元，项目建成后，将大大缓解准巴乡用电紧张问题。农田水利建设基本建设项目5个，投资额达122.33万元，其中投资23万元的斗玉乡斗玉村农田围栏建设项目，对提高该村粮食产量，保护生态环境将发挥积极的作用。基层村委村建设项目及边防接待站建设项目共2个，投资额达110万元。安居工程建设项目1个，投资额31.2万元。其他项目8个，投资额142.89万元。

"十二五"以来，山南地区共争取少数民族发展资金（兴边富民行动资金）2.97亿元，588个项目，累计投放扶持人口较少民族发展项目52个，落实资金4278万元，其中扶持4个门巴民族乡项目35个，落实资金3508万元，扶持斗玉珞巴民族乡斗玉村项目17个，落实资金770万元。"十二五"发展规划实施以来，边境地区一大批县、乡、村道路交通、水利工程、养殖业、手工业、加工业、文化、农业、畜牧业、产业、建筑业、种植业等基础设施得以建成并投入使用，加快了山南边境县和人口较少民族聚居地区的发展步伐，大大改善了边境基础设施条件，边境群众的生活水平得到了显著提高，有效地解决了广大边民出行难、上学难、看病难、就医难等实际问题[①]。这些项目的建成并投入使用，加快了人口较少民族地区的发展，实现了各民族共同团结奋斗、共同繁荣发展，取得了阶段性成效，产生了重大而深远的影响。

由于西藏各级党委政府的高度重视，政策到位，措施得力，在实施兴边富民行动和扶持人口较少民族政策以来的十多年间，西藏边疆民族地区的经济快速发展，社会全面进步，人民安居乐业，呈现出欣欣向荣的发展景象。

---

① 山南市兴边富民行动资料由市民宗局提供。

二 门巴族、珞巴族地区的经济社会发展

（一）社会经济的发展

"兴边富民行动"实施以来，西藏边疆民族地区的社会经济得到了持续快速发展。在西藏各级政府的扶持下，门巴族充分利用地处喜马拉雅山区多雨温湿的气候特点，在扩大农业生产，发展传统产业的同时，大力调整经济结构，发展特色产业，群众增收很快。如错那县勒布办事处，便利用勒布得天独厚的地理气候条件，在20世纪60年代兴办茶场的基础上，又新开发了千亩茶园，生产品质优良的高原茶，受到市场欢迎，产品供不应求。政府还向群众提供资金扶持和技术指导，种植大棚蔬菜。单是这两个项目，群众每人每年就能增加千元左右的现金收入。勒布办事处利用其资源优势，因地制宜调结构，把资源优势转化为经济优势，大量种植经济作物，如勒乡种植的辣椒很受错那县群众的欢迎，大棚蔬菜更是抢手货。勒布地区还有极为丰富的林下资源，为人们的副业生产实现增收提供了得天独厚的条件。当地政府还大力发展竹编、木碗等民族手工业和木材加工业，鼓励农牧民群众发展运输业和第三产业。"十二五"期间，错那县民宗局在上级部门和相关单位的大力支持下，共争取实施了76个项目（不含2015年项目），总投资为4270万元，其中用于扶持勒布沟四个门巴民族乡的特色产业发展项目和农牧民专业合作社项目的投资高达2206万元[1]。同时在茶叶种植、荞麦系列产品加工、野猪养殖、天麻种植、油菜及羊毛加工、藏鸡养殖、木碗加工这七项特色产业方面做重点培育和发展。另外，在发展特色产业的同时，开设农牧民专业合作社，使零散的、不具规模的相关产业统一整合，优化农牧民的组织构架，努力实现"一乡一品""一村一品"，使经济走上良性循环、可持续发展的轨道。

我们可以从几个统计数据一览勒布门巴族地区的经济发展情况。

1999年，勒布的总收入为170137.30元，当年人均收入为1382元。2005年，勒布总收入3724046.9元，其中农业收入271781.4元，牧业收入646859.5元，副业收入475838元，林业收入134733元，其他收入2194835元。农牧民群众纯收入1899263元，人均收入2908元，现金收入

---

[1] 数据系2016年调研时错那县民宗局提供。

图12—6 勒乡茶园

2838元。2007年勒布总收入4267224.5元,其中农业收入362910.5元,牧业收入840600元,副业收入1356412元,林业收入59501元,其他收入1707802元,农牧民群众纯收入2261893元,人均收入3512.3元,人均现金收入2666元。而到2015年年底,勒布地区4个门巴民族乡(即贡日乡、吉巴乡、麻玛乡、勒乡)完成国内生产总值1377.45万元,较2014年同比增长19.8%;农牧民人均纯收入10252.3元,同比增长15.2%[1]。

仅几年时间,勒布地区门巴族的总收入和人均收入均已翻了几番,呈现出经济发展、社会稳定、人民安居乐业的新气象。

得益于国家兴边富民行动和扶持人口较少民族特殊政策的实施,近年来西藏边疆民族地区经济社会呈现快速发展的态势。林芝县排龙门巴民族乡下辖9个行政村17个自然村,共有110户612人。由于地处雅鲁藏布大峡谷腹地,过去交通困难,信息闭塞,自然灾害频繁发生,全乡不通公路不通电,农村经济发展缓慢,群众生活水平低下,是林芝县唯一的贫困

---

[1] 数据系2016年调研时错那县民宗局提供。

乡。2000年6月，又遭受罕见的洪水灾害，全乡的基础设施几乎毁损殆尽。为了彻底改变该乡贫穷落后的状况，使门巴族群众同其他兄弟民族同步奔小康，2001年，西藏自治区有关部门会同林芝地区和林芝县多次召开专门会议，研究排龙门巴民族乡的发展问题，决定采取特殊措施，将该乡整体搬迁到318国道林芝县（现为林芝市巴宜区）境内的更章地带，彻底解决排龙门巴民族乡的经济社会发展问题。林芝县把妥善安置搬迁群众的生产生活作为一项重要的工作来抓，先后争取资金数千万元，为搬迁群众修建了80平方米至120平方米的住房，修建了建筑面积达501平方米的乡卫生院门诊楼，投资数百万元修建了乡中心小学教学楼及教职工宿舍楼，投资一千多万元修建了更章大桥。二期农网改造及人畜饮水工程让当地门巴族群众用上了电，喝上了纯净的自来水，群众的生活条件和生存环境发生了前所未有的变化，处处呈现出现代化农村的新景象。该乡还充分发挥区位优势和交通优势，加大农牧业结构调整，种植大棚蔬菜，利用荒坡荒地栽种水果等经济林木，利用地处国道之便发展商业和租赁业，利用资源优势办藏香厂，社会经济得以持续、快速、健康发展。2015年，更章门巴民族乡农牧民人均纯收入为13173.4元。

墨脱地区的社会经济也得到了长足的发展。墨脱全县下辖7乡1镇46个行政村，主要居住着门巴族、珞巴族和部分藏族。门巴族主要分布于背崩、德兴、墨脱、帮辛、加拉萨、甘登6个乡，珞巴族主要分布在达木珞巴民族乡，藏族主要分布在格当乡，2007年全县总人口10543人，其中农业人口8745人。2000年，墨脱农村经济总收入1359.02万元，农牧民人均纯收入为1098元，其中人均现金收入472.1元。2007年，墨脱农村经济总收入为2394.9万元，农牧民人均纯收入为2413元，人均现金收入1448.62元。2013年，墨脱县农牧民人均纯收入6412元，其中现金收入4233元。2018年，墨脱县农牧民人均纯收入10380.41元，其中现金收入8833.12元。

在国家和西藏自治区加大对人口较少民族扶持过程中，珞巴族社会经济发展迅速。山南地区共有珞巴族65户257人，主要分布在隆子县斗玉乡和准巴乡，其中斗玉乡斗玉村有46户195人，准巴乡智能村有12户50人；另外隆子的三林乡、列麦乡也零星居住有珞巴族7户12人。斗玉乡成立于1987年，1999年行政区域调整时并入三林乡，2003年经自治区人民政府批准恢复成立斗玉乡人民政府。斗玉乡下辖3个行政村，11个自然村，共204户，617人，其中珞巴族56户213人，占总人口的34%。2005年年底该乡人均纯收入为3501元，2007年全乡人均收入达4000元以上，其中现金收入3000元。随着兴边富民行动和扶持人口较少民族政策的实施，斗玉乡的发展明显加快。斗玉乡现已建起了电站、学校、电视塔、移动通信站，乡政府也已搬进了现代化的办公区。2008年以来，斗玉珞巴民族乡经济社会发展迅速。在各级政府的支持下，累计安排基础设施建设项目40余个，投入资金数千万元，项目涉及公路、桥梁、水利、安居工程、房建、土地治理、村容村貌整治等方面。近年来，建设完成了3个行政村1679平方米村级活动场所，建设了文化活动室、图书室、党员活动室；实施了人畜饮水工程、村村通工程、通达工程、农网改造、屋顶改造、村内道路硬化、安装了村内路灯，建设了垃圾填埋场等；全面实施了安居工程和农村环境整治，人居环境明显改善，实现了农村环境从"脏、乱、差"到"硬化、亮化、净化、美化"的转变，群众的生产生活条件得到大幅度改善，精神面貌焕然一新。2015年，农牧民人均纯收入已达12182元，其中现金收入占到七成以上。随着国家投入巨资兴建的斗玉生态文明小康示范村的建成并投入使用，斗玉乡的人居条件和基础设施将更加完善。

墨脱珞巴族地区由于受到交通条件的制约，经济发展相对滞后，但近年来发展明显加快。1998年，达木珞巴民族乡经济总收入为95万元，人均纯收入1375元，其中人均现金收入819元。2004年，达木乡经济总收入为266.71万元，其中粮食收入207.18万元，第三产业收入59.526万元，人均纯收入2046元，人均现金收入862元。2007年的数据表明，达木珞巴民族乡辖5村，总户数158户，总人口818人，农村经济总收入269.7万元，人均纯收入3047元，人均现金收入2272.49元。2012年，全乡实现农林牧渔总产值1706.26万元，农民人均纯收入6248.3元，人均现金收入为4608.7元。2018年人均纯收入11552.59元，人均现金收入为9526.79元。达木珞巴民族乡的纯收入和现金收入高于墨脱其他乡镇的收入水平。达木珞巴民族乡社会经济发展出现了可喜的变化，人们的生活水平得到了明显的提高。

珞巴族社会经济发展最快的地方是米林南伊民族乡。米林南伊珞巴民族乡下辖3个行政村，由于该乡位于米林县城近郊，又紧靠306省道公路，交通十分便捷，发展条件较好。2000年国家实行"封山育林"政策后，长期习惯于"靠山吃山"的当地群众，在当地政府指导下，依靠当地林区牧业优势，种植经济林、果，发展当归、天麻等中药材产业，南伊珞巴人从初步利用自然资源搞竹木加工业，到经营畜牧业、运输业和饲养藏香猪、土鸡，已拥有几辆车、上百头牛，家产超过百万的家庭。南伊珞巴民族乡还依托南伊沟秀美的自然环境和珞巴族独特的民族文化，搞起了旅游业，已成功举办了南伊珞巴民俗节和黄牡丹旅游节，不仅宣传了珞巴族文化，扩大了影响，还增加了新的致富渠道。南伊珞巴民族乡1990年人均收入还不足千元，1998年人均收入为2036元，2005年全乡实现农村经济总收入271.69万元，农牧民人均纯收入3768元，人均现金收入2645元。据2007年年底统计，全乡人口为101户470人，其中珞巴族为84户361人，人均纯收入4462元，人均现金收入3431元。2015年，南伊乡农村经济总收入达到了1110.71万元，农牧民人均纯收入为13122.76元，其中现金收入为9587.4元，纯收入和现金收入均已超过当地其他民族群众，其经济社会发展走在了米林县其他乡镇的前面。

（二）民族教育事业的发展

西藏民主改革前，门巴族和珞巴族聚居的边疆民族地区没有一所学校。除了在寺院当僧人的极少数喇嘛和扎巴外，门巴族的绝大部分群众是文盲，而珞巴族和僜人靠刻木结绳记事，西藏三大领主的压迫和歧视，使珞巴族和僜人没有接受文化教育的机会和权利。今天，门巴族珞巴族聚居区几乎村村有教学点，乡乡有小学，无论多偏僻的山乡，都能听到学生的琅琅读书声。

在教育事业上，党和政府历来重视边疆民族地区的教育发展。西藏各级政府把民族教育作为大事来抓，不仅加大经费投入，改造和新建学校，改善办学条件，还对包括门巴族珞巴族等人口较少民族在内的西藏少数民族学生实行免费义务教育和"三包"（即包吃、包住、包学习费用）政策，充分体现了党和政府对少数民族学生的关怀。

门巴族珞巴族地区的现代教育从无到有，已呈现出立体发展的格局，形成了较完善的教育体系。今天，门巴族、珞巴族聚居区村有教学点，乡有小学或完全小学，县有完小和中学，市区有普通高中和职业高中，自治区有各类专业技术学校和大专院校，祖国内地的22个省市开办西藏中学和西藏班，为西藏少数民族青少年的学习和深造提供了各种机会和良好的条件。

图 12—7　更章门巴民族乡小学

在教育事业的发展上，门巴族珞巴族聚居区不仅兴建了许多教学设施完备教学条件好的新学校，还对原有学校的教学设施和教学条件进行了大规模改造。各级财政对教育投入给以政策倾斜，在资金和项目安排上优先考虑教育需要。现在，门巴族聚居区的各级各类学校教学条件已大为改善，无论是校舍、设备等硬件设施还是教师、管理等软件建设都已取得显著的成绩。

南伊珞巴民族乡中心小学不仅有宽敞的教学用房和学生宿舍，有功能齐全的电化教学设施，有电脑室和图书室，还有足球场和篮球场等设施。由于该校教学质量好，附近村寨的学生都愿意到民族乡小学就读。投资400余万元修建的更章门巴民族乡小学的教学设施完善，不仅有高大明亮的教学楼和现代化的教学设备，还有篮球场和足球场等教学设施。勒布门巴族完全小学拥有宽敞明亮的教学楼和各类设施完善的教学用房。学校有科普实验室、电化教学室、图书室、音乐室和德育室。电化教学室中配有计算机和先进的远程教学设施，可收听收看中央和西藏的电化教学节目。音乐室中配有10多台雅马哈电子琴。每一间教室都配有用于电化教学的电视。如果从教学设施看你绝难想到这是地处西藏边境地区的学校。

米林县珞巴族和错那县门巴族适龄儿童入学率已连续多年保持100%，已通过西藏自治区的"普九"验收。

墨脱县的教育发展历程最能反映出门巴族珞巴族的教育发展状况。

1986年课题负责人在墨脱第一次考察调研时，村寨内随处可见没有学上的门巴族珞巴族儿童和少年，有的仅上过小学二三年级就失学，当时墨脱县内没有几所学校，适龄儿童的入学率不高，辍学率却很高。看到孩子们渴望学习而无学上的情形，我们心情非常沉重。

1987—1992年，林芝地区第二小学根据上级安排连续招收了墨脱1—3年级学生数百名，有许多五六岁的门巴族珞巴族孩子是由父母背着，穿密林、越深涧，跋山涉水走五六天从墨脱到林芝求学的，其上学之艰难可见一斑。

墨脱地区的教育大发展始于2000年实施的兴边富民行动，各级政府加大了对墨脱教育的投入力度。到2005年年末，墨脱县已发展到拥有各级各类学校36所（含教学点），其中中学1所，县完小1所，乡镇公办小学5所，乡希望小学2所，村级教学点27所。2007年，墨脱全县共有15所学校，其中完全小学6所（县完小1所，乡完小5所），乡中心小学2所，村级教学点6所（原有教学点27所，因生源不足，采取集中办学），中学1所，全县共开办扫盲夜校及科普学校58所。

2005年，墨脱县全县适龄儿童1339人，在校学龄人口1308人，入学率已达97.68%。2007—2008学年，墨脱全县7—12周岁小学适龄儿童1370人，在校适龄儿童1351人，小学在校生1577人，一年级179人，二年级261人，三年级251人，四年级373人，五年级256人，六年级237人，小学适龄儿童入学率达98.6%。13—15周岁适龄少年603人，中学在校生515人，初一233人，初二165人，初三117人，初中入学率为90.55%。2007年，墨脱县通过了自治区"普九"验收。

2007年墨脱县的教师情况为：全县教职工136人，专任教师134人。其中：小学专任教师99人，大专学历46人，中专（含高中）51人，中专以下2人。中学专任教师35人，本科26人，大专9人。

从2005年开始，墨脱学生的入学率和巩固率就持续稳定上升。我们从墨脱县政府提供的数据可以看到这种变化。

2010年，墨脱共有学校9所，其中县中学1所，小学8所（县完小1所，乡小学7所）。全县在校生1973人，其中小学在校生1202人，一年级 177 人，二年级 200 人，三年级 175 人，四年级 177 人，五年级 236 人，六年级 237 人。初中在校生 671 人，其中初一年级 277 人，初二年级 233 人，初三年级 161 人。全县初中生巩固率达 98%，小学生巩固率达 100%。全县现有教师 168 人，其中中学教师 40 人，小学教师 123 人，幼儿园教师 5 人。

小学适龄儿童入学率：2008—2009 学年、2009—2010 学年、2010—2011 学年，全县 7—12 周岁小学适龄儿童分别为 1259 人、1250 人、1223 人，其中残疾儿童分别为 21 人、22 人、19 人；小学在校生分别有 1454 人、1347 人、1202 人（含在外借读学生分别为 18 人、18 人、13 人，不含外来借读学生分别为 18 人、14 人、17 人），小学适龄儿童在校生分别有 1224 人、1217 人、1195 人；小学适龄儿童入学率分别为 98.86%、99.1%、99.3%。

初中入学率：2008—2009 学年、2009—2010 学年、2010—2011 学年，全县 13—15 周岁适龄少年分别为 662 人、653 人、625 人，其中残疾少年分别有 1 人、2 人、3 人，现有初中在校生分别有 612 人、656 人、671 人（含在外借读学生分别为 29 人、35 人、19 人，不含外来借读学生分别为 2 人、1 人、4 人），初中入学率分别为 92.58%、100.77%、107.88%。

小学在校生年辍学率：2007—2008 学年、2008—2009 学年、2009—2010 学年内，全县学年初小学在校生分别有 1557 人、1454 人、1343 人，学年末小学在校生分别有 1554 人、1452 人、1339 人，辍学分别有 3 人、2 人、4 人，辍学率为 0.19%、0.14%、0.29%。

初中在校生年辍学率：2007—2008 学年、2008—2009 学年、2009—2010 学年内全县学年初初中在校生分别有 515 人、585 人、622 人，学年末初中在校生分别有 510 人、581 人、617 人，辍学分别有 5 人、4 人、5 人，辍学率分别为 0.97、0.68、0.8%。

15 周岁人口小学教育完成率：2008—2009 学年、2009—2010 学年、2010—2011 学年，全县现有 15 周岁人口分别有 206 人、219 人、216 人，其中残疾分别有 0 人、0 人、0 人，完成小学教育分别有 197 人、210 人、213 人，15 周岁人口小学教育完成率分别为 95.63%、95.90%、98.61%。

17 周岁人口初中教育完成率：2008—2009 学年、2009—2010 学年、

2010—2011学年，全县现有17周岁人口数分别有149人、223人、243人，其中残疾分别有0人、0人、1人，完成初中教育分别有65人、132人、213人，17周岁初中教育完成率分别为43.62%、59.19%、88.02%。

15周岁人口文盲率：2008—2009学年、2009—2010学年、2010—2011学年，全县现有15周岁人口分别有206人、219人、216人，其中残疾分别有0人、0人、0人，文盲分别有1人、1人、0人，15周岁人口文盲率分别为0%、0%、0%。

15—50周岁人口文盲率：2008—2009学年、2009—2010学年、2010—2011学年，全县15—50周岁人口分别有6531人、6686人、6307人，其中残疾分别有26人、26人、29人；非文盲分别有6359人、6340人、6152人，完成小学三年级以上教育分别有1952人、2171人、2089人，脱盲分别有4407人、4407人、4063人，现有文盲分别有146人、146人、126人，文盲率分别为2.25%、2.2%、2.01%。

图12—8 墨脱中学的课间操

在教学条件方面，门巴族珞巴族地区的学校教学条件从校舍、学生宿舍、实验室及图书室、教学附属设施、电教设备配置等方面普遍好于其他边疆地区学校。即便是在办学条件最为困难的墨脱，2005 年部分学校就有了闭路电视教学系统等先进教学设备。2005 年，墨脱获上级拨配 31 台电视机，23 台 DVD 机（模式一），5 套天馈系统（模式二）和 1 套"班班通"工程。2010 年，墨脱的一些小学使用上了电化教学设备。2011 年，相关部门为墨脱县完小配备了多媒体教室及电教室，多媒体教室配备了教师电脑、投影仪、电子幕布、电子讲台各 1 台。电教室配备了 50 台学生电脑，教师电脑 1 台、65 寸液晶电视 1 台、服务器 3 台；学生桌子 25 张，学生椅子 50 张。电教室和多媒体教室正式进入了墨脱小学的常规教学。

以下是墨脱办学条件的相关数据。

小学生均校舍面积：2008—2009 学年、2009—2010 学年、2010—2011 学年，全县小学校舍总面积分别为 114474 平方米、114474 平方米、13357 平方米，小学生人均校舍面积分别 9.59 平方米、10.35 平方米、11.08 平方米。

初中生均校舍面积：2008—2009 学年、2009—2010 学年、2010—2011 学年，全县初中校舍总面积分别为 8472.76 平方米、7908 平方米、7908 平方米，初中生人均校舍面积分别 13.50 平方米、12.05 平方米、12.06 平方米。

小学生均图书：2008—2009 学年、2009—2010 学年、2010—2011 学年，全县各小学图书总册数分别为 16583 册、16583 册、16583 册，小学生人均图书数为 11.4 册、12.3 册、13.75 册。

初中生均图书：2008—2009 学年、2009—2010 学年、2010—2011 学年，全县初中图书总册数分别为 9225 册、9225 册、10234 册，学生人均图书数为 15.8 册、14.1 册、15.6 册。

2013 年 8 月，课题组再次深入墨脱进行经济社会发展的调查，其中通过实地考察学校、查阅教育资料、访谈教师学生家长和教育主管领导，对墨脱的教育状况有了更为全面的了解和切身感受。墨脱的教育发展所取得的成就令我们欣喜万分。

以下是 2013 年墨脱教育状况的简要情况。

1. 学校情况

墨脱县有学校 10 所，其中中学 1 所，小学 8 所和幼儿园 1 所。1 所中学即墨脱县中学，属初中建制。8 所小学为墨脱县完全小学、德兴乡中心学校、背崩乡中心学校、达木乡中心学校、格当乡中心学校、帮辛乡中心学校、甘德乡中心学校和加拉萨乡中心学校，其中除格当乡和甘德乡学校只开设一年级至四年级课程外，其他5所学校均为完全小学。1所幼儿园即2012年新建的墨脱县幼儿园。

2. 在校学生

墨脱全县在校学生2057人，其中县中学734人，小学1087人，幼儿园236人。墨脱县中学734人分为15个教学班，其中初一227人、初二236人、初三271人。在小学1087人中，共分68个教学班，其中墨脱县完全小学10个教学班315人、德兴乡中心学校7个教学班138人、背崩乡中心学校8个教学班229人、达木乡中心学校7个教学班155人、格当乡中心学校3个教学班28人、帮辛乡中心学校7个教学班121人、甘德乡中心学校3个教学班30人、加拉萨乡中心学校7个教学班71人。小学生中一年级168人、二年级180人、三年级191人、四年级200人、五年级175人、六年级176人。

享受"三包"经费的学生1974人，其中县中学726人，小学1051人，幼儿园197人。

墨脱全县适龄儿童1025人，全县适龄儿童入学率100%，小学生巩固率100%，全县初中生巩固率达98%。

3. 学前教育

墨脱县是在条件严重滞后的情况下开展学前教育的，目前已开办县幼儿园1所，招生236人，各乡依托中心学校招收学前班。通过努力，城镇幼儿入园率达到92%，农村幼儿入学率达到59%。县幼儿园实行学前三年制教育，县幼儿园、乡学前班均实行走读制。为了进一步推进乡村的学前教育，县教育局2013年计划在离乡镇学校较远的村寨搞学前教学点试点，首批试点选择建设"达帮"和"地东"两所学前教学点，摸索乡村学前教育发展的路子。之所以先期建立这两个学前教学点，原因是这两个村都是不通公路的村且村情特殊。背崩乡地东村离乡中心学校较远，但该村学习氛围浓厚，村民积极送教，村里出过多名干部和大学生，设立学前教学点能进一步激发村民支持教育的热情。"达帮"教学点位于帮辛乡肯肯村和帮果村中间，从两村到教学点均为10分钟路程，与地东村不同的是，这两个村至今没有出现一名大学生，希望通过设立学前教学点改变当地的学习环境和氛围，影响乡风。目前两个学前教学点的教学用房和设施已配置完成，各点分别安排了 2 名授课教师和 2 名生活老师，于 2013 年 9 月正式招生办学。

4. 教师情况

全县教职工 198 人，其中中学教师 47 人，小学教师 141 人，幼儿园教师 10 人。小学教师中，墨脱县完全小学 37 人、德兴乡中心学校 23 人、背崩乡中心学校 22 人、达木乡中心学校 17 人、格当乡中心学校 6 人、帮辛乡中心学校 19 人、甘德乡中心学校 4 人和加拉萨乡中心学校 13 人。教师中汉族为 42 人，其中男 26 人，女 16 人；藏族教师 92 人，其中男 43 人，女 49 人；门巴族教师 60 人，其中男 28 人，女 32 人；珞巴族教师 2 人，男女各 1 人；其他民族 2 人。

5. 基础设施建设

在 2011 年完成国检验收后继续积极改善办学条件。2012 年县政府投资 105 万元为县中学修建市政路，道路总长 136.63 米。投资 150 万元县完小教学楼。利用暑假时间，县教育局总投资 1439397 元，为全县中小学校设施进行维修完善。其中投资 989347 元，为县中学、县完小、达木乡、背崩乡以及格当乡中心学校维修学生食堂；县政府拨付 36 万元，教育经费投入维修金 29.96 万元，为县中学、县完小及各乡教师周转房、教学楼、学生宿舍楼及教师周转房垮塌的堡坎进行了维修。筹资 25 万元为县中学学生宿舍楼改建了三个厕所；投入专项资金 41 万元，为达木珞巴民族乡小学修建澡堂，2012 年 11 月已竣工。为各乡小学投入资金 201324 元购置了压面机、搅面机、炒锅、食堂餐桌等食堂用品及学生用品。

2013 年上半年和暑期，已投入 1536 万元修建背崩乡教师周转房、帮辛乡学生宿舍，另整合资金 3600 多万元用于乡镇校舍建设和改善办学条件。

6. 学生"三包"经费与"营养改善计划"

对义务教育阶段中小学生一律免除学杂费和书本费。2012 年拨付"三包"经费 517.89 万元，学校严格按照有关规定，对"三包"经费进行统一管理，专项核算、专款专用，均成立了"三包"经费管理领导小组，专人管理，建有库存物资出（入）库日记账，实行"三包"经费公示制度，做到了"三包"经费使用管理过程透明公开，确保了"三包"经费足额使用到 1974 名"三包"学生生活上。

2012 年，墨脱认真贯彻落实《西藏自治区教育厅关于农牧区义务教育学生营养改善指导意见》的文件要求,成立了学生营养改善计划领导小组,并制订实施方案,"营养改善计划"资金107.16万元及寄宿生生活补助金25.8万准时足额拨付,大幅提高了全县学生的生活质量。尤其是对不通路的上三乡(帮辛乡营养改善计划48780元;加拉萨乡营养改善计划24660元;甘德乡营养改善计划12780元),县教育局垫付了43500元运费将"营养改善计划"物资及时送到了各学校,使不通公路的学校学生第一次喝上了牛奶。

7. 教学和办公条件的改善

2013年投入专项资金50万元,购置了20套电子白板,已经开始投入使用。给教师(含幼儿园老师)每人配一台笔记本电脑,以方便备课、制作电子课件和学习提升。

8. 墨脱籍大学生情况

据县教育局不完全统计,2010年之前的10年时间里墨脱共有大学生140人左右,2010年后已经有160多名大学生,现在每年考上大学的墨脱籍学生有近50名。课题负责人1986年调查时留下刻骨铭心印象的德兴乡文浪村,过去少年儿童只能读到二年级就失学,而2013年在读和刚毕业的大学生(本科和大专生)就达15名[①]。

门巴族珞巴族教育成就的取得离不开全国人民尤其是相关援藏省区的无私支援。如厦门市地税局从2009年开始,投入65万元支持南伊珞巴民族乡小学建设,分三期实施,2009年提供助学资金25万元,2010年、2011年各提供助学资金20万元,主要用于南伊珞巴民族乡小学基础设施建设和配备教学设备等。三年来不仅兑现了捐款承诺,还捐赠了数千册图书,并利用每年假期,选派具有专门知识(如计算机、英语、文学、摄影等)的人员组成兴趣小组到米林县南伊珞巴民族乡小学支教,培养学生的兴趣爱好。福建漳州承担着支援墨脱的任务,第六批援墨工作队确立了援藏项目8大类31个子项目,总投资为4965.02万元,项目涉及新农村建设、产业扶持、基础设施建设、教育、卫生、文化、人才培训、扶贫、党建等10多个领域,近年已经投入了近百万元支援墨脱教育发展。此外,福建龙海、长泰援藏干部还争取企业家和有关单位捐资助学,分别为墨脱全县2000多名中小学生发放2套冬夏装校服和新华字典,耗资37

---

① 墨脱县教育资料由县教育局提供。

万元。2011年，免费午餐公益计划正式落户墨脱，县完全小学正式成为免费午餐资助对象，第一批享受免费午餐的学生为227人。

门巴族、珞巴族的文化素质和综合素质得到大幅提升。今天，门巴族珞巴族不仅有大批大中专毕业生，还有了研究生。目前在笔者工作的西藏民族大学学习的门巴族、珞巴族学生就有20多名，足以反映出门巴族珞巴族教育事业的发展进步。

（三）交通与通信事业的发展

西藏和平解放后，党和政府十分关心西藏人口较少民族地区交通事业的发展。在党和政府的关心帮助和全国各族人民的大力支持下，门巴族珞巴族人民同藏、汉族人民一道，逢山开路，遇水架桥，修筑了公路，架设了现代化桥梁，初步改善了西藏边疆民族地区交通落后的状况。

门隅北部的勒布地区，是门巴族重要的聚居地之一。西藏民主改革前，勒布是藏区通往门隅腹地的重要交通孔道，然而，当时勒布境内的交通，娘江曲河纵贯全境，却仅有一些简易的木桥沟通，每当洪水季节，木桥常被冲毁；从勒布山谷到错那县府，需从海拔2000多米的谷底攀越4000多米的波拉山才能到达，道路是陡峭艰险的羊肠小道，交通十分困难。西藏民主改革后，为了改变勒布地区的交通状况，国家投入大量的财力和物力，建桥修路。门巴族人民以极大的热情投入了修路工程，修通了从错那县政府所在地到勒布区各乡的简易公路，全长60公里；在娘江曲河上架设了水泥石孔桥2座、木桥3座。公路和桥梁的建设，既密切了门巴族与外界的联系，又方便了江两岸人民的生产和生活。在上级的支持和错那县政府的努力下，勒布地区的基础设施建设取得了突破性进展，总投资2.59亿元的汀勒边防公路，于2014年6月20日正式开通，彻底解决了进出勒布沟的交通难题；通往勒乡的油路改造工程也已完工，勒布四乡之间的乡村道路工程项目也正在紧锣密鼓地规划和建设中。现在从勒布沟麻玛乡到错那县政府所在地错那镇，汽车只需50分钟即可到达，从勒布沟到山南市政府所在地乃东区泽当，汽车不到1天就能到达。

为了发展新建的更章门巴民族乡的交通事业，方便尼洋河两岸人们的往来，政府投入了1200多万元在尼洋河上修建了更章大桥。

墨脱的交通是一个世纪难题。由于墨脱特殊的地理条件，交通问题一直困扰着人们。从20世纪60年代开始，国家便决定修建墨脱公路。经过大量的勘测和筹备后，于1975年正式开工修建，国家先后投入了2000多万元，修筑了80公里的简易路段，但由于暴雨和泥石流灾害频繁，修路曾一度被迫中止。墨脱的交通问题，牵系着西藏人民和全国各族人民的心。西藏自治区党委和政府多次开会研究墨脱的修路问题，党中央和国务院也十分关心修路情况。从1989年开始，国家又投入3000多万元，修复遭毁损的路段，续建扎墨公路80公里至141.4公里路段。在全国人民的大力支持下，全体筑路人员顽强奋战，战胜和克服了许多难以想象的艰险与困难，终于修通了扎墨公路，1994年2月1日实现了分季、分段初通。扎墨公路全长141.4公里，起于波密扎木镇，终点到墨脱县城。这条公路的初通，初步改变了墨脱交通落后的状况。但是，由于墨脱复杂的地质地况原因，这条公路时断时通，整治与维护成本极大，墨脱与外界的联系仍靠徒步数日翻越喜马拉雅山口，货物运输仍主要靠人工背运。墨脱的交通问题仍未得到根本解决。

  墨脱的交通问题，始终是一个困扰墨脱经济社会发展的大问题，不解决这个制约墨脱发展的瓶颈问题，墨脱社会发展中的其他问题将难以得到解决。为了彻底解决墨脱的交通问题，国家有关部委和西藏自治区组织力量联合攻关，加强了对墨脱等地处喜马拉雅山区公路建设中特殊问题的研究，将墨脱公路的修建与整治列入了"十一五"规划，使边境民族早日走出封闭的大山。2008年10月21日，国务院召开常务会议批准了墨脱公路修建规划，计划投入9.5亿元巨资，三年内修通墨脱公路。随着嘎隆拉隧道在2010年12月贯通，墨脱公路的关键工程完成，2013年10月终于全线通车。墨脱公路的成功修建，宣告了千百年来作为"高原孤岛"和目前"中国唯一不通公路的县"的封闭历史的结束，必将有力地促进和推动墨脱地区的经济与社会发展，对巩固和加强我国边防也将起到重要的作用。

  目前，墨脱县境内达木公路、格当公路、巴日公路和背崩公路也已修成通车，汽车可以直达大部分乡镇和村寨，墨脱的交通事业取得了可喜的发展。

  隆子县斗玉乡斗玉村，地处偏僻，道路难行，过去交通十分困难。今天，公路已经修到了他们的村前，交通状况已得到了很大改善。2004年投资30万元修建的隆子县斗玉乡斗玉桥，方便了当地珞巴族群众的生产生活。这座桥建设以前村民过河仅靠几块木板铺起的简易桥，特别是遇到下雨天，桥面狭窄打滑，群众过桥很危险。大桥建成后，群众出行更方

图 12—9 墨脱传统的藤网桥

便、更安全了，致富的门路也多了。2007年开工建设三安曲林乡至斗玉乡陇公路，投资额高达9023万元，项目建成后，斗玉珞巴民族乡群众的出行条件得到了根本改善。

居住在米林南伊乡的博嘎尔人，他们的交通事业发展更快。随着南伊桥的修建，他们的村公路与306国道连上了网，可以通向四面八方。现在，油路已通南伊的三个行政村，村村有拖拉机和汽车，有不少人家还拥有自己的汽车。早在2005年，南伊民族乡就有55型拖拉机3台，75型拖拉机5台，手扶拖拉机14台，东风牌卡车12辆、解放牌卡车1辆、小车3辆。如今，米林机场相距南伊乡仅10多公里，拉林铁路（拉萨到林芝）正在修建中，人们出行的方式将更加便捷多元。对于祖祖辈辈徒步行走、靠藤网木桥涉渡的珞巴人来说，这个变化毋庸置疑是翻天覆地的。随着交通条件的改善，这个世世代代生活在大山里的民族，终于从封闭的山村里走了出来，他们乘坐现代化的交通工具，走向了拉萨，走向了内地，走向

图 12—10　如今横跨峡谷的钢索桥

了广阔的世界。

　　广播、电视、移动通信和网络等现代通信和传媒技术，近年来在西藏边疆民族地区有了较快的发展。为了发展广播电视事业，自治区有关部门拨出专款，在勒布和墨脱县修建水电站，解决广播电视以及人民日常生活用电；购买广播电讯器材，建立有线广播网；建立地面卫星接收站、电视差转台、程控电话交换机和移动通信网络。墨脱县广播电视事业从无到有，从弱到强，得到了较快发展。有线电视节目转播 30 个频道，无线电视节目 3 个频道，调频广播节目 3 套。县城广播覆盖率 79%，电视覆盖率 80%。"村村通"广播电视工程建设顺利，目前全县 8 个乡镇 46 个行政村和 2 个自然村建立了电视单收站，其中广播转播站 37 座，广大群众可以收听收看广播电视节目。在勒布门巴族聚居区，邮政业务覆盖了 8 个行政村，2003 年 7 月，开通了 4 个乡的程控电话，2004 年，当地小灵通、移动业务开通。现在，人们可以方便地使用程控电话和手机等现代通信设备。在墨脱，中国电信和移动通信公司也相继开通了程控电话和移动电话，墨脱的 8 个乡镇已经通卫星电话和网络。在米林县南伊乡和隆子县斗玉乡，现在人们可以方便地使用电话手机宽带等现代通信方式。

在邮政通信方面，除墨脱外西藏边疆少数民族地区早就通邮外，墨脱则由于条件的限制一直是邮电分营，群众十分不便。2008年国庆前夕，墨脱县邮政局正式开业，标志着"高原孤岛"墨脱县从此结束了无正式邮政局的历史。尽管新成立的墨脱县邮政局目前只有两名职工，但邮政局里的设施和电子汇兑、函件、包裹、报刊订阅等邮政业务一应俱全。2011年9月16日，中国邮政储蓄银行墨脱县营业所正式挂牌成立并对外营业，结束了墨脱县没有邮政储蓄业务的历史。墨脱县邮政局和邮政储蓄银行的开业，为墨脱县群众对外交流与经济活动提供极大的方便，为政府信息传达提供有力的通信保障，为墨脱经济的跨越式发展起到了积极的推动作用。

（四）文化卫生事业的发展

国家十分重视优秀民族传统文化的继承与保护。从20世纪70年代开始，国家对西藏民族民间文化艺术遗产进行了大规模的系统普查、搜集、采录和整理工作。80年代以来，西藏自治区及各地成立了民族文化遗产抢救、整理和研究机构，展开了历史上规模空前的抢救、搜集、整理、研究、编辑、出版民族民间文化遗产的工作。在民族文化的保护与抢救过程中，门巴族珞巴族文化得到了全面的搜集、整理与保护。

门巴戏是门巴族优秀的民族文化遗产。作为民族戏剧的活化石，门巴戏对研究门巴族的传统文化、对研究我国民族戏剧的发展有着重要的价值。然而，由于种种原因，知晓门巴戏的人不多，能够表演门巴戏的人就更少。特别是随着门巴戏老艺人的年事已高和知名老艺人的辞世，门巴戏面临失传的威胁。为了保护这一珍贵的民族文化遗产，山南文化局和西藏自治区文化厅多次派出专家到门巴族地区进行抢救。他们拜访请教门巴戏老艺人，记录门巴戏戏剧脚本，搜集门巴戏道具和戏服，请民间艺人表演进行录音录像和拍照。为了使更多的人了解门巴戏，在当地政府和文化部门的支持下，门巴戏参加了自治区1996年全区戏剧会演，门巴戏以其浓郁的民族风格、粗犷古拙的表演形式受到了热烈欢迎，门巴戏被人们誉为"天外飞来的门巴戏"，这一较少为人所知的民族文化之花终于被世人所认识。传统门巴戏演出时间很长，一出戏要演出6—8天。为了使门巴戏这一艺术形式适应当今人们的生活节奏和审美取向，西藏文化工作者和门巴族艺人一道对门巴戏进行了探索性的改革，精简了戏剧内容，缩短了每场戏的演出时间，使门巴戏这一古老的民族文艺之花越开越艳。2006年，山南门巴戏被列入我国首批非物质文化遗产名录，自治区文化厅、地区文化局和错那县为保护这一珍贵的文化遗产，拨出专款用于购置门巴戏服饰和成立门巴戏团。2007年年初由勒门巴民族乡勒村村长，格桑旦增等9人重建了久负盛名的门巴戏团，聘请门巴戏老戏师——年过七旬的次仁丹增老人系统传授门巴戏。为鼓励大家的参与热情，地方政府给每位参与学习排练的演员每天补助20元钱。经过系统学习和排练，该戏团已经初步开始运转，到外地演出了数场，受到了群众的欢迎。门巴戏多次参加了自治区非物质文化遗产展演活动，得到了广泛赞誉。

门巴族珞巴族长期生活于喜马拉雅山区，其传统文化具有特色。在传统文化的保护和新文化的建设上也取得了一定成绩。为了保护和发展门巴族的优秀传统文化，也为了丰富门巴族群众的文化生活，2005年，由自治区民宗委等单位投资63.8万元修建的勒布门巴族民俗文化园建成，错那县政府还拨出专款购置门巴族传统服饰和生产生活用具用于展览和保存，民俗文化园已成为展示门巴族文化和当地群众休闲娱乐的重要场所。

珞巴族历史上是长期生活于喜马拉雅山林的狩猎民族，其传统服饰极富特色。为了保护珞巴族的传统服饰，在政府有关部门的关心支持下，经过申报，珞巴族服饰经层层筛选，已顺利进入国家第二批非物质文化遗产名录。

目前，在优秀传统文化的保护上，山南门巴戏已被列为国家第一批非物质文化遗产名录，珞巴族服饰被列为国家第二批非物质文化遗产名录，米林珞巴族始祖传说被列为国家第三批非物质文化遗产名录，勒布门巴族"拔羌姆"被列为国家第四批非物质文化遗产名录。被列为西藏自治区级非物质文化遗产名录的门巴族项目有：山南门巴阿吉拉姆、木碗制作技艺、勒布门巴族编织技艺、墨脱石锅制作技艺4项。被列为西藏自治区级非物质文化遗产名录的珞巴族项目有：米林珞巴织布制作技艺、隆子县珞巴族服饰、米林珞巴族服饰、米林珞巴族始祖传说、米林珞巴竹编制作技艺5项。现有国家级非物质文化遗产传承人3人，分别是山南门巴戏表演队的队长格桑旦增和老艺人巴桑，米林珞巴始祖传说传承人林东。西藏自治区级非物质文化遗产传承人有6人，分别是门巴族服装编织传承人卓嘎，山南珞巴族服饰传承人次塔、小加油，林芝地区门巴族服饰传承人姑姆、珞巴族服饰传承人达娃、珞巴族织布技艺传承人亚依。

据不完全统计，2000年，错那县财政投入15万元分别为吉巴乡2

村、贡日乡1村、麻玛乡1村新建了面积各为300平方米的文化室，投入10万元新建了吉巴乡文化室。2001年投入15万元新建了贡日乡2村、勒乡1村、2村多功能文化室。2002年又投入16.5万元修建了勒乡文化室。我们从错那县近年来对门巴族文化事业的投入可以看到党和政府对门巴族的关怀。电影放映队不定期放映群众喜欢的电影。尤其是广播电视的发展给人们的文化生活带来了新的变化。有线广播站、地面卫星接收站已出现在门巴族村寨，收音机、录音机、电视机、影碟机、电脑和网络已进入了普通家庭。群众自发组织的业余歌舞队、戏剧演出队、歌咏队平时活跃在田间地头，人们自编自演节目，歌颂中国共产党，歌颂社会主义，歌颂美好的新生活。

在教育和文化事业取得巨大成就的同时，西藏边疆民族地区的医疗卫生事业也有了很大发展。主要表现在以下几个方面。

医院的兴建与医疗卫生条件的改善。西藏和平解放前，门巴族珞巴族地区没有一所医院，没有医生，人们生病时，只能根据经验进行简单的治疗，或者求神问卜，祈求神灵祛病消灾。西藏和平解放后，在自治区有关部门和山南、林芝地委和行署的直接领导下，调配骨干医生和其他医务人员赴错那和墨脱门巴族聚居地筹建了错那和墨脱县人民医院，克服重重困难，将大批医疗器材和药品运进错那和墨脱。在错那县勒布麻玛乡、林芝县排龙乡和墨脱县的7个乡还分别建立了乡卫生室或卫生院。今天，墨脱有县级医疗机构一家，乡级卫生院（室）7个，村医疗点58个。勒布地区的4个乡在2005年都建了卫生院，配备了医务人员和医疗设备。更章门巴民族乡的卫生院也已落成。门巴族聚居区乡有卫生室或卫生院，村有医疗点，当地驻军医院也免费为门巴族群众防病治病，初步改变了门巴族缺医少药的状况。现在，西藏地自治区正推行新型农村合作医疗制度，边疆人口较少民族群众踊跃参加，群众看病难问题进一步缓解，医疗卫生条件得到了明显改善。

民族医务人员的成长。为了适应边疆民族地区医疗卫生事业的发展，必须培养一批本民族的医疗卫生工作者。对此，各级人民政府十分重视，通过多种途径和渠道培养人才，先后选拔了数十名优秀青年，保送到地区人民医院和解放军医院举办的医训班学习，还将部分人送往地区卫生学校、自治区卫生学校、西藏民族大学医学院和内地医科院校学习深造，培养出一批批学有专长的门巴族珞巴族医务工作者。特别值得一提的是，在门巴族珞巴族的医务人员中绝大多数是妇女。如墨脱县卫生服务中心的50多名职工中，门巴族医务工作者有24名，其中女性就有20人。昔日社会地位十分低下的门巴族妇女，现在成为受人尊重的白衣天使。今天，在门巴族珞巴族聚居地区的乡医院、县医院、市医院乃至自治区人民医院，都能见到人口较少民族白衣天使的身影。

群众健康水平显著提高。解放以来，党和政府始终关心着西藏各族群众的健康状况，一直对人口较少民族实行免费医疗的保健制度，使门巴族珞巴族群众的健康水平有了显著提高。在僜人和夏尔巴人聚居的察隅县下察隅镇和定结县陈塘镇，当地的医疗卫生事业也有了长足的发展进步。过去，僜人和夏尔巴人生老病死几乎听天由命，一旦有人生病，只有请神送鬼，否则只有等死。如今，当地都建有卫生院，卫生院设立有内科、儿科、妇科和治疗室等门诊科室，群众通过参加农村合作医疗，一旦生病都能到乡镇卫生院去治疗，病情能得到及时救治，缺医少药现象得到了缓解，看病难的问题有了较大改观。过去僜人和珞巴族妇女缺乏妇幼保健知识，妇科病多，生育时多在田间地头，且得不到护理，产妇和婴儿死亡率很高。今天，在妇幼保健院医生的指导下，僜人和珞巴族妇女懂得了许多妇科知识，生育时多到医院生产，或由经过专门培训的产科医护人员上门接生，产妇和婴儿得到妥善的护理，因而从根本上改变了妇女儿童体弱多病，婴幼儿死亡率高的状况，人们的预期寿命显著提高，已达68.99岁。

经过长期的努力，西藏边疆人口较少民族聚居区已彻底消灭了严重危害人们健康的恶性传染病，疟疾和地方病得到了有效的防治。随着人们生活水平的提高和医疗卫生事业的发展，人民的健康水平日益提高。

（五）安居工程与新农村建设

安居工程是西藏开展社会主义新农村建设的重要举措。安居工程首先是在西藏边疆民族地区启动的。在山南地区，错那县委和县政府于2005年启动了勒布地区打造"山南边境第一乡"的新农村建设工程，重点抓了门巴族群众的民房改造、整修和基础设施建设。共计投入安徽援藏资金、兴边富民资金、扶贫资金1100多万元，对整个勒布192户门巴族群众的住房进行了新建和改造，其中新建了158户住房，整修改造了34户住房，新建房屋总面积28346.25平方米，人均住房面积达40平方米以上。新盖房屋多为两层楼房，高大美观，室内宽敞明亮。房顶用红铁皮或蓝铁皮做顶，取代了过去的木板瓦，不仅经久耐用，在阳光照射下，彩色铁皮金光闪闪，鲜艳亮丽，成为门巴族地区一道美丽的风景。整个勒布门巴族居住区面貌焕然一新，门巴族群众的住房条件从根本上得到改善。这些新建房屋，既有着现代化的室内设施，如各种电器及许多现代新潮家具和物品，又保持着门巴族民居传统的风格，门巴族居住文化在传统与现代的交互影响和撞击中焕发出夺目的光彩。

近年来，随着国家城镇化发展、特色城镇建设和精准扶贫等一系列战略的实施和政策的落实，勒布地区社会发展迅速。2014年年初，山南地委、行署提出了把勒布麻玛门巴民族乡麻玛村打造成为"生态文明小康示范点、美丽乡村建设示范点、门巴文化展示区、人口较少民族发展示范区、特色旅游小城镇"的要求，错那县委、县政府高度重视，精心组织，科学安排，成立了项目指挥部和领导小组，提出了"四个早"（早安排、早部署、早督促、力争早见效）、"四个精"（布局精、规划精、施工精、力争打造精品工程）、"四个实"（出实招、讲实话、做实事、力争出实效）的明确工作思路，全面推进示范点建设。该项目总投资8858万元，其中：山南行署安排4123万元，援藏资金投入992万元，群众自筹516万元，整合项目资金3227万元，总建筑面积40235.925平方米。建设主要内容有新农村建设、民房改造及附属工程、水厂及给排水、河堤改造、江淮大道（主街道）、基层政权、市政设施等15个子项目。该项目于2014年3月18日开工，2014年12月25日竣工[①]。该项目建成以后，改善了麻玛乡的基础设施条件，提高了群众的生活水平，促进了旅游业的发展，彰显了门巴族的特色，为门巴族群众实现安居乐业奠定了坚实的基础。

麻麻乡（麻玛乡）"生态文明小康示范点、美丽乡村建设示范点、门巴文化展示区、人口较少民族发展示范区、特色旅游小城镇"的实践是成功的，并作为成功的典范和运行模式在勒布沟地区推广。2016年10月21日，农业部在其官网公示了2016年中国美丽休闲乡村推介名单，共150个村庄，山南市错那县麻麻乡麻麻村入选特色民居村。基于其成功实践经验，2016年11月19日，错那县勒布地区勒乡特色小城镇建设项目顺利开工。据悉，开工建设的勒乡特色小城镇建设项目一期总投资7765.28万元，建设内容包括民房改造、游客接待中心、商业街、政务中

---

① 勒布特色小城镇建设资料由错那县政府提供。

心、基础设施、生态护坡等，项目的实施对于改善勒乡群众生产生活、促进地方社会发展和提升国门形象等都具有非常重要的意义。展望未来，吉巴、贡日两个门巴民族乡总体规划项目编制已经完成。一个以勒布沟景区为核心，涵盖东章瀑布、杜鹃花海、千年古沙棘林、地热温泉、拿日雍错等景点的旅游休闲区已具雏形，一个更加"宜居、宜游、宜养"的新错那如一颗藏南明珠正闪耀出夺目光芒。

米林县珞巴族早在20世纪80年代就开始了"安居工程"建设。1985年，自治区人民政府拨出46万元专款为南伊才召村建珞巴新村，使珞巴族群众第一次住上了宽敞明亮的房屋。2005年，为加快珞巴族地区的社会主义新农村建设，南伊珞巴民族乡才召村优先实施整村推进计划，原计划投入366万元，进行村道路改造、新修住房和村基本设施建设，实际投入582.2万元（自治区民宗委投入264万元、援藏资金240多万元、林芝地区32万元、米林县43.2万元）。新建成的才召村基本设施齐备，一栋栋住房排列有序，房屋宽敞，装饰美观，村容整洁，成为当地一道亮丽的风景。2006年和2007年，对才召村的安居工程配套设施和其他事业建设又投入近300万元，为该村协调购买耕地308亩，解决了才召村耕地少无发展后劲的难题。才召村当时共有36户161人，而整村改造一次性投入就达800多万元，充分反映了党和政府以及援藏省区人民对人口较少民族的深切关怀和无私帮助，充分体现了社会主义制度的优越性。

2006年林芝地区边境县农牧民安居工程共完成2097户，完成投资16519.045万元，其中：自治区补助资金1442.965万元、地区财政补助资金292.04万元、援藏投入722.7万元、群众自筹资金14056.4万元。墨脱县2000—2006年的7年中，自治区民宗委及地区民宗局共落实到"兴边富民行动"资金2256万元，主要用于各乡民房改造、饮水工程、马行道的建设。2007年墨脱农牧民安居工程自治区下达任务为223户，实际完成300户，其中新建191户，就地改扩建109户，受益人口1394人，共投资1482.96万元。2008年墨脱计划实施农牧民安居工程和农房改造645户，其中背崩乡200户、德兴乡214户、达木乡80户、帮辛乡87户、甘登乡42户、墨脱镇22户，受益人口3575人。645户中扶贫搬迁82户（绝对贫困户）、地方病搬迁16户、兴边富农547户。绝对贫困的82户国家每户补助2.5万元，县级配套1200元；地方病搬迁16户国家每户补助2.5万元，县级配套600元；兴边富农547户，国家每户补助

图 12—11 云雾中的墨脱县城

1.2万元，县级配套600元。2008年墨脱安居工程总投资945万元，其中国家补助901.4万元，县级配套43.6万元。2010年民房改造计划完成670户，受益人口4104人，实际完成561户，受益人口3561人，共投资1504万元。

2011年，墨脱县将德兴乡德兴村作为重点建设的小康示范村，由福建漳州援墨工作队投资建设。"闽六援"漳州援墨工作队结合墨脱实际，立足新农村建设同改善农牧民生产生活条件相结合，立足发展旅游业同培植新的经济增长点相结合，立足改善民生同增强发展后劲相结合，全力推进该小康示范村工程建设。德兴乡德兴村小康示范村工程援藏总投资642.41万元，项目建设内容包括面积为2400平方米的道路硬化工程；新建面积为1850平方米的广场（含广场海螺雕塑）；新建面积为2450平方米的公园；新建面积为251.24平方米的门巴民俗文化展览厅；新建面积为168平方米民俗演艺大厅；为该村每户新建浴室及卫生间；新建单间面积为25.9平方米的公共厕所2间；新建容积为150立方米的消防水池；全村排水及排污工程。该工程竣工后，极大提升了德兴乡德兴村的村容村貌，极大地改善了村民的生活质量和水平。

图12—12　新建的德兴小康示范村

目前，墨脱地区的安居工程和新农村建设仍在深入推进中，广大农牧民群众得到了实实在在的好处。

察隅县僜人目前居住条件良好，近20年来国家已经三次为其建僜人新村。而地处偏僻的陈塘镇夏尔巴人近年来住房条件也得到较大改善。通过国家兴边富民行动，从2004年开始，国家持续投入资金对陈塘镇300多户民房进行了改造，陈塘家家户户都住上了新居。现在，一排排具有夏尔巴民族风格的新民房拔地而起，使人赏心悦目。

三　民族关系的发展与民族干部队伍建设

如前所述，西藏和平解放以前，门巴族、珞巴族等西藏边疆少数民族人民备受西藏三大领主的奴役和歧视。尤其是珞巴族和僜人，在民族歧视政策和反动上层的挑唆下，长期生活在喜马拉雅山林中的珞巴族和僜人被人瞧不起，甚至被诬蔑为"野人"。西藏和平解放和民主改革，彻底砸碎了套在西藏各族人民身上的封建农奴制的枷锁，为在西藏建立新型的民族关系提供了前提。中国共产党倡导的马克思主义民族政策的贯彻，使西藏各族人民充分享受了民族平等的权利。门巴族和珞巴族经过民族识别被分别认定为单一民族，于 1964 年和 1965 年经国务院正式颁布确认；僜人和夏尔巴人虽然没有被认定为单一民族，但在西藏自治区内作为单一民族对待，政治上享受单一民族待遇。这是中国共产党民族不分大小一律平等的马克思主义民族政策的具体体现。

西藏是一个以藏族为主体的多民族地区，由于政治和历史地理等原因，曾有过不和谐的民族关系，影响和阻碍了西藏各民族的团结和发展。而今天，门巴族、珞巴族和藏族之间曾经不和谐的民族关系已得到了根本改变。随着党的民族政策的贯彻落实和民族区域自治的实施，特别是改革开放后国家对人口较少民族采取特殊的扶持政策，西藏边疆民族地区的经济快速发展，社会全面进步，其独特的民族文化和民族特征逐渐为人们所知晓，影响逐步扩大。门巴族、珞巴族和僜人生活的西藏东南边境地区，由于中国政府与印度政府边境争端的悬而未决，其聚居区战略地位极为重要，越来越受到国家和西藏各级政府和相关部门的高度重视，这在客观上使西藏边疆民族为大家所关注。中央第四次西藏工作座谈会后，中央举全国之力支援西藏。其中，对口援助林芝地区的是广东省和福建省，援助山南地区的是湖南省、湖北省和安徽省。安徽省专门对口支援山南地区的错那、措美等三个高寒边远县。为了支持门巴族、珞巴族和僜人聚居区的发展，建设好祖国的西南边陲，对口援藏省市和西藏相关部门不仅积极落实项目，还派出大批藏族、汉族和其他民族干部以及工程技术人员来到西藏边疆民族地区，同当地人民一道开发建设，践行"共同团结奋斗，共同发展繁荣"的使命，共同为建设美好西藏携手努力，使门巴族、珞巴族等边疆民族同藏汉兄弟民族之间的平等、团结、互助、和谐的新型民族关系得以日益发展、巩固和加强。

1990 年，西藏自治区党委、政府确定每年 9 月为"民族团结月"，表彰在民族团结进步事业中做出突出贡献的模范集体和个人，以此进一步推动西藏的民族团结进步事业，这个活动已坚持了 20 多年，取得了良好的效果。在门巴族、珞巴族集中居住的山南和林芝地区，每年都开展"民族团结月"宣传教育活动。如山南地区，在每年 9 月"民族团结月"期间，以召开座谈会、悬挂横幅、发放宣传册等形式，宣传《民族区域自治法》《民族乡工作条例》等法律法规。1998 年山南地区召开了第一次"民族团结进步表彰大会"，到 2004 年共召开了 4 次"民族团结进步表彰大会"，共表彰了地区各条战线上涌现出来的民族团结进步先进集体 90

个、先进个人 323 人，其中每次都有珞巴族和门巴族的民族团结先进人物受到表彰奖励。在 2014 年西藏自治区召开的民族团结进步模范表彰大会上，受到表彰的门巴族、珞巴族、僜人、夏尔巴人的先进模范人物共有 17 人，他们是：次吉卓玛（门巴族）、扎西多布杰（门巴族）、央金卓玛（门巴族）、姑姑（门巴族）、娜尼（门巴族）、德吉央宗（门巴族）、张蜀珺（门巴族）、高卫东（门巴族）、白马尊珠（门巴族）、方霞（门巴族）、达娃尼玛（门巴族）、顿珠（珞巴族）、林宝（珞巴族）、林卫华（珞巴族）、卓嘎（珞巴族）、边巴（夏尔巴人）、拉中强（僜人）。在 2014 年国务院第六次民族团结进步表彰大会上，格桑德吉（门巴族）和央金卓玛（门巴族）受到了表彰奖励。通过"民族团结月"活动，有力地促进了西藏民族工作的开展和民族团结的深入人心。

图 12—13 原西藏自治区政协常委辛东

西藏各民族新型民族关系的确立和发展，还与藏族和门巴族、珞巴族人民政治上的当家做主分不开。今天，从地方到全国的历届人民代表大会和政治协商会议中，都有门巴族和珞巴族等西藏人口较少民族的代表。作为西藏自治区成立的标志和西藏自治区的最高权力机关，西藏自治区第一届人民代表大会第一次会议于 1965 年 9 月 1—9 日在西藏拉萨召开。出席会议的代表共 301 名，其中藏族代表 226 人，门巴族、珞巴族和其他代表 16 人。目前西藏自治区人民代表大会已经召开了十届，每一届人大常委会委员的构成中都有门巴族和珞巴族等西藏人口较少民族的代表。如西藏自治区第三届人大常委会组成人员中，有巴都（僜人）、央金拉姆（女，夏尔巴人）、亚久（女，珞巴族）、措姆（女，门巴族）、勒布坚赞（门巴族）。第四届人大常委会组成人员中，有巴都（僜人）、央金拉姆（女，夏尔巴人）、亚久（女，珞巴族）、措姆（女，门巴族）。第五届人大常委会组成人员中，有巴都（僜人）、央金拉姆（女，夏尔巴人）、亚白（女，珞巴族）、益西单增（门巴族）。第六届人大常委会组成人员中，有金珠多吉（珞巴族）、旺扎（门巴族）、次典拉木（女，夏尔巴人）、松古龙（僜人）。第七届人大常委会组成人员中，有达瓦（珞巴族）、劲松（门巴族）。第八届人大常委会组成人员中，有亚蝶（女，珞巴族）、红梅（女，门巴族）。第九届人大常委会组成人员中，有亚蝶（女，珞巴族）、红梅（女，门巴族）。第十届人大常委会组成人员中，有贡觉曲珍（女，珞巴族）、尼玛（门巴族）。我们再看看西藏自治区参加全国人民代表大会代表的组成情况。2012 年 3 月召开的第十一届全国人民代表大会第五次会议，西藏自治区共有代表 20 人，其中藏族 14 人，门巴族和珞巴族代表各 1 人，门巴族和珞巴族代表分别是白丹措姆（女，1973 年 10 月出生，错那门巴族）和晓红（女，1975 年 7 月出生，米林珞巴族）。2017 年 3 月召开的第十二届全国人民代表大会第五次会议，西藏自治区共有 17 名代表（另有 3 名全国人大常委会分配名额），其中藏族代表 12 人，门巴族和珞巴族代表各 1 人，分别是白玛曲珍（女，门巴族，墨脱县德兴乡巴登则村）和扎西央金（女，珞巴族，隆子县斗玉珞巴民族乡）。他们作为西藏人口较少民族代表直接行使管理国家和地方的权力。

培养一支本民族的干部队伍，是实现真正的民族平等、民族自治和民族发展的保证。为了使门巴族、珞巴族人民更好地行使管理国家和地方事务的权力，平等地参与社会主义建设和改革事业，西藏自治区党委和政府十分重视培养人口较少民族干部。目前，全区共有人口较少民族在职干部 351 人。其中，门巴族 257 人，珞巴族 56 人，僜人 26 人，夏尔巴人 12 人。年龄结构为：35 岁以下的 140 人，36—49 岁的有 153 人，50 岁以上的 58

图 12—14　两代珞巴族女干部：小加油和她任乡长的女儿扎西央金

人。文化程度为：小学以下 60 人，初中 39 人，中专学历 148 人，大专学历 88 人，本科 15 人，研究生 1 人。职级配置为：地级干部 1 人，县级干部 37 人，科级干部 113 人，一般干部 200 人。在珞巴族 56 名干部中，林芝地区 45 人，山南地区 11 人，珞巴族聚居的乡、村干部，主要由珞巴族出任，珞巴族干部最高职级为县级。门巴族干部 257 名中，有地专级干部、县级干部和其他专业技术干部，其中山南地区 61 名，林芝地区 186 人①。

  2016 年，笔者再次到门巴族重要聚居地错那县考察，了解了当地门巴族的干部情况。近年来，错那县始终把培养选拔人口较少数民族干部——门巴族干部，建设一支适应民族地区改革开放和经济社会发展需要的干部队伍，作为各级领导班子建设的一个重要方面来抓。在人口较少民族干部培养选拔工作中，建立了一支素质较高的人口较少民族干部队伍，有力地促进了党的民族政策的贯彻落实，人口较少民族干部工作取得了很大成绩。

---

  ①　以上人口较少民族干部数据是 2010 年前笔者在西藏调查时由相关部门提供的，2010 年后没有西藏人口较少民族干部的统计资料。

截至目前，错那县人口较少民族干部总数为 14 人。从身份性质看，公务员 8 人，占门巴族干部总数的 57.14%；事业干部 6 人，其中包含教育专业技术人员 2 人，占门巴族干部总数的 42.86%。从政治面貌看，中共党员 9 人，占门巴族干部总数的 57.14%；31 岁至 40 岁的 2 人，占门巴族干部总数的 14.29%；41 岁至 50 岁的 4 人，占门巴族干部总数的 28.57%。从学历结构看，研究生 1 人，占门巴族干部总数的 7.14%；大学学历 4 人，占门巴族干部总数的 28.57%；大专学历 6 人，占门巴族干部总数的 42.86%；高中、中专及以下 3 人，占门巴族干部总数的 21.43%。从职务层次看，副县级 1 人，占门巴族干部总数的 7.14%；正科级 3 人，占门巴族干部总数的 21.43%；副科级 3 人，占门巴族干部总数的 21.43%；科员 1 人，占门巴族干部总数的 7.14%；初级职称 3 人，占门巴族干部总数的 21.43%；员级职称 3 人，占门巴族干部总数的 21.43%。从分布情况看，县直单位 5 人，占门巴族干部总数的 35.71%；乡镇 9 人，占门巴族干部总数的 64.29%[1]。

此外，还有部分门巴族、珞巴族干部在拉萨和其他地区工作。在专业技术干部中，有教师、医生、工程师、记者、编辑等。门巴族珞巴族党员干部还被选作代表出席地方和全国党代会，如错那县勒门巴民族乡的旺姆同志（女）就是党的十八大党代表，在参加中国共产党第十九次全国代表大会的西藏自治区代表团中，共有代表 29 名，其中有门巴族代表白玛央金（女）和珞巴族代表达波尔[2]。

在新时期成长起来的每一位人口较少民族干部身上，都体现了社会主义新文化精神。担任错那县人民检察院检察长的群增次仁是门巴族干部的典型代表。1962 年，群增次仁出生在错那县勒乡，其父亲在 1962 年的边境自卫反击作战中牺牲。作为革命烈士的后代，群增次仁从小就受到党和政府的亲切关怀和培养。1977 年，年仅 15 岁的他被选送到中央政法干部学校西藏班学习，1981 年，群增次仁以优异的成绩从学校毕业，分配到西藏错那县检察院工作。20 多年来，群增次仁办理了数百起案件，从没有出现错案、冤案，所办案件的批捕、起诉和有罪判决率始终保持在 100%。2002 年，群增次仁就任错那县检察院检察长，成为全国唯一的门

---

[1] 门巴族干部数据由错那县相关部门提供。
[2] 参见《西藏日报》2017 年 7 月 5 日。

图 12—15　门巴族十八大党代表旺姆

巴族检察长。群增次仁深有感触地说："是党给了我一切，没有共产党就没有我的今天，没有共产党就没有我们全家的幸福生活，没有共产党就没有门巴族的新生，没有共产党就没有我们的新西藏。"群增次仁的一席话，代表了新一代人口较少民族的心声。

尤其值得指出的是，在西藏民主改革以前处于社会最底层的珞巴族门巴族妇女，今天她们不仅在政治上享有同男子同等的权利，许多成为国家干部，有的还走上了领导岗位。如珞巴族妇女亚娘，毕业于中央民族学院，曾先后担任米林县政协副主席、副县长、中共米林县委书记，是第五、第六届全国人民代表大会代表，第七、第八届全国政协委员，林芝地区政协常委。现任米林市民宗局副局长的珞巴族妇女晓红，毕业于西藏农牧学院，曾长期担任南伊珞巴民族乡乡长和米林县副县长，她是第十届和第十一届全国人大代表。再比如荣获全国"最美乡村教师"和"感动中国 2013 年度人物"的门巴族女教师格桑德吉。

格桑德吉系墨脱帮辛人，小学教师。1998 年进入河北师范大学民族学院普师班学习，2000 年毕业后，她并没有像其他同学一样选择继续深造或留在大城市工作，而是毅然回到西藏。为了让喜马拉雅山脚下、雅鲁

图12—16　珞巴族女干部晓红

藏布江边的门巴族孩子有学上，格桑德吉放弃了拉萨的工作，主动要求到条件艰苦的墨脱县帮辛小学执教。格桑德吉执教的帮辛乡是墨脱最后一个通公路的乡，这条经常发生泥石流、山体滑坡的小路，连接了散落在大山里的村庄，也是帮辛乡走出大山唯一的路。2000年回乡执教10多年来，为劝辍学的孩子返校，格桑德吉在这条经常发生泥石流和山体滑坡的悬崖小路上频繁往返；为了孩子们不停课，其他村缺老师时怀着6个月身孕的她独自背着糌粑和学习用品走在这条小路上；为了把学生平安送到家，每年道路艰险、大雪封山时，格桑德吉过冰河、溜铁索，把4个月才能回一次家的学生们平安送到父母的身边。在格桑德吉的努力下，当地的门巴族孩子从最初失学率30%，变成到今天入学率95%。她将200多名孩子送出大山，有6名考上大学、20多名考上大专或中专，而她自己的女儿却留在了拉萨的婆婆家，一年才能见一次面。村民们亲切地称她为门巴族的"护梦人"。作为一名乡村女教师，格桑德吉在平凡的工作岗位上做出了不平凡的贡献，她的事迹深深感动了人们。2013年9月格桑德吉被评为"最美乡村教师"，2014年2月10日格桑德吉荣获感动中国2013年度人物。"感动中国"给她的颁奖词是："不想让乡亲的梦，跌落于山崖。门巴的女儿执意要回到家乡，坚守在雪山、河流之间。她用一颗心，脉动一群人的心，用一点光，点亮山间更多的灯火。"

一批风华正茂的西藏少数民族干部，他们正从事着他们先辈们闻所未闻的伟大事业，带领着广大群众致富奔小康，开创民族美好的未来。

今天，藏族同门巴族、珞巴族等西藏各族人民一道，正在为建设小康西藏、平安西藏、和谐西藏、生态西藏而团结奋斗，必将谱写出更加辉煌绚烂的民族团结的新篇章。

结　语

本书运用第一手田野调查材料和藏、汉、外文文献资料，系统地梳理和考察了藏门珞民族关系的发展历程，同时，着力研究了藏门珞民族间的政治关系、经济关系和文化关系。从中可以看出，藏门珞民族关系凸显出如下特点。

一　藏门珞民族关系历史的久远性与关系的紧密性

藏族、门巴族和珞巴族繁衍生息于西藏高原，远自遥远的古代，他们就有着密切的交往和联系。大量的神话传说、考古材料和文献史料记载了他们交往联系的悠久历史，揭示出他们之间唇齿相依、血脉相连的密切联系。这种交往和联系，促进了藏族、门巴族和珞巴族社会的发展。

二　藏门珞民族关系发展的全面性与内涵的丰富性

藏门珞民族关系具有丰富的内涵，在政治、经济和文化诸多领域和方面均有着密切的联系。政治关系、经济关系和文化关系的全面发展推进，是藏门珞民族关系的一个重要特点。

三　藏门珞民族关系的混融性与互动性

所谓混融性与互动性，是指藏门珞民族关系诸领域和方面的相互交织与相互作用。考察藏门珞民族关系的发展历程，我们可以清晰地看到藏门珞在政治、经济和文化诸方面的互融与互动。藏族、门巴族和珞巴族居住地域的差异，以及其经济类型和生产活动方式的不一致，决定了彼此互相依存的经济联系的必然。密切的经济联系既是民族关系多侧面的一个重要方面，又为民族间政治和文化关系的发展提供条件和基础。而政治关系的发展又强化业已存在的经济和文化联系，推进民族关系的全方位发展。在藏门珞民族关系的发展过程中，政治关系、经济关系和文化关系从来就是交织在一起的，是互为依托、互相作用的。17世纪以后的札日神山朝圣，既是广大藏族门巴族信教群众的大型宗教文化活动，又为藏门珞群众经济交往提供重要契机，更是西藏地方政府安抚珞巴族群众、统辖珞巴族地区的重大政治措施。这种互融互动贯穿于藏门珞民族关系发展的始终。

  研究表明，门隅、珞渝以及下察隅自古就是我国的神圣领土，门巴族和珞巴族先民不仅世居于此，更重要的是用他们的勤劳与智慧开拓了这块富饶美丽的疆土。自公元7世纪吐蕃政权将门隅和珞渝纳入其管辖范围以来，藏门珞各族人民便管理、开发和守卫着这块土地。之后，西藏历代统治者不断加强和完善对门、珞地区的治理。特别是进入17世纪以后，在清朝中央政府的支持下，西藏地方政府进一步加强了对门、珞地区的政治文化控制。西藏地方政府在门、珞地区设置各级行政机构，推行各种差税制度，强化封建农奴制统治，对门隅、珞渝以及下察隅行使着有效的管辖权。这一切，极大地增强了藏门珞人民的政治向心力、文化亲和力和经济依存关系。藏门珞民族之间尽管存在着文化上的差异，但是，民族文化亲和关系始终是主流和基本方面。这就不难理解门巴族和珞巴族人民面对殖民主义扩张势力和外国侵略者时表现出的凛然正气和铮铮铁骨。他们不为侵略者的威胁、利诱和挑拨所动，发出了"我们绝不会抛弃祖宗世代的诺言，任何情况下都将效忠"的誓言。门巴族和珞巴族人民，为维护国家的主权和领土完整，为保卫祖国西南边疆做出了重大贡献。

  本书全面、系统研究了以藏门珞为代表的西藏世居民族关系，梳理和解析了藏门珞民族关系的丰富内涵。藏门珞民族关系的丰富内涵，将补充和丰富我国民族关系史的内容。藏门珞人民开疆拓土和保卫祖国西南边疆反抗侵略的斗争史，无疑是中华民族缔造祖国和反侵略斗争史的重要组成部分。

  本书主要研究了藏门珞的传统关系。新中国成立后，藏族与门巴族珞巴族的民族关系进入了一个全新的发展阶段。在中国共产党民族团结和民族平等政策的光辉照耀下，在藏汉等民族的大力支持下，门巴族、珞巴族以及僜人和夏尔巴人社会全面发展进步，平等、团结、互助、和谐的社会主义新型民族关系得以确立和不断发展，昭示着藏门珞民族关系走向更加和谐、光明的未来。

参考文献

一　藏文及藏文汉译资料

王尧、陈践：《敦煌本吐蕃历史文书》，民族出版社1980年版。
王尧、陈践：《敦煌本吐蕃历史文书》（增订本），民族出版社1992年版。
王尧、陈践：《敦煌古藏文文献探索集》，上海古籍出版社2008年版。
乳毕坚瑾：《米拉日巴传及其道歌》，青海民族出版社1981年版。
刘立千译：《米拉日巴传》，四川民族出版社1985年版。
多卡瓦·策仁旺杰：《颇罗鼐传》，四川民族出版社1981年版。
汤池安译：《颇罗鼐传》，西藏人民出版社1988年版。
蔡巴贡嘎多吉：《红史》，民族出版社1981年版。
陈庆英等译：《红史》，西藏人民出版社1988年版。
王尧：《吐蕃金石录》，文物出版社1982年版。
萨迦·索南坚赞：《西藏王统记》，民族出版社1982年版。
陈庆英等译注：《王统世系明鉴》，辽宁人民出版社1985年版。
刘立千译注：《西藏王统记》，西藏人民出版社1985年版。
土观·罗桑却季尼玛：《土观宗派源流》，刘立千译，西藏人民出版社1984年版。
郭·循努白：《青史》，四川民族出版社1985年版。
米久德庆：《汤东杰波传》，四川民族出版社1985年版。
达仓宗巴·班觉桑布：《汉藏史集》，四川民族出版社1985年版。
陈庆英译：《汉藏史集——贤者喜乐赡部洲明鉴》，西藏人民出版社1986年版。
大司徒·绛曲坚赞：《朗氏家族》，西藏人民出版社1985年版。
赞拉·阿旺、佘万治译：《朗氏家族史》，西藏人民出版社1988年版。

巴俄·祖拉陈瓦：《贤者喜宴》（上、下），民族出版社1986年版。
黄颢、周润年译注：《贤者喜宴——吐蕃史译注》，中央民族大学出版社2010年版。
丹增班觉：《多仁班智达传》，四川民族出版社1986年版。
汤池安译：《多仁班智达传——噶锡世家纪实》，中国藏学出版社1995年版。
王尧、陈践：《吐蕃简牍综录》，文物出版社1986年版。
王尧、陈践：《敦煌吐蕃文献选》，四川民族出版社1987年版。
第吴贤者：《第吴宗教源流》，西藏人民出版社1987年版。
章嘉·若贝多杰：《七世达赖喇嘛传》，蒲文成译，西藏人民出版社1989年版。
第司桑结嘉措：《六世达赖传》，西藏人民出版社1989年版。
阿旺平措：《门隅教史》，何宗英译，载《西藏文史资料选辑》（第10辑），民族出版社1989年版。
第五世达赖喇嘛：《西藏王臣记》，刘立千译注，西藏人民出版社1991年版。
恰白·次旦平措等：《西藏简明通史》，西藏藏文古籍出版社1991年版。
陈庆英等译：《西藏通史——松石宝串》，西藏古籍出版社1996年版。
杜均·益西多吉：《杜均教史》，四川民族出版社1996年版。
阿旺·洛桑嘉措：《五世达赖喇嘛传》（上、中、下），陈庆英等译，中国藏学出版社1997年版。
五世达赖喇嘛阿旺·洛桑嘉措：《五世达赖喇嘛传》（上、下），陈庆英等译，中国藏学出版社2006年版。
黄布凡、马德：《敦煌藏文吐蕃史文献译注》，甘肃教育出版社2000年版。
第悉·桑结嘉措：《格鲁派教法史——黄琉璃宝鉴》，许德存译，陈庆英校，西藏人民出版社2009年版。

二　外文及外文汉译资料

［英］海门道夫：《喜马拉雅山蛮境》，约翰·默里出版公司1955年版（Christoph von Fürer-Haimendorf, *Himalayan Barbary*, London：John Murray，1955）。

[印] 维雷尔·埃尔温：《十九世纪的印度东北边境》牛津大学出版社1959 年版（Verrier Elwin, *India's North-East Frontier*, Oxford University Press, 1959）。

[英] 海门道夫：《尼泊尔的夏尔巴人：信佛的高地居民》，约翰·默里出版公司 1964 年版（Christoph von Fürer-Haimendorf, *The Sherpas of Nepal: Buddhist Highlanders* London: John Murray, 1964）。

[英] 阿拉斯太尔·蓝姆：《中印边界》，民通译，世界知识出版社 1966 年版（Alastair Lamb, *The China-India Border, the Origins of the Disputed Boundaries*, Oxford University Press, 1964）。

[英] 阿拉斯太尔·蓝姆：《麦克马洪线》，伦敦 1966 年版（Alastair Lamb, *The McMahon line, A Study in the Relations Between India, China and Tibet, 1904 to 1914*, London, 1966）。

梁俊艳译，张云校：《中印涉藏关系史——以"麦克马洪线"为中心》，社会科学文献出版社 2017 年版。

[印] 高希：《中印关系中的西藏》，新德里 1977 年版（Suchta Ghosh, *Tibet in Sino-Indian Relations 1899–1914*, New Delhi, 1977）。

[英] 迈克尔·阿里斯：《不丹：喜马拉雅王国的早期历史》，新德里 1979 年版（Michael Aris, *Bhutan: The Early History of a Himalayan Kingdom*, Warminster and New Delhi, 1979）。

[英] 迈克尔·阿里斯、昂山素季：《藏族研究》，沃敏斯特 1980 年版（Michael Aris, Aung San Suu Kyi, *Tibetan Studies in Honour*, England, Warminster, 1980）。

[英] 海门道夫：《阿帕塔尼人和他们的邻族》，吴泽霖译，中国社会科学院民族研究所 1980 年版（Christophvon Fürer-Haimendorf, *The Apa Tanis and Their Nerghbours*, London, 1962）。

[英] 内维尔·马克斯韦尔：《印度对华战争》，陆仁译，世界知识出版社 1981 年版。

[英] 荣赫鹏：《英国侵略西藏史》，孙煦初译，西藏社会科学院资料情报研究所 1983 年版。

[英] 贝利：《无护照西藏之行》，春雨译，西藏社会科学院资料情报研究所 1983 年版。

[印] 雷格胡维尔·辛哈：《喜马拉雅山南麓的宗教和文化》，伍昆明等

译，中国社会科学院民族研究所 1984 年版。

［印］梅赫拉：《不丹——静龙之国》，尹建新译，西藏社会科学院西藏学汉文文献编辑室 1984 年版。

《国外藏学研究译文集》第 1—17 集，西藏人民出版社。

［法］石泰安：《西藏的文明》，耿升译，西藏社会科学院西藏学汉文文献编辑室 1985 年版。

［印］D. R. 曼克卡尔：《谁是六二年的罪人》，扬双举、王鸿国译，西藏社会科学院西藏学汉文文献编辑室 1985 年版。

［英］迈克尔·阿里斯：《不丹历史源流》，维也纳 1986 年版（Michael Aris, *Sources for the History of Bhutan*, Wien, 1986）。

［意］杜齐、［德］海西希：《西藏和蒙古的宗教》，耿升译，天津古籍出版社 1989 年版。

［印］卡·古普塔：《中印边界秘史》，王宏纬、王至亭译，中国藏学出版社 1990 年版。

［印］沙钦·罗伊：《珞巴族阿迪人的文化》，李坚尚、丛晓明译，西藏人民出版社 1991 年版。

［法］石泰安：《西藏史诗与说唱艺人的研究》，耿升译，西藏人民出版社 1993 年版。

［奥地利］内贝斯基：《西藏的神灵和鬼怪》，谢继胜译，西藏人民出版社 1993 年版。

［美］梅·戈尔斯坦：《喇嘛王国的覆灭》，杜永彬译，时事出版社 1995 年版。

［英］彼德·霍普柯克：《闯入世界屋脊的人》，向红茄译，西藏人民出版社 1997 年版。

［英］海门道夫：《在印度部落中生活——一位人类学家的自传》，何国强译，国际炎黄文化出版社 2009 年版（Christoph von Fürer-Haimendorf, *Life among Indian Tribes: the Antobiography of an Thropologist*, London, Oxford university Press, 1990）。

三　汉文资料

中华人民共和国外交部：《中华人民共和国政府官员和印度政府官员关于边界问题的报告》，1961 年。

西藏自治区革命委员会测绘局、西藏军区司令部侦察处编：《西藏地名资料简编》（内部铅印稿），1979年。

吴丰培主编：《联豫驻藏奏稿》，西藏人民出版社1979年版。

中央民族学院少数民族语言文学系藏语文教研室藏族文学小组编：《藏族民间故事选》，上海文艺出版社1980年版。

西藏研究编辑部：《〈西藏志〉〈卫藏通志〉》（合刊），西藏人民出版社1982年版。

西藏研究编辑部编：《清实录藏族史料》，西藏人民出版社1982年版。

黄颢、吴碧云编：《仓央嘉措及其情歌研究》（资料汇编），西藏人民出版社1982年版。

中国科学院青藏高原综合科学考察队：《西藏自然地理》，科学出版社1982年版。

吴丰培增辑：《清代藏事辑要》（一），西藏人民出版社1983年版。

吴丰培辑：《清代藏事辑要续编》，西藏人民出版社1984年版。

吴丰培辑：《赵尔丰川边奏牍》，四川民族出版社1984年版。

云南省民族研究所编：《滇藏高原考察报告》（内部铅印本），1984年。

周伟洲：《英国侵略我国西藏史略》，陕西人民出版社1984年版。

吴丰培辑：《川藏游踪汇编》，四川民族出版社1985年版。

《藏族简史》编写组：《藏族简史》，西藏人民出版社1985年版。

西藏自治区政协文史资料研究委员会编：《西藏文史资料选辑》（1—15辑），西藏人民出版社、民族出版社1982—1999年版。

西藏自治区政协文史资料编辑部编：《西藏文史资料选集》（1—3卷），民族出版社2007年版。

西藏自治区文物管理委员会、四川大学历史系：《昌都卡若》，文物出版社1985年版。

徐华鑫：《西藏自治区地理》，西藏人民出版社1986年版。

西藏社会科学院等合编：《西藏地方是中国不可分割的一部分》，西藏人民出版社1986年版。

《珞巴族简史》编写组：《珞巴族简史》，西藏人民出版社1986年版。

《珞巴族简史》（修订本），民族出版社2009年版。

《门巴族简史》编写组：《门巴族简史》，西藏人民出版社1987年版。

《门巴族简史》（修订本），民族出版社2008年版。

西藏社会历史调查资料丛刊编辑组：《藏族社会历史调查》（1—6集）、《门巴族社会历史调查》（1—2集）、《珞巴族社会历史调查》（1—2集），西藏人民出版社1987—1991年版；民族出版社2009年版。

王森：《西藏佛教发展史略》，中国社会科学出版社1987年版。

张江华等：《门巴族封建农奴社会》，四川民族出版社1988年版。

王尧：《吐蕃文化》，吉林教育出版社1989年版。

于乃昌编：《西藏民间故事》（第五集），西藏人民出版社1989年版。

林田：《门域历史沿革及印度侵占经过》，西藏社会科学院西藏学汉文文献室1989年版。

中国社会科学院民族研究所编：《僜人社会历史调查》，云南人民出版社1990年版。

西藏社会科学院西藏学汉文文献编辑室：《使藏纪程、西藏纪要、拉萨见闻记》（合刊），全国图书馆文献缩微复印中心1991年版。

侯石柱：《西藏考古大纲》，西藏人民出版社1991年版。

王贵：《藏族人名研究》，民族出版社1991年版。

杨公素：《中国反对外国侵略干涉西藏地方斗争史》，中国藏学出版社1992年版。

李坚尚等：《珞巴族的社会和文化》，四川民族出版社1992年版。

冀文正：《西藏民间故事》（第六集），西藏人民出版社1993年版。

李坚尚、陶芳贤编：《珞巴族、门巴族民间故事选》，上海文艺出版社1993年版。

中国戏曲志编辑委员会：《中国戏曲志·西藏卷》，文化艺术出版社1993年版。

四川联合大学西藏考古与历史文化研究中心、西藏自治区文物管理委员会编：《西藏考古》（第一辑），四川大学出版社1994年版。

中国藏学研究中心等合编：《元以来西藏地方与中央政府关系档案史料汇编》，中国藏学出版社1994年版。

西藏社会科学院西藏学汉文文献编辑室编：《卫藏图识》，中国藏学出版社1994年版。

马汝珩、马大正主编：《清代的边疆政策》，中国社会科学出版社1994年版。

中国民间文学集成全国编辑委员会、中国歌谣集成西藏卷编辑委员会：

《中国歌谣集成·西藏卷》，中国 ISBN 中心 1995 年版。

国家测绘局地名所编：《西藏地名》，中国藏学出版社 1995 年版。

关东升主编：《中国民族文化大观·藏族、门巴族、珞巴族》，中国大百科全书出版社 1995 年版。

恰白·次旦平措、诺章·吴坚、平措次仁：《西藏通史——松石宝串》，陈庆英等译，西藏古籍出版社 1996 年版。

吕昭义：《英属印度与中国西南边疆：1774—1911》，中国社会科学出版社 1996 年版。

西藏社会科学院西藏学汉文文献编辑室：《西藏地方志资料集成》（第二集），中国藏学出版社 1997 年版。

《中国地方志民俗资料汇编·西南卷》（下），北京图书馆出版社 1997 年版。

王宏纬：《喜马拉雅山情结：中印关系研究》，中国藏学出版社 1998 年版。

李坚尚：《喜马拉雅寻觅》，山东画报社 1999 年版。

朱在明、唐明超、宋旭在编著：《当代不丹》，四川人民出版社 1999 年版。

陈渠珍著，任乃强校注：《艽野尘梦》，西藏人民出版社 1999 年版。

中国社会科学院考古研究所、西藏自治区文物局：《拉萨曲贡》，中国大百科全书出版社 1999 年版。

费孝通主编：《中华民族多元一体格局》（修订本），中央民族大学出版社 1999 年版。

扬策、彭武麟主编：《中国近代民族关系史（1840—1949）》，中央民族大学出版社 1999 年版。

于乃昌：《西藏审美文化》，西藏人民出版社 1999 年版。

周锡银等：《藏族原始宗教》，四川人民出版社 1999 年版。

才让：《藏传佛教信仰与民俗》，民族出版社 1999 年版。

周伟洲主编：《英国、俄国与中国西藏》，中国藏学出版社 2000 年版。

郝文明主编：《中国周边国家民族状况与政策》，民族出版社 2000 年版。

雷启淮主编：《当代印度》，四川人民出版社 2000 年版。

中国人口较少民族发展研究课题组编：《中国人口较少民族经济和社会发展调查报告》（内部资料），2001 年。

《中国人口较少民族经济和社会发展调查报告》，民族出版社 2007 年版。

吕昭义：《英帝国与中国西南边疆（1911—1947）》，中国藏学出版社 2001 年版。

宋蜀华、陈克进主编：《中国民族概论》，中央民族大学出版社 2001 年版。

翁独健主编：《中国民族关系史纲要》，中国社会科学出版社 2001 年版。

陈立明：《走入喜马拉雅丛林——西藏门巴族珞巴族文化之旅》，中国藏学出版社 2002 年版。

陈庆英、高淑芬主编：《西藏通史》，中州古籍出版社 2003 年版。

卢秀璋：《论"西姆拉会议"——兼析民国时期西藏的法律地位》，中国藏学出版社 2003 年版。

陈谦平：《抗战前后之中英西藏交涉（1935—1947）》，生活·读书·新知三联书店 2003 年版。

杨勤业、郑度：《西藏地理》，五洲传播出版社 2004 年版。

吕昭义、红梅主编：《门巴族·西藏错那县贡日乡调查》，云南大学出版社 2004 年版。

龚锐、晋美主编：《珞巴族·西藏米林县琼林村调查》，云南大学出版社 2004 年版。

西藏自治区民族宗教委员会、西藏自治区发展和改革委员会编：《西藏自治区扶持人口较少民族发展专项建设规划（送审稿）》，2005 年。

卢秀璋主编：《清末民初藏事资料选编（1877—1919）》，中国藏学出版社 2005 年版。

苏发祥主编：《西藏民族关系研究》，中央民族大学出版社 2006 年版。

葛忠兴主编：《兴边富民行动》（第 4 辑），民族出版社 2006 年版。

金炳镐主编：《中国民族自治区的民族关系》，中央民族大学出版社 2006 年版。

张永攀：《英帝国与中国西藏（1937—1947）》，中国社会科学出版社 2007 年版。

冯明珠：《中英西藏交涉与川藏边情（1774—1925）》，中国藏学出版社 2007 年版。

金炳镐：《民族关系理论通论》，中央民族大学出版社 2007 年版。

张江华、揣振宇、陈景源：《雅鲁藏布江大峡谷生态环境与民族文化考察记》,中国藏学出版社 2007 年版。

杨毓骧、杨奇威:《雪域下的民族》,云南教育出版社 2009 年版。

王宏纬:《当代中印关系述评》,中国藏学出版社 2009 年版。

祝启源著,赵秀英整理:《中华民国时期西藏地方与中央政府关系研究》,中国藏学出版社 2010 年版。

梦野:《亲吻藏南——行走在仓央嘉措的故乡达旺》,中国青年出版社 2011 年版。

卢小飞主编:《西藏的女儿:60 年 60 人口述实录》,中国藏学出版社 2011 年版。

王丽平主编:《墨脱村调查》,中国经济出版社 2011 年版。

梁俊艳:《英国与中国西藏(1774—1904)》,兰州大学出版社 2012 年版。

扎洛:《清代西藏与布鲁克巴》,中国社会科学出版社 2012 年版。

多布杰:《中国门巴族》,黄河出版传媒集团、宁夏人民出版社 2012 年版。

格桑、王蔷:《中国珞巴族》,宁夏人民出版社 2012 年版。

党秀云、周晓丽主编:《达木村调查》,中国经济出版社 2012 年版。

巴桑罗布:《隐秘乐园——门隅的历史法律地位》,中国藏学出版社 2014 年版。

后　记

校对完书稿给出版社寄走后，几次坐在电脑前想写后记都无从下手。本书从孕育到成型再到出版长达 20 多年，其间的酸甜苦辣令人感慨。

我这一生与西藏有着很深的缘分。我曾于 1976 年赴西藏昌都芒康县插队，1977 年冬参加了恢复高考的首届考试，1978 年春进入西藏民族学院学习，1982 年春毕业留校后一直从事西藏文化的教学和研究。我是 1986 年开始进入西藏人口较少民族社会文化研究领域的。我所在的西藏民族学院有一个学术传统，就是长期关注和研究西藏人口较少民族即门巴族、珞巴族以及僜人和夏尔巴人的社会和文化，著名学者于乃昌教授、顾祖成教授是我校早期从事门巴族珞巴族文化调查研究并取得丰硕成果的开拓者和奠基人。1986 年，我参加了于乃昌教授的课题组到西藏东南边境 5 县调查门巴族珞巴族的社会和文化，当时克服重重困难甚至是冒着生命危险徒步进入墨脱考察，留下了难以忘怀的记忆，由此开始了我对门巴族珞巴族社会文化变迁和经济社会发展的持续关注。1992 年，为了完成《中国民族文化大观·门巴族卷、珞巴族卷》的编写任务，我再次跟随于乃昌教授到西藏东南边境考察。由于承担了《门巴族卷》《珞巴族卷》中西藏各民族文化交流相关内容的撰写任务，由此进入了西藏民族关系研究的领域。此后，西藏边疆人口较少民族聚居区的经济社会发展、文化变迁和民族关系成为我的重要研究领域，不知不觉间已经过去了近 30 年。

真正系统研究西藏民族关系是我在四川大学读博期间。相比其他年轻学子，我算是"大器晚成"，进入川大读博时年已 40 多岁。1999 年我到四川大学历史文化学院冉光荣先生那里当访问学者，第二年有幸成为冉先生最后一批招收的博士生之一。冉先生根据我的田野经历和既往研究，根据学界在西藏民族关系研究领域多是研究藏汉关系以及中央与西藏地方政府关系的实际状况，指导我将西藏世居民族关系研究作为博士论文选题，于是便有了博士论文《藏门珞民族关系研究》。由于是第一次对西藏世居民族关系进行了较为系统全面的梳理和研究，在博士论文评审和答辩中，评审和答辩专家都给予了较高评价，同时也提出了许多修改意见。

2007年我在博士论文的基础上申报了国家社科基金项目并成功立项，由于日常工作繁忙和懈怠的原因，该项目在2013年以《西藏民族关系研究——以藏门珞民族关系为中心》为题结项，结项等级为良好。与博士论文相比，项目成果在篇章结构、研究内容和资料运用方面都有新的扩展、补充和提高，由原6章13万字拓展为12章33万字。项目完成后联系了中国社会科学出版社商讨成果的出版事宜，很荣幸得到了出版社的认可。签订出版合同后本来只需进行必要的修订即可提交书稿，但我在西藏调研期间在自治区档案馆和西藏人民出版社获知了一个重要信息，就是《水羊年清册》的藏汉文版即将出版内部资料本。《水羊年清册》是一个极为重要的档案资料，是我国西藏地方政府统辖治理门隅的铁证，于是我有了增加专门章节介绍分析《水羊年清册》的想法，这样可以进一步丰富西藏地方政府治理门隅的具体内容。不曾想等了一年又一年一直没有出版的准信，也没能见到这个档案的全貌，只能遗憾地暂时放弃增加章节的想法，于2017年年中才将书稿提交给出版社。此次校对定稿，只是增加或修订了近年在西藏调查中获得的一些新的资料和数据，其他没有做大的改变。

30多年来，因为工作关系和课题研究需要，我在西藏7地市进行过调查和考察，仅前往西藏边疆民族地区调研就在15次以上，可以说足迹遍布门巴族、珞巴族、僜人和夏尔巴人聚居的喜马拉雅山区和广大藏区。长期的关注和研究使我对西藏社会的发展进步尤其是西藏人口较少民族聚居区的经济社会发展有了较为深入的了解，也深化了对西藏民族文化和民族关系的认识。2018年，当我再次深入藏东南考察时，当地的巨大变化给我留下了深刻印象，尤其是教育发展成就喜人。在西藏边疆民族地区，修建得最好最漂亮的建筑是当地的学校。当看到窗明几净设施完善的更章门巴民族乡小学和墨脱县完全小学，获知墨脱县德兴乡近年走出了30多名大学生，仅文朗村就出了10多名大学生；当看到孩子们坐在宽敞明亮的教室中学习的场景和活跃在操场上的身影、听到孩子们的朗朗读书声时，带给我的是无比的欣慰和感动。

使人振奋的还有墨脱终于在2013年通了汽车，摘掉了"中国唯一不通公路的县"的帽子，结束了"高原孤岛"的历史。记得当年我们徒步进入墨脱时翻高山、跨深涧、穿密林、过藤桥、斗蛇虫的艰险，即便是在墨脱内调查也是困难重重。如今，墨脱境内河流上的几乎所有藤桥、木桥已经被钢索吊桥和钢构水泥大桥所替代，墨脱境内的公路交通网络也已初步建立起来，各乡镇和大部分村寨都可以通行汽车。2017年，墨脱公路迎来了新一轮的路面升级改造，全线实施路面加宽和柏油硬化，总投资达12亿元，计划两年半完成。随着交通条件的改善，作为雅鲁藏布大峡谷核心区域的墨脱已成为人们关注的焦点和旅游探险的胜地。

从1976年在西藏插队到1986年在西藏第一次田野调查再到2018年在西藏的最新一次调研，时间跨度长达42年。我有幸见证了西藏城乡尤其是西藏边疆民族地区翻天覆地的变化，我为西藏各族人民的幸福生活和更加美好的未来深深祝福。

本书稿的完成凝聚着许多人的努力和心血。我的多位学生（现在已是有关高校和行业的骨干）直接参与了课题调研和部分章节的撰写，其中陈鹏辉副教授撰写了第一章和第十一章，张发贤编审撰写了第五章，郭志合副教授撰写了第十章，曾丽容副教授搜集整理翻译了国外研究的相关资料，周云水副教授也翻译了部分外文资料。我们参考了学界前辈和同行的调查和研究成果，在此谨向作者以及资料的调查和编纂者表示衷心感谢。本书在撰写过程中得到了许多朋友的帮助，杨忠宁副院长、马宁教授和王思亓副教授提供了部分照片。先后参与调研活动的有曹晓燕、周云水、布琼、李旺旺、向华娟、曹培、李锦萍、靳坤、杨忠宁、陈鹏辉、郭志合、庞玮、赵勇等人。调研过程中，我们得到了西藏自治区民宗委、山南地区（市）民宗局、林芝地区（市）民宗局、日喀则市民宗局以及墨脱、察隅、米林、隆子、错那等县委县政府的关心和支持，门巴族珞巴族僜人和夏尔巴群众对我们的调研始终给予了大力支持与无私帮助，特此铭记并致以衷心感谢。